## 顾问委员会

总 顾 问　陈耀庭
顾　　　问　（排名不分先后）
　　　　　　李光富　陈鼓应　熊铁基　唐诚青　丁常云

## 理事委员会

主　　　席　吉宏忠
副　主　席　谢荣增　陆文荣　李合春
理　　　事　（排名不分先后）
　　　　　　袁志鸿　陈添来　张明心　陈明昌　李　纪
　　　　　　林凤燕　郭汉文　陈云鹤　薛永新　罗至君

## 学术委员会

名　誉　主　任　马西沙
主　　　任　詹石窗
委　　　员　（排名不分先后）
　　　　　　李远国　张思齐　唐大潮　张泽洪　李　福（美国）
　　　　　　郭　武　萧登福　郑志明　张桥贵　张　钦
　　　　　　苟　波　刘固盛　苏　宁　姜守诚　早岛妙听（日本）

## 编辑委员会

主　　　编　詹石窗
副　主　编　盖建民　于国庆（常务）　黄永锋　谢清果
总　策　划　施　维
编辑部主任　于国庆
编辑部副主任　李　冀
编　　　委　（排名不分先后）
　　　　　　张崇富　朱展炎　廖　玲　杨　燕　欧福克（德国）
　　　　　　黄　牛　李铁华　张丽娟　李　冀　颜文强
　　　　　　胡瀚霆　何　欣　褚国锋　李　健　张　雷
本期执行编委　李　冀　陈　妍　段晴好　陈锦鹏　仲芷青

CSSCI来源期刊（集刊类）
国家"十三五"规划文化重大工程"中华续道藏"项目专项成果
四川大学老子研究院重大项目成果
国家社会科学基金重大项目阶段性成果
四川大学道教与宗教文化研究所重大项目成果
教育部哲学社会科学重大攻关课题阶段性成果

尊道贵德
关怀生命
文化养生
和谐修真

# 老子学刊

第十九辑　半年刊　二〇二三年第一期

詹石窗◎主编

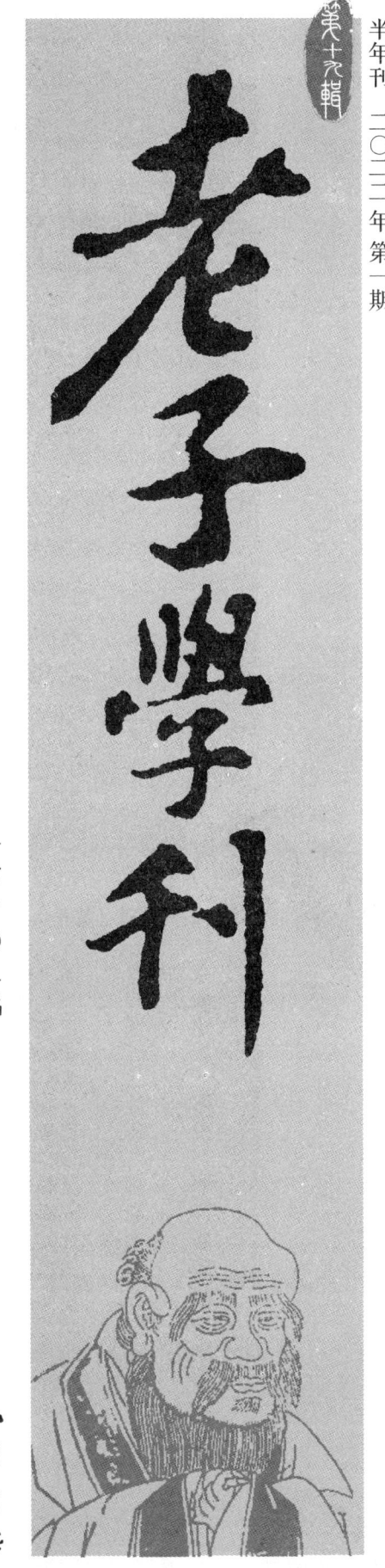

巴蜀书社

图书在版编目（CIP）数据

老子学刊. 第十九辑/詹石窗主编. —成都：巴蜀书社，2022.6
ISBN 978-7-5531-1767-6

Ⅰ.①老… Ⅱ.①詹… Ⅲ.①道家—研究—丛刊 Ⅳ.①B223.05-55

中国版本图书馆CIP数据核字（2022）第117708号

## 老子学刊（第十九辑） 詹石窗 主编

| | |
|---|---|
| 策划组稿 | 施 维 |
| 责任编辑 | 肖 静 邱沛轩 王 楠 |
| 出 版 | 巴蜀书社 |
| | 成都市锦江区三色路238号新华之星A座36层 邮编 610023 |
| | 总编室电话：（028）86361843 |
| 网 址 | www.bsbook.com |
| 发 行 | 巴蜀书社 |
| | 发行科电话：（028）86361852 |
| 照 排 | 成都推十文化传播有限公司 |
| 印 刷 | 成都蜀通印务有限责任公司 |
| 版 次 | 2022年6月第1版 |
| 印 次 | 2022年6月第1次印刷 |
| 成品尺寸 | 185mm×260mm |
| 印 张 | 28 |
| 字 数 | 600千 |
| 书 号 | ISBN 978-7-5531-1767-6 |
| 定 价 | 78.00元 |

本书若有印装质量问题，请与工厂调换（028-64715762）

# 目 录

## 老子专题研究

新见明刊本《老子八十一化图说》考辩 …………………… 刘康乐（3）
《老子》"△△为上"考异及其透射出的战争观 …………… 汪韶军（21）
《道德真经广圣义》的"理国"思想 ……………………… 徐明生（34）
道家反"仁义"吗？
　　——从"知"的角度论道家的仁义观 ………………… 崔基勋（50）
老子"知止不殆"辨 ………………………………………… 邓伟龙（66）
黄老"自为"对《老子》"自然"的承继
　　——兼论对《庄子》的影响 ……………………………… 路高学（84）
高明《帛书老子校注》前三章补正 ………… 薛　聪　廖文丽　吕鹏志（102）
老子"三宝"：伦理与政治的统一 …………………………… 闫　伟（119）
《老子》第六十二章"虽有拱璧以先驷马"再探 …………… 张　帆（140）

## 道学研究

《抱朴子内篇》之"道"与《老子》之"道"的亲疏 … 余　平　余恬婧（151）
儒道同源：早期道教仙传中两性关系故事的发生学解读 …… 常　磊（161）
葛洪刑法思想与《周易》治道 ……………………………… 曲　丰（176）
《庄子》"丧"的方法论探析
　　——以"吾丧我"为中心 …………………… 杨　燕　廖谢兵（190）

葛洪证仙所建构的两重"三表法"
　　——兼论"三表法"之论证效力 ············· 谢徐林（201）
论民国时期全真千峰先天派"性"与"命"内丹修炼思想 ········ 赵　芃（219）
老子与道教关系新探 ································· 张红志（231）
论唐代灵宝五方镇墓石中的政治诉求 ············· 王古今　李　翎（251）
本命星辰与善恶伦理：《赤松子中诫经》探研 ············ 施秦生（270）
道教辟谷的理论基础与精神内涵 ······················· 康德衡（292）
刘沅《感应篇注释》的成书与思想特点 ·················· 李　冀（307）

## 传统文化与三教关系

王船山衍《老》"机巧之术"以黜老正道摭论 ······· 陈力祥　颜小梅（321）
西蜀熊过儒道汇通思想略议 ····················· 盖建民　罗海军（339）
先秦名家思想的起源及其发展成熟的两条内在线索 ····· 王小虎　程水金（356）
纳巫入道与价值重塑
　　——广西德保壮族巫师"授戒加冠"仪式辨析 ······· 徐祖祥　唐　俊（376）
七十年来黄天道研究的回顾与展望 ················· 吕云泽　朱展炎（393）
王阳明的良知之学对《老子》思想的继承与发展 ······ 欧阳祯人　张　旭（405）

## 书　评

全力以赴，推进百年道学创新发展
　　——詹石窗总主编《道家与道教研究著作提要集成1901—2017》成书、出版
　　始末 ····································· 胡瀚霆（423）
道经注解路径新探
　　——《〈三元参赞延寿书〉诠注》发覆 ················ 林銮生（428）
离散族群信仰研究的范本
　　——《从圣教到道教：马华社会的节俗、信仰与文化》述评 ···········
　　··································· 张俊儒（436）

老子专题研究

# 新见明刊本《老子八十一化图说》考辩

刘康乐**

**内容提要：**《老子八十一化图说》肇始于蒙古帝国时期令狐彰为华山云台观壁画所作的图说，全真道士史志经引经注解并刊刻流传。在遭到焚毁禁止的一百多年后，明初《老子八十一化图说》得以复出流传。明弘治终南山说经台刊本《老子八十一化图说》是目前所见最早的刻本。明嘉靖以来的历代《老子八十一化图说》刊本中，史志经的引经全解被替换为明太祖朱元璋《御注道德经》。明清和民国多次重刊，均不载史志经的引经全解。明弘治刊本为元代焚经之后道经劫余，基本上保存了蒙古刊本的原貌，史志经之引经全解引述了包括《老子化胡经》在内的许多失传道经，对明以前道经的校勘和辑佚有着重要价值。

**关键词：** 明弘治刊本；《老子八十一化图说》；终南山说经台；失传道经

《老子八十一化图说》是蒙古和元代佛道斗争的一个焦点话题，也是蒙古宪宗朝和元世祖朝焚毁道经的重要导火线。关于《八十一化图说》的研究，自20

---

\* 本文系长安大学中央高校基本科研业务费项目"《老子化胡经》辑校与研究"（编号：CHD300102162601）和国家社会科学基金项目"西岳华山道教文献整理与研究"（编号：18XZJ009）阶段性成果。

\*\* 刘康乐，男，安徽泗县人，长安大学马克思主义学院副教授。

世纪初以来，中外学术界就有不少的讨论，其中以欧美和日本学者的研究较早，成果也较多①。随着近年来各种《八十一化图说》刊本、壁画和石刻的不断发现，国内学术界的相关研究也在不断推进②。虽然关于《八十一化图说》的研究成果如此丰富，但图说的产生经过、史志经引经全解的内容、后世各种版本之间的源流关系等问题，仍然没有得到充分的讨论和彻底解决。笔者在考察西北道教文献时偶然获得一部四卷本的《金阙玄元太上老君八十一化图说》，实存三卷（缺第三卷）。经过对版本的细致考察，这部被藏家标注为清刻本的《八十一化图说》，实为明弘治年间终南山说经台的刊本（以下简称"明弘治刊

---

① Kenneth K. S. Ch'en, Buddhist-Taoist Mixtures in The Pa-shih-i-hua T'u, Harvard Journal of Asiatic Studies, Vol. 9, No. 1, 1945. pp. 1—12；[日] 吉冈义丰：《太上八十一化図について》，《印度学仏教学研究》1958 年第 7 卷第 1 期，第 254—257 页；[日] 洼德忠：《老子八十一化图私见》，Ryukoku-Shidan, The journal of history of Ryukoku University（小笠原·宫崎两博士华甲记念特集）1966 年第 56 卷，第 171—182 页；[日] 洼德忠：《老子八十一化図説について--陈致虚本の存在をめぐって》，《东洋文化研究所纪要》1968 年第 46 期，第 1—47 页；[日] 洼德忠：《老子八十一化図説について--その资料问题を中心として》，《东洋文化研究所纪要》1972 年第 58 期，第 1—74 页；Lionello Lanciotti, Leben und Wirken Lao-Tzu's in Schrift und Bild, Lao-chün pa-shih-i-hua t'u-shuo by Florian C. Reiter, East and West, Vol. 40, No. 1—4, 1990. p. 369；[日] 佐藤义宽：《老子八十一化図説》，《大谷大学研究年报》2001 年第 53 期，第 3—5 页；[美] 马小鹤、杜远东：《高涛藏本〈老子八十一化图〉初探》，《美术学报》2017 年第 5 期，第 19—31 页；[美] 马小鹤：《〈老子八十一化图〉与全真道祖谱》，《经学文献研究集刊》2019 年第 1 期，第 144—165 页。

② 路工：《道教艺术的珍品——明辽宁刊本〈太上老君八十一化图说〉》，《世界宗教研究》1982 年第 2 期，第 51—67 页；邢作梅：《明代石刻连环画〈太上老君八十一显化图〉》，《连环画艺术》1991 年第 1 期，第 86—88 页；沈未：《浮山老君洞与太上八十一显化图》，《文物天地》1993 年第 2 期第 22—23 页、第 3 期第 22—26 页；张颖：《明代金天观"八十一化图"道教题材壁画》，《陇右文博》2003 年第 1 期，第 81—86 页；雷朝晖：《陕西佳县白云观〈老子八十一化图〉壁画研究》，《中国书画》2008 年第 7 期，第 22—26 页；雷朝晖：《陕西楼观台和澳大利亚国立大学藏〈老子八十一化图说〉木刻刊本年代考证》，《文博》2009 年第 4 期，第 88—92 页；胡春涛：《老子八十一化图研究》，西安美术学院博士学位论文，2011 年；胡春涛：《河北蔚县暖泉老君观三清殿壁画的考察与相关问题的研究》，《艺术探索》2012 年第 1 期，第 67—72 页；胡春涛：《隐喻与象征：老子八十一化图的宗教内涵及其传播》，《艺术探索》2012 年第 6 期，第 6—10 页；胡春涛：《元明时期老子八十一化图的传播与图像意义》，《南京艺术学院学报》（美术与设计版）2013 年第 1 期，第 27—30 页；胡春涛：《版刻本老子八十一化图的流传及相关问题》，《宗教学研究》2013 年第 2 期，第 35—41 页；郭兴：《论"毗摩城""弘释教"在八十一化图中的角色及作用——浮山老君洞老子八十一化图壁画研究》，《美术教育研究》2014 年第 4 期，第 36 页；张晓雷：《〈老子八十一化图〉形成渊源略论》，《青年与社会》2015 年第 1 期，第 316—317 页；张訾娟：《崆峒山老君楼明清时期八十一化图壁画研究》，《明日风尚》2017 年第 20 期，第 345 页；张訾娟：《甘肃庄浪紫荆山老君庙老子八十一化壁画研究》，《中国民族美术》2018 年第 2 期，第 20—25 页。

本")。书中完整地保留了蒙古刊本的序文,是解决《八十一化图说》产生经过问题的关键信息,而随图附载的史志经引经全解的内容亦不见于后来其他诸版本之中。这可能是最为接近蒙古刊本的一个本子,其中所引的诸多道经如《化胡经》《圣纪经》等文本多在元代焚毁后无存,因此新发现的明弘治刊本对至元焚经之后失传道经的辑佚有着重要的文献价值。

## 一、华山云台观与《八十一化图说》的编纂刊刻

目前所见各种刊本的《八十一化图说》,各卷前均题有"蒲关清安居士令狐璋编修、太华山云台观通微道人史志经引经全解"的字样,实际上表明《八十一化图说》的产生当与华山云台观有着十分密切的联系,明弘治刊本所载的蒙古刊本序文,更进一步印证了《八十一化图说》最初就诞生于华山云台观。这篇撰于蒙古海迷失后称制元年(1249)正月十五日的《太上老君八十一化图说序》,作者虽未署名,但清楚地交代了《八十一化图说》的原本和刊本的产生经过,其中的信息十分关键,不见载于其他文献之中,兹录如下:

> 宣圣之述,广大悉备,历千载而用其道,发文中子之悲。夫真白之撰,冲括隐诀,九天之圣秘,叹顾玄平之知欤?叔佐之撼讪三家,国史以为固诬,始知文章之作为难,非为之难,诚知之难矣,知之斯能之矣。近有太华云台史公天纬,与余莫逆,公之学问宏赡,趣操孤贞,乃玄教中英彦耳。昔蔡墨为晋史,家于□□,□□延远,以史为族。祖彬,业以砭剂,不以富贵贫贱变其仁,不以风雨寒暑易其操,慈救之心,世称思邈,密行之祥,秀发胤嗣。父良辰,以儒显。公讳志经,字天纬,号通微先生,夙有父风。未冠入道,师事云中真常刘君,究观三洞,研核百家,披妙典之琼章,缉玄元之圣化,目之曰《太上八十一化图说》。然图说之作,其来尚矣。儒之九经,皆有图说;道之三洞,亦有灵图。且老君之常道,百姓日用而不知者也;老君之图说,考之经传,咸有载焉。既玩其文,肇自蒲关令狐彰所编修,首缋云台玄天。大朝辛丑岁,余自云中之金城,居西岳之云台

观，观之殿宇廊庑例为劫火所灰，唯玄元殿存焉，壁绘《玄元太上老君八十一化图》，随化之上，题本文载所出经传及帝王年月，云蒲关逸士令狐彰所编修也。

夫太上老君者，起于无因，体乎自然，神变莫测，应化无方，上及九气之初，下逮两仪之后，八方亿万之天，九域尘沙之国，莫不分形易号，演教度人，开化九仙九圣之门，导百行百工之路，规模道法，〔准〕式人伦，至于济生度死之科，祝国禳灾之范，咸代代以传，诰其诸天应化之端，虽仙圣不能备录。今琅函万册之载者，始于帝先，末乎唐宋，实通达之国、示现之迹也。尹文操集之为《圣纪经》，贾善翔著之作《犹龙传》。令狐会二家之说继之，涉猎经传，搜罗子史，凡五十余家，而作《八十一化图》。彰亦知不悉太清之迹，盖为殿堂壁画立式，事贵简易，以九九太阳之数，节其事实而成一家之格，随化设文，亦明大概者，不欲文夺画图之地，使观者不倦周览。然于后学讲说，文阙而弗详，理壅而事晦，志经以焚修之暇，集令狐所引经传，摘其文势完备、事理昭著者，附于随章之后，以备讨论。其文或略者，撷诸精当，再为传以释之，继推观复太师谢守灏《实录》《年谱》正其前后之序。如"天地数"一化，按经传，事出秦孝公时，令狐布于伏羲之前，今列"训杨子"之后。又删去"获宝符""语希烈"二化。"获宝符"虽彰〔灵〕异，殊无义旨；"语希烈"止云玄宗系上界之真人，今替之以"教荣趆""召刘图"，以翼卫生之道、罪福之征，得明于世。既书之成，乃命画工誊写图像，随图之后，乃其令狐本文并全解以副之，分为四卷。非敢以当达者，盖将秘于灵台藏中，庶传来世。维岁月绵远，殿壁崩摧，其太上示现之迹不至湮没，及以取观之后学所习而已。岁在己酉上元日题。

这篇序文的作者似乎是一位云游驻留在云台观的道士，他自称与史志经为莫逆之交。从二人相似的经历和亲密的关系来看，此人很可能是重阳宫提点李道谦。李道谦与史志经曾同师事于善庆和李志常，他们都有同期云游云台观的经历，李道谦还曾为史志经的另一部著作《玄风庆会图》作过序。从序文所述的内容可以得知，蒙古太宗十三年（1241），序文的作者自云中（今山西大同）之金城云游至华山云台观，而同年秋八月史志经也被云台观道众迎请至华山，"公以华山名岳，灵迹甚多，兵戈相寻，至于湮没，乃搜奇访异，亲历见闻，至古今名士所作碑记、表传、诗文，极力求之，期于必得而后已，于是著为《华山志》十有四卷"①。序文作者与史志经都有过在云中生活的经历，推测二人的莫逆之交当始于早年时期。二人初至时，云台观的殿宇多毁于金末的兵燹，仅玄元殿得以保存，时重修云台观，乃请画工于玄元殿壁上绘玄元太上老君八十一化图，"随化之上，题本文载所出经传及帝王年月，云蒲关逸士令狐彰所编修也"，即壁画之图说为令狐彰所编修。

史志经（1202—1275），字天纬，号洞玄子，幼年入道，礼恒山全真道士真常子刘道宁为师，后又拜于长春真人丘处机门下，《甘水仙源录》卷八有翰林学士王鹗为其所作的传记，于其生平事迹记载颇为详实。"令狐彰"又作"令狐璋"，其生平不可考，唯从署名知其籍贯为蒲关（今陕西大荔县朝邑镇东黄河西岸），自号"清安居士""蒲关逸士"，以居士身份为云台观玄元殿壁画编修了图说，其身份并非如有些学者所认为的是全真道士②。一则史料称："先是，道士丘处机、李真常、史至经、令狐璋等毁大同府天城夫子庙为文城，毁佛刹四百八十。"③ 可知令狐璋也是金元时代之人，并作为居士参与了全真教侵占佛教寺庙的行动。序文又称"既玩其文，肇自蒲关令狐彰所编修，首缋云台玄天"，则云台观玄元殿壁画无疑是《八十一化图说》最初的底本。绘制玄元殿壁画的画工无从考证，至于《八十一化图说》的经文来源，则以唐道士尹文操的《圣纪经》和北宋道士贾善翔的《犹龙传》为蓝本，令狐彰"会二家之说继之，涉猎经传，搜罗子史，凡五十余家，而作《八十一化图》"。

令狐璋于每一幅图上所题的图说文字皆很简洁，"不欲文夺画图之地，使观者不倦周览"，但是对于不熟悉经典的玄门后学来说，则"文阙而弗详，理壅而

---

① （元）李道谦：《甘水仙源录》，《道藏》第19册，北京：文物出版社、上海：上海书店、天津：天津古籍出版社1988年版（以下略注），第789页。

② 刘中玉：《中华图像文化史·元代卷》，北京：中国摄影出版社2018年版，第143页。

③ （元）陈桱：《通鉴续编》，《景印文渊阁四库全书》第332册，台北：台湾商务印书馆1986年版（以下略注），第935a页。

事晦"。史志经在云台观居住期间，在焚修和编纂十四卷《华山志》之余，对令狐璋图说所引的经传内容进行了比较详细的摘录，谓之"引经全解"。又据南宋谢守灏的《混元实录》和《太上老君年谱要略》中的老子生平事迹，对令狐璋图说进行了局部的顺序调整和内容修订。书成之后，史志经又请画工遵照玄元殿壁画誊写图像，随图附上令狐璋的图说和他自己的全解，共成四卷，藏于云台观藏经楼。

史志经于蒙古定宗元年（1246）赴恒山奔师刘道宁之丧，庐墓三年后返回关中，大概又对此前编修的《八十一化图说》进行了再次审定并请人作序。翌年（1247）他应掌教李志常之邀赴燕京（今北京），随之将《八十一化图说》带入燕京，并在蒙古宪宗五年（1255）之前由掌教李志常镂板刊行。《辩伪录》称："道门志常以《八十一化图》刻板既成，广张其本，若不远近咸布，宁知李老君之胜，宜先上播朝廷，则余者自然草靡。乃使金坡王先生、道人温的罕，广赍其本，遍散朝廷近臣。"① 金坡王先生亦掌教李志常之高弟，道人温的罕为女真族的全真道士。经掌教李志常等人的推动，《八十一化图说》刊本在道俗之间广泛传播，在全国各地的道观中，掀起了一股创作八十一化题材壁画和石刻的高潮。

日本学者吉冈义丰误以为宋德方所修的《大元玄都宝藏》收录了《八十一化图说》，此举成为佛道辩论的导火线②。实际并非如此。按《大元玄都宝藏》在乃马真皇后称制的第三年（1244）已经完成，《八十一化图说》尚未完成，故不可能收入藏中，只是后来作为单行本的形式流传，并不存在一个道藏本的《八十一化图说》，圣旨要求焚毁《道藏》中的39种伪经目录中，也没有《八十一化图说》③，就很能说明问题。

由于众所周知的原因，包括《八十一化图说》在内的45种化胡类道经在蒙古宪宗时代被官方下令禁毁，僧人祥迈在《至元辩伪录》中对此事记载甚为详细。宪宗五年（1255）僧人福裕在佛道辩论后申请焚毁《老子化胡经》和《八十一化图说》，但实际执行并不彻底。宪宗八年（1258）再次下令焚毁包括《化

---

① （元）祥迈：《辩伪录》，《大正藏》第52册，台北：新文丰出版公司1975年版（以下略注），第768页。
② ［日］吉冈义丰：《道教と佛教》第一（道教の研究第三），东京：日本学术振兴会1959年版，第189页。
③ （元）祥迈：《辩伪录》，《大正藏》第52册，第764页。

胡经》在内的45种道经经板，时华山云台观尚存《化胡经》和《八十一化图说》，"时戊午年七月十一日，行张真人既听读讫，乃使人就云台观追取说谎伪经《化胡经》《八十一化图》等板木"①。直到元世祖至元十七年（1280）、至元十八年（1281）两次下诏严厉焚毁遗留道经，持续了近三十年的焚经运动才完全结束，《老子化胡经》《八十一化图说》等化胡类道经也逐渐淡出了世人的视野。

## 二、明弘治刊本的刊刻缘起和版本考察

历经近三十年的焚经运动，元朝绝大部分《八十一化图说》的刊本、石刻和壁画均遭毁除刷洗，唯其边远之地隐留一二。如远在甘肃平凉庄浪紫荆山老君庙壁画《八十一化图说》，某些图像尚有明显的元代塑像的风格，同时还保留着一些元代刷洗未尽的痕迹②，这都表明《八十一化图说》并未在至元焚经后完全消失。入明以后，官方对老子化胡类经书的禁令解除，隐匿多年的《八十一化图说》得以复出流传。明弘治终南山说经台道士重刊的《八十一化图说》，就来自于关中地区全真道士师徒私下隐秘相传的版本。

现存明弘治刊本卷四之末，附有募缘道士、捐资信士并写经、引礼、画工、刻工、引经等道俗人等姓名和赞词，对于了解明刊本的刊刻时代和重刊缘起有着重要的价值，兹录如下：

> 募缘道士：胡宗海，弟子张明辅、胡明月
> 捐资成事义官：张铭、董宽
> 东岳庙住持：陈道司，道士龙得善、成得正
> 城隍庙住持：萧守正，道士甄守庆
> 信士：武宁、王□、张福、孙源、巨浩
> 　　　贾□、颜安、陈铠、□□、赵纯
> 写经典膳董良、引礼信人丁宣、信人许安、周节、赵纯

---

① （元）祥迈：《辩伪录》，《大正藏》第52册，第772页。
② 胡春涛：《老子八十一化图研究》，西安美术学院博士学位论文，2011年，第85页。

画相：王政

刊相：李□、陈杰、郝昂、郝昇

刊经：潘海、杨永昌

印经：贾谅、□□□、赵礼

说经台道士：□继宗、邵继泰、郝继常
　　　　　　李继福、陶继远、魏继整
　　　　　　王继臣、郝宗一、郝宗进

尚宣（钤印"无名"）

独一心印，不二玄门。□□仙家，□□□□。□□蓬莱。

尚良（钤印"养高乐道"）

□□根深叶倍芳，源头水流长。力泛万劫，艰途转□，周天日月光。

高鼎（钤印"道德观空"）

一朝显达佐周时，天启昭□盛衰，八百劫中回造化，□□□□。

明弘治刊本虽然并没有明确注明刊刻时间，但从以上参与重刊的道俗人士的姓名，能够基本判断这部《八十一化图说》重刊的大概时间。本地两位重要的捐资成事义官，其一是张铭，明景泰元年（1450）庚午科进士，"盩厔人，海门知县"①；另一位董宽，明天顺元年（1457）任盩厔知县②。募缘道士胡宗海在明弘治年间还主持刊刻了十卷本《老子化胡经》，其书卷五之末题"终南山说经台焚修弟子胡宗海"。胡宗海的生平无考，约活动于明弘治至嘉靖年间。据明万历刊本《终南仙境志》所载，嘉靖初年，楼观台道士胡宗海曾在吕公洞创建神像三级③。胡宗海的名字虽不见于现存的楼观台碑石，但参与此事的说经台道士邵继泰、郝继常、郝宗进之名，则载于《楼观台道教碑石》的明代碑石中。邵继泰是明正统年间说经台道士唐袭淳的弟子。明弘治九年（1486），时任终南

---

① （清）刘于义：《陕西通志》，《景印文渊阁四库全书》第552册，第672页。

② （清）杨仪修，（清）王开沃等纂：（乾隆）《重修盩厔县志》，清乾隆五十八年（1793）补刻本，第5页。

③ （明）王三聘：《终南仙境志》，明万历三年（1575）刊清乾隆十五年（1750）补刻本，第5页。

山会灵观住持的邵继泰率门徒刻立了《大明重建会灵观记》①。洪妙庵前住持郝继常亦是唐袭淳的弟子，后弟子郝宗进继承其职。正德十年（1515），时任洪妙庵住持的郝宗进率师弟、门徒、徒孙共同刻立了《重修洪妙庵记》②。明代终南山全真道士使用一种特有的"楼观本山派"字谱，其派字有"圆袭继宗明道德（得）中和"③，募缘道士胡宗海师徒也属于此派全真道士。

综上分析，终南山说经台重刊《八十一化图说》的时间，约在明弘治年间（1488—1505）。虽然几位刻工的姓名未见于《明代刊工姓名全录》，但此书所用的纸张、开本和字体与明代其他书十分相似，基本可以认定为明代的刊本。至于说经台道士自何处得到的这部《八十一化图说》而重刊，《辩伪录》称"秦川道众，暗板流传"④，可知在1449年史志经书稿完成之后，关中地区的全真道士就已经开始私下刊刻流传此书。尽管宪宗和世祖多次下旨焚经，但是一些地方并未彻底施行，或有部分刊本被隐匿留存。明弘治终南山说经台刊刻的《老子化胡经》卷五之末的"同州郭下法箓弟子郭道开传经"，似乎透露了一些元代焚经劫余流传到明代的信息。同州（今陕西大荔县）道士郭道开可能是上述道经从秘传到复出的关键人物，而此书由老子说经之处的道教祖庭楼观台来募缘倡印，也体现了明代楼观全真道士尊崇老子、复兴祖庭的强烈使命感。

明弘治年间终南山说经台重刊的四卷本《八十一化图说》，完整地保留了元代史志经刊本的序文、目录和引经全解的内容。对版本的细致考察，有助于解开学术界对几种明代刊本形式和内容的诸多疑惑。明弘治刊本《八十一化图说》，四卷，现存卷一、卷二和卷四，与同期刊刻的《老子化胡经》（十卷，现存五、六两卷）同函保存，白棉纸印刷，线装，开本32.7cm×18.1cm，版框24.3cm×15.7cm，上下粗黑口，四周双边，双对黑鱼尾，图版为线描画，文字为写刻体，半叶12行，满行24字，页码通常标注在上下鱼尾之间，或每幅图前的右下角。这两套书的版式，与《中国版刻图录》第7册著录的明弘治时代的刊

---

① 王忠信编：《楼观台道教碑石》，西安：三秦出版社1995年版，第162—163页。
② 同上书，第163—164页。
③ 刘康乐、高叶青：《嘉靖三十二年〈重建五祖七真殿碑记〉与明代全真派字谱的新发现》，《世界宗教研究》2020年第6期，第85页。
④ （元）祥迈：《辩伪录》，《大正藏》第52册，第767页。

本图录颇为相符,属于典型的明代早期刻本。明中期的藏书家朱睦㮮《万卷堂书目》卷三"道家类"著录有令狐璋《八十二化图说》四卷和《金阙玄元图说》四卷[1],应为同书的不同名称,可见四卷本的《八十一化图说》在明代中期已经广泛流传,而所谓的"八十二化"则是元代增入老子一化玄天上帝而成[2]。明弘治刊本《八十一化图说》在图文内容的安排上为前图后文的形式,每一化的图版在前,分属两个半叶,图说和引经全解的文字附于图版之后。由于缺第三卷,因此第四十二化至第六十一化的内容无法获知。

## 三、现存刊本《八十一化图说》版本源流

除了上述明弘治终南山说经台刊本外,《八十一化图说》可能还存在更早的明刊本。据陕西宝鸡吴山明成化四年(1468)所立的《重修会仙宫记》,时吴山会仙宫"建三清殿于上,图八十一化于四壁"[3]。吴山会仙宫壁画所依据的底本,很有可能是明初的某个刊本,而陕西也极有可能是明代早期刊本的主要发源地。此后北方各地宫观多有《八十一化图》壁画,如明弘治元年(1488),山西太原元通观"建左右二殿门廊、钵堂、两庑八十六间,绘《老子八十一化图》"[4]。

现存《八十一化图说》的明代刊本极少,学术界曾经介绍过现存的三个明代刊本,其一是路工藏明嘉靖十一年(1532)辽宁闾山天妃宫刊本(简称"路工藏本",见图七)[5],其二是德国柏林国立民族学博物馆藏明万历十六年

---

[1] (明)朱睦㮮:《万卷堂书目》,清光绪二十九年(1903)观古堂书目丛刊本,第5—6页。
[2] 《玄天上帝启圣录》,《道藏》第19册,第571页。
[3] 宝鸡县林业局编:《西镇吴山》,宝鸡县政协文史资料委员会内部印刷,1998年,第146页。
[4] (清)费淳、(清)沈树声纂修:《乾隆太原府志》,《中国地方志集成·山西府县志辑》第1册,南京:凤凰出版社2005年版,第665页。
[5] 路工:《道教艺术的珍品——明辽宁刊本〈太上老君八十一化图说〉》,《世界宗教研究》1982年第2期,第51—67页。

(1598)刊本(简称"明万历刊本")①,其三是高涛藏明末刊本②。路工认为其藏本系明嘉靖十一年(1532)辽宁闾山天妃宫刊本,为现存最早的明代刊本,是据宋本摹刻的③。但此说疑点颇多。首先,《八十一化图说》初刊于元初,若称宋本颇为牵强;其次,路工藏本中绘图人刘德璧、刻板人崔时贵,不见于《明代刊工姓名全录》等书,而且从版本的图像风格来看,这个藏本似是清晚期的刊本。马小鹤、杜远东也怀疑路工的藏本可能不是明嘉靖十一年(1532)刊刻的④。

明嘉靖十一年(1532)天妃宫住持李得晟确曾重刊过附有《八十一化图说》的《道德经注》,但目前并未见到藏本,故此明嘉靖刊本的具体情形无从知晓。不过据明末刊本所存李得晟的重刊序文称"虽《道藏》诸家训注皆有得失,炎汉时若河上公者,世传玄元化身,独能推明是理,发为注解,以开后世之蒙聩。紫阳朱子辑六子成书,唯采是注,其有补世教、尚玄风者矣。原太上旧章,上绘化形图像,下记经注,总若干章,兹以命工绣梓,一而新之"⑤,似乎明嘉靖刊本图说之下所附的是《河上公章句》的各章文字,而非史志经引经全解的内容,而且这种版式明万历刊本可能就已经使用了。我们推测,鉴于《八十一化图说》在元代的不幸遭遇,明弘治之后的重刊者仍担心引经全解的化胡文字会激怒佛教徒,故而以《河上公章句》的文字代替,甚至书名也易为《道德经注》以掩人耳目,这可能是明弘治刊本之后诸版本内容调整的主要原因。

关于明万历刊本的信息很少,目前我们所能获知的只有欧洲学者缪莱(Herbert Mueller)在1911年的一篇文章中介绍过这个版本,文中附了一张第十八化"诞圣日"的图版(见下页图一)⑥。通过比较发现,明万历刊本的图像与

---

① Herbert Mueller, Über das taoistische Pantheon der Chinesen, seine Grundlagen und seine historische Entwickelung, Zeitschrift für Ethnologie, 1911, 43. Jahrg. H. 3/4, p. 409.

② 国家古籍保护中心、中国古籍保护协会编:《册府千华:民间珍贵典籍收藏展图录》,北京:国家图书馆出版社2015年版,第190页;马小鹤、杜远东:《高涛藏本〈老子八十一化图〉初探》,《美术学报》2017年第5期,第19—31页。

③ 路工:《访书见闻录》,上海:上海古籍出版社1985年版,第456页。

④ 转引自马小鹤、杜远东:《高涛藏本〈老子八十一化图〉初探》,《美术学报》2017年第5期,第26页。

⑤ 同上。

⑥ Herbert Mueller, Über das taoistische Pantheon der Chinesen, seine Grundlagen und seine historische Entwickelung, Zeitschrift für Ethnologie, 1911, 43. Jahrg. H. 3/4, p. 409.

明末刊本的相应图版（见图二）几乎一致，应该也是上图下文式的经折装，如明末刊本一样，其图像的下方附有《道德经》。但与明弘治刊本相应的图版（见图三）进行比较，可以发现两种版本之间存在较大的差异：明万历刊本的图像为长方形，而明弘治刊本的图像基本为正方形。虽然两个版本的图像元素和布局基本一致，但很显然明万历刊本是一个全新的刊本，而且其线条也更为稀疏和简洁。

图一　明万历刊本"第十八化"

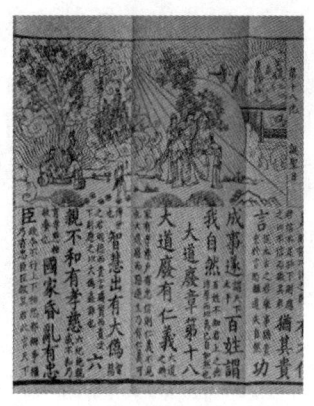 

图二　高涛藏明末刊本"第十八化"　　图三　明弘治刊本"第十八化"

关于明末刊本的藏本情况，马小鹤、杜远东曾对哈佛燕京图书馆的高涛藏明末刊本（见图四）复印件进行了研究①。洼德忠推测大渊忍尔的藏本（见图五）也是一件明刊本②，但两个版本之间仍存在一些细小的差异：高涛藏本图版使用阴阳双刻的形式，表现力更为丰富，而大渊藏本仅使用线刻。从两件藏本

---

① 马小鹤、杜远东：《高涛藏本〈老子八十一化图〉初探》，《美术学报》2017年第5期，第19—31页。
② ［日］洼德忠：《モンゴル朝の道教と仏教———二教の論争を中心に》，东京：平河出版社1992年版，第156—157页。

的装帧方式来看，明末刊本如明万历刊本一样，为上图下文的经折装，同样以《河上公章句》代替史志经引经全解。据马小鹤、杜远东的研究，高涛藏明末刊本的图文错乱比较严重①，可知明末刊本并非善本，但仍保持了明弘治刊本的画面布局和基本元素。

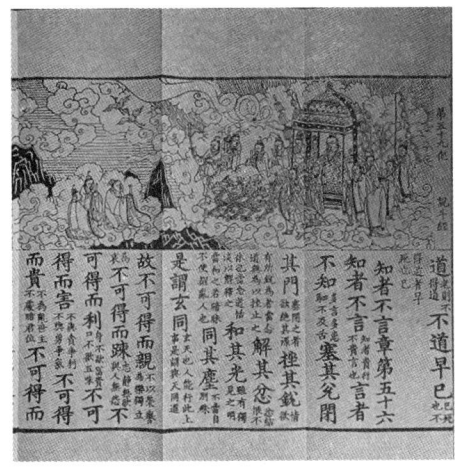 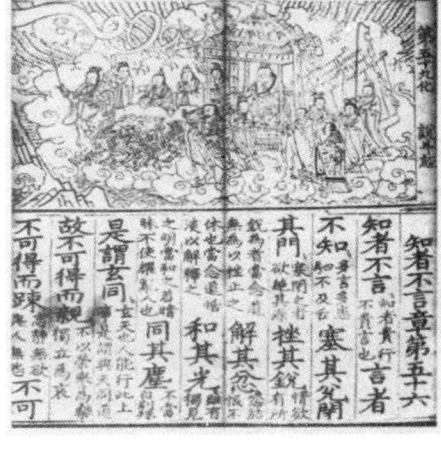

图四　高涛藏明末刊本"第五十九化"　　图五　大渊忍尔藏明末刊本"第五十九化"

相对而言，现存的清代刊本较为丰富。周心慧主编的《道教版画丛刊》收录了《八十一化图说》的四个清代刊本，其一标为清前期刊《金阙玄元太上老君八十一化图说》，其二标为清康熙六年（1662）刊《注老子道德真经》，其三标为清刊《太上老君八十一化图说》，其四标为清末玛瑙山房刊《老君八十一化图说》②。关于这四个刊本的源流，一一考述如下。

第一种系影印德国巴伐利亚图书馆的藏本（见图六），一册，经折装，没有具体的刊刻时间，图书馆自拟为清代刻本，马小鹤、杜远东曾在文章中做过简短的介绍。此外据马氏的介绍，加拿大皇家安大略博物馆也有一件经折装的刊本，在装帧、开本、内容等方面与巴伐利亚图书馆的藏本高度一致，极有可能属于同一个刊本。但安大略博物馆的藏本原有两册，目前仅存上册《河上公章句》③。目前巴伐利亚藏本也仅见《八十一化图说》一册图说，但从目录来

---

① 马小鹤、杜远东：《高涛藏本〈老子八十一化图〉初探》，《美术学报》2017年第5期，第24页。
② 周心慧主编：《道教版画丛刊》第16册，北京：北京联合出版公司2017年版，第1—551页。
③ 马小鹤、杜远东：《高涛藏本〈老子八十一化图〉初探》，《美术学报》2017年第5期，第22页。

看，应该还有一册为《道德经注》。巴伐利亚藏本所缺的正是安大略藏本上册的内容。据安大略藏本下册卷末所附清光绪三年（1877）《重刊〈道德经〉注解后序》称，上册的《八十一化图说》来自辽宁闾山，下册的《太上参注》一卷来自隆中（今湖北襄阳）①。此处《太上参注》即指《河上公章句》。此外，巴伐利亚藏本的某些图版人物身着清代服饰，因此可以断定这个刊本属于清代刊本。至于具体刊刻的年份，如果巴伐利亚藏本与安大略藏本分别为同书的上下册，那应该属于清光绪三年（1877）之后的刊本。将路工所提供的藏本三个图版（见图七）与巴伐利亚藏本相应图版（见图六）做一个对比，可以发现两者的图像几乎完全相同，两者可能都是以明末刊本为底本的清代重刻本。

 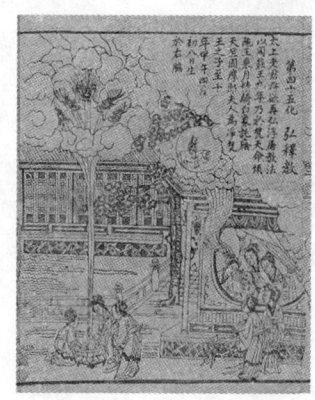 

图六　巴伐利亚图书馆藏清刊本"第十四化""第四十五化""第五十六化"

图七　路工藏清刊本"第十四化""第四十五化""第五十六化"

第二种为清康熙六年（1662）刊本（见图八），国家图书馆古籍部有藏

---

① 马小鹤、杜远东：《高涛藏本〈老子八十一化图〉初探》，《美术学报》2017年第5期，第21页。

本,经折装,上图下文,题为《注老子道德真经》。胡春涛曾撰文介绍过这个藏本的情况,认为大渊忍尔的藏本更接近康熙六年(1662)的刊本①。据清康熙六年(1662)刊本的跋,这个版本纠正了明末刊本的错讹,应该也是以明末刊本为底本的重刻本,并且图版部分做了调整重绘。

图八　清康熙六年刊本"第七十九化"　　　　图九　清刊本"第七十九化"

第三种为清刊本(见图九),刊刻年代不详,经折装,上图下文,上部的图像刻画较劣,不及清康熙刊本精美;下部的文字同为《河上公章句》。胡春涛介绍了一种"民间广为流传的乾隆四十五年(1780)刻本,与康熙年间刻本同属上图下文形式,木刻经折装,上下两册"②。但笔者没有见到这个版本的图版,不知清康熙刊本与这一种清刊本是否有关。

第四种为清末玛瑙经房刊本(见图十),刊刻年代不详,线装,图说一册,每一化图像占前后两个半叶,卷首有明太祖《御制道德经序》一篇,推测可能还有一册《道德经》。胡春涛认为清光绪十七年(1891)杭州吴山昌祖殿刊本即自玛瑙经房刊本改换牌记而成,南京图书馆、澳大利亚国立大学图书馆的藏本,均属于这一刊本的下册图说部分③,洼德忠也收藏有这一刊本的下册,而吉冈义丰则收藏了上下两册④。清末民国时期玛瑙经房在江浙一带印制了很多宗教经书,因此这一刊本的流通极为广泛,陕西龙门洞的藏本(见图十一)也属

---

① 胡春涛:《版刻本老子八十一化图的流传及相关问题》,《宗教学研究》2013年第2期,第36—37页。
② 同上书,第36页。
③ 同上书,第37页。
④ 胡春涛:《老子八十一化图研究》,西安美术学院博士学位论文,2011年,第29页。

于这一刊本系统①。此外雷朝辉还介绍了一种与澳大利亚国立大学图书馆藏本相同的陕西楼观台藏本②。据笔者的实际调查，它实际就是陕西龙门洞藏本。此外《终南仙籍》还提到一种民国张家口正大印刷书局的铅印本③，也与玛瑙经房刊本属于同一版本系统。

图十　清末玛瑙经房刊本"第七十九化"　　图十一　陕西龙门洞藏清刊本"第七十九化"

　　根据对上述四种清代刊本的考察，我们可以得知，清康熙刊本是以明末刊本为底本的重刻本，清乾隆刊本和未署时间的清刊本都沿袭了这种装订形式，经折装，上图下文。清光绪三年（1877）的刊本仍为经折装，但调整为图说、道德经注各一册，而清末玛瑙经房刊本则又调整为线装本，图说、道德经注仍然各为一册。民国十九年（1930）沈阳太清宫刊刻了《绣像道德经注》一卷，仍然是将《八十一化图说》与《道德经注》合刊（见图十二），图版则完全采用了清光绪刊本（见图十三）。至于民国二十五年（1936）成都二仙庵刊印的《老君历世应化图说》，则是当时二仙庵方丈王伏阳组织易心莹等人编修的一种全新刊本。此刊本以玛瑙经房刊本为参考，但在图像、图说和引经注解方面皆有创新之处。

---

①　樊光春主编：《终南仙籍》，西安：三秦出版社2014年版，第143页。
②　雷朝晖：《陕西楼观台和澳大利亚国立大学藏〈老子八十一化图说〉木刻刊本年代考证》，《文博》2009年第4期，第88—92页。
③　樊光春主编：《终南仙籍》，第143页。

图十二　民国太清宫刊本"第七十九化"　　图十三　巴伐利亚藏清刊本"第七十九化"

通过对蒙古以至民国《八十一化图说》诸种刊本的考察，我们可以基本厘清其版本变化的脉络：早在蒙古海迷失后称制元年（1249）《八十一化图说》已定稿，宪宗年间第一次刊刻，经至元焚毁后，复出于明初。明弘治刊本是以蒙古刊本为底本的重刻本，不仅是现存最早的《八十一化图说》刊本，可能也是最为接近蒙古初刊本的完整版本，其中的初刊序文和史志经引经全解，不见于其他诸刊本，这也是明弘治刊本意义重要的所在。明嘉靖、万历刊本以《河上公章句》取代了史志经全解，并且使用便捷的经折装，上图下文，重绘了图像。明末刊本的错乱很多，清康熙刊本加以纠正并重刊，清乾隆刊本和未署时间的清刊本再次重绘图像。清光绪三年（1877）的刊本再次重绘图像，与之前刊本的图像差异很大，图说和经注各为一册。清末玛瑙经房刊本和民国十九年（1930）太清宫刊本虽再次改成线装，但图像基本上都是原样采用了清光绪刊本。

## 四、结论

蒙古刊本《八十一化图说》《老子化胡经》等道教化胡类经典历经至元焚经，关中地区的全真道士冒险藏匿其书，师徒传授，至明朝立国，方有机会公之于众，明弘治中楼观道士据以重刊，史志经引经全解得以重现于世。引经全解部分共引用了58部相关经史，其中不少道教经典在至元后不传，如《混元生三清经》《九天经》《赤书经》《圣纪经》《赤书度命经》《老子化胡经》《玉纬经》《十三虚无经》《五公问虚无经》《藏天隐月经》《灵宝二十四生图》《历代应现图》《帝王师录》《三天列记》《出塞记》《玄中内传》《高上老子内传》《楼观先生内传》《纪圣赋》等。《八十一化图说》也引用了一些明版《道藏》中重新收录的道经，如《西升经》《混元皇帝实录》《历帝帝王崇道记》《墉城集仙录》《犹龙传》《灵验记》等，其中最为关键的是该书大量引用了蒙古朝所修道藏本《老子化胡经》的"初始品""伏道品""升天品""受戒品""略说品""广说品"等经文，其中许多内容不见于现存敦煌遗书唐写本的《化胡经》，故明弘治刊本《八十一化图说》具有重要的文献价值。史志经的引文多为大段据实引用，因此明弘治刊本的发现，对现存道经的校勘和失传道经的辑佚，都有着十分重要的学术价值。

通过对明弘治刊本《八十一化图说》的考察，我们可以得知：

1. 明弘治刊本是目前所见最早的《八十一化图说》刊本，也是最为接近蒙古刊本的全本。通过其序文可以确定《八十一化图说》肇始于华山云台观令狐彰，而史志经的引经全解则保存了许多元代焚经之后的失传道经文字，对于道经的校勘和辑佚具有重要的文献价值。

2. 明嘉靖前后是《八十一化图说》版本变化的重要节点。重刊者出于忌惮佛教徒抗议化胡说的心理，删去了史志经引经全解中的大量化胡经文，代之以《道德经》。此后明清和民国所出的各种刊本都沿袭了这种现实主义的做法，导致《八十一化图说》的原貌渐渐不为后世所知。明弘治刊本的发现，能够最大程度地复现蒙古刊本的面貌。

# 《老子》"△△为上"考异及其透射出的战争观<sup>*</sup>

汪韶军<sup>**</sup>

**内容提要**：《老子》第三十一章"△△为上"处存在重大异文。学界对"△△"的释读可谓异说纷呈，经梳理，大致可分为六种不同说法：恬淡说、严恭说、掩藏说、兵器说、实用说和突袭说。其中，当数突袭说解释力最强。它反映出的战争观是，如果战争回避不了，就得注意避免旷日持久的硬打硬拼，而最好采用奇袭的策略，以求速战速决，尽量降低战争的破坏性。可以说，这是在兵事既起这一最坏情况下的最佳选择。比对诸本可推断，"△△"的文本演变轨迹很可能是：銛袭→銛㦴→恬㦴→恬惔……

**关键词**：《老子》第三十一章；銛袭；恬㦴；恬淡；战争观

《老子》第三十一章"△△为上"处存在重大异文，而"△△"之释读乃全章之难点。传世本"恬淡"为人们所熟知，然汉简作"恬㦴"，楚简作"銛䊹"，帛甲作"銛袭"，帛乙作"銛愯"。为了更直观和便于比对，笔者将各重

---

* 本文系国家社科基金后期资助项目"可能的《老子》——文本对勘与思想探原（道篇）"（项目编号：16FZX004）成果。
** 汪韶军，男，浙江淳安人，海南大学人文学院教授。

要版本中的此节文字排列如下（"楚简""帛甲""帛乙""汉简""五千""傅本""河本""王本"，分别代表郭店楚简本、马王堆帛书甲本、马王堆帛书乙本、北大汉简本、敦煌五千文本、唐初傅奕本、河上公本、王弼本，各版本的相应字纵向对齐，末行为笔者校订结果）：

楚简：□得已而甬之　銛䌾为上　　弗娧也①
帛甲：不得已而用之　銛袭为上　　勿美也②
帛乙：不得已而用之　銛愯为上　　勿美也③
汉简：不得已而用之　恬偻为上　　弗美④
五千：不得已而用之　恬惔为上故　不美⑤
傅本：不得已而用之以恬憺为上故　不美也⑥
河本：不得已而用之　恬惔为上　　胜而不美⑦
王本：不得已而用之　恬澹为上　　胜而不美⑧
订文：不得已而用之　銛袭为上　　弗美也

学界对"△△"的释读五花八门。据笔者所见，有"锬鏦"（魏启鹏）、"错鞶"（侯才）、"銛镂"（汉简整理者）、"銛锐"（劳健）、"銛功"（裘锡圭、刘钊、刘笑敢）、"銛庞"（张松如、陈剑）、"銛袭"（张舜徽、黄钊、梁海明、李水海、高定彝、郭世铭、黄人二、李先耕、廖名春、兰喜并、陈锡勇、何宗思、刘小龙、尹振环、辛战军、杨鹏、董京泉）、"括笼"（刘信芳）、"恬龚

---

① 荆门市博物馆：《郭店楚墓竹简》，北京：文物出版社1998年版，第121页。
② 国家文物局古文献研究室：《马王堆汉墓帛书》第1册，北京：文物出版社1980年版，第13页。
③ 同上书，第97—98页。
④ 北京大学出土文献研究所：《北京大学藏西汉竹书》第2册，上海：上海古籍出版社2012年版，第159页。
⑤ 李德范辑：《敦煌道藏》第3册，北京：全国图书馆文献缩微复制中心1999年版，第1154页。（此敦煌写卷P.2584属非常典型的敦煌五千文本，可惜仅存道经部分。）
⑥ （唐）傅奕：《道德经古本篇》，《道藏》第11册，北京：文物出版社、上海：上海书店、天津：天津古籍出版社1988年版（以下略注），第484页。
⑦ 王卡点校：《老子道德经河上公章句》，北京：中华书局1993年版，第125—126页。
⑧ （三国魏）王弼：《道德真经注》，《道藏》第12册，第279页。

(恭)"（韩禄伯）、"严恭"（晁福林）、"恬淡"（帛书整理者、许抗生、陈鼓应、任继愈、高明、黄友敬、楚简整理者、彭浩、李零、聂中庆、丁四新、彭裕商、黄朴民等多数学者）。

上述诸说中，不同释读可能释义相近，同一释读又可能释义不同。笔者按释义梳理为六大类，分述如下，并做出自己的识断和阐释。

## 一、恬淡说

传世本或作"恬淡""恬惔"，或作"恬澹""恬憺"，属同音假借，可总括为"恬淡"一系。简帛出土后，多数人依然无视异文而沿袭"恬淡"说。

唐代陆希声释曰："以恬于见利、淡于欲胜为上。"① 今人周绍贤所见略同，他说："如不得已而用兵，亦平心静气，以恬淡为上，如六十八章所谓'善战者不怒'。"② 这类观点把恬淡理解成安静淡泊，不为利所动，不意气用事，不好胜。恬淡成了一条用兵原则，只有恬淡才能避免动武，也只有恬淡才能用好兵。但有人认为，兵事既起则关系到邦国与人民的生死存亡，此时不可能淡然处之，比如辛战军质疑道："既然是不得已而用兵，则必然符合用兵之道以求取胜于敌，岂能战事起而心尚'恬淡'，淡静平和而无争无求？"③ 这种批评有一定道理。为了回避这个问题，有人就将"恬淡"解释成战胜之后淡然处之，这显然是受了下文"胜而不美"的启发。然而河上公本、王弼本多出的"胜而"，盖受《文子·上仁》"杀伤人，胜而勿美"④ 影响而误衍，包括出土四本在内的其他诸本皆无（见前页文本比对），故不足为据。

以上解释中，恬淡是为了避免战争或避免战事扩大化，南宋息斋道人则把它当成了致胜之道，他说："恬淡则静，静者胜之本也；狂躁则动，动者败之基也。"⑤ 明代徐学谟反对此说，他认为："老子之意只止人用兵，非为人谋胜……

---

① （唐）陆希声：《道德真经传》，《道藏》第12册，第128页。
② 周绍贤：《老子要义》，台北：台湾中华书局1977年版，第101页。
③ 辛战军：《老子译注》，北京：中华书局2008年版，第126页。
④ 王利器：《文子疏义》，北京：中华书局2000年版，第454页。
⑤ （宋）李息斋：《道德真经义解》，《道藏》第14册，第22页。

何尝以恬淡求必胜乎？"① 确如徐氏所言，把恬淡当成求胜的手段，似乎有违老子思想。

另有人认为"恬淡为上"提出了平淡的审美趣味或审美标准，这显然是脱离文本的过度发挥，可置之不论。

笔者以为，"恬淡"虽然符合老子的整体思想，道家文献也屡屡提到"恬淡"，但没有一处是就兵事而言的。我们不能离开语境解释"恬淡"。此句紧承"不得已而用之"，则所谈应是兵事既起后的应对策略，而非平时对用兵的态度（比如尽量不诉诸武力）；而战时"恬淡为上"也较难说通。更何况出土四本皆不作"恬淡"，这就需要我们认真面对异文。

## 二、严恭说

此说的主要代表人物为晁福林，其言曰："这个字左半从金，其右半见于《鄂君启节》之舟节……何琳仪先生释'厭（读阴）'，谓'会口食犬肉而饱之意'……愚谓何释较确……可是，在丙本中，此'厭'字实当读若严。""此字（指䥺——笔者注）应即龏的繁构。龏字起源甚早，甲骨、金文皆有之。《说文》：'龏，愨也，从廾，龍声。'在古文字中，龏每读若恭。春秋时齐器《陈侯簋》'龏夤鬼神，襄龏畏忌'，两龏字皆读若恭，表示对于鬼神的虔敬。春秋晚期邾器《邾公华钟》'余毕龏威忌'，《邾公陉钟》'余毕龏威忌'，两邾器铭之'毕龏'皆当读若'毕恭'。""郭店楚简《老子》丙本的'䥺䥺为上'，实当读若'严恭为上'。（此处换段——笔者注）《尚书·无逸》'严恭寅畏，天命自度'，伪孔传：'严恪恭敬，畏天命，用法度。'"在对"△△"做出上述释读后，晁氏对此节文字给出了这样的解释："在战争来临的时候，不是取恬淡愉悦的心态，也不是将兵器束收或做得厚大、锐利而不文饰，而是要谨慎严恭，戒惧警备，这样才能取得战争的胜利。"②

另有美国汉学家韩禄伯（Robert G. Henricks）读为"恬龏（恭）"，释义则

---

① （明）徐学谟：《老子解》，熊铁基、陈红星主编：《老子集成》第 7 卷，北京：宗教文化出版社 2011 年版，第 165 页。

② 晁福林：《从楚简"䥺䥺为上"看老子的战争观》，《东岳论丛》2002 年第 3 期，第 66—67 页。

与晁氏相近①。

此说重在战时保持戒慎，但戒慎严恭并不是取胜的充分条件，更重要的是，读为"严恭"过于曲折隐晦。"严"在简帛《老子》中出现过，如第十五章"俨乎其如客"之"俨"，帛乙与汉简就作"嚴（严）"，楚简作"敢"。那么此处为什么不直接用"敢（严）"，而要假"鑲"为之？再则，此字的确应释读为"铦"。廖名春的分析准确："'铦'一见于帛书甲本，再见于帛书乙本，楚简本又作'鎆'，绝非偶然。《语丛四》简 19'若齿之事舌'，'舌'字写作'胥'，因此，'鎆'为'铦'之繁文无疑。"② 再看"恭"，《老子》无此字，但帛乙卷前的《黄帝四经》，其《经·雌雄节》有曰："□□共验，是胃雌节。"③ 这里以"共"通"恭"，如此则帛书两本以"袭""憃"通"恭"的可能性很小，"严恭"说实难服人。

## 三、兵器说

魏启鹏较早提出此说，他认为："此二字乃联合词组。铦（ㄒ一ㄢ），《集韵》：'思廉切，或作锬。'……锬（ㄊㄢˊ），《说文》：'长矛也。'与'修铩'同，'铩'为长刃矛。袭：读为钑（ㄙㄜˋ），二字同隶缉部，其声邪、心旁纽，故得通借。《急就篇》第十八章：'钑戟铍镕剑镡镞。'颜师古注：'钑，短矛也。'……憃读为鏦（ㄘㄨㄥ），二字古韵同隶东部……《说文》：'鏦，矛也。'《广韵》：'鏦，短矛。'……可见帛书甲、乙本的'铦（锬）袭（钑）'、'铦（锬）憃（鏦）'，其义皆为'长矛和短矛'。简文'铦纏'实同于帛书乙本'铦憃'……'锬鏦'是楚国有名的锐利武器，亦即'修铩短鏦'……二矛长短配合，锐不可挡。可见，简文称'铦纏（鏦）为上'，是言之有据的。"④

侯才是其同调，他说："简文写作'鎆'，现发表释文释为'铦'（恬）。此字当释为'错'……'错'，通'厝'，《说文》：'厉石也。''纏'，简文写作

---

① ［美］韩禄伯著，余瑾译：《简帛老子研究》，北京：学苑出版社 2002 年版，第 130 页。
② 廖名春：《郭店楚简老子校释》，北京：清华大学出版社 2003 年版，第 542—543 页。
③ 国家文物局古文献研究室：《马王堆汉墓帛书》第 1 册，北京：文物出版社 1980 年版，第 70 页。
④ 魏启鹏：《楚简〈老子〉柬释》，台北：万卷楼图书有限公司 1999 年版，第 63 页。

'銛'，现发表释文释此字为'淡'。此字当释为'鞋'。'鞋'，《说文》：'憨也。纪庸切。通"縠"'。'縠，张弩也。'帛甲本此字作'袭'，帛乙本此字作'憺'，均当通'鞋'。'错縪'，厉石、弩弓之意，当泛指武器、武力。'错縪为上，弗美也。'当意为：崇尚武力，并非美事。"①

汉简本作"恬偻"，整理者认为："'恬'应是'铦'之借字……'偻'疑读为'镂'，《说文·金部》：'镂，刚铁也'，'铦镂'即锋利的铁制兵器……'铦镂'讹为'恬淡'，遂致文义难解。"②

如上，魏启鹏释为"錟鏦"（长矛和短矛），侯才释为"错鞋"（厉石与弩弓），汉简整理者释为"铦镂"（锋利的兵器），诸说皆不可接受。其一，将"铦"进一步释为"錟""错"的做法，缺乏说服力，也缺乏必要性。其二，本章主旨是谈对待战争应有的态度，而非具体地指导人们使用何种兵器。老子作为思想家，大概也不至于想着去指导战场上使用何种兵器。侯才提到的楚简"弗美也"，其功能不是对"△△为上"进行价值判断，因而不能解释成"……并非美事"。关于这一点，观其下文"美之，是乐杀人"便可知。"弗美也"相当于"不美之也"，侯才没有意识到"弗美也"隐含着"之"，而且"之"指的也不是兵器，详后。

## 四、实用说

（一）"铦锐"

民国时期，劳健就认为，用兵而言"恬淡"，终不成理。而他自己的观点是："二字乃'铦锐'之讹，谓兵器但取铦锐，无用华饰也……《说文》'锐'籀作'剧'，《古文韵》'锐'字下引天台经幢亦作'剧'，又'金'字下引《古老子》作'', 则''即'剧'之反文，并当释作'锐'，可隅反而知也。古河上本作'恢'，犹略存讹转之迹。后人以傅会'恬'字之误，再变为

---

① 侯才：《郭店楚墓竹简〈老子〉校读》，大连：大连出版社1999年版，第130页。
② 北京大学出土文献研究所：《北京大学藏西汉竹书》第2册，上海：上海古籍出版社2012年版，第160页。

'惔'、为'淡'、为'憺',则全迷旧形,不可复辨矣……《广雅》'剡''锐''銛'三字通释为利。"①

劳氏早在简帛《老子》面世之前,便推断"恬"当作"銛",诚为卓见。但释读为"銛锐(锋利)"并称本章"兵"皆指剑戟戈矛等军械,这是否合理,有待进一步讨论。

(二)"銛功"

裘锡圭在劳健的基础上踵事增华,他认为:"简文'銛'下一字从'纟''龏'声。'龏'、'龔'同音,与'工'、'功'都是见母东部字。此从'纟''龏'声之字似当读为'功苦'之'功'……《管子·七法》'器械不功'尹注:'功谓坚利。'銛功为上,就是说兵器以坚利为上。""王弼本作'胜而不美',加上'胜而'二字,就把讲兵器的话变成讲用兵的话了。老子的原意是说,兵器是在不得已的情况下使用的东西,只要锋利坚固合于实用就好,不应加以装饰使之美观(即劳健所谓'无用华饰'),如果这样做,那就是以杀人为乐了。"②刘钊、刘笑敢亦持此见③。

以上"銛锐"说、"銛功"说,都是说兵器只要锋利即可,倘若进一步美饰,那就是尚武。撇开文字释读而单就义理阐释来说,这其实是古今的一种普遍解读。北宋王雱的解读很具代表性,其言曰:"兵器主于杀伐,而过为之饰,使美而可观,是以杀人为美也。"④

(三)"銛庞"

张松如认同劳健的解释路径,但据帛书本提出"銛庞"说:"今帛书作'銛庞',庞疑为'厖'字之变,敦庞、骏庞,皆有厚大之义,谊与銛锐为近,均指兵器言,故云'勿美也'。河上、王弼增字作'胜而不美',则更扞格难解矣。"⑤张氏将此节文字校订为"銛庞为上,勿美也",释为兵器锐利坚实即

---

① 劳笃文:《劳笃文〈老子〉著作五种》,北京:中华书局2016年版,第89—90页。
② 裘锡圭:《郭店〈老子〉简初探》,陈鼓应主编:《道家文化研究》第17辑,北京:生活·读书·新知三联书店1999年版,第51—52页。
③ 刘钊:《郭店楚简校释》,福州:福建人民出版社2005年版,第40页;刘笑敢:《老子古今——五种对勘与析评引论》上卷,北京:中国社会科学出版社2006年版,第336页。
④ 《道德真经集注》,《道藏》第13册,第45页。
⑤ 张松如:《老子说解》,济南:齐鲁书社1987年版,第211页。

可,不求华饰。但如我们所知,帛书两本原非"铦庞",张氏却直接读作"铦庞",未做出论证或交代理据,故有武断之嫌。

汉简本面世后,陈剑认为自己找到了线索,他把汉简本"恬偻"也释读为"铦庞":"《说文解字》:'庞,高屋也。'……高屋岂不就是楼么?……庞是从龙的字和从娄的字交叉的节点,更加证明这个字应当读作庞。"① 即是说,"庞"字字形从龙,故可与从龙得声的"䙴""袭""㦒"通假;"庞"又有楼义,故可与"偻"通假。这样一来,通过"庞",楚简本、帛书本从龙诸字便与汉简本"偻"取得了联系。

(四)"铦袭"

另有论者依帛甲取"铦袭",如黄钊解释道:"'铦',利也;'袭',入也。'铦袭'意为锋利而能刺入,此正与劳健所云'铦锐'之义近。"② 又如张舜徽释曰:"铦,锐利也;袭,攻敌也。首二句谓用兵以锐利袭敌为上,然有道之主,不加称美也。"③ 二人所言大体相同,只是对"袭"的字义解释稍异。不过此论似乎忽略了一个问题:如果这里表达的真是以兵器锐利便于杀敌为上,则下文紧接着反对"乐杀人",就不太讲得通了。

以上诸说皆重在兵器的锋利与实用,此恐非老子本意。一则美饰兵器并非就是乐杀人,不美饰兵器也不等于不乐杀人;二则老子当然不想看到钝刀割肉,但锋利的兵器更便于杀人,老子大概也不愿看到快刀斩乱麻。彭裕商等人说得好:"如将此句理解为以兵器锋利为上,不加装饰,如此则是老子所反对的,仅仅只是对兵器的装饰而已,只要不装饰兵器老子就不反对,此恐非老子原意……兵器以铦利为上,本意即在杀人,暴虐之人即使不装饰兵器,也完全可以用铦利之兵器杀人盈野,所以是否装饰兵器,并不能决定其人用兵的态度。"④

更关键的是,本章通篇谈的是人主对用兵应持何种态度,而非反对美饰兵器。前面说过,"弗美也"相当于"不美之也",侯才没有意识到其中隐含的

---

① 陈剑:《老子译注》,上海:上海古籍出版社2016年版,第110—111页。
② 黄钊:《帛书老子校注析》,台北:台湾学生书局1991年版,第162—163页。
③ 张舜徽:《周秦道论发微》,北京:中华书局1982年版,第192页。
④ 彭裕商、吴毅强:《郭店楚简老子集释》,成都:巴蜀书社2011年版,第562页。

"之",裘锡圭则认为楚简没有说出来的"之"指兵器,二人皆未当。"之"代指"兵",没有疑义。但此处指兵事或武力,非指兵器。"美"乃意动用法,以……为美,暗含沾沾自喜、得意洋洋义,与本章"乐""哀悲""以丧礼居之"一贯,均就心态而言,而第三十章"伐""骄""矜"便是"美"。如果把"美"理解成使动用法,文义就讹变成了装饰、美化兵器,这是受章首"夫佳兵者,不祥之器"①的误导。自汉代河上公以来,"佳兵"多被理解成动宾词组,表美饰兵器。但传世本《老子》的这个"佳"字其实是衍文,帛书两本就无"佳",传世本下文重申时("兵者,不祥之器,非君子之器"②)亦无"佳"。至此我们当知,本章"兵"皆指武力,"弗美也"意为不以武力为美,与使用什么兵器,兵器实用与否无涉,我们不能围绕兵器来对"△△"做文章。

## 五、掩藏说

（一）"括笼"

此说由刘信芳提出,其言曰:"'銛'应读如'括',《说文》:'括,絜也。'絜者,收束也。《左传》襄公三十年卫北宫括字子结。'襲'……读如'笼'……从龙之字多有包拢之义,如《文选》卷十二郭璞《江赋》:'拢万川乎巴梁。'注:'拢犹括束也。'是'銛襲'乃收束兵器之意。"③

今按,"括"确有收束义,如《周易》坤卦六四爻辞:"括囊,无咎无誉。"④"笼"的这种意味却淡。将这种释读表述为"括拢",当更合刘氏之意。遗憾的是,刘氏并未说明"銛袭"之类的文本何以不可取,而是一上来就根据字形做联想发挥。

（二）"銛袭"

李先耕、廖名春、陈锡勇、兰喜并等人读作"銛袭",但倒过来理解为"袭

---

① 王卡点校:《老子道德经河上公章句》,北京:中华书局1993年版,第125页。

② 同上。

③ 刘信芳:《荆门简老子解诂》,台北:艺文印书馆1999年版,第71页。

④ 黄寿祺、张善文:《周易译注》,上海:上海古籍出版社2001年版,第30页。

铦"（掩藏武力）。比如廖名春云："我意'袭'为本字，'䙬'为异体，从'糹'与从'衣'同，又繁化加'艹'为义符，而'憸'为借字，它们都以'龙'为声符。'袭'有遮盖、掩藏义……《史记·屈原贾生列传》：'袭九渊之神龙兮，沕深潜以自珍。'……'铦袭'犹言兵锐袭藏，也就是说要掩藏兵锋。"① 兰喜并亦云："铦袭：指把利器掩藏起来，不要太'锋芒毕露'，不要过分炫耀。第80章中讲'有甲兵，无所陈之'。"②

以上"括笼""铦袭"二说，都是理解为将兵器束之高阁，不用武力。有学者提出反对意见，如晁福林评论道："专家谓'铦'义为锋利，'袭'训掩藏，虽皆信而有征，但于词语顺序方面，则嫌不大通顺。若义谓掩藏兵锋，则当作'袭铦'，而非相反。若释为'括笼（拢）'，虽然没有词序问题，但既然用兵，就不可能将兵器收束起来。"③ 董京泉也认为掩藏说不合情理，其言曰："在敌人大军压境或已经对我攻城略地之时，亦即我要对自己的军队'不得已而用之'的时候，自己的'武力还是（以）收藏为上'。这岂不等于说老子主张在敌人的大举进攻面前束手待毙或举手投降吗？"④ 二人所言甚是，掩藏说貌似符合老子反战的思想，然上文既言"不得已而用之"，何以旋即又言收束、掩藏？这确实是此说无法解决的一个矛盾。

## 六、突袭说

刘小龙、尹振环、杨鹏、辛战军、董京泉、何宗思依据帛甲取"铦袭"，并释为突袭。比如辛战军解释道："铦袭为上——谓不得已而用兵，则应以锐利之兵突击轻袭以胜敌为最善……锐兵轻袭以取胜，则死伤者少。若重兵久战，必死伤众多。《孙子兵法》云：'兵久而国利者，未之有也。'故不得已而用之，铦袭为上。"⑤ 董京泉亦云："'铦袭为上'的意思是说，以精锐之师乘敌不备对敌

---

① 廖名春：《郭店楚简老子校释》，北京：清华大学出版社2003年版，第543页。
② 兰喜并：《老子解读》，北京：中华书局2005年版，第118页。
③ 晁福林：《从楚简"镰䙬为上"看老子的战争观》，《东岳论丛》2002年第3期，第65页。
④ 董京泉：《老子道德经新编》，北京：中国社会科学出版社2008年版，第541页。
⑤ 辛战军：《老子译注》，北京：中华书局2008年版，第124页。

实施突然袭击是为上策……这种释义与老子'以奇用兵'（第五十七章）的思想是相吻合的。"①

笔者以为，六类说法中，突袭说较为可取。其一，在文字释读时，我们应优先考虑非通假；或者说，若简帛原字句能够解释通，就应尽量按原字句来理解，而不是先联想这样那样的通假情况，以免偏离文义越来越远。此处突袭说便是紧扣帛甲"铦袭"作解。其二，突袭说可能于文义最为切合。老子应该是说，如果战争回避不了，就得注意避免旷日持久的硬打硬拼，而最好以精锐部队发动出其不意的突袭，速战速决，以尽量降低战争的破坏性。可以说，这是在兵事既起这一最坏情况下的最佳选择。

我们知道，老子生活的春秋末年，各路诸侯相互侵伐，大鱼吃小鱼，小鱼吃虾米，连绵不绝的兼并战争给社会民众带来了深重灾难。《淮南子·主术训》对此乱象有一描述："春秋二百四十二年，亡国五十二，弑君三十六。"② 这得打多少仗？黎民百姓又得掉多少人头，流多少血啊！《庄子·则阳》讲了这么一个寓言故事："有国于蜗之左角者，曰触氏；有国于蜗之右角者，曰蛮氏。时相与争地而战，伏尸数万，逐北旬有五日而后反。"③ 这可以说是对春秋战国时期兼并战争的传神写照。战争使得无数生灵惨遭涂炭，但"伏尸数万"后胜方仍不过瘾，于是狠命追杀败退的敌军，半个月后才班师回朝。

天地有好生之德，而兵事主杀。但老子始终以生民为念，他看到无数黎民百姓的血肉之躯沦为争霸者的政治资本，看到战争带来无尽的流血死伤、社会动荡、家破人亡、灾荒饥馑，于是，如何尽快地止战就成了他考虑的首要问题。第三十章"果而已"④ 便是说，只要问题解决就打住，所谓大获全胜，从胜利走向更大的胜利，都是没有必要的，以免残害更多的生灵。本章"铦袭为上"作为一条用兵准则，目的也是尽快结束战争，尽量减少战争伤亡，其立足点依然是对生命的尊重，这可能是老子与主要讲谋略、战术的兵家的最大分歧，体现出老子伟大的人道主义与和平主义的精神。

---

① 董京泉：《老子道德经新编》，北京：中国社会科学出版社2008年版，第540页。
② 何宁：《淮南子集释》，北京：中华书局1998年版，第697页。
③ （清）郭庆藩撰，王孝鱼点校：《庄子集释》，北京：中华书局1961年版，第891—892页。
④ 王卡点校：《老子道德经河上公章句》，北京：中华书局1993年版，第121页。

## 七、结语

那么，出土四本与传世本何以有差别如此明显的异文？这里边的文本演变轨迹会是怎么样的呢？前引劳健的推断是：本字为"銛锐"，"锐"籀文作"劂"，"劂"反书就成了"锬"，最后"銛锬"讹变为"恬惔"。此演变轨迹可表述为：銛锐→銛劂→銛锬→恬锬→恬惔。

廖名春推测道："'銛'字后人误为'恬'，应无问题。而要说'袭'与'淡'、'惔'、'憺'音近相通，与音理有碍。我意是义近通用。傅奕本之'憺'和《释文》所出之'澹'，疑本作'襜'或'幨'……《玉篇·巾部》：'幨，帷也。亦作襜、袩。'而王弼本、范应元本的'淡'，河上公本、景龙碑本的'惔'，本当作'袩'。《玉篇·衣部》：'襜，蔽膝也。袩，同上。'《集韵·盐韵》：'幨，车幨。或作袩。'《仪礼·士昏礼》：'妇车亦如之，有袩。'郑玄注：'袩，车裳帷。''幨'、'襜'、'袩'音义皆同，故可互用。它们原本为遮蔽之物，名词动化，故有遮蔽义。"① 此说认定"銛袭"为本字；尔后"銛"因形近而误为"恬"，"袭"被代以近义词"襜"或"袩"；再往后，"襜"因形近而讹为"憺""澹"，或"袩"讹为"惔""淡"。此演变轨迹可简化为：銛袭→銛襜或銛袩→恬憺、恬澹、恬惔、恬淡。

辛战军的看法是："'銛'字与'锬'字义同而通用。正因为二字之义同，或许我们可以推测有读《老子》书者将'锬'字标注于'銛'字旁边，而后之传抄者将其误入正文中。再后之传抄者或误'銛'作'恬'，为傅会'恬'字之误，则又改'锬'为'淡'，为'憺'，为'惔'，且去其'袭'字，于是遂成传世本之'恬淡为上'或'恬惔为上'等文字，而最终竟至于不可明辨老子之本义。"② 此说也认为本字是"銛袭"；之后有人将旁注"锬"（同"銛"）混入正文变成"銛锬袭"；再往后"銛锬"讹为"恬惔"，并删除"袭"。兹表述为：銛袭→銛锬袭→恬惔……

汉简本整理者认为："'恬'应是'銛'之借字……'龙'属东部，'偷'

---

① 廖名春：《郭店楚简老子校释》，北京：清华大学出版社2003年版，第543页。
② 辛战军：《老子译注》，北京：中华书局2008年版，第126—127页。

属侯部,二字声母相同,韵母为阴阳对转,故可通假……'偻'、'惔'形近,疑'偻'先讹为'惔',再进一步变为'淡'、'憺'等字。"① 这是推测本字为"铦镂",楚简、帛书从"龙"诸字乃"镂"之假借;之后因通假而被书作"恬偻";再因形近而讹为"恬惔"。可表述为:铦镂→恬偻→恬惔……

以上四种不同说法中,劳健说虽与实情有出入,但在简帛面世以前就做出这样的推断,洵为有见。廖名春、辛战军之说有嫌曲折,因为他们横插了"襜(袾)"或"锬"。相对而言,汉简整理者说更具说服力。笔者在其基础上认为,本字当如帛甲作"铦袭",楚简"纕"、帛乙"懪"乃"袭"之借字(三字皆从"龙");汉简"偻"盖"龙"之声转;然后因形近,由汉简"恬偻"误作"恬惔",进而演化出"恬淡""恬澹""恬憺",即铦袭→铦偻→恬偻→恬惔……

---

① 北京大学出土文献研究所:《北京大学藏西汉竹书》第2册,上海:上海古籍出版社2012年版,第160页。

# 《道德真经广圣义》的"理国"思想[*]

徐明生[**]

**内容提要**：唐末五代道门领袖杜光庭的《道德真经广圣义》是其时注《老》的代表著作，发挥了道教一以贯之的治身理国传统。《广圣义》的理国思想，在方法论上以"双遣""兼忘"为根本，在"修道即修心"的原则下强调心性修炼为理国的根本依据。在理国的具体途径方面，《广圣义》强调人君"修己"的重要性；主张效法天道，提出"法天行化，任物无为"的理国理念；发挥西周以来的"民本"传统，强调"民为国本""民为神主"；发挥《老子》的俭、啬思想，提倡"俭啬为政"；政事方面主张无为清简、宽猛相济；对外关系主张文本武末、谦静为国。《广圣义》的理国思想，在广泛吸收儒家治理思想、佛教"遮诠"方法以及心性论的基础上，体现了鲜明的三教融合特色。

**关键词**：《道德真经广圣义》；理国；治身；修心

"治身理国"是道教自成立之后所秉持的两大修道目标。一般认为，"治身"与"理国"不可分割，是道教"身国同构"思维模式下的产物。胡孚琛指出：

---

[*] 本文是国家社科基金一般项目"道教神谱的构建与传统信仰研究"（18BZJ048）阶段性成果。
[**] 徐明生，男，江苏南京人，南京大学哲学系在站博士后，江苏科技大学马克思主义学院副教授。

"道学①是一种'身国同构'的学说,道的原则既可用于治身,也可用于治国,推而至于天下,故倡导天人同构,身国一理。道家之经书,大多可以作人体养生学和国家政治学的双重解释。"② 道教经典及撰述,多围绕治身与理国两个宗旨展开,区别在于不同时代、不同思想背景之下侧重点有别。早期道教经典《太平经》主张"三一为宗"③,陈撄宁解为"修身以精、炁、神三者混而为一,治国以天、地、人三者合而为一,故曰'三一为宗'"④。《太平经》以三一相合或"三合相通"的模式贯通治身与理国。葛洪在《抱朴子·地真》中说:"故一人之身,一国之象也。胸腹之位,犹宫室也。四支之列,犹郊境也。骨节之分,犹百官也。神犹君也,血犹臣也,气犹民也。故知治身,则能治国也。"⑤葛洪以身体结构比附一国的结构,在两者结构相似的基础上得出了治身与理国一理的结论。有唐一代,由于帝王的尊崇,注释《老子》成为风尚,并且这一时期的老学呈现出新的面貌:"人们已开始探讨运用《老子》的理论来指导修身、治心,进行伦理道德权威的建立。这在老学的发展史上是一个大的突破。"⑥唐代注《老》,除了运用"重玄双遣"的方法之外,基本上都以治身与理国为注《老子》的主旨。李荣《道德真经注序》认为《老子》的宗旨在于"圣人治":"是以圣人治,处无为之事,行不言之教;又云圣人治,虚其心、实其腹。"⑦《唐玄宗御制道德真经疏·释题》言《老子》之旨为:"明道德生畜之源,罔不尽此。而其要,在乎理身理国。"⑧ 杜光庭注解《老子》,是在唐玄宗注疏的基础之上,因此也发挥了《老子》的治身与理国宗旨。关于杜光庭注解《老子》的

---

① 胡孚琛以"道学"统御以《老子》为核心的道教之说、道教的宗教文化以及丹道体系:"我们将道学的概念定义为以老子的道的学说为理论支柱的整个文化系统,其中包括道家的哲学文化、道教的宗教文化,还有丹道的生命科学文化。"(参见胡孚琛:《道学通论》(修订版),北京:社会科学文献出版社2009年版,第6页。)

② 胡孚琛:《道学通论》(修订版),北京:社会科学文献出版社2009年版,第20页。

③ 《道教义枢·七部义》云:"《太平》者,此经以三一为宗,老君所说。"[《道藏》第24册,北京:文物出版社、上海:上海书店、天津:天津古籍出版社1998年版(以下略注),第814页。]

④ 陈撄宁:《太平经的前因与后果》,《道教与养生》,北京:华文出版社1989年版,第45页。

⑤ 王明:《抱朴子内篇校释》,北京:中华书局1985年版,第326页。

⑥ 熊铁基、马良怀、刘绍军:《中国老学史》,福州:福建人民出版社2005年版,第256页。

⑦ 《道藏》第14册,第37页。

⑧ 《道藏》第11册,第749页。

特色，目前尚有方法及语言方面的争论①，不过杜光庭注解《老子》为"广"圣义，即发挥玄宗注疏之旨，其宗旨也不离治身理国两个方面。并且，作为唐末五代道门领袖，他于乱世之中注《老》，其治世理国、求天下太平之旨，也是对时代课题的因应。

## 一、"修道即修心"——理国思想的形上依据

唐玄宗在《道德真经疏·释题》中，以治身理国为《老子》宗旨，认为其要"在乎理身理国。理国则绝矜尚华薄，以无为不言为教……理身则少私寡欲，以虚心实腹为务"②。《道德真经广圣义·序》颂赞玄宗注疏"内则修身之本，囊括无遗；外即理国之方，洪纤毕举"③。杜光庭在《广圣义》中循着唐玄宗的理路，发挥了《老子》的治身与理国之旨。所不同的是，《广圣义》更加侧重于建立治身理国的形而上学依据，使其理论体系呈现出相当高的思辨水平。具体而言，在佛教般若中观遮诠方法和唐代宗派佛教心性论的影响下，《广圣义》统合了道教的"道体论"与"真性论"，提出了"修道即修心"的原则，将心性修炼作为治身理国的关键。"道体论"方面，杜光庭在"本迹""体用"关系基础上，统一"虚无妙本"之道的"妙有""妙无"两个方面，"妙无"是"本"、是"体"，"妙有"是"迹"、是"用"。"有无""体用"关系是魏晋玄学家在形上层面讨论的中心命题，在般若中观遮诠方法的启发之下，南朝中后期的重玄派道士以"非有非无"的遮诠方式诠释"道体"，在体用相即思维之下，"道"不仅"非有非无"，而且"亦有亦无"，"有""无"相即，相互

---

① 董恩林认为《道德真经广圣义》"以佛解《老》"的方式不过是受到时代影响，事实上杜光庭尽量避免使用佛教理论和术语而坚持使用道教自身的话语体系（参见董恩林：《唐代老学》，北京：中国社会科学出版社2002版，第284—287页）；熊铁基、马良怀、刘绍军则认为《道德真经广圣义》是"以佛解《老》"（参见熊铁基、马良怀、刘绍军：《中国老学史》，福州：福建人民出版社2005年版，第285页）；金兑勇认为杜光庭注《老》时运用了佛教理论，只是"其诠释内容最终归之于道教思想，而以道教为本会通道教思想和佛教思想"（参见金兑勇：《杜光庭〈道德真经广圣义〉的道教哲学研究》，成都：巴蜀书社2005年版，第55页）。金兑勇的这一观点比较允当，杜光庭不论是否或者在何种程度上借鉴了佛学或佛教语言，其宗旨始终为治身理国。
② 《道藏》第11册，第749页。
③ 《道藏》第14册，第310页。

圆融。《广圣义》吸收了重玄派道士的"三一"论成果,分别从体、性、用三个方面论述"妙有之道":

> 大道以虚无为体,自然为性,道为妙用,散而言之,即一为三,合而言之,混三为一。通谓之虚无、自然、大道,归一体耳,非是相生相法之理、互有先后优劣之殊也。非自然无以明道之性,非虚无无以明道之体,非通生无以明道之用。①

"虚无"为道体,"自然"为道性,"大道"即化生万物为道用。三者"即一为三""混三为一",既非相生相法,又无先后优劣的分别,"三一"相即,体一而用三。在《老子》"返本归根"理念的指导下,《广圣义》以"两忘""双遣"的方式"摄迹归本",最终有无俱遣,本迹双忘,从而达到与妙之道相契。"道性论"方面,《广圣义》认为人所禀道性即为人的本性,为清净正性,与道性无二无别,但由于染着外尘,对境生心,故而有种种欲望障蔽真性,去道日远。"禀道之性,本来清净。及生之后,渐染诸尘,障翳内心,迷失真道。"② 由于心的染着与否是清净本性是否被遮蔽的关键,因此修道的根本途径就在于修心,心的迷悟,关乎先天正性是否得以显现。《广圣义》借鉴了佛教心生万法的观点,作为修心的理论依据:"教人修道,即修心也;教人修心,即修道也……善恶二趣,一切世法,因心而灭,因心而生。"③ 一切法皆由心生,所以修心即修道,无二无别。具体而言,《广圣义》提出七种修心法门:"无心者,令不有也;定心者,令不惑也;息心者,令不为也;制心者,令不乱也;正心者,令不邪也;净心者,令不染也;虚心者,令不著也。"④ 从根本上说,七种修心法门都在强调心不可为外境所牵,不可对境生心,从而达到保持清净无染本心的目的。从修心的条目而言,包括摄心止欲、安静心王、体道虚心、心无分别等等,最终的目标,在于"融神观妙",达到与道为一的境界。

---

① 《道藏》第 14 册,第 417 页。

② 同上书,第 385 页。

③ 同上书,第 353 页。

④ 同上。

"人能融神观妙,返一归元,息则为人,消则为气,与道为一,长存不亡,乘无有之和,入无间之道,何四序之能运,生死之能局哉?"① 在"修道即修心"理念的指引下,杜光庭始终将理国与治身相结合,以心性修炼为核心内容,从人君、人臣和百姓三个层面,提出了具体的修身方法和伦理道德准则。此外,对于具体的制度建设、国家交往的基本原则等,杜光庭也提出了具体的主张。总体而言,杜光庭在《道德真经广圣义》中表达的理国思想,不仅有形而上的理论根据,而且充满现实针对性的具体主张。

## 二、人君为理化之本

《广圣义》以人君为理国化民的根本:"理化之本,其惟元首乎?元首者,人君也。"② 《老子》强调"得一""抱一""执一统众","一"即为"道"、为根本。"一"即元首,是社会政治生活中的根本。人君要实现天下太平的目的,必须从修己的功夫做起。《广圣义》从多个方面提出了人君的修己要求,其中又以心性修炼为核心。对"修己"的重视,体现了《广圣义》的儒家立场,孔子曾对子路说:"修己以安百姓,尧舜其犹病诸。"③(《论语·宪问》)而对心性修炼的重视,则兼含佛道修炼之法。

首先,人君应"心志柔弱",做到虚心应事。"心既柔弱,则无险躁纷竞之事,皆处和平矣。事和平,则为理之本矣。"④ 心为万法根本,世事纷扰,是心志险躁的结果,因此,心志柔弱乃是世事和平、身安国理的根本。心志柔弱也即"虚心",以虚心应物,乃可长久。其次,人君应知足制贪。贪欲的危害很大,"夫欲者莫过于色,言爱重而可欲也;祸者莫过于财,言贪不知足也;咎者莫甚于名,言苦求欲得也。人之过罪,条目甚多,财、色与名,三者为大。倾家殒命,亡国杀身,职此之由,可为明戒也"⑤ "财、色、名"是三种最主要的

---

① 《道藏》第 14 册,第 483 页。
② 同上书,第 481 页。
③ 杨伯峻:《论语译注》,北京:中华书局 1980 年版,第 159 页。
④ 《道藏》第 14 册,第 354 页。
⑤ 同上书,第 491 页。

贪欲，沉湎其中会招致败国杀身之祸，人君应以此为戒。关于如何戒贪，《广圣义》做了唯心的解释："贪之与足，皆出于心，心足则物常有余，心贪则物常不足……适分知足，惟在于心，所宜勖也。"① 贪欲和知足皆出于心，因此知足制贪的依据也在于心。"苟能内制贪源，外息贪取，既无仇怨，身安国昌，即知足常足，终身不辱者矣。"② 能止息心源、对境不取，方能知足不辱、身安国昌。其三，人君应以重慎为先，安静为本。"人君之重静也，则事省而理，求寡而赡，不施而仁，不言而信，不求而得，不为而成，怀自然，抱真朴，而天下泰矣。"③ 人君以重静治身理国，方能无事而天下太平，反之则国亡身辱。其四，人君应明德积德。"人君理国乘时，在于明德，不为察察之政，示以淳淳之方，使民不识不知，顺帝之则，斯为道化，善莫大焉。"④ 明德即顺应自然法则，"不为察察之政"即人君不任智、不妄作，使民无知无欲，以达到自然和谐的状态。其五，人君应积德崇仁。所谓"德"，即道的运行法则，《广圣义》以"顺天之道"或"顺天之德"作为治理的原则。"此教人君积德之谓也……所以先虚其心，次守其静，虚静致道，乃复于常。而能公正无私，人所归往，应天合道，行道化人，道化大行，天下欣戴，故能运祚长久，不殆不危。"⑤ 人君积德，即通过虚心守静的心性修炼，从而达到与道相合而应天化人。其六，人君应崇仁以守位。"何以守位？曰仁。言人君居此大宝之位，当须保守之，以仁爱为心，道德为体，重静为用，俭约为基……善崇建于根蒂，善抱守其淳朴，使天下慕其仁而归之。"⑥《广圣义》强调人君居大宝之位的重要性，欲守其位，应以仁爱之心行俭约之政，从而使天下来归，祚流子孙。其七，人君应谦冲自贱。《广圣义》卷三十一论"侯王之道"云："侯王用道化民，所以安其尊位，贵居人先，高居人上，若守谦冲之志，戒盈满之非，因百姓之心，行清静之化，则享祚长久，天下乐而推之，欣而戴之矣。"⑦ 侯王之位贵高而上，因此只有谦冲

---

① 《道藏》第 14 册，第 491 页。
② 同上书，第 490 页。
③ 同上书，第 418 页。
④ 同上书，第 382 页。
⑤ 同上书，第 387 页。
⑥ 同上书，第 420 页。
⑦ 同上书，第 466 页。

为志，戒盈戒满，才能得到百姓的拥戴而享祚长久。在行动上，侯王应自处贱下，"以贱下为高贵之基，孤寡为侯王之称，使其贵不忘贱，受福于无穷；高不忘卑，保身于不殆"①。侯王自称"孤""寡"，是自处贱下的表现，唯有处下才能纳污含垢，使远近归附。同时，自处谦下也能够使人君礼贤下士、招致人才，从而使国家昌盛。

《广圣义》以人君为理国化民的根本，是《老子》"执一统众"思想在社会政治理论中的发挥。而在"修道即修心"理念之下，《广圣义》着重强调了人君的心性修养，如虚心、制欲、重静、谦冲等，在理国中的重要性。对心性修炼的强调，是唐代道教浸润了宗派佛教心性之学的结果。不过，在具体的修心法门上，《广圣义》沿袭了先秦道家以来的传统，也吸收了儒家重视仁德的要求。

## 三、法天行化，任物无为

《广圣义》发挥了《老子》的"无为"思想，主张"法天行化，任物无为"。"人君理国，当法天行化，任物无为，众庶熙熙，自臻平泰。理身无劳心役虑之事，无矜名徇欲之功，神安于中，气和于内，如此则国祚长远，身寿遐延。"②"无为"是"法天"的结果，天道无为，因此治身与理国都应遵循无为的道路。在《广圣义》中，"无为"具有了更加丰富的内涵。

首先，"无为"指"少私寡欲"。"有为"来自于欲望的滋长，有欲望则会追逐私利，追逐私利则招致社会不均，社会不均则产生盗贼，欲望是社会各种祸乱的根源，所以应予断绝。"能绝有迹有为，自复至慈至孝。斥淫巧则私利息，私利既息，盗贼不生，然后凝澽于朴素之乡，杜念于私欲之境，人登富寿，国致遐长。"③ 其次，"无为"即"顺性而为"。"圣人之无为也，因循任下，责成不劳，谋无失策，举无遗事，言为文章，行为表则，进退应时，动静循理，美丑不好憎，赏罚不喜怒，名各自命，类各自用，事由自然，莫出于己，顺天之时，随地之性，因人之心，是则群臣辐辏，贤与不肖各尽其用……

---

① 《道藏》第14册，第471页。
② 同上书，第360页。
③ 同上书，第396页。

此理国无为之道也。"① "无为"即顺天、地、人之性，遵守因循之道，顺乎天而应乎人，如是则可以使群臣百官各司其职、各安其位。其三，"无为"即"冲和之道"。"冲和之道"即"谦虚而不盈满，冲和澄淡"。如不能守"冲和之道"，则必致败亡。"故物失冲和之道必致害亡，人失冲和之道则至死灭，君失冲和之道则政扰民离，臣失冲和之道则名亡身辱。"② 反之，"理国用冲和之道，则无铦锐之情以伤于物，无劳扰之事以伤于人。不伤于物，则万国来庭，四夷向化，兵革不起，怨争不兴，不尚于拓土开疆，凌弱暴寡矣；不伤于人，则使之以时，赋役轻省，家给人足矣"③。"冲和之道"之用在于既不伤于物，又不伤于人，循物性、人性而为，故而国泰民安。其四，"无为"还在于"君臣相合"，即人君垂裳，臣下有为。"人君虚心用道，臣佐体君行化，如天地运五气以不竭，则政无屈挠，四海和平也。"④ 人君与臣佐各居其所，仿天地运行之道，自然四海和平。"大约理国则在于守静默，除淫苛。人君服道而鹑居，臣下崇德而弘道。"⑤ 人君和臣下各有自己的道德标准，人君重在守静默、除淫苛，臣下则崇德而重在政事的具体执行。其五，"无为"还在于"假其有而用其无"。"圣人之理天下也，悬赏罚，制法度，垂教令，明上下，此皆有也。若无端默为政，冲静率人，不言兹化，万物自理，虽有赏罚之科，制度之设，教令之行，上下之别，而不用之，亦可谓假其有而用其无也。"⑥ 圣人的赏罚制度、教化法令等具体规范是"有"，借助这些法令制度达到天下大治，虽有法令制度而不用的理想状态则是"无"。与先秦道家对待法令制度的态度不同，《广圣义》并没有否定现实的法令制度，而是通过权实的相即关系，将法令制度作为"权道"，而理国则是一个从使用"权道"从而达到无为的"实道"，进而权实皆忘的理想境界。"权道"即帝王南面之术，也即刑赏二柄，其功能在于止恶劝善。之所以需要"权道"，是因为末代浇季，人心世风日下，需要刑赏制度来进行规范。同时，由于社会有君子小人之分，因此需要"权实"

---

① 《道藏》第14册，第355页。
② 同上。
③ 同上。
④ 同上书，第358页。
⑤ 同上书，第401页。
⑥ 同上书，第371页。

并用。"人君之理天下也,以实教齐君子,以权教伏小人,以无为之道统权实二教,以为化本……朴者,妙本之道也。"① 权实二教最终统一于无为之道,即《老子》所谓"复归于朴",复归妙本之道,此时就实现了对于权实二教的超越。从本质上说,权实二教都是因机设法,真正的达道,是能够实现对于权实二教的超越,达到重玄兼忘之境。其六,无为还在于"忘功而不有"。"圣人之理天下也……法道施化,布德及人,鼓以淳和之风,被以清静之政,忘功不有,不自尊高,故其盛业可大,圣德可大,以其不为大,故能此尊大。"② 圣人理天下,虽有功于天下而功成不居、忘功不有,故而更能成就其功业广大。"圣人忘功于上,民忘帝力于下,则合乎至化矣。"③ 圣人忘功不有,庶民忘其帝力,上下协和、国家无事,就是最理想的和谐社会。

## 四、民为国本,民为神主

《广圣义》对西周以来的"民本"思想进行了继承和发挥。首先,《广圣义》坚持了先秦儒家的基本立场,以人为万物之灵④。"人之生也,九天分气,十月孕神,含阴吐阳,法天象地,万物之内,人称最灵。国之得人,犹鱼之有水。"⑤ 根据"天人同构"的原理,人的诞生"法天象地",因此人为万物之灵。对于国家而言,人也是最重要的构成要素。《广圣义》更进一步将人作为万神恭诺的对象:"人生天地之间,惊天骇地,三元养育,九气结形,万神恭诺,司马敬顺,天真鉴映,擢形太阳亦不轻也。"⑥ 对人的特别重视,体现了《广圣义》对儒家"人文主义"基本立场的继承。其次,在"人文主义"立场

---

① 《道藏》第 14 册,第 453 页。
② 同上书,第 449 页。
③ 同上书,第 447 页。
④ 以人为"万物之灵"的思想可追溯到《尚书》,《尚书·泰誓》云:"惟天地万物父母,惟人万物之灵。"[参见(汉)孔安国传,(唐)孔颖达疏,廖明春、陈明整理:《尚书正义》,北京大学出版社 2000 年版,第 321 页。]
⑤ 《道藏》第 14 册,第 439 页。
⑥ 同上书,第 479 页。

之上,《广圣义》提出了"民为神主"①的思想。"神主者,民也。"② 民意是神意的体现,因此人君应听命于人而不是听命于神。《广圣义》引《春秋·桓公六年》季良对随侯之语云:"夫民,神之主也。是以圣王先成民而后致力于神。"③"民为神主"继承了《尚书》以来将民意看成是神意的体现、民意先于神意的思想。再次,《广圣义》强调了《春秋》"民为邦本"的主张。"人为邦本,本固则邦宁;人为神主,主安则神享……以道为国,其利弘多,不唯寰海宅心,信亦鬼神宾服。"④ 最后,《广圣义》从多个角度提出了以民为本的具体措施。其一是"爱民","理国之道,务先爱民,民为国本,不可弃也"⑤。其二是"存民","理国者民存则有国,民散则国危"⑥。其三是"聚民","聚则国泰而昌,散则国虚而亡。欲聚人之法,常以无事为先……惟有大德之人,能弘正道,得常通而利正。大人为主,聚道乃全。此谓理国圣人,以道德聚民而安天下也"⑦。《广圣义》还特别强调聚民之法在于"无事为先",即前文所述无为之道。其四是"得民心","夫理国者……必资于众……言天子当敬畏小民,所以得众心也"⑧。理国必须要依赖民众,而人君要得民心,就必须"敬畏"民众。《广圣义》将儒家的"民本思想"作为理国的重要内容,同时坚持了儒家的"人文主义"立场和重民意而轻鬼神的思想倾向。

## 五、俭啬为政,人丰国安

在经济政策方面,《广圣义》主张俭朴、省费,以达到富国聚民的目的。"理国者政清则民静,费省则力丰。"⑨《广圣义》借孔子之口反对统治者聚敛的

---

① 《左传·僖公十九年》载司马子鱼反对人牲时说:"祭祀以为人也。民,神之主也。"〔参见(清)洪亮吉撰,李解民点校:《春秋左传诂》,北京:中华书局1987年版,第302—303页。〕
② 《道藏》第14册,第430页。
③ 同上书,第522页。
④ 同上书,第526页。
⑤ 同上书,第471页。
⑥ 同上书,第368页。
⑦ 同上书,第494—495页。
⑧ 同上书,第467页。
⑨ 同上书,第354页。

行为:"孔子曰:'百姓不足,君孰与足?'斯则民丰国安矣。若积聚无已,溪壑难盈,帑藏有余,民力困竭,非王霸之道也。"① 百姓富足是人君富足的前提,统治者如果大肆聚敛,则会造成民力疲弊、国家羸弱,这是与王霸之道背道而驰的。《广圣义》提出了以"俭"治国的主张。"夫俭者,理务之先。财者,聚人之本……财者,非俭约则易散;民者,非丰财则难聚。所以节财则省费,省费则人丰,人丰则国安而力足矣。"② "俭"道在理国的实践中处于优先的地位,以"俭"治国则可以聚财,财力丰足则可以聚民,民聚而丰足则国家安定、国力富足。《广圣义》将"俭"与《老子》的"治人事天莫若啬"相联系,提出"俭啬为政"的主张。"俭啬为政,国必丰财……财所以资生者也,将聚于众,必先有财,财丰则人可聚,若财用有节,正而理之,民不为非,则可聚而安之也。"③ 这里,《广圣义》看到了财用对安民、富国的意义,这是吸收儒家理国思想的结果。《论语·子路》记载孔子适卫,见卫国人丁兴旺,便向冉有表达了富之、教之的治理思想④。此外,节俭也是促使统治者德行的表现,重视积德也是促使民心归附的重要手段。"君行节俭,是重积其德,民益归之。"⑤ 《广圣义》"俭啬为政"的主张,与唐末五代道书《化书》的基本理路是一致的⑥。

## 六、政清事简,宽猛相济

《广圣义》发挥隋唐以来宗派佛学的心性理论,将"心生万法"原理运用到社会政治领域,认为社会中的善恶皆源于人心。"善恶二趣,一切世法,因心而

---

① 《道藏》第14册,第507页。

② 同上书,第521页。

③ 同上书,第522页。

④ 《论语·子路》载:"子适卫,冉有仆。子曰:'庶矣哉!'冉有曰:'既庶矣,又何加焉?'子曰:'富之。'曰:'既富矣,又何加焉?'曰:'教之。'"(参见杨伯峻:《论语译注》,北京:中华书局1980年版,第136—137页。)

⑤ 《道藏》第14册,第522页。

⑥ 《化书》特别重视"俭"道,其内涵"首先是礼乐制度的简化",其次是"均食之道",其三是"王者大人的修身轨范"。[参见徐明生:《〈化书〉的思想及归旨略析》,《江苏科技大学学报》(社会科学版)2013年第3期,第32页。]

灭，因心而生……心生则乱，心灭则理。所以天子制官僚、明法度、置刑赏、悬吉凶以劝人者，皆为心之难理也。"① 心的生灭是世间法的根源，如果一心不生，则没有善恶诸法；心既有生灭，那么现实社会中的法令制度的创设就有现实针对性，也就有了止恶劝善的功能。从根本上说，法令制度属于《广圣义》所区分的"权教"。《广圣义》虽然肯定了法令制度存在的必要性，但是延续了《老子》第五十七章"法令滋彰，盗贼多有"的思想，反对繁琐的典章制度："上惟君后，下及兆人，徇俗学之心，忘大朴之本，理国则昭昭矜其圣智，察察申其典章，圣智愈作而政愈烦，典章益明而人益弊。"② 《广圣义》反对以"昭昭""察察"理国，认为这是悖离"大朴"之道的表现。圣智愈作、典章愈明，反而去道愈远。《广圣义》将法令滋彰的政治称为"繁政""乱政"，"以政教求理，以奇诈用兵，固不可以致理矣。上多忌讳，下多利器，奇物滋起，法令滋张，皆非太平之本"③。"法令所以齐于民也，令烦则民奸生矣。奸诈既作，盗贼日多，谓之乱政。"④ "繁政""乱政"会带来更多奸伪的现象，使社会中违法犯禁的人增多，从而扰乱社会，动摇太平的根本。此外，《广圣义》还反对过于严苛的政令："政之所以理民也，令之所以齐民也，若政严而狂疾，令峻而暴疾，则民散而国危矣。"⑤ 政令严苛的根本危害，在于失去民心，从而动摇统治的根本。因此法令制度的创设，需要"宽猛相济"。"理国之道，政令所行，亦当宽以济猛，猛以济宽，所以政宽则民怠，令猛则民残。"⑥ 所以，统治者应当以宽政养人，"政刑则民乱，民乱则国残，凋散之事，渐于兹矣……固当宽政养人，而康其国也"⑦。同时，政事清简本身就是以善化民的一种方式，有利于导人向善。"无为则事简，事简则政清。政清事简，而人不待教令而化于善也。"⑧ 政令宽仁、政事清简，君王以无事临人，则不行教化也可以化民以善，使天下太平。

---

① 《道藏》第 14 册，第 353 页。
② 同上书，第 400 页。
③ 同上书，第 517 页。
④ 同上书，第 518 页。
⑤ 同上书，第 408 页。
⑥ 同上书，第 359 页。
⑦ 同上书，第 519 页。
⑧ 同上书，第 518 页。

## 七、文本武末，谦静为国

《广圣义》继承了《老子》反对战争的思想，提出了"文本武末"的理念。"夫以道为国，不恃军功，用德牧人，宁劳武力？且兵者，凶器也；战者，危事也。"① 《广圣义》提倡理国用"道德"，而不能专恃武力。类似儒家提出"王霸之辨"，《广圣义》追求道德至上的升平之世，而不是靠武力建立的王图霸业。"人君理国，习皇风帝道，可叶于升平；效王图霸业，罕偕其清净矣。况兵战之术乎？所宜戒也。"② 理国应效仿三皇五帝之道，垂裳而治，至于兵战之术，是世道浇漓的产物。作为人君，应以"戒兵"为理国的目标。文治和武备作为理国的两种手段，其关系应当为"文本武末"。"文为本，而武为末；文为体，而武为用。"③ 就体用关系而言，文治为体，是理国的根本途径；武备为用，是文治的后盾，居于次要位置。《广圣义》提倡，人君在理国时应注重守道而非穷兵。"兵之佳也，为天下之凶；朴虽小也，为天下之大。王侯能守，万物所宗，道化既行，天地降瑞，不烦教令，民自和平。"④ 人君能守道，自然能让民众不令而行，达到无为之治。《广圣义》还以君臣关系比附大国与小国的关系："大国以小国内为臣妾，小国以大国外为援助。两者其志，不逾于此矣。"⑤ 《广圣义》以君臣相处之道作为大国小国交往的原则，大国为君，应当谦静、谦柔；小国为臣，应该卑下、顺服。"大国以谦为用，则小国归仁……大国以谦下聚人，小国以卑顺奉上，各安其位，互得其宜。"⑥ 一身之中有君臣上下，一国之中有君臣上下，国与国之间亦有君臣上下。《广圣义》继承了先秦黄老的思想传统，将尊卑秩序作为天地间普遍法则，并为不同等级赋予了不同的伦理道德标准，谦静与顺服就是尊卑上下相处之道。

---

① 《道藏》第14册，第544页。
② 同上书，第436页。
③ 同上书，第438页。
④ 同上书，第441页。
⑤ 同上书，第528页。
⑥ 同上书，第526页。

## 结　语

　　《广圣义》的理国思想,不仅贯彻了道教一贯的"身国同构""身国同理"原则,而且广泛吸收儒释两家的理论成果,一方面重视修德、重视心性修养而克制欲望,强调人君的德行;另一方面,在制度层面强调政事清简、刑赏得中。在佛教般若中观思辨成果的基础上,它区分理国的"权教"和"实教",以道家垂拱无为为实,以儒家所提倡的礼乐刑政为权,权实关系和体用关系一样,是相即不二的,理想的理国之道,是从应机所设的权教向垂拱无为的实教的回归。这一理念,又与《老子》的"返本""归根"理念有关。而此时的"返本""归根",是《广圣义》"道体"论中所谓"虚无妙本",从修道的主体而言,"虚无妙本"之道即"本心""本性"的发明。《广圣义》的理国思想,融合了儒家民本论、礼治思想、佛教心性论与道家修道论的理论成果,体现出鲜明的三教融合色彩。《广圣义》贯彻了儒家的修齐治平理想:"夫千里之行,跬步为始,修身理国,先己后人。故近修诸身,远形于物,立根固本,不倾不危,身德真纯,物感自化矣。"① 通过"修己"工夫而化物,从而平治天下,"修己"乃是理国的起点和核心。在儒家思想体系中,"修己"的核心在于"修德"。而在宗派佛学影响下,《广圣义》又将"修心"作为"修己"的本质,并且在"道体论"的基础上,把"修心"等同于"修道"。此时,三教的修德、修身、修心在《广圣义》中得到了统一,成为理国的根本。"修道之身,外绝众缘,内染一气,除垢止念,守一凝神,以慧照自观,证了实相,不滞空有,深入妙门,可以得道。理国之君,允执厥中,则永享天禄也。"② 修道即是除垢止念的心性工夫,其目标是通过智慧观照而复归妙有之道。般若中观重玄双遣的"不滞空有"中道观,与儒家"允执厥中"的中道相一致,成为理国的根本方法论。

　　《广圣义》的理国思想,不仅论及具体的施政措施,涵盖人君、人臣、百姓、制度、战争、国与国关系等多个层面,更突出的特点在于其深厚的理论基础。从传统的理论来看,《广圣义》首先继承了《庄子》以至郭象"性有定分"的思想。"人之生也,气有清浊,性有智愚,虽大块肇分,元精育物,富贵贫

---

① 《道藏》第 14 册,第 509 页。

② 同上书,第 510 页。

贱，寿夭妍媸，得之自然，赋以定分，皆不可移也。"①《广圣义》虽然在佛教的影响下建立了"心生万法""修道即修心"的原则，但在宇宙论中也保留了传统的气化论，以气的精粗、清浊来解释后天万物的区别以及人类社会个体的差异，表现出命定论的倾向。"禀生有分，赋命有常。守其分则可以永全，失其常必之死地。"② 既然性有定分，赋命有常，人的社会角色和地位是先天决定的，在后天的社会生活中，人就应当安守其分，明确和履行先天所决定的社会角色应有的责任和义务。"性有定分"思想强调了社会身份和角色的义务，但又限制了人的后天努力和能动性，否定了社会结构的动态性。其次，《广圣义》多处运用了《易传》的"感通"理论。"天道坦坦，去身不远，天人相感，影响无差。"③ 人道与天道互相感应，在这一理念之下，人间的善恶、祸福都是基于人的行为所感召的后果。天道福善祸淫，阴阳二仪"若交感而顺，则物保其常；或否塞而逆，则物罹其难"④。阴阳二气若和顺，则四时风调雨顺、社会运行有序，反之则灾异频仍。对于人来说，为善作恶也都会招致相应的报应。《广圣义》引《西升经》云："为善，善气至；为恶，恶气至。"⑤ 又引《春秋左传》云："祸福无门，惟人所召。为恶召祸，为善致福，理之常也。"⑥ 从所引的经典可以看出，《广圣义》将天人相感基础上的善恶果报理论看作是儒道一致认同的原则。在天人相感的基础上，"理国者执法以训人，人趣善矣。人趣于善，而和气应之，国泰民和，隆昌之道也"⑦。人君以礼法导人趣善，就可以招感和气，从而使国泰民安。再次是崇古的历史观。《广圣义》虽然提出社会制度要与时而变，但基本的历史观还是与先秦儒道保持一致，表现出崇古的倾向。"夫太古、上古之时，大道之行，上德不德，人知其上有君长焉。中古之时，大道既隐，仁德可见，恩惠及人，故有亲誉之美焉。下古之衰，道德皆隐，教令郁兴，信义漓薄，其上失信，下则以不信应之。"⑧ 太古、上古之世，是最为接近

---

① 《道藏》第 14 册，第 473 页。
② 同上书，第 555 页。
③ 同上书，第 492 页。
④ 同上书，第 479 页。
⑤ 同上书，第 551 页。
⑥ 同上书，第 552 页。
⑦ 同上书，第 472 页。
⑧ 同上书，第 391 页。

无为而治的理想时代；中古是仁德之世，虽然大道隐没，但也是仁义大行的时代，是崇礼重德的时代；下古是世道衰微的时代，社会中出现大量丑恶现象，因此需要严苛的法令与刑狱。《广圣义》划分三个历史阶段，并将太古、上古作为理想的时代，这是其哲学上"复归于道"主张在历史观中的表现。最后，在儒家的影响下，《广圣义》将修身作为理国的起点。"夫千里之行，跬步为始，修身理国，先己后人。故近修诸身，远形于物，立根固本，不倾不危，身德真纯，物感自化矣。"① 这里的修身主要是强调个人的仁德修为，人君修仁德，可以聚民心、安百姓；大国修仁德，则可以绥四方、安天下。在佛教的影响下，智慧观照也成为修身的重要内容。"修道之身，外绝众缘，内染一气，除垢止念，守一凝神，以慧照自观，证了实相，不滞空有，深入妙门，可以得道。理国之君，允执厥中，则永享天禄也。"② 通过止息妄念、守一凝神的观照工夫，从而证悟实相而通达妙道，这样的修证次第和目标与佛教的修持并无二致。《广圣义》将般若学的"中道观"与儒家的"执中"相等同，同时作为修道的根本途径和理国的主要手段。

与同时代的道书《化书》《无能子》等相比，《广圣义》体现出明显的时代特色。唐末五代，战争频仍、社会扰攘，在乱世中，这一类道书表达了对于社会安定和平的渴望，提出了一些相似的社会诉求，如提倡俭朴、反对苛政暴政、反对战争等。相较而言，《广圣义》在理论思辨方面的成就更为突出，主要体现在对重玄方法的完善和对道教"道体论"和"道性论"的推进。对三教理论的兼收并蓄，也使《广圣义》的理论体现出杂糅的特征。如宇宙论方面，它既建立了"心生万法"的原则，又保留了传统道家气化的宇宙生成论。即便如此，《广圣义》的理国思想在兼采三教理论的基础上，在义理上有了新的建树，同时又在多个层面提出了具体的理国方法。道教之所以能和儒释二教鼎足而立，在于其"'经国理身'的终极理想与儒、佛思想既有所不同而又能形成一种互补的态势"③。而"经国理身"理想的阐释和理论建设，在《广圣义》中达到了新的高度。

---

① 《道藏》第 14 册，第 509 页。
② 同上书，第 510 页。
③ 孙亦平：《杜光庭评传》，南京大学出版社 2005 年版，第 541 页。

# 道家反"仁义"吗?

## ——从"知"的角度论道家的仁义观*

崔基勋**

**内容提要**:《老子》中的"知人者智,自知者明"这句话是表示老子对知的观点,本身也包含着老子对仁义等道德观念的看法。"智"所表达的是关于仁的知,仁者人也,是关于儒家之"人之所以为人的德性"的知;"明"所表达的是关于道的知,知常曰明,是关于道之常然状态的知。"智"与"明"的内涵差异,表现了仁义与道在层次上的区别。道家不单纯地否定仁义,而是以"大仁不仁"等否定的形式表现高层次的道德理想状态。

**关键词**:道家;知人;自知;仁义

仁义是中国哲学的道德伦理范畴,通常认为儒家倡导仁义之道,而道家则反对仁义。这是通行本《老子》的"绝仁弃义""天地不仁"等说法所引起的评价,而这些评价却抹杀了道家学说的道德伦理价值。自郭店楚简本《老子》出现,学术界对老子仁义观的认识开始有所变化,比如陈鼓应说:"通行本'绝仁弃义',郭店简本作'绝伪弃诈',为祖本之旧,当据改正。老子第八章主张

---

\* 基金项目:江西省高校人文社会科学重点基地项目"道家知论体系研究"(JD20119)。
\*\* 崔基勋,男,韩国釜山人,上饶师范学院朱子学研究所讲师。

人与人交往要尚仁（'与善仁'），可见老子并无弃绝仁义之说，郭店简本出土，始知为人妄改。"① 如果接受郭店简本的"绝伪弃诈"为原本，通行本的"绝仁弃义"与"与善仁"的矛盾也自然解决了。但问题在于，学界对出土简本更接近于原本《老子》的观点存疑，而且在先秦道家其他典籍中仍然有与通行本《老子》相关的论述。

对老子之仁义观的准确描述，不能只取决于文本的某段、某句，而需要我们从道家的整个思想脉络上来把握，同时需要考察其他哲学范畴如何论述仁义等与道德观念相关的问题。在道家学说中，存有很丰富的关于仁义的说法，是因为道与仁义本身有紧密关系，仁义皆根源于母体"道"，道、德与仁义之间具有一种连锁的关系②。就道家而言，真实的仁义离不开"道"，但两者之间又存在层次上的区别。这种道与仁义关系及对仁义的观点，在《老子》的"知人者智，自知者明"③ 中也表现了出来。本文通过分析关于"知"的命题，探讨道家的知之层次、道家知与道、仁义等的关系，同时考察道家的道德伦理观。

## 一、知人：儒家对"仁"的把握

老子提出："知人者智，自知者明。胜人者有力，自胜者强。知足者富，强行者有志，不失其所者久，死而不亡者寿。"④ 老子把知人界定为智，而把自知界定为明。知人，以人为知之对象；自知，以自为知之对象。王弼注："知人者，智而已矣，未若自知者，超智之上也。"⑤ 道家所推崇的知是自知之"明"的状态，不停留在知人之"智"的状态。通过对知人和自知的分析，我们可以看出道家的道德伦理观。

知人的说法，不只老子一个人提出，先秦儒家的孔子也提过：

---

① 陈鼓应：《老子注译及评介》，北京：中华书局1984年版，第134页。
② 参见陈鼓应：《先秦道家之礼观》，《中国文化研究》2000年总第28期，第3页。
③ （魏）王弼注，楼宇烈校释：《老子道德经注》，北京：中华书局2011年版，第87页。
④ 同上。
⑤ 同上。

> 樊迟问仁。子曰：爱人。问知。子曰：知人。樊迟未达。子曰：举直错诸枉，能使枉者直。樊迟退，见子夏。曰：乡也吾见于夫子而问知，子曰，举直错诸枉，能使枉者直，何谓也？子夏曰：富哉言乎！舜有天下，选于众，举皋陶，不仁者远矣。汤有天下，选于众，举伊尹，不仁者远矣。①

樊迟向孔子问仁与知的意思，又不太明白孔子的回答，子夏为他解释而说：由于有仁者的影响，不仁者去远，即德性高尚的人能够影响周围德性差的人。所以，在舜、汤有天下的时候，他们选仁者治国，选仁者的前提是需要分辨此人有没有仁之德性。君子应当具有君子应有的品质，这与个人修养有关，而君子用人的时候，也务必选择出德性高尚的人，这将与治人有关。这样，修己治人的儒家之目标，才能得到完整的实现。因此，在儒家思想里，知人即意味着洞察"其人是否具有仁之德性"。

知人，主要是知其人的德性如何。就孔子而言，为学的对象是先王之道，其所追求是"从心所欲不逾矩"的道德境界。在孔子的道德规范体系中，处于最高地位的是"仁"，因此知仁、明白仁之内涵是学先王之道的主要内容。孔子说，仁是爱人，知是知人，无论仁还是知，其主要内容都是做人的根本道理（人道）。《中庸》亦说："仁者人也。"② 也可以说，"仁"是人之所以为人的根本性质，知人与知仁两者是相通的。关于知与仁的关系，孔子曰："未知，焉得仁。"③ 孔子还说："生而知之者，上也；学而知之者，次也。"④ 学是得知之方，即以学而得知；知是得仁的前提，即以知而得仁。在孔子的思想中，知的完成实际上是知"人之所以为人的根本性质之仁"。

那么，如何做到知人呢？孔子认为，知人与知言密切相关，孔子曰："不知命，无以为君子也。不知礼，无以立也。不知言，无以知人也。"⑤ 知言是知人

---

① （宋）朱熹：《四书章句集注》，北京：中华书局2011年版，第131—132页。
② 同上书，第30页。
③ 同上书，第79页。
④ 同上书，第161页。
⑤ 同上书，第181页。

的前提,钱穆注:"论辩思议之是非得失,生于心而发于言。若不能知言,何能知其是非得失乎?"① 按钱穆的说法,知言的内容为论辩思议之是非得失,即以人之言可做出是非得失等判断。因此,《论语》多处指出"言"的重要性,如:"君子一言以为知,一言以为不知,言不可不慎也。"② 根据人所表达出的内容,做出其人之知不知的判断。对于人是否有仁之德性的判断亦由此,通过分辨其人所表达的言,以此知其人的德性如何。也就是说,知言是道德价值判断的基准,即由知言可知人。

至于知与言的关系,两者本身密不可分。我们通常所说的知一般都是以语言构成的,荀子说:

> 心有征知。征知则缘耳而知声可也,缘目而知形可也,然而征知必将待天官之当簿其类,然后可也。五官簿之而不知,心征之而无说,则人莫不然谓之不知,此所缘而以同异也。③

"心有征知","征"即辨察之意,心有验而知之之能;当簿即接触之意,心之征知必须缘天官与物接触才成立④。荀子把"不知"的状态界定为"五官簿之而不知,心征之而无说",即五官接触而没有同异之识别,或者心觉察而不会用语言表达出来,才是"不知"的状态。荀子以对物的识别及其语言形式的表达,作为知的主要成分。关于同异的分别,荀子说:"知者为之分别,制名以指实,上以明贵贱,下以辨同异。贵贱明,同异别,如是则志无不喻之患,事无困废之祸,此所为有名也。"⑤ 分明贵贱同异,是知者的所为,制定名称来指明实际事物,上用来彰明高贵和卑贱,下用来分辨相同和相异。名本身以别为质,有名才有别,有别才有知。在荀子的思想里,"知"离不开事物之贵贱同异等"分别",事物之分别又离不开名言的形式。也就是说,所谓"知"指的是认

---

① 钱穆:《论语新解》,北京:生活·读书·新知三联书店2012年版,第464页。
② (宋)朱熹:《四书章句集注》,北京:中华书局2011年版,第179页。
③ 方勇、李波译注:《荀子》,北京:中华书局2011年版,第360—361页。
④ 参见张岱年:《中国哲学大纲》下册,北京:昆仑出版社2010年版,第563页。
⑤ 方勇、李波译注:《荀子》,北京:中华书局2011年版,第360页。

识主体缘感官接触客体之外物，以名分别事物，对于事物之理心辨察而无不喻的状态①。

儒家重视"名"，以名指实，由名规定人对事物做出的分别，再以语言表达其分辨的具体内容。孔子所说的知乃是知人，其知主要为对人的道德价值判断。就其知的过程而言，知人是由于知言，知言是由于知名。至于名与言的关系，名是言的基础，在界定名的基础上，才可以生出言。换言之，知名是知言的前提，故知人的问题可还原于是否准确地使用"名"，即"正名"的问题。孔子曰：

> 名不正，则言不顺；言不顺，则事不成；事不成，则礼乐不兴；礼乐不兴，则刑罚不中；刑罚不中，则民无所措手足。故君子名之必可言也，言之必可行也。君子于其言，无所苟而已矣。②

"名不正，则言不顺"，言不顺的结果是礼乐不兴。在孔子看来，名正与否是言的关键，即先"知名之正不正"才可以"知言之顺不顺"。如果名不正，需要先正名，孔子说："君君，臣臣，父父，子子。"公曰："善哉！信如君不君，臣不臣，父不父，子不子，虽有粟，吾得而食诸？"③ 君不像君，臣不像臣，父不像父，子不像子，其做法不对，应当以君为君、臣为臣、父作父、子作子的道理改善自己。以名正己，以此发出准确的语言，分辨此言就是符合知人的标准。

在儒家思想中，名和礼是互通的，"礼教"也可称之为"名教"。所以，正名即纠正"名位""名分"相背离的现象，使其严格地符合于礼的规定，其具体

---

① 当然，道家对这种分辨意义上的知表示怀疑，如《文子》曰："书者，言之所生也，言出于智，智者不知，非常道也。"（王利器：《文子疏义》，北京：中华书局 2000 年版，第 25 页。）书是由言所生的，此言由于智。"知人者智，自知者明"，由于智可做是非判断、价值判断，即智（知）以分别为质。言得谓之知，言又出于知，如此，知与言有相互依赖的关系。但超越名言之道，无法以通常的知来把握。故道家倒是强调无知、不知之知等。

② （宋）朱熹：《四书章句集注》，北京：中华书局 2011 年版，第 134 页。

③ 同上书，第 129 页。

方法是"克己复礼"①。《论语》曰:"颜渊问仁。子曰:克己复礼为仁。一日克己复礼,天下归仁焉。为仁由己,而由人乎哉?颜渊曰:请问其目。子曰:非礼勿视,非礼勿听,非礼勿言,非礼勿动。颜渊曰:回虽不敏,请事斯语矣。"②克己复礼为仁,内容包括视、听、言、动。正名的实际内涵是"为仁",也离不开儒家的道德规范体系。名不正,言不顺,言不顺则礼乐不兴,儒家的名与言离不开礼与仁,由名到知仁的过程可表现为:知名后能知言,知言后能知人,知人的核心仍然在于知仁,即知人则知仁。孔子说,知即知人也,"未知,焉得仁?"③可见知人的意涵与"仁"密切相关。在此意义上,可以说"知人"是关于儒家所推崇的道德观念之"仁"的知,此知之状态是为学可至的、是以先王之德性为指向的道德境界。综上所述,儒家重视"名""言"以及知人之"智",这与重视"无名""无言"以及知道之"明"的道家就有了鲜明的对比。如果说孔子的"知人"表示人作为人对"人道"的把握,那么老子的"自知"则表示人复归于道,对形而上之"天道"的把握。

## 二、自知:道家对"道"的把握

老子说:"知人者智,自知者明。"知人以人为对象,尤其是以人之所以为人的德性为知之指向。知人之知不是对人的客观知识,而是具有道德价值的知,以判断仁不仁、善不善等为主要内容④。自知之知是以己为对象,它关注的不是我之外,而是我之内,不是对外在事物的是非、价值判断。老子将自知的状态称之为"明"。

那么,自知的真正意思是什么?关于"自知",陈鼓应说:"要省视自己。"⑤孙以楷说:"真正自知的人善于以己之短比人之长,因而永远是那么谦

---

① 参见马振锋:《论孔子的正名思想》,《河北学刊》1993年第1期,第41页。
② (宋)朱熹:《四书章句集注》,北京:中华书局2011年版,第125页。
③ 同上书,第79页。
④ 河上公注:"能知人好恶,是为智。"(王卡点校:《老子道德经河上公章句》,北京:中华书局1993年版,第133页。)
⑤ 陈鼓应:《老子注译及评介》,北京:中华书局1984年版,第193页。

虚,那么知足,那么奋进。"① 刘笑敢说: "本章则是从个体与他者的关系入手,强调个体的自我约束。"② 他们大都解释为内省反思之义。至于认识自我状态或内省反思的"自知",在古代亦有一些说法,例如"身日进于仁义而不自知也者,靡使然也。今与不善人处,则所闻者欺诬诈伪也,所见者污漫淫邪贪利之行也,身且加于刑戮而不自知者,靡使然也"③,"欲知平直,则必准绳;欲知方圆,则必规矩;人主欲自知,则必直士"④ 等。自知意味着自己对道德水准的认识或者对自己过失的了解。当然,能认识自身的能力、道德水准,也算称得上高明,但老子所提出的自知不停留于此,而更具有形而上之义。

老子说"自知者明",我们首先需要理解《老子》中"明"的意思,该词总共出现12次,如:"明白四达,能无知乎?"(第十章)"复命曰常,知常曰明。"(第十六章)"是以圣人抱一为天下式。不自见,故明。"(第二十二章)"自见者不明。"(第二十四章)"是以圣人常善救人,故无弃人;常善救物,故无弃物。是谓袭明。"(第二十七章)"知人者智,自知者明。"(第三十三章)"将欲歙之,必固张之;将欲弱之,必固强之;将欲废之,必固兴之;将欲夺之,必固与之。是谓微明。"(第三十六章)"明道若昧。"(第四十一章)"见小曰明,守柔曰强。用其光,复归其明。"(第五十二章)"知和曰常,知常曰明。"(第五十五章)"古之善为道者,非以明民,将以愚之。民之难治,以其智多。"(第六十五章)⑤ 与把握形而上之道或其原理有关的是第十章、第十六章、第三十六章、第四十一章、第五十二章和第五十五章;与圣人的境界有关的是第二十二章和第二十四章;与愚反义词的用法是第六十五章。除第六十五章之外,其他都与把握道或圣人之境界有关,而第六十五章表示贬义的用法,即与道背离的使民智多之义。

第三十三章的"自知者明"之"明",并不具有智多之贬义。跟下句"胜

---

① 孙以楷:《老子今读》,合肥:安徽大学出版社2013年版,第43页。
② 刘笑敢:《老子古今》上卷,北京:中国社会科学出版社2006年版,第377页。
③ 方勇、李波译注:《荀子》,北京:中华书局2011年版,第389页。
④ 陆玖译注:《吕氏春秋》下册,北京:中华书局2011年版,第894页。
⑤ (魏)王弼注,楼宇烈校释:《老子道德经注》,北京:中华书局2011年版,第25、39、58、63、72、87、93、115、143、149、173页。

人者有力，自胜者强"①联系，老子对自知之"明"的评价比知人之"智"更高，它不限于道德水准的认识之含义。而且，根据《老子》的其他"明"之用法，自知之"明"也应当表示把握形而上之道的圣人之境界。

对自己道德水平高低的认识，其知的内容实际上属于知人之"智"的领域，只是知人之"智"的标准适用于自身而已，即判断自身仁不仁、善不善（由此，能不能治人）等。而《老子》第三十三章最后还论述道或守道人的状态："不失其所者久。死而不亡者寿。"久、寿是自知、自胜、知足、强行而不失其所者的结果，也是道或与得道者的属性②。

道家的自知与知人有别。关于自知，《列子》曰：

> 我体合于心，心合于气，气合于神，神合于无。其有介然之有，唯然之音，虽远在八荒之外，近在眉睫之内，来干我者，我必知之。乃不知是我七孔四支之所觉，心腹六藏之所知，其自知而已矣。③

在《列子》一书中，自知的前提是"体合于心，心合于气，气合于神，神合于无"，即体与心合而为一，心与气合而为一，气与神合而为一，神与无合而为一，如此与无形之道合而为一。其结果是极小的有、极微的音都能知之，表现出无所不知的状态，这就是"自知"的状态。在这里，自知的对象是无形之道，其状态是神合于无的境界，但其自知不依靠以七孔四肢来表示的身体外部感官，同时也不依靠以心腹六藏来表示的身体内部机能，而是靠神合于无的得道者之自然觉悟，此知属于形而上之道。

关于自知与知人，《管子》曰："知何知乎？谋何谋乎？审而出者，彼自来。自知曰稽，知人曰济。知苟适可为天下周。内固之一，可为长久；论而用之，可为天下王。"④《管子》将"自知"界定为"稽"，将"知人"界定为

---

① （魏）王弼注，楼宇烈校释：《老子道德经注》，北京：中华书局2011年版，第87页。
② "道乃久，没身不殆。""知足不辱，知止不殆，可以长久。"[（魏）王弼注，楼宇烈校释：《老子道德经注》，北京：中华书局2011年版，第40、125页。]
③ 杨伯峻：《列子集释》，北京：中华书局2012年版，第113—114页。
④ 陈鼓应：《管子四篇诠释》，北京：商务印书馆2006年版，第208页。

"济"。这两种"知",如果都能得到,就可以成为至德之人①。自知之实际内容为"内固之一",其结果为"可为长久",一谓之道,即内守于道可使生命长久②;知人之实际内容为"论而用之",其结果为"可为天下王",论同于抡,即抡材而施用之可为天下王③。"论而用之"的知人之知,与《论语·颜渊》的知人之义相通,即知人之仁不仁、善不善而选择他,以此治国。关于自知与知人,《管子》实际上表达出"内圣外王"之道,则作为外王之前提是内圣,即以内圣为根本。自知是对于形而上之道的体认,知人是对于人的道德水准或其德性的认识。老子说"知人者智,自知者明",他认为自知比知人高明,缘由也在于此。

自知作为形而上的知,称之为自知的缘由在于,知的来源不在于外而在于内,是禀受于道的、通常心知活动不能把握的内在之德、性、真。因此,在知的问题上,道家知的重点在于知之能知,即"自"的方面不是"彼"的方面,知之所知融入于能知之中。修道之方也不例外,"性修反德"是道家修行的基本方向。关于知之彼此,《管子》亦写道:"人皆欲知,而莫索之。其所以知,彼也,其所以知,此也。不修之此,焉能知彼,修之此,莫能虚矣。"④ 人皆欲知而莫索之的原因在于"不修之此",他们只索所知之彼,而不索所以知之此,故莫索之也⑤。如果不探索知之能知,只探求向外之彼无法得到真正的知识,因为在道家看来知的来源不在于外物,故庄子曰:"自彼则不见,自知则知

---

① 关于"周",俞樾云:"'周'字无义,疑'君'字之误,'可为天下君',犹下文言'可以为天下王也',君古文与周相似而误。"(参见姚晓娟、汪银峰注译:《管子》,郑州:中州古籍出版社2010年版,第229页。)陈鼓应按:"'周',指至德之人(《周易》释文:'周,至也,备也。'《枢言》云:'周者,不出于口,不见于色,一龙一蛇,一日五化之谓周。')。"(参见陈鼓应:《管子四篇诠释》,北京:商务印书馆2006年版,第210页。)

② 《管子》提出"自知曰稽",而描述自知与道相关,即表示自知之知是形而上的知。关于道与稽之关系,《鹖冠子》也论述其两者之相关:"道有稽,德有据。"(《著希》)陆佃曰:"以道为决。"吴世拱曰:"博撰:'道凡四稽。'"张金城曰:"庄子天下'以稽为决',释文曰:'稽,考也。'"(参见黄怀信:《鹖冠子校注》,北京:中华书局2014年版,第12页。)

③ 陈鼓应:《管子四篇诠释》,北京:商务印书馆2006年版,第210页。

④ 同上书,第141—142页。

⑤ "其所以知,彼也":"以"字衍(吴汝纶说)。"彼",指外界,是认识的对象。(参见陈鼓应:《管子四篇诠释》,北京:商务印书馆2006年版,第142页。)在这里,"彼"指认识客体,"此"指认识主体。

之。"① 道家的知不依赖于"彼"而依赖于"此"。在彼此分离、主客二分的前提下把握知的对象,实际上离不开主体的认识能力。就知而言,除了彼此难分离的事实之外,庄子进一步怀疑彼此之分的实际意义,庄子接着说:"彼出于是,是亦因彼。"② 没有了彼,也没有了此;没有了此,也没有了彼。消除彼此之分,随之消除是非之分:"因是因非,因非因是。是以圣人不由而照之于天,亦因是也。是亦彼也,彼亦是也。彼亦一是非,此亦一是非。"③ 圣人不由分别心而照之于天。圣人把握知之来源的、禀受于道的内在之德,以此得到了道的常然之"明"。老子说"自知者明",其"自知之知"的含义也是如此。

## 三、知人与自知:道家之道与仁的关系

《老子》云"知人者智,自知者明","知人"即表示对"仁"的把握,而"自知"则表示对"道"的把握。这句话论述了老子对知的观点,同时也包含着老子对仁义道德观念的看法。"知人者智,自知者明",下一句就是"胜人者有力,自胜者强",上下文的结构一样,而且对两个比较对象的评价也相互连贯。胜人者有力,并不是无力,也有实际的效果,但自胜者强,就其程度而言,强比有力更具有优势;知人者智,并不是无知,也有实际的用处,但自知者明,在老子的思想里,"明"比"智"更具有根本性和整体性。

"智"所表现的是关于仁的知,仁者人也,是关于儒家所说的"人之所以为人的德性"的知;"明"所表现的是关于道的知,知常曰明,是关于道之常然状态的知。就像不完全否定或全面废弃胜人者的"有力"一样,老子的本意不在于完全否定"智"或"仁"④。"自知"作为对道的把握,可表现为"知天"。关

---

① 郭象注,成玄英疏:《庄子注疏》,北京:中华书局2011年版,第35页。
② 同上。
③ 同上书,第35—36页。
④ 《老子》第二十七章曰:"故善人者,不善人之师;不善人者,善人之资。不贵其师,不爱其资,虽智大迷,是谓要妙。"[(魏)王弼注,楼宇烈校释:《老子道德经注》,北京:中华书局2011年版,第72—73页。]其提出了"虽智大迷"的说法。善不善的分别,道德价值上的判断可谓是"智",但老子善与不善的界限,通过修道之方,把它消除了。因为"道"超越两者分别的价值判断、是非判断,虽然此分别的状态,是有"智"的状态,但就道而言,就复归于道的角度而言,是"大迷"。这也是从下到上的角度描述其"智"的说法。

于知天与知人，庄子曰：

> 知天之所为，知人之所为者，至矣。知天之所为者，天而生也；知人之所为者，以其知之所知以养其知之所不知，终其天年而不中道夭者，是知之盛也。虽然，有患：夫知有所待而后当，其所待者特未定也。庸讵知吾所谓天之非人乎？所谓人之非天乎？且有真人而后有真知。①

庄子把知分为"知天之所为"和"知人之所为"，他认为对这两种知的把握是知的最高境界。陈祥道注："知天之所为，命也；知人之所为，义也。知天不知人则以命废义，知人不知天，则以义废命，皆道之一偏而非至也。"罗勉道注："知天之所为者，体天道之自然也；知人之所为者，尽人事之当然。"② 知天是就体道之自然而言的；知人是就人事之当然（仁义）而言的。庄子并没有废弃"知人"，又说它是"以其知之所知，以养其知之所不知"。赵一夫注："天之所为出于自然，知之所不知也；人之所为，出于使然，知之所知也。以知之所知养知之所不知，是由知人以知天，由知天以事天。"③ 知之所不知是通常的认识无法把握的领域，即是就道之自然而言的；知之所知是通常的认识能分辨的领域，即是就人事之使然（仁义）而言的。知天是依据本有的内在之道（"天而生"），而知人是养内在之道的途径，即由知人以知天。但庄子接着表示其知之所知的依据具有不稳定性，指出天和人的不同，强调知天的优先性。庄子认为知人也是接近于天道的途径，这与孟子的"尽其心者，知其性也。知其性，则知天矣"④的思路相同。虽然是这样，但也存在忧患之处，因此他主张要超越分别心的真人之境界。

庄子的知人与知天之说法，与老子的知人与自知之辩一样，都承认知人的用途，但他们都认为要以知天为先，以知天为主。道家对于知人的承认，突出表现在经世方面，如：

---

① （晋）郭象注，（唐）成玄英疏：《庄子注疏》，北京：中华书局2011年版，第124—126页。
② 崔大华：《庄子歧解》，北京：中华书局2012年版，第208页。
③ 同上。
④ （宋）朱熹：《四书章句集注》，北京：中华书局2011年版，第327页。

知天之所为，知人之所行，即有以经于世矣。知天而不知人，即无以与俗交，知人而不知天，即无以与道游。直志适情，即坚强贼之，以身役物，即阴阳食之。得道之人，外化而内不化，外化所以知人也。①

在儒家学说中，仁义是人应当遵守的基本准则，也是其政治思想的要点。知人作为对仁义的把握，是君子应当具有的德目，也是政治上的原则。道家对这方面也表示肯定，比如《鹖冠子》曰："夫仁者，君之操也，义者，君之行也，忠者，君之政也，信者，君之教也，圣人者，君之师傅也。君道知人，臣术知事。"②《文子》亦曰："故仁莫大于爱人，智莫大于知人，爱人即无怨刑，知人即无乱政。"③ 不知人就不能恰当地处理人和人之间的关系，而不知天则无法进入"与道游"的境界。得道者，在处世当中应当做到知人，但内心依然保持清静，守住恒常不变之道。就知人与知天的关系而言，两者是不能分开的，这就意味着道与仁义也不能分开，两者具有紧密的关系。

在修养、经世、政治方面，道家虽然对知人或仁义表示了一定的肯定，但道与仁义比仍然具有优先性、根本性和主导性。道与仁义在层次上有区别，老子曰："失道而后德，失德而后仁，失仁而后义，失义而后礼。"④ 在《老子》第三十八章中，王弼说："仁义，母之所生，非可以为母。形器，匠之所成，非可以为匠也。舍其母而用其子，弃其本而适其末，名则有所分，形则有所止。虽极其大，必有不周；虽盛其美，必有患忧。"⑤ 道是万物之母，有了无形之道才能彰显有形之物。道与仁的关系亦如此，仁义是道在道德意义上的表现，即"仁义，母之所生，非可以为母也"，可见道与仁的本末关系。如果不根于本而执着于末，虽然其用处极大，但必然导致不周而发生"虚伪"的忧患。

那么，以道为根源的、真实的仁义，其状态如何？就道的性质而言，道虽然不具有道德伦理的内涵，但自然合乎道德，即无道德之道德；道虽然不留在

---

① 王利器：《文子疏义》，北京：中华书局2000年版，第326页。
② 黄怀信：《鹖冠子校注》，北京：中华书局2014年版，第93—94页。
③ 王利器：《文子疏义》，北京：中华书局2000年版，第312页。
④ （魏）王弼注，楼宇烈校释：《老子道德经注》，北京：中华书局2011年版，第98页。
⑤ 同上书，第100页。

仁的层次，但自然合乎仁之德目，即不仁之仁。庄子以"大仁"来表现不仁之仁："夫大道不称，大辩不言，大仁不仁，大廉不嗛，大勇不忮。道昭而不道，言辩而不及，仁常而不成，廉清而不信，勇忮而不成。"① 陆西星注："大仁者，不煦煦为仁……仁者无所不爱；常系一边，非大成之仁也。"② 大仁不以施化为仁，仁者无所不爱，如果只是常偏于一方，不是大成之仁也。不仁之大仁，不是有为的仁，而是"无为而无不为"的结果；其仁，不是以仁为仁，而是以道而仁。无为之为，无为而无不为也；不仁之仁，不仁而无不爱也。此就是不仁之仁，大仁之仁，大成之仁。大道之仁，是没有偏爱的仁（不仁之仁）③，没有意向性的仁（无为之仁）④，以道为根本的仁（以道而仁），是没有功利目的的、无所不容的状态，庄子曰：

> 夫德，和也；道，理也。德无不容，仁也；道无不理，义也；义明而物亲，忠也；中纯实而反乎情，乐也；信行容体而顺乎文，礼也。礼乐偏行，则天下乱矣。彼正而蒙己德，德则不冒。冒则物必失其性也。⑤

德是阴阳和合而中的状态；道是万事万物要遵守的准则。成德之人对万物无所不容，称之为"仁"；得道之人的所作所为都符合于道，称之为"义"。也就是说，道家所重视的、真实的仁义是由道而生、由道而仁义、以道为本的道德伦理。其仁义之行是得道之人在人世间中的自然发挥，其德的自然延伸，也

---

① （晋）郭象注，（唐）成玄英疏：《庄子注疏》，北京：中华书局2011年版，第47—48页。
② （明）陆西星：《南华真经副墨》，北京：中华书局2010年版，第35页。
③ "请问至仁。庄子曰：至仁无亲。"［（晋）郭象注，（唐）成玄英疏：《庄子注疏》，北京：中华书局2011年版，第269页。］
④ 老子曰："上仁为之而无以为。"［（魏）王弼注，楼宇烈校释：《老子道德经注》，北京：中华书局2011年版，第98页。］仁本身是有为法，有对象也有所为；道是无为法，但无为而无不为也，此表现的还是"为"（无不为）。以道而仁的大成之仁，也是无为法，在此意义上不属于"仁"的领域，故不仁，但此表现的还是"相爱"（无不爱）。就其表现而言，是仁；就其本真而言，不是仁，故可说不仁之仁、无为之仁。不仁之仁，不仁为大仁。这种表达方式，在道家那里往往可被归纳为不用之用（大用）、不知之知（大知）、无言之言（大言）等。此源于道家常以否定形式表达自身思想，试图通过否定超越现状，寻找矛盾之间的统一。
⑤ （晋）郭象注，（唐）成玄英疏：《庄子注疏》，北京：中华书局2011年版，第298页。

是一种无为而无不为的结果,即成德、得道是做到真诚的仁义之前提。庄子也提出:"至德之世,不尚贤,不使能;上如标枝,民如野鹿;端正而不知以为义,相爱而不知以为仁;实而不知以为忠,当而不知以为信。"① 至德之世,是庄子所认为的古代理想社会。当时的人举止端正、相亲相爱,但自己不知以为义、以为仁。他们的爱不是有为之爱,而是无为之爱,他们只按自己的本性自然而然地存在罢了。这种仁的表现,不是有意识的施化,而是内在之道的自然表现,因此不能伤其性。真实的仁义,不是以义为义、以仁为仁,而是以道而义、以道而仁。

老子对这种"以道而仁"的肯定,表现于《老子》第八章:"上善若水。水善利万物而不争,处众人之所恶,故几于道。居善地,心善渊,与善仁,言善信,正善治,事善能,动善时。夫唯不争,故无尤。"②"上善若水",水作为道的象征,几于道也,其属性为:居善地,心善渊,与善仁,言善信,正善治,事善能,动善时。其中,明确指出"与善仁"③。其仁是以道而仁、由道而仁,即是无名之"道"的自然露出、自然表现,其表现的样态在此以名指称为"仁"。则有名之"仁"不能代替无名之"道",故王弼曰:"仁义,母之所生,非可以为母。"④ 道与仁义在层次上的差异,也表现在人的境界上,庄子曰:"不离于宗,谓之天人。不离于精,谓之神人。不离于真,谓之至人。以天为宗,以德为本,以道为门,兆于变化,谓之圣人。以仁为恩,义为理,以礼为行,以乐为和,薰然慈仁,谓之君子。"⑤ 庄子所说的天人、神人、至人、圣人是就把握道的人而言的;君子是就把握仁义的人而言的。当然,道家崇尚得道的境界,因此天人、神人、至人等是他们追求的首要对象,是修养工夫的目的。道家反对仁,不是反对仁本身,而是反对以仁为本的态度、以仁为本的趋

---

① (晋)郭象注,(唐)成玄英疏:《庄子注疏》,北京:中华书局2011年版,第240—241页。
② (魏)王弼注,楼宇烈校释:《老子道德经注》,北京:中华书局2011年版,第22页。
③ 此句,王弼本、河上公本写为"与善仁",帛书乙本为"与善天",傅本、景龙本、范本、新校都为"与善人"。除了帛书乙本以外,要么是"与善仁",要么是"与善人"。马叙伦谓"人""仁"古通,"仁"的字面意思是"亲也。从人从二。忎,古文仁从千心",意味着与人相处的时候,强调和谐、亲爱,在此意义上,"与善人"与"与善仁"的意思有相通之处。本文从王弼本和河上公本。(参见杨丙安著,杨雯整理:《老子古本合校》,北京:中华书局2014年版,第30—31页。)
④ (魏)王弼注,楼宇烈校释:《老子道德经注》,北京:中华书局2011年版,第100页。
⑤ (晋)郭象注,(唐)成玄英疏:《庄子注疏》,北京:中华书局2011年版,第554—555页。

向。就老子而言，以仁为本只是执着于末而已；执着于末，就达不到生命之本根。"绝仁弃义"的说法是由此而来的，此句警醒修道者不要停留在仁义之层次，要将境界提升到道之层次。

## 四、结　语

综上所述，在道家学说中，道与仁义具有本末或体用关系，两者是分不开的。真实的仁义，必以道为根本，不然导致"弃其本而适其末"而失去仁义。因此，道家引导修道者进入"道"本身，因此无为、无欲、无名等道的属性直接成为修道者的工夫，让他们能够在人世间中实现真实的仁义。这是与从礼到仁义再进入天道的儒家思路不同。

在此意义上，通行本《老子》的"绝仁弃义，民复孝慈"，得到了合理的解释。"绝圣弃智，民利百倍；绝仁弃义，民复孝慈；绝巧弃利，盗贼无有。此三者，以为文不足。故令有所属：见素抱朴，少私寡欲。"① 老子否定人们崇尚圣、智、仁、义，在他看来，它们都是得道者的所迹，不是所以迹，他要求人们把握好其所以迹，即其内在之"道"。因此，老子以反面说法警醒修道者不能停留于其所迹的层次，但这样的警醒还不够，他再以正面说法提示做"见素抱朴"的、直接入于道的修道之方。老子说"绝仁弃义"，又说"上善若水"而"与善仁"②，从道与仁义的本末关系来看，老子所言表面上看似矛盾，但实际不然。就修养工夫而言，修道者以道为本、以道为先，不能停留于道之所迹的层次；就道之境界而言，得道者以道而仁、以道而义，在世间中与人相处无所不容，其所为自然符合于道德标准。

就知的角度而言，"知人"即表示对于"仁"的把握，而"自知"则表示对于"道"的把握。"知人"真正标准在于"自知"，自知则知人，"明"比"智"更具有根本性、整体性和主导性的原因在于此。老子的本意不是完全废弃或否定"知人"（仁），而是反对不以"自知"（道）为本的道德绑架。在道家来看，跟"上善若水"而"与善仁"一样，真实的仁义等道德观念是得道者在

---

①（魏）王弼注，楼宇烈校释：《老子道德经注》，北京：中华书局2011年版，第48页。
② 同上书，第22页。

处世当中的自然表现,是内在之道的自然延伸。此仁即大仁,也是不仁之仁。大仁的实现必须由道而生,这与水从上至下流的道理相似,不可逆流。因此,他们主张修道者不要停留在仁义礼智的层次,而要努力直接进入道之境界。虚心、无为、心斋、坐忘等道家的主要修养工夫都与道有关。这与儒家重视"由知人而知天"的基本思路不同,道家追求"由知天而知人",以此实现真实、真诚的仁义,其仁义、不仁之仁的来源也是形而上之"道"。

在人世当中,做人以及处理人和人之间的关系离不开道德伦理。道家不是单纯地否定仁义,而是否定不以道为本、以道为先的仁义。从修养工夫的角度而言,道家则强调修道者不必执着于所迹之仁义,而着重于所以迹之道,即"绝仁弃义"而"见素抱朴",以此得道者可"与善仁",这才是真实的"仁义之道",也是"无为而无不为"的结果。道家也重视道德伦理,但他们以"大仁不仁"等否定的形式表达高层次的道德理想状态。

# 老子"知止不殆"辨

邓伟龙[*]

**内容提要**：老子的"知止不殆"是其道性自然的哲学观在政治或执政观中的反映，但学界几乎一致地将其理解为"知道适可而止才不会有危险"，并进而将其作为知难而退、消极保守甚至厌世与出世的代表，事实上这是对老子的误读。其"知止不殆"的本义是告诫人们做任何事情都要知道自己的最终目标，并依道行事最终达致"道"才不会有危险。而又由于依道行事的"知止"不可能是一帆风顺的，所以老子又特别强调"强行者有志"。可见老子之思想非但不消极保守反而是积极上进的。

**关键词**：老子；知止不殆；哲学观；执政观；辨析；正义

老子作为雅斯贝尔斯所说的"轴心时代"的中国代表人物之一，其思想对中国传统文化的影响无疑是深远的，但历来对老子的误解也不少，其中就包括传世本《道德经》第三十二章与第四十四章提出的"知止可以不殆"或"知止不殆"[①]，而对此问题的探讨不仅涉及对此命题本身的理解，同时也涉及老子思想是否消极、厌世甚至主张归隐，更是老子哲学观中世界观和人生观等深层次问题的反映。因此本文不惧浅陋，以王弼本为基础，同时参照竹简本、帛书本、傅奕本和河上公本，结合学界的相关研究成果试为一辨。

---

[*] 邓伟龙，男，湖南邵阳人，韩山师范学院文学与新闻传播学院教授。
[①] （魏）王弼注，楼宇烈校释：《老子道德经注校释》，北京：中华书局2008年版，第81、131页。

## 一、问题的提出

在王本《道德经》中老子提到"止"共五次，而将"知止"作为一个词汇使用的三次，分别为："飂兮若无止"，"始制有名……夫亦将知止，知止可以不殆"，"乐与饵，过客止"，"知止不殆，可以长久"①。上引单独用"止"的两处理解为"停止"或"止境"之义应无疑义。但"知止（可以）不殆"为何义呢？众所周知，《老子》文本中的许多文句争议是很大的，如其第一章的第一句"道可道"就是如此。有意思的是，对其第三十二章与第四十四章的"知止可以不殆"与"知止不殆"的理解，虽自严遵开始，历代解读具体表述不一，但均理解为"要知道适可而止就不会有危险"之类②。现代学者更是如此，如任继愈："知道适可而止，可以避免危险。"③ 高明："故知止度限所以不殆也。""知止才能免除危险。"④ 陈鼓应："知道有所限度，就可以避免危险。""知道适可而止就不会带来危险。"⑤ 刘笑敢："客观行为上有节制，故不殆。"⑥ 杨鹏："知止，就没有危险，可以长治久安。"⑦ 这样的例子还有很多，但基本上都是将"止"理解为"停止""适可而止"等，因而"知止不殆"也就是"知道或懂得适可而止或停止就不会有危险（危殆）"了。乃至学界几乎对"知止（可以）不殆"的本义没有任何讨论，有的也只是将其理解为不言自明的智慧、道德、

---

① （魏）王弼注，楼宇烈校释：《老子道德经注校释》，北京：中华书局2008年版，第48、81、87、131页。

② 如严遵《道德真经指归》缺今本第三十二章，其对第四十四章"知止不殆"解读为"身安事也"；河上公《道德真经注》将今本第三十二章"知止可以不殆"表述为"知之，可以不殆"，并解读为"天知之，则神明佑助，不复危殆"，释第四十四章"知止不殆"为"知可止则须止，乃财利不累于身心，声色不乱于耳目，则终身不危殆"；王弼对第三十二、四十四章视为不言自明的意义而不解释；陆希声《道德真经传》释第三十二章"知止可以不殆"为"止其所止，道止其所……知止而止，故不至危殆"，释第四十四章"知止不殆"为"知止则不贪名……不贪名则不殆"等。（熊铁基、陈红星主编：《老子集成》第1卷，北京：宗教文化出版社2011年版，第78、154、159、219、224、599、605页。）

③ 任继愈：《老子今译》，北京：古籍出版社1956年版，第25页；任继愈：《老子新译》，上海：上海古籍出版社1985年版，第131页。

④ 高明：《帛书老子校注》，北京：中华书局1996年版，第401、41页。

⑤ 陈鼓应：《老子注译及评介》，北京：中华书局2009年版，第190、235页。

⑥ 刘笑敢：《老子古今——五种对勘与析评引论》，北京：中国社会科学出版社2006年版，第457页。

⑦ 杨鹏：《老子详解——老子执政学研究》，北京：中国文史出版社2003年版，第238页。

伦理、价值或人生观、生态美学思想等及其具体表现与现实应用而已①。在此基础上，学界进而认为老子的"知止不殆"就是主张在面临困难时不要坚持而是要知难而退、适可而止，故把老子思想理解为不思进取、消极甚至出世归隐。如日本学者秋泽修二就引用第四十四章的"知止不殆"等文字认为：这是他的"无为自然"的人生观中所表现的最特殊的处世方法，也是老子哲学的缺陷，是自己堕落沉沦的消极主义②。而《简明伦理学辞典》在解释包括"知止不殆"的"知足"条中亦云："它告诫人们不要无限制地追逐功名、地位和财富；否则必将招致灾祸和耻辱。这种知足观念使人不思进取、墨守陈规、随遇而安、听天由命，对社会作用有消极的一面。"③但这种理解是否正确呢？

且先看老子在第三十二章提出"知止不殆"后，在第三十三章马上说："知足者富。强行者有志。"④这章虽然竹简本缺，但帛书甲、乙本都有，且与河上、

---

① 就学界现有能查阅到的以"知止不殆"为主题或关键词的学术或学位论文仅7篇，赵佳佳将"知止不殆"作为老子文本固有的成语之一，简单探讨了其与其他成语所蕴含的老子朴素的辩证法思想和生活哲理。（赵佳佳：《〈老子〉成语研究》，内蒙古大学硕士研究生学位论文，2011年。）郝芮则从人生智慧的角度，探讨老子对当代大学生人生观养成的意义，并认为其"知止不殆"是去除极端、走出偏激的有力思想武器。（郝芮：《老子人生智慧对大学生的人生观的养成的意义研究》，大连外国语大学硕士研究生学位论文，2018年。）朱颖则认为人类对欲望不当的取舍容易导致禁欲与纵欲两个极端，而"知止不殆"则是老子指导人们对欲望过度部分进行有效控制，进而达到节制美德从而实现人生的幸福（朱颖：《论节制美德》，中南大学硕士研究生学位论文，2011年。）米小蓉认为道家文化中的生态智慧是解决现代生态危机的思想基础和文化根据，而道家生态智慧的实践要求就是"知足不辱"和"知止不殆"。（米小蓉：《道家生态智慧及其当代启示研究》，西南师范大学硕士研究生学位论文，2004年。）高景龙亦认为中国古代优秀文化中存在着丰富的生态智慧资源，其中老子的生态美学思想有可资借鉴的当代意义，其"知止不殆"就是他生态美学思想的体现。（高景龙：《老子思想的生态美学意义》，辽宁大学硕士研究生学位论文，2015年。）同样杨柳也认为老子的"知止不殆，可以长久"，就是要求人类必须限制和禁止自己的行为，才可以长久而持续发展，这对于正确处理发展的度、人与自然的关系、保持人与自然的和谐可持续发展具有指导意义。（杨柳：《〈老子〉的价值理论及时代命运》，吉林财经大学硕士研究生学位论文，2014年。）朱松美则认为老子的"知止不殆"是警示人类必须遵循自然法则才能有所作为，人类对自然的索取和改造都必须建立在对这些法则认知和遵循的基础之上才有可能是成功的和可持续的，这是对于近代西方自然科学发展以来在自然面前膨胀起了征服欲的人类的一种回归理性和科学的哲学矫正。（朱松美：《知天以知人：道家哲学的生态智慧启示录》，《哈尔滨工业大学学报》2015年第2期，第108—115页。）

② ［日］秋泽修二著，汪耀三、刘执之译：《东方哲学史——东方哲学特质的分析》，北京：生活·读书·新知三联书店2012年版，第328—329页。

③ 冯乔云等：《简明伦理学辞典》，成都：四川省社会科学院出版社1985年版，第213页。

④ （魏）王弼注，楼宇烈校释：《老子道德经注校释》，北京：中华书局2008年版，第84页。

王、傅本除句式外基本相同,应当是近于老子旧本的。这里不再赘述历代各家对其中的"强行者有志"的理解,只引上文中所引现代几家的解释。任继愈:"坚持力行的就是有志气。"① 高明对这章主要是做版本对校,但可看出其意与任继愈同②。陈鼓应则先注"强行"为"勤勉而行",并翻译为"努力不懈的就是有志"③。刘笑敢对此章此句做法同于高明,其意同于任与陈④。杨鹏:"竭力去行动的人,有志气……老子认为,唯有坚强的行动者,才能做到无为而治,才算真正有志向。或者说,有志向者,当坚强行动。"⑤ 可见老子又是个主张即使遇到任何困难也要意志坚定、坚持不懈地努力,且有不达目的誓不罢休的坚定实践者。而这显然和上面主张"懂得适可而止就不会有危险",即"知止不殆"的那个老子完全不一样甚至相反了。要知道这是紧挨在一起的上下两章,可以想见即使是再自相矛盾的人也不会如此之快地自己"打脸",更何况作为当时的智者、周守藏室之史乃至孔子都曾经从师问礼于他的老子,其对自己上下文之间的理解及逻辑思维和推理的能力不会低下到如此让人大跌眼镜的地步吧。那么该如何理解"知止不殆"呢?

## 二、老子"知止不殆"臆测

按照现代汉语的理解,"知止不殆"由四个语素即最小的音义结合体知、止、不、殆构成。学界将"不"理解为"不会"或"没有","殆"理解为"危险"等,这应没问题。那么"知"应如何理解则很关键,因为在古汉语中"知"既可作动词"知道""理解"等,还可作名词"感知""知觉"等,最重要的它还可以理解为通"智"即"智慧"等。联系"止"字,故"知止"就至少可以有以下几种理解:其一"知道适可而止",上引即此理解;其二"感官知能停止"或"停止知觉活动",最著名的例子就有庄子《养生主》中"臣以神

---

① 任继愈:《老子今译》,北京:古籍出版社1956年版,第26页;任继愈:《老子新译》,上海:上海古籍出版社1985年版,第132页。
② 高明:《帛书老子校注》,北京:中华书局1996年版,第404页。
③ 陈鼓应:《老子注译及评介》,北京:中华书局2009年版,第192—193页。
④ 刘笑敢:《老子古今——五种对勘与评析引论》,北京:中国社会科学出版社2006年版,第348页。
⑤ 杨鹏:《老子详解——老子执政学研究》,北京:中国文史出版社2003年版,第174页。

遇而不以目视，官知止而神欲行"①；其三将"知止"理解为"智止"，即"止智"，就是停止智慧，也即抛弃或排斥智慧的"反智"之义。那么老子之"知止"的"知"是何意呢？

（一）"知止"非庄子之"知止"及"智止"与反智

先说第三种，即把"知止"理解为"智止"，也即"止智"或"反智"。这似乎很符合学术界流行的认为老子反智的观点，因为老子确实有"不尚贤，使民不争"，"古之善为道者，非以明民，将以愚之。民之难治，以其智多。故以智治国，国之贼；不以智治国，国之福"②等言论，故他被视为反智、愚民甚至主张倒退。但这其实是种误解，因为作为周守藏之史的老子，不仅自己是知识的拥有者、智者，即使他所谓的"反智"反对的也是和"贪欲"、淫（过度）欲一样的"淫巧伪诈"之智，而对于人类正常之智也即必要的智慧甚至大智慧老子不但不反，反而是大力提倡的。他多处强调"智"或"知"的重要性，不仅强调人要有"智"，比如说"使我介然有知"，"知常曰明。不知常，妄作凶"，"知者不言，言者不知"③等，而且认为更要有大智慧的"自知"即"知人者智，自知者明"④，不然就是"知不知，上；不知知，病"⑤，而所谓的圣人也只是"自知不自见，自爱不自贵"⑥而已。此外老子还强调"教"和"学"，如"（圣人）行不言之教"，"人之所教，我亦教之"，"为学日益"⑦等。故若将"知止"理解为"智止"也即"反智"，恐不合老子原意。

那么第二种即将"知止"理解为"感官知能停止"如何呢？要判断这点，应先从《道德经》全文来看和"知止"一词结构相同的词或词组，其中结构明显相同的有："知美""知善""知古始""知常""知众甫""知其名""知其雄""知其白""知其荣""知人""知足""知天下""知其子""知和""知

---

① （清）王先谦：《庄子集解》，《诸子集成》第3册，北京：中华书局1996年版，第19页。
② （魏）王弼注，楼宇烈校释：《老子道德经注校释》，北京：中华书局2008年版，第8、167—168页。
③ 同上书，第141、36、147页。
④ 同上书，第84页。
⑤ 同上书，第178页。
⑥ 同上书，第179—180页。
⑦ 同上书，第6、118、137页。

其然""知其极""知稽式""知不知""知知""知其故"①等。这些词或词组相同之处即都为动宾结构的短语,其意为"知道或懂得……",而如将其理解为"感官知(觉)能停止"的话,那就是主谓结构的短语。再者从上引老子的由"知"构成的"知X"词或词组和对"智"与"智慧"的态度来看,老子是强调"知"也即"智慧"的重要性的。因此将老子"知止"理解为庄子式的"官知止而神欲行"的"感官知(觉)能停止"或"停止知觉活动"显然也不合适。

(二)"知止"与"知之"

再看第一种,即把"知止"理解为"知道或懂得适可而止"。其中将"知"理解为"知道或懂得"是正确的,但将"止"理解为"适可而止"或"停止"则要具体分析了。首先从"适可而止""停止"的词性而言,虽然都可理解为动词名词化,但作为动词更准确,因而很难和上引主要作为动宾结构短语的"知X"词组一致。但这启示我们,如果不只是将"止"理解为作为动词的"停止"或"适可而止",而是还可理解为作为名词化的"停止(或适可而止)之所(之处或地方)",这样不仅从短语的结构上都为非常标准的动宾短语,而且意思上也豁然开朗了。但问题是如果将"知止"理解为无论是"知道适可而止"还是"知道适可而止之所(之处或地方)",都明显是和老子的"强行者有志"相反或矛盾的,故以下不讨论此意项。此处只讨论将"止"理解为作为代词的"之",即"所止之处",进而将老子之"知止"解读为"知之"。

但将"止"理解为"停止之所(处)"也即"之"有没有依据呢?如果检视先秦及汉代的典籍,那么以下实例将对理解老子"知止"之"止"提供有益启示。先说《尚书》,其中《虞书·益稷》有禹曰:"安汝止,惟几惟康,其弼直。"②孔颖达疏为:"言慎在位,当先安好恶所止,念虑几微,以保其安,其辅臣必用直人。"③《康熙字典》解释为:"心之所安为止。"④请注意其中的"好恶

---

① (魏)王弼注,楼宇烈校释:《老子道德经注校释》,北京:中华书局2008年版,第6、32、36、53、63、73、74、84、126、139、145、149、151、168、178、181页。

② (清)阮元校刻:《尚书正义》,《十三经注疏》上册,上海:上海古籍出版社影印本1997年版,第141页。

③ 同上。

④ (清)张玉书、陈廷敬总阅:《康熙字典》,北京:中华书局影印本1958年版,第573页。

所止"和"心之所安",通俗说就是"好恶(心灵)所停止(安顿)的地方","止"也即"之",再说《诗经》,其中《小雅·车舝》云:"高山仰止,景行行止。"① 人们多将此处的"止"字理解为补足音节的助词,无实义,如《引用语大辞典》就解释为"止:语助词"②,但孔疏为"仰止本或为仰之"③。按此理解,将下文补充完整就是"行止本或为行之"。还有《大雅·文王》"穆穆文王,于缉熙敬止"④,朱熹释"敬止:言无不敬而安所止也"⑤,也就是"敬之"、无所不敬的地方。《大雅·大明》:"文王嘉止,大邦有子。"⑥ 孔疏"嘉止"为:"嘉美也。"⑦ 换言之,"嘉止"即为"嘉之"。

从上引可见,将"止"理解为"所止之处所"的"之"应不成问题。而且河上公本第三十二章就作:"名亦既有,夫亦将知之。知之,所以不殆。"⑧ 胡适就曾依河上本改王本,并说:"王弼今本之作止。下句同。今依河上公本改正。之、止古文相似,易误。"⑨ 可见胡适眼光独到,但他说"之"只是"止"之形误则不无遗憾。高亨则明确地说:"二'之'字本原作'止'。河上本作'之'。今据改……'止'作'之'是也。"⑩ 至此可信,老子之"知止"当为"知之"。那么何为"知之"呢?高亨接下来说:"之指道言,言道既有名,侯王亦将知道,知道可以不殆也。"⑪ 应当说该判断是正确的,但弯转得太大,颇令人费解。因为他既无将"知止"理解为"知之"的推论,也没说明"知之"之

---

① (清)阮元校刻:《毛诗正义》,《十三经注疏》上册,上海:上海古籍出版社影印本1997年版,第482页。

② 朱祖延编著:《引用语大辞典》(增订本),武汉:武汉出版社2010年版,第183页。

③ (清)阮元校刻:《毛诗正义》,《十三经注疏》上册,上海:上海古籍出版社影印本1997年版,第482页。

④ 同上书,第504页。

⑤ 梁振杰:《大学中庸集注》,开封:河南大学出版社2016年版,第103页。

⑥ (清)阮元校刻:《毛诗正义》,《十三经注疏》上册,上海:上海古籍出版社影印本1997年版,第507页。

⑦ 同上。

⑧ (汉)河上公著,刘固盛点校:《道德真经注》,熊铁基、陈红星主编:《老子集成》第1卷,北京:宗教文化出版社2011年版,第153—154页。

⑨ 胡适:《老子》,胡道静主编:《十家论老》,上海:上海人民出版社2006年版,第14页。

⑩ 高亨:《高亨著作集林》第5卷,北京:清华大学出版社2004年版,第114页。

⑪ 同上。

"之"为何就是"道"。

(三)"知止"与"目标"之"之"及与"道"

如果以上例子还不能明确地将"止"引申为"目的"或"目标"之义的话，那么再看《礼记·大学》的例子，其中云："为人君止于仁；为人臣止于敬；为人子止于孝；为人父止于慈；与国人交止于信。"① 王文锦将上引各"止"均理解为"居心于"②，通俗说就是"以……为目标（目的）"之义。该篇开头有最著名的"大学之道，在明明德，在亲民，在止于至善。知止而后有定"③。这句中有两个"止"字，且有和老子相同表述的"知止"。王文锦这样解释后两句："在于使人们达到至善的目标。知道应该达到的目标，然后才能有确定的志向。"④ 可见不仅"止"是"（达到……）目标"，而且"知止"就是"知道应该达到的目标"之义。当然关于老子之"知止"与《大学》"知止"的关系，学界也有人关注到了，比如徐梵澄就说："所谓'止'也……及《大学》之言'知止'，殆亦不异……老子之义……仍诲人以'知止'，谓此有其极限也。"⑤ 只不过他没有将"知止"明确解释为要达到最终的"目标"。

那么什么才是老子要达到的目标呢？简单地说，老子为道家学派的创始人，其整个哲学系统"是由宇宙论伸展到人生论，再由人生论延伸到政治论"，而"他的整个哲学系统都是由他所预设的'道'而开展的"⑥，那么"道"自然就是老子全部思想观念的核心，也即最终目的了。无论是学、体、悟、执，还是行道，最终都依归于"道"，甚至失败也是因为不"道"而已。可见上文所引高亨所说"之指道言，言道既有名，侯王亦将知道，知道可以不殆也"，当为确论。到此可以明确"知道了最终的目标即道，才不会有危险"恐怕才是"知止不殆"的本义。

---

① 王文锦：《礼记注解》下册，北京：中华书局2016年版，第928页。
② 同上书，第929—930页。
③ 同上书，第925页。
④ 同上。
⑤ 徐梵澄：《老子臆解》，北京：中华书局1988年版，第46—47页。
⑥ 陈鼓应：《老子注译及评介》，北京：中华书局1984年版，第2页。

## 三、"知止"何以"不殆"

如果以上结论大致不错，那么另一重要问题就是"知止（即道）"何以"不殆"呢？这就不得不提及老子之道了。在今本《道德经》一书中共出现"道"字77处①，除却第一章"道可道"第二个"道"字一般理解为"言说"外，其他均与其哲学核心观念的"道"相关，此外老子还用"无""大""一""常（恒）""谷神""玄（元）德""稽式""古纪"等来指称"道"。按照陈鼓应的理解，老子之"道"除了作为形而上的实存意义的、宇宙生成的"道"之外，还有表示一般规律性的如对立转化、循环运动的"道"和作为生活准则的"道"②。具体就老子的"知止"而言，此"止"也即"道"，应当包含陈鼓应所言的老子之道的全部内容。此外，老子之道还具有以下特性。

第一，客观真实性。老子认为包括天地（或宇宙）在内的万物还没有出现之前就有物存在："吾不知谁之子，象帝之先。"③ 这就是"道"。虽然"道"是"视之不见""听之不闻"和"搏之不得"的"夷""希""微"，是"无状之状，无物之象"的"惚恍"④，但它却是真实、客观的存在。"道之为物，惟恍惟惚。惚兮恍兮，其中有象；恍兮惚兮，其中有物。窈兮冥兮，其中有精，其精甚真，其中有信。"⑤

第二，创造或创生性。老子认为包括天地人在内的万事万物都是由那个"先天地生"的本源性的"道"所创造或创生的：

　　天下万物生于有，有生于无。
　　道生一，一生二，二生三，三生万物。
　　道生之，德畜之，物形之，势成之。⑥

---

① 陈鼓应统计为73处，陈鼓应：《老子注译及评介》，北京：中华书局1984年版，第13页。
② 同上书，第2—13页。
③ （魏）王弼注，楼宇烈校释：《老子道德经注校释》，北京：中华书局2008年版，第10页。
④ 同上书，第31页。
⑤ 同上书，第52页。
⑥ 同上书，第110、117、136页。

·邓伟龙/老子"知止不殆"辨·

第三,运动性和规律性。老子认为道是运动不息且有规律的:

> 寂兮寥兮,独立而不改,周行而不殆,可以为天下母。吾不知其名,强字之曰"道",强为之名曰"大"。大曰逝,逝曰远,远曰反。
> 反者,道之动;弱者,道之用。①

第四,自然与无目的性。老子认为道是"自然"地创生万物,亦即自生、自化、自成,亦即自本自根,没有外力强迫的"自己而然"②,因而道的最大特性就是其自然性:

> 功成事遂,百姓皆谓我自然。
> 希言自然。
> 道之尊,德之贵,夫莫之命而常自然。
> 天道无亲,常与善人。③

同样又由于道在创生世界万物之后也只是让万物自然(己)而然,而无所偏爱与偏私,因而也是无目的性的:

> 万物作而不为始,生而不有,为而不恃,成功而弗居。
> 万物恃之以生而不辞,功成而不名有。衣养万物而不为主。
> 故不可得而亲,不可得而疏;不可得而利,不可得而害;不可得而贵,不可得而贱。④

第五,自我圆足或自满自足性。老子还认为道虽创生万物、滋养万物而自身不会有任何亏损,作用巨大无限而不会穷尽,因而具有自我圆足或自满自足性:

---

① (魏)王弼注,楼宇烈校释:《老子道德经注校释》,北京:中华书局2008年版,第63、110页。
② 罗安宪:《论老子哲学中的"自然"》,《学术月刊》2016年第5期,第36—43页。
③ (魏)王弼注,楼宇烈校释:《老子道德经注校释》,北京:中华书局2008年版,第40、57、137页。
④ 同上书,第6、85、148页。

道冲而用之或不盈。

谷神不死，是谓玄牝。玄牝之门，是谓天地根。绵绵若存，用之不勤。

天道云云（注：云云即圆圆。此为十六章竹简本①文字）

道之出口，淡乎其无味，视之不足见，听之不足闻，用之不足既。

大成若缺，其用不弊。大盈若冲，其用不穷。②

第六，利他与公平性。老子同时认为道创生万物是无私和无目的性的，但客观上却有利他性的特点：

万物恃之以生而不辞，功成而不有。衣养万物而不为主，常无欲，可名于小；万物归焉而不为主，可名为大。

夫唯道善贷且成。

道生之，德畜之，物形之，势成之……长之、育之、亭之、毒之、养之、覆之。生而不有，为而不恃，长而不宰，是谓玄德。

天之道，利而不害。③

也正由于道的以上特征，因而道又具有绝对的公平性：

天地不仁，以万物为刍狗。

天之道，其犹张弓与？高者抑之，下者举之；有余者损之，不足者补之。天之道，损有余而补不足。④

而且更为重要的是，这个"自然"之道还是人们从事任何事情的最后目标

---

① 廖名春：《郭店楚简〈老子〉释文》，熊铁基、陈红星主编：《老子集成》第1卷，北京：宗教文化出版社2011年版，第5页。

② （魏）王弼注，楼宇烈校释：《老子道德经注校释》，北京：中华书局2008年版，第10、16、87、122—123页。

③ 同上书，第85、113、137、192页。

④ 同上书，第13、186页。

和依据,顺之则成功,否则会遭受失败:

夫物芸芸,各复归其根。归根曰静,静曰复命。复命曰常,知常曰明。不知常,妄作凶。知常容,容乃公,公乃全,全乃天,天乃道,道乃久,没身不殆。

故从事于道者,道者同于道;德者同于德;失者同于失。同于道者,道亦乐得之;同于德者,德亦乐得之;同于失者,失亦乐得之。

人法地,地法天,天法道,道法自然。

昔之得一者:天得一以清……其致之。天无以清将恐裂,地无以宁将恐废,神无以灵将恐歇,谷无以盈将恐竭,万物无以生将恐灭,侯王无以正将恐蹶。

知和曰常,知常曰明。益生曰祥。心使气曰强。物壮则老,谓之不道,不道早已。①

如果套用亚里士多德的"四因"说理论②来检视老子之道,那么"事物所由产生的,并在事物内部始终存在着的那东西"的"质料因"(本因)是"道",因为包括人在内的宇宙万物都是由道创生出来的;"事物的原型亦即表达出本质的定义"的"形式因"(物因)也是"道",因为宇宙万物的最终根源或本质也是"道";"那个使被动者运动的事物,引起变化者变化的事物"的"动力因"(动因)亦是"道",因为道自己变化运动从而引起万物的运动变化;最后即便是"事物'最善的终结'"的"目的因"(极因)还是"道",因为只有道才是最无私、最公平也即最善的。故在老子看来,人们无论从事什么事情,只有先知道或懂得了这个作为创生万物、衣养万物、善利万物、并是万物最后目的、决定事物"四因"的"道",才有可能依道行事,其最后才能取得成功而不会有失败危险了。因而其"知止"从正面说就是"知常容,容乃公,公乃全,全乃天,天乃道,道乃久,没身不殆",从反面说就是"谓之不道,不道早已"。

---

① (魏)王弼注,楼宇烈校释:《老子道德经注校释》,北京:中华书局2008年版,第35—36、57—58、64、105—106、145—146页。

② [古希腊]亚里士多德著,吴寿彭译:《形而上学》,北京:商务印书馆1995年版,第6—7页。

但老子是不是认为只要知道了"止"也即"道"就真的不会有危险呢？如若这样，那么老子就只是"光说不练"的口头主义者。任何思想或理论如不付诸实践，无论正确和知道与否都不会有危险的，也是无意义的，因而老子的"知止不殆"另一深层的内涵恐怕是"只有知道了依据最终的目标'道'行事才不会有危险"。进而可知"知止"应当包含两个层面：第一，做任何事情都应当首先要知道其最终的目标也即"道"；第二，做任何事情都要知道依照那个最终的目标也即"道"去做。简言之，就是要知道"道"和要知道依"道"行事，而后者恐怕更为关键。可见老子"知止"的这两层含义实际上就是哲学中的世界观与方法论，或用杨鹏的说法就是宇宙观与执政观（或政治观）的问题。从世界观而言，老子认为是"道"性"自然"地创生万物并使万物"自己而然"；从方法论而言，既然是"道"性"自然"地创生万物并使万物"自己而然"，那么任何人的行为和实践就应取法"道"，或者说一切应以符合"自然""自己而然"为标准。而这种方法论无疑是由其世界观或宇宙观所决定的，在实践层面就是实践观，落实到政治层面就是政治观或执政观了。那么老子的执政观是什么呢？联系到"知止"的第二个层面，更具体的问题就是：什么是依道行事呢？如何依道行事呢？依道行事何能不殆？

## 四、"知止"何能"不殆"及"无为"和强行

老子认为既然"道"性"自然"地创生包括人在内的宇宙万物并使其"自己而然"，因而这就决定了任何人的行为和实践应取法"道"，所以《道德经》中的圣人都是以"道"为准、顺道而治，使天下"自己而然"的实践者、执政者或统治者应具备的特质为：

> 圣人不仁，以百姓为刍狗。
> 是以圣人执一为天下式。
> 圣人常无心，以百姓之心为心。

是以圣人方而不割，廉而不刿，直而不肆，光而不耀。①

其所谓"以百姓为刍狗"，"执一为天下式"，"以百姓之心为心"等，无非说明老子理想中的"圣人"在实践或执政时都是以道之自然或道性自然、自己而然为原则、标准和价值取向的。那么在包括执政在内的实践中如何达致"自然"呢？刘笑敢说，"老子所追求、所推崇的最高价值就是'自然'，'自然'是老子哲学体系的中心价值，而'无为'则是老子提出的实现或追求这一价值的基本方法或行为原则"②。因此，"无为"或"为无为"就成了老子的实践观、政治观或执政观的核心：

是以圣人处无为之事，行不言之教……
为无为，则无不治。
明白四达，能无为乎？
道常无为而无不为。
我无为而民自化，我好静而民自正，我无事而民自富，我无欲而民自朴。
为无为，事无事，味无味。
是以圣人无为，故无败；无执，故无失。③

那么什么是"无为"呢？"无为"是不是不作为呢？陈鼓应认为老子之"无为""并不是什么都不做，并不是不为，而是含有不妄为的意思"④。李学勤援引李约瑟的观点说"无为"的真正意义乃是"不做违反自然的活动

---

① （魏）王弼注，楼宇烈校释：《老子道德经注校释》，北京：中华书局2008年版，第14、56、129、152页。

② 刘笑敢：《老子哲学的中心价值及体系结构》，陈鼓应主编：《道家文化研究》第10辑，上海：上海古籍出版社1996年版，第118页。

③ （魏）王弼注，楼宇烈校释：《老子道德经注校释》，北京：中华书局2008年版，第6、8、23、90、150、164、166页。

④ 陈鼓应：《老子注译及评介》，北京：中华书局1984年版，第35页。

(refraining from activity contrary to Nature)"①。在我看来,老子"无为"的观点完整准确的表述应该是"为无为",这里至少包含两个方面:一是老子不是不要作为,而是主张要有作为的即"为";二是关于如何"有为"或如何"作为"的问题,老子则主张"无为"即"无妄为"。就其实践或执政观具体而言,老子不仅要求实践或执政者甚至圣人要按照"道",也即符合事物客观规律、不妄为地去行事或执政,同时老子还要求凡是一切符合"自然"之道、事物的客观规律的都要去做,也即"为",而这才是真正的"为无为",唯其如此才能"无为而无不为","圣人无为故无败",而若"无为"只是什么都不做怎么会无所不为和无败呢?因此罗安宪说:"老子讲自然,也讲无为。自然无为是老子哲学之基本观念。自然无为既可合而言之,亦可分而言之。合而言之:自然即无为,无为即自然,故曰自然无为。分而言之:自然是道之本性,亦可称为道体;无为是道之运作,是人之所应效法者,亦可称为道用。"② 而这正是老子哲学中宇宙观或世界观在其方法论或实践及执政观中的反映而已。

那么接下来的问题是,老子既然强调"无为"为何还要提倡"强行"呢?这看似矛盾实际上不矛盾。因为正如上文所说的,老子之"无为"并不是什么都不做,无所作为,而是依道行事,遵循事物的客观规律无妄为的意思。但是依道行事或从事于道绝对不是那么轻易能够做到的,同样"强行"也绝不是与"无为"相对的"妄(有)为"、勉强而为,甚至是不计后果地强力推行的乱作为,而是依道而为、勤勉而行、坚持不懈、持之以恒的意思。对于行道或依道而行也即"无为"的困难,老子虽然没有直接论述,但我们大概能从下列章节的文字中看到。

其一是第八章,内容为著名的以水喻道。因为水最接近无为,因而也最接近"道",同时也是以水来说明行道之难及行道之人应有的品格:"上善若水。水善利万物而不争,处众人之所恶,故几于道。居善地,心善渊,与善仁,言善信,政善治,事善能,动善时。夫唯不争,故无尤。"③ 试想,谁始终能像水一样利万物而不争?始终能保持向下的品格处众人之所恶?始终能做到善渊、

---

① 李学勤:《古代中国文明中的宇宙论与科学发展》,《烟台大学学报》(哲学社会科学版)1998年第1期,第81—84页。
② 罗安宪:《论老子哲学中的"自然"》,《学术月刊》2016年第5期,第36—43页。
③ (魏)王弼注,楼宇烈校释:《老子道德经注校释》,北京:中华书局2008年版,第20页。

仁、信、治、能、时？而要达到这些，绝对只能是那些能够始终以行道为目标、遵循规律、一以贯之的"强行""无为"的有志者。

其二是第十章，主要涉及体道行道者的修身功夫。其中要求达到能如婴儿的专气致柔，能无疵的涤除玄鉴，能无为地爱民治国，能无知地明白四达，最后达到如天道一样的"生而不有，为而不恃，长而不宰"①，这些也非"强行"不可。

其三是第十五章。此章是对"古之善为士（帛书乙本为道）者"也即"古时善于行道之士"的描绘，可从其中的"豫兮若冬涉川；犹兮若畏四邻；俨兮其若客；涣兮其若凌释；敦兮其若朴；旷兮其若谷；混兮其若浊"以及"保此道者，不欲盈"② 体会体道或行道者的艰辛，而这些非有志者"强行"不可。

其四是第二十章。其中有大量的文字描绘行道或体道者与众人之间的差异：

> 众人熙熙，如享太牢，如春登台。我独泊兮，其未兆；如婴儿之未孩；傫傫兮，若无所归。众人皆有余，而我独若遗。我愚人之心也哉！沌沌兮！俗人昭昭，我独昏昏。俗人察察，我独闷闷。澹兮其若海；飂兮若无止。众人皆有以，而我独顽且鄙。我独异于人，而贵食母。③

这种能够在任何时间、情景、境遇中坚持自己的操守，唯道是从（贵食母），不为各种诱惑所动，绝非那些知难而退、适可而止、意志懦弱者所能达到。另外，还有如第四十章的"上士闻道，勤而行之"和"大器晚成"④ 等文字，也表现了体道、行道的艰辛困苦，非强行勤勉不懈而不能。

综此可见，老子之"知止不殆"其实就是从其哲学观的核心概念"道"出发，认为人们无论从事何事都要知道和遵从道的自然特性，坚持无为的原则，同时勤勉不懈地"强行"，从而达到成功而无危险的境地。可见老子的内在理路为：哲学观→道→自然→无为→实践或执政观→知止（道）→依道行事→

---

① （魏）王弼注，楼宇烈校释：《老子道德经注校释》，北京：中华书局2008年版，第24页。
② 同上书，第33页。
③ 同上书，第47—48页。
④ 同上书，第112—113页。

无为→强行→不殆、成功。这事实上是其哲学观中独特的宇宙或世界观在其实践或政治观中的反映，是其独特的执政观表现。而这里的"强行"不仅不与其主张的"无为"矛盾，反而是决定其能否坚持依道而行"无为"也即"无妄为"的内在要求。

## 五、余论

到此，我们对老子"知止不殆"的所有辨析总结如下。老子的"知止不殆"是其道性自然的哲学观落实到社会实践中的一个重要政治观或执政观，其中也有人生观的内涵。其所以主张"知止不殆"就在于他认为任何事物的最终根源和目标都是也只能是"道"，而"道"是自然无为的，也即自己而然、无妄为，因此人们无论从事任何事情都要首先知道"道"并依道行事，即"知止"才能成功而不会有危险，这恐怕才是"知止不殆"的本义。但同时依道行事的"知止"不可能是一帆风顺的，因而"志"即理想也即最终目标就尤为重要，故老子又强调"强行者有志"。当然这个"强行"绝不是违背客观规律及违背"道"的妄为，而是在"知止"也即知"道"前提下的勤勉而行和努力不懈。因此，那种把老子的"知止不殆"简单地理解为"知道了适可而止就不会有危险"，并进而将老子的整个思想看作是知难而退、适可而止、安于现状甚至消极保守、落后倒退的观点，显然是错误的，而事实上老子之思想非但不保守消极反而是积极上进的。

另外，从"殆"的字义上也能发掘出对"知止不殆"的以上理解。因为"殆"通常有四个意项：1. 危险；2. 近于；3. 作副词，表示大概、恐怕；4. 通"怠"，懒惰[①]。而如果将"知止不殆"之"殆"理解为第四种，即通"怠"之懒惰、懈怠之义，那么"知止不殆"就是"知道了最终目标而不懈怠"的意思，而绝不是"知道了适可而止就不会有危险"这种落后、保守的消极之义。而且从老子全文来看，其和此相同的用法还有两处即："没身不殆"[②]，"周行而不殆"[③]，其中"没身不殆"可以理解为"危险"。事实上它们也均可用"怠"、

---

[①] 古汉语常用字字典编写组：《古汉语常用字字典》，北京：商务印书馆1998年版，第57页。

[②] （魏）王弼注，楼宇烈校释：《老子道德经注校释》，北京：中华书局2008年版，第37页。

[③] 同上书，第63页。

懈怠来理解("没身不殆"可理解为"终身努力不懈怠")。而学界之所以会有对"知止不殆"的误读,恐怕是没能将其和上下文乃至全文及老子的整体思想联系起来,而产生的"断章取义"甚至"望文生义"的结果吧。当然,至于本文的解读到底是否符合老子的原意,还望方家不吝赐教。

# 黄老"自为"对《老子》"自然"的承继

## ——兼论对《庄子》的影响*

路高学**

**内容提要**：始于《老子》的"自然"本义指包括"自为"在内的"自己如此"，与"无为"的"道"和"圣人"相对应，其中还没有有意和无意的明确分别。黄老道家扬弃了《老子》的"自然"，突出了其中有意识、有情感的"百姓"的"自己如此"，即"自为"，在具体的表述中有"物自为"和"人自为"的发展变化。而这样的"自为"，在《庄子》中却是被批判和否定的对象，促使"自然"从无外界干涉的"自己如此"，发展出无内心智故的"原本如此"之义，主要用于"道"和"圣人"，以至于"道性自然"理念的形成。

**关键词**：自为；自然；黄老；《老子》；《庄子》

近年来，"自然"是中国哲学领域关注的焦点。第一、二届"中国的'自然'思想研讨会"分别于 2017、2018 年在北京大学和南开大学召开，对中国哲

---

\* 本文系国家社科基金后期资助项目"先秦因循哲学论"（17FZX018）、教育部哲学社会科学研究后期资助一般项目"武内义雄老子研究的翻译与研究"（10JHQ030）的阶段性成果。

\*\* 路高学，男，河南新郑人，国防大学政治学院讲师。

学中的"自然"(特别是道家的"自然")及相关问题,进行了广泛且深入的探讨。然而,在这些研究中,对黄老道家"自然"思想的论述却不多见。尽管有学者试图从"形名"与"自然"的关系来探讨黄老政治哲学的内在理路①,但其忽略了黄老道家常是以"自为"而非"自然"论"形名"。"自然"和"自为"虽然结构相似,但意义却有差异,在不经辨明的情况下,以一方统合另一方并非明智的做法。

在《老子》中,"自然"表达的对象主要是与"道"和"圣人"相对应的"万物"和"百姓"②。从《老子》的"万物之自然"与"万物将自为","百姓皆谓:我自然"与"我无为而民自为"的表述中可知③,"自然"与"自为"的用法及用意基本相似。在此背景下,可以用"自然"统合"自为"。但是,在《庄子》那里,"自为"却与"自然"分野,成了被批判的对象,而这种变化也反映在了"自然"的意义上。

关于"自然"的意义,张岱年先生曾论:《老子》的"自然"是"自己如此",《庄子》的"自然"是"本来的情况"④。叶树勋进一步深化了此种观点,把早期道家的"自然"总结为两种形态:其一,无外界干涉的"自己如此、不受他者影响"的"自然",用于与"道"的"无为"相对应的"万物";其二,无内心智故的"原本如此、不是有意造作"的"自然",可与"无为"一起描述"道"的性状⑤。至于"自然"如何发生了这样的演变,两位学者都没有给出非常明晰的解释。而比较以上观点可以发现,《庄子》对于"自为"的批判,恰好对应于表示"原本如此、不是有意造作"的"自然"。这种现象绝不是

---

① 崔晓姣:《"形名"与"自然":黄老政治哲学的内在理路探析》,《江汉论坛》2020年第3期,第64页。

② 参见[日]池田知久:《论老庄的"自然"——兼论中国哲学"自然"思想的发生与展开》,《湖南大学学报》(社会科学版)2009年第6期,第29—30页。

③ 通行本《老子》第三十七章"侯王若能守之,万物将自化"中的"自化"在郭店本、帛书甲本中作"自愿",第五十七章"我无为而民自化"中的"自化"在郭店本中作"自愿"。[北京大学出土文献研究所编:《〈老子〉主要版本全文对照表》,《北京大学藏西汉竹书》第2册,上海:上海古籍出版社2012年版(以下略注),第204—205、180—181页。]

④ 张岱年:《张岱年全集》第4卷,石家庄:河北人民出版社1996年版(以下略注),第534页。

⑤ 叶树勋:《早期道家"自然"观念的两种形态》,《哲学研究》2017年第8期(以下略注),第18页。

偶然的，因为"为"本身就有"造作"的意思，如《尔雅·释言》："作、造，为也。"① 由此推断，"自然"从《老子》的"自己如此"发展出《庄子》的"原本如此"，很有可能是庄学排斥"自为"的结果。

然而，在《庄子》中被批判的"自为"，不仅在《老子》中的用法与"自然"相近，而且还是黄老道家著作中的重要概念。以《黄帝四经》为例，其中没有出现"自然"的用例，但是多数与《老子》"自然"相似的表达，使用的都是"自为"，即与"道"或"圣人"相对应的"百姓"或"万物"的"自为"，可以说这是对老子"自然"的一种继承和发展。与此类似的现象，在上博楚简《恒先》②《慎子》《尹文子》《韩非子》中都可以见到。而至于为何"自为"在《庄子》中却成了被批判的对象，则和"自为"与"自然"的意义差异有关，这是本文首先要讨论的问题。

## 一、"自然"与"自为"的比较

"自然"和"自为"的相似性一目了然，都以"自"为前提，但并不能因此把两者简单地等同起来，或许在某种语境下它们确实有着相同的意旨。而要明了"自然"和"自为"之间的联系和区别，毫无疑问首先要了解"自"。

关于"自"，研究相关"自然"思想的学者早已进行过全面且深入的论述，但是无论何种观点，基本上都是对《说文解字》以及段玉裁注进行的进一步诠释。这些诠释当然对于全面理解"自"有重要的意义，不过也存在着因过度诠释而支离化的问题。"自"在《说文解字》中被解释为"鼻也，象鼻形"，后引申出"从也、己也、自然也"③，也就是三种意思：第一，起始性的"从"，可与"自"结合为"自从"，属介词，表示某个时间或事件发生的起点，如西汉李陵的《答苏武书》："自从初降，以至今日。"④ 第二，代词性的

---

① （清）阮元校刻：《十三经注疏》，北京：中华书局2009年版，第5615页。
② 上博楚简《恒先》："举天下之为也，无夜（舍）也，无为也，而能自为也。"其中，"无舍"与"无为"是说君主不做干预，而"自为"则是指天下民众均可自作自为。（参见曹峰：《〈恒先〉的气论——一种新的万物生成动力模式》，《哲学研究》2012年第5期，第43页。）
③ （清）段玉裁：《说文解字注》，上海：上海古籍出版社1988年版（以下略注），第136页。
④ （清）吴楚材、（清）吴调侯选注：《古文观止》，上海：上海古籍出版社2016年版，第241页。

"己",可与"自"结合为"自己",最初表示"中宫",后引申为"人己":"言己以别于人者。己在中,人在外,可纪识也。《论语》:'克己复礼为仁。''克己'言自胜也。"① 第三,与"然"结合的"自然",根据以上两类意义可以推出"自从然"和"自己然"两种解释,而究竟哪一种更为合理,则需要依据"然"的意义进行考察。

"然"的本义为"烧",又被训为"如此"②。在《大广益会玉篇》中"然"也被解释为"烧也,许也,如是也"③。而"如是"即"如此",表示某种样态或状况。由此可见,由"烧"到"如此"或"如是"在古代是对"然"的一种常解。那么,"自然"也就可以理解为"自如此"或"自如是",其中的"自"应为"自己"而非"自从",表示"自己如是"或"自己如此",这是"自然"的本意,始见于《老子》,如张岱年先生所言:"(老子)所谓自然都是自己如此之意。"④ 目前学界对"自然"展开的各种论述,大多以此种观点为基础。

另外,与"然"相比的"为"有动词、连词和副词等用法,但其本义则是母猴,后"假借为作为之字,凡有变化曰为"⑤,表动词义。前文引《尔雅·释言》释"为"为"作、造,为也"。而《国语》韦昭注"为,治也","为,犹使也"⑥。从字面来看,这些都是与人的行为相关的解释,因为"作"和"使"都是以"亻"为部首,而"亻"即"人";"造"和"治"中的"告"和"台"都"从口",分别有"告人"和"说"的意思⑦,也与人相关;"造"还以"辶"为部首,而"辶"源于"辵","乍行乍止,从彳止"⑧,也指向人。可以说,由"作""造""治""使"所造成的相应变化,与像花草、树木等植物在阳光、泥土、水分等客观要素影响下而产生的生灭变化是不同的,反映的是由主观能动性的人的行为而引起的变化,或者直白地说,"为"在表示变化的意义上,所指的主要就是人的相关行为。那么,当这样的"为"与包含"人己"意

---

① (清)段玉裁:《说文解字注》,第741页。
② 同上书,第480页。
③ (南朝)顾野王:《大广益会玉篇》,北京:中华书局1987年版,第99页。
④ 张岱年:《张岱年全集》第4卷,第534页。
⑤ (清)段玉裁:《说文解字注》,第113页。
⑥ 上海师范大学古籍整理组校点:《国语》,上海:上海古籍出版社1978年版,第491、155页。
⑦ (清)段玉裁:《说文解字注》,第53、58页。
⑧ 同上书,第70页。

义的"自"结合在一起成"自为",所突出的毫无疑问是作为行为主体的人的行为。

与其他物相比,人有情感和意志,具有主观能动性。但是,在早期思想家的表述中,人常常被纳入到"万物"的讨论范围,很少见到对人与一般物进行明确的区分,或者说没有对人与客观世界进行二元对立的划分,其背后反映的是人、物一体的意识,而即使有区分,也是"圣人"与"万物"或"百姓"的分别,可是他们又因为"道"的关系而紧密地联结在一起。这样一来,相对于"道"和"圣人",就可以把有意识的人的"自为"和一般物的发展变化结合在一起,用"自己如此"的"自然"进行表述,这在《老子》中表现得比较明显。

## 二、《老子》的万物"自然"与"自为"

在《老子》通行本中,"自然"共计出现了 5 次,而"自为"却未有一见①。但是,在郭店楚简本和马王堆帛书本《老子》中,"自为"则是真实存在的,例如:

是以圣人之言曰:我无事而民自富,我无为而民自为(爲)。②(郭店本甲组简 29—32)

道恒无为也。侯王能守之,而万物将自为(爲)。③(郭店本甲组简 13—14)

道恒无名。侯王若守之,万物将自为(爲)。④(帛书甲本)

这三处"自为",在其他版本《老子》中相应地皆作"自化"。高明先生认

---

① 在范应元所注的《老子》中,出现了"自为"一词,如:"是以圣人以其终不自为大,故能成其大。"但是,在帛书本中,所谓的"不自为大",皆作"不为大"。[高明:《帛书老子校注》,北京:中华书局 1996 年版(以下略注),第 412 页。]
② 北京大学出土文献研究所编:《〈老子〉主要版本全文对照表》,第 181 页。
③ 同上书,第 205 页。
④ 同上。

为:"'为'字属匣纽歌部,'化'字在晓纽歌部,'为''化'二字古音同通用。"① 另据前文引用段玉裁"凡有变化曰为"的注解可知,"为"和"化"是意义紧密相关,甚至可以通用的两个字。而无论是"民自为"还是"万物将自为",很显然都是在讲"民"和"万物"的"自己如此",其中没有"我"和守"道"的"侯王"干预,这样的"自为"完全可以归入到"自然"的范畴之下。但是,不能忽视的是,郭店本和帛书甲本中的"自为"都有从"心"的"自愚",带有很明显的能动性色彩。老子用这样的"自为"表达"万物",反映了早期道家对人与物一体不分的思考,这在"自然"的相关表述中也可以得到佐证。

关于《老子》的"自然",以通行本为基准,同时参见其他诸本可见如下数条:

> 功成事遂,百姓皆谓:"我自然。"② (第十七章)
> 希言,自然。③ (第二十三章)
> 人法地,地法天,天法道,道法自然。④ (第二十五章)
> 是以万物莫不尊道而贵德。道之尊,德之贵,夫莫之命而常自然。⑤ (第五十一章)
> 是以圣人欲不欲,不贵难得之货。学不学,复众人之所过。以辅万物之自然,而不敢为。⑥ (第六十四章)

其中,第十七章和第五十一章中的"自然"所指对象都很明确,分别是自称"我"的"百姓"和"万物",即"百姓之自然"和"万物之自然"。而实际上,在《老子》中"万物"往往囊括了"百姓",如第五十一章:"是以万物莫

---

① 高明:《帛书老子校注》,第421页。
② 北京大学出土文献研究所编:《〈老子〉主要版本全文对照表》,第196—197页。
③ 同上书,第198—199页。
④ 同上书,第200—201页。
⑤ 通行本《老子》第五十一章的"夫莫之命而常自然"在帛书甲、乙本中作"夫莫之爵而恒自然"。(北京大学出土文献研究所编:《〈老子〉主要版本全文对照表》,第178—179页。)
⑥ 北京大学出土文献研究所编:《〈老子〉主要版本全文对照表》,第184—185页。

不尊道而贵德。"其中,"尊道而贵德"的"万物"所指的绝不仅仅只是普通的物而已,而是包含"百姓"在内的一切存在物,甚至可以直接理解为"百姓"。因为只有作为有意识的人的"百姓"才能够去尊、去贵什么东西,而无意识的物只是在不同的条件下呈现出某种相应的客观变化而已。

至于第五十一章的"自然",因为对于"道之尊"和"德之贵"的不同理解,学者之间存在着分歧。其中,具有代表性的观点有两种:第一,把"道之尊"和"德之贵"的原因归为"并没有谁来命令,它从来就是这样的"①,也就是把"自然"看作是"道"和"德"的属性,即"道之自然";第二,认为"道之尊"和"德之贵"是因为"道"和"德"不对万物进行干涉而任其自己而然②,也就是把"自然"看作是"万物之自然"。而就"自然"在《老子》中所指称对象的惯例而言,"第二种解释才是恰当的","因为尊重道和德的是'万物'('是以万物莫不尊道而贵德')"③,或者也可以说,"道"和"德"所受到的万物的推崇,是万物自发的行为,而没有什么命令它们如此。

此外,第二十三章"希言,自然"中的"自然"所指的也应该是万物或百姓。首先,"希言"与第十七章中的"贵言"意思相近,而与"希言"相对应的"自然",类似于"贵言"对应的效果是百姓"自然"。④ 其次,在为政方面,老子反对"多言"而主张"不言"⑤,其意义也与"希言"基本一致,所要表达的是对统治者的要求,即:居于统治地位的人,尽量少发或不发干预百姓生活的政令,以使百姓能够自惟自作。而实际上,这就是说统治者"无为"("希言")而使百姓"自己而然"("自然")。

结合以上观点来看,第二十五章"道法自然"中的"自然"也应该是指万物或百姓的"自然"。"道法自然"是《老子》中非常著名的一个命题,而围绕这个命题,自古至今已有很多论述,也存在着不同的看法,大家莫衷一是。其

---

① 任继愈:《老子绎读》,北京:中华书局2006年版,第112页。
② 陈鼓应:《老子注译及评介》,北京:中华书局2009年版,第262页。
③ 王中江:《道与事物的自然:老子"道法自然"实义考论》,《哲学研究》2010年第8期,第40—41页。
④ 叶树勋:《早期道家"自然"观念的两种形态》,第21页。
⑤ 关于"言"的论述,《老子》还有"多言数穷,不如守中"(第五章)和"圣人处无为之事,行不言之教"(第二章)。(北京大学出土文献研究所编:《〈老子〉主要版本全文对照表》,第192页。)其中,"言"可以理解为上位者发出的政令,那么"多言"就是繁多的政令,这是老子反对的。

中，有两个影响力很大的解释：第一，河上公把"道法自然"理解为"道性自然，无所法也"①，这显然是把"自然"理解成了"道"本身所具有的特性；第二，王弼把"道法自然"理解为"道不违自然，乃得其性"②，这里的"自然"显然指向了客观存在的他者。简单地说，河上公所看到的"自然"是"道之自然"，而王弼眼里的"自然"可以说是"万物之自然"。前一种是把"自然"视为"道"的属性，而后一种是把"自然"看作是"万物"的"自然"，代表着一种更为早期的观念③。

另外，《老子》中其他与"自然"结构相似的表述，即"自X"，也往往与"万物"相关，如"自化""自正""自富""自朴"等等；而与之相对应的"不自X"，如"不自视""不自见""不自伐""不自矜"等等，则往往指向"道"或者"圣人"。可以说，"道"和"圣人"的"不自X"，正对应于"万物"和"百姓"的"自X"。而老子的"自然"，可以说是对各种"自X"的提炼④，强调的是"万物"的"自己如此"，意在突出"万物"在没有外在作用力的情况下的自主性或自发性，而不是没有智故的本然性或本原性。其实，这就是在讲百姓，因为只有作为人的百姓才有意识。而对于一般物而言，所谓无外力作用下的"自己如此"，也就是无意识形态下的"原本如此"。可以说，老子的"自然"既包括有意识的人的"自己如此"，也包括无意识的一般物的"原本如此"。在这种情况下，我们可以用"自然"统合带有主观能动色彩的"自为"。

## 三、黄老的"物自为"与"人自为"

在黄老道家的代表作《黄帝四经》中，虽然也如《老子》那样多次出现了"自X"的表述，如"自为""自正""自命""自定""自生"等等，但是却没

---

① 王卡：《老子道德经河上公章句》，北京：中华书局1993年版，第103页。
② （魏）王弼注，楼宇烈校释：《王弼集校释》，北京：中华书局1980年版，第65页。
③ 曹峰：《〈文子·自然〉研究——兼论对"道法自然"的理解》，《现代哲学》2018年第5期，第128页。
④ ［日］池田知久著，王启发、曹峰译：《道家思想的新研究——以〈庄子〉为中心》，郑州：中州古籍出版社2009年版，第551页。

有出现"自然",这是一个值得注意的现象。然而,从目前学界对道家"自然"思想的研究来看,这种现象鲜见有人提及。前文提到,有学者在没有辨明这种现象的情况下,试图从"自然"与"形名"的关系方面入手分析黄老政治哲学的内在理路。这种做法并不严谨,因为无论是作为黄老学经典的《黄帝四经》,还是深受黄老学影响的《韩非子》,都是以"自为"而非"自然"论"形名",如"故天下有事,无不自为形名、声号矣……凡事无小大,物自为舍。逆顺死生,物自为名。名形已定,物自为正"①,"有言者自为名,有事者自为形"②。

"自为"和"自然"虽然有关联,但是也不能简单地以"自然"来统合"自为",特别是在黄老学中。前文提到,"为"有"造""作""治""使"等意义,其中包含着有意识的人为的意思,而当其与"自"结合在一起时,所突显的是有意识的人的自惟自作,这在《尹文子》和《慎子》中也有明确表达,如"人皆自为,而不能为人"③,"人莫不自为也,化而使之为我,则莫可得而用矣"④。

至于《黄帝四经》不直接用"人自为"而是用"物自为",实际上反映了早期道家思想中人与物一体不分的逻辑,这在《老子》中表现得非常明显。老子所言的万物包括百姓,在有些情况下甚至以万物代指百姓,所以"万物之自然"当然也包括"百姓之自然"。这也就是说,《老子》的"自然"既包括"一般物的自己如此",也包括"百姓的自己如此",但主要是指后者。而百姓作为人,当然是有意识和情感的,也具有"造""作""治""使"等不同于一般物自然演化的能力。在此种意义上,可以把"自为"归入到"自然"("自己而然")的范畴内,但是这也必将与表示不造作、无意识的本然之性的"自然"产生冲突。由此可以看出,《黄帝四经》表面是以"自为"论物,实则是在论作为人的百姓,这是对老子"自然"思想的一种继承和发展。

具体而言,在《黄帝四经》的论述中,万物从"虚无形"之"道"中生发出来后,并没有受到外在力量的干预,而是由其自身的因素,导致其最终的结

---

① 裘锡圭主编:《长沙马王堆汉墓简帛集成》第 4 册,北京:中华书局 2014 年版(以下略注),第 127 页。
② (清)王先慎:《韩非子集解》,北京:中华书局 2013 年版,第 28 页。
③ 厉时熙注:《尹文子简注》,上海:上海人民出版社 1977 年版,第 50 页。
④ 许富宏:《慎子集校注》,北京:中华书局 2013 年版,第 24 页。

果，如：

> 虚无形，其裘冥冥，万物之所从生。生有害，曰欲，曰不知足。生必动，动有害，曰不时，曰时而□。动有事，事有害，曰逆，曰不称，不知所为用。事必有言，言有害，曰不信，曰不知畏人，曰自诬，曰虚夸，以不足为有余。故同出冥冥，或以死，或以生，或以败，或以成。祸福同道，莫知其所从生。①

这段话提出了万物的"四害"：生害、动害、事害、言害。四者产生的原因分别是：与生俱来的欲望得不到满足；后天的行动不合时宜；由行动而产生的事情，或是逆于事理的，或是不能衡量的，或是盲目的；由这些事情而起的言语，或是不可信的，或是不知道敬畏他人的，或是自欺欺人的，或是大言不惭的。实际上，"四害"显然是在说有意识、有欲望的人，同时也说明，《黄帝四经》并没有将由"道"而来的人与一般物进行明确区分，只是用万物来表示从"道"而生的一切实存。这些实存在发展的过程中，或生或死，或败或成，但是无论结局是祸还是福，皆同出于一门，而其自身却并不能察知。对此，《黄帝四经》进一步解释到：

> 虚无有，秋毫成之，必有形名。形名立，则黑白之分已。故执道者之观于天下殹，无执殹，无处也，无为殹，无私殹。是故天下有事，无不自为形名、声号矣。②

这段话可以从两个方面来理解：第一，有"形名"之"秋毫"③（代表万物）与"虚无有"之"道"；第二，"无为"之"执道者"与"自为形名、声号"的"天下有事"（即百姓之事）。如果把"自为"与"自然"相等同，那么

---

① 裘锡圭主编：《长沙马王堆汉墓简帛集成》第4册，第127页。
② 同上。
③ 《庄子·知北游》的"秋毫为小，待之成体"与"虚无有，秋毫成之"意思相近，其意谓："全世界的任何东西，连像秋毫那样微小的东西，都只有依靠'道'才能形成自己的身体。"（裘锡圭主编：《长沙马王堆汉墓简帛集成》第4册，第128页。）

前者就可以理解为"道之无为"与"万物之自为",而后者就可以理解为"执道者之无为"与"百姓之自为",这显然与前文所论老子的"自然"思想在逻辑上有着一贯性。同时,这样的理解也更符合太史公对于道家的描述:

> 群臣并至,使各自明也。其实中其声者谓之端,实不中其声者谓之款。款言不听,奸乃不生,贤不肖自分,白黑乃形。①(《史记·太史公自序》)

其中,"群臣并至,使各自明"也可以理解为"使群臣各自为明",强调的是群臣作为他者的自主性;"其实中其声者谓之端"和"实不中其声者谓之款"则是在谈论"形名"或"名实"相应的问题,而"形"与"名"相符则为"端",不相符则为"款";最后一句从"款言不听"到"白黑乃形"则是在说明,如果君主不听信不实的"款言",坚持"形名"一致的原则,那么奸邪就不会产生,同时贤与不肖就会自动地区分开来,最后是非、善恶、清浊等也就会自动地显现出来。这种"自为"的"形名"论,对韩非子产生了重要影响。

相比于《黄帝四经》的"物自为",韩非子虽未明言,但是却非常明显地是在讲"人自为",即"有言者自为名,有事者自为形"。这里的"有言者"与"有事者",所指的毫无疑问是人言、人事,其意思是:"有其言则必有其名以定其事,有其事则必有其形以定其功,故人主不必名其事,使有言者名其事,人主不必定其功,使有事者形其功。"②所以,韩非子才有"形名参同,君乃无事焉,归之其情"③的主张。而"君乃无事"即"君无为"。

接下来,以"自为"来反观《老子》,其中与"无为"相对应的"自视""自见""自伐""自矜",以及"自化""自正""自富""自朴"等等,都可以归为"自为"之类。这类"自为"在《老子》中有两个指向:第一,对圣人而

---

① (汉)司马迁:《史记》,北京:中华书局2014年版,第3997页。
② 陈奇猷:《韩非子新校注》,上海:上海古籍出版社2000年版(以下略注),第70页。
③ 陈奇猷案:"'君乃无事焉'五字,当系旧注误入正文者。此文以名、形、情为韵,不当多此一句。且'君乃无事焉'五字,正是形名参同之注。"(陈奇猷:《韩非子新校注》,第70页。)

言的"不自为",如"不自视""不自见""不自伐""不自矜",① 即仿效于"道"的"无为";第二,因为圣人"无为"而使百姓"自为",即前面提到的"自化""自正""自富""自朴"等等。在这样的基础上,完全可以说"自为"是黄老道家对老子"自然"观念的一种承继。总的来看,老子言论中的"自然"所指向的是包括人的行为在内的"万物之自然",黄老道家所论的"自为"突出强调的是"万物之自为"中的人的行为,两者背后潜藏的是人与物不分的思维逻辑,这是早期道家思想的重要特征。但是,就思想发展的逻辑而言,后来的思想家则逐渐地摆脱了"物"的影响,而更为明确地以"自为"来论"人",即"人自为"。

## 四、《庄子》的无意"自然"与有意"自为"

《庄子》是一部囊括了庄子及其后学作品的著作,其外、杂篇带有浓厚的黄老学色彩。有学者甚至提出,外、杂篇中的《天道》诸篇是黄老道家之作②。对此,也有人提出了针锋相对的意见,认为《庄子》外、杂篇尽管羼入了黄老道家的文字,但是作为一个思想整体则与黄老学无涉③。另外,也有研究者提出了调和性的观点,认为《庄子》外、杂篇中的黄老学特征是战国中后期庄子后学与黄老之学在思想层面的碰撞与交汇的结果④。在战国时期百家争鸣的背景下,黄老学与庄学之间不可避免地会发生交互共作的情况,但二者的差异也是

---

① 帛书乙本《老子》:"不自视故章,不自见也故明,不自伐故有功,弗矜故能长。"帛书甲本大体与此相同。王弼本:"不自见故明,不自是故彰,不自伐故有功,不自矜故长。"(北京大学出土文献研究所编:《〈老子〉主要版本全文对照表》,第198—199页。)

② 刘笑敢认为:"《庄子》外、杂篇中的《天道》诸篇是黄老之学的作品。"《天道》诸篇指:"《天道》《天地》《天运》《天下》《在宥》《刻意》《缮性》诸篇文章。"(刘笑敢:《庄子后学中的黄老派》,《哲学研究》1985年第6期,第59页。)郑博思认为:"《史记·老子韩非列传》所载以《渔父》《胠箧》《盗跖》《庚桑楚》为代表的《庄子》诸篇带有鲜明的黄老学理论立场和思想特征,这些篇章在某种程度上可以或者应该被纳入先秦黄老学的研究范围内。"(郑博思:《〈史记〉所见"道家"与〈庄子〉——浅论〈史记〉所载〈庄子〉四篇的黄老思想特征》,《现代哲学》2020年第2期,第137页。)

③ 徐文武:《〈庄子〉书中〈天道〉诸篇的黄老学问题》,《长江大学学报》(社会科学版)2020年第5期,第38页。

④ 田宝祥、白奚:《论庄子后学与黄老之学的思想交互——以〈庄子·天道〉诸篇为中心》,《齐鲁学刊》2020年第1期,第18页。

明显的,这从"自为"与"自然"的比较中可以看出。

"自为"在《庄子》中共计出现了11次(内篇0次,外篇9次,杂篇2次),其中可纳入本文讨论范围的是外篇的9次①。而《庄子》中长期备受关注的"自然"则总计有8次(内篇2次,外篇5次,杂篇1次),但值得深入讨论的有6次②。如果仔细观察就会发现,《庄子》内篇有"自然"而无"自为",这也是一个值得关注的现象。

(一)无意的"自然"

首先来看《庄子》内篇的两处"自然",分别为:

庄子曰:"吾所谓无情者,言人之不以好恶内伤其身,常因自然而不益生也。"③(《德充符》)

无名人曰:"汝游心于淡,合气于漠,顺物自然而无容私焉,而天下治矣。"④(《应帝王》)

很显然,《应帝王》中"自然"表达的对象是"物",其所对应的是能够"顺物自然"的圣人。圣人"游心于淡,合气于漠"("无为")则"顺物自然"而"天下治",这与《老子》中"道之无为"对应"万物之自然"的逻辑结构是一致的,其中人与物一体不分的思维特征也很明显。而《德充符》中"自然"所代指的对象,据其篇内的具体表述来看,则应该是"无情之人",即"无情"与"自然"共同被用来表述同一个对象,这从其后惠子与庄子的对话中可以得

---

① "自为"在《庄子·天下》中有两处用例:第一,"天下之人各为其所欲焉以自为方";第二,"其为人太多,其自为太少"。[(清)郭庆藩撰,王孝鱼点校:《庄子集释》,北京:中华书局2012年版(以下略注),第1064、1076—1078页。]前者中的"以自为方"是"以……为……"的表达方式的表现,在《天下》篇中类似的情况很多,如"以法为分""以名为表""以参为验"等等;后者中的"自为太少"在句中与"为人太多"相应,显然是在说"为自太少"。这两处"自为"不在本文的讨论范围内。

② 《庄子·天运》出现的一处"自然"疑似是羼入了后人注释,如:"夫至乐者,先应之以人事,顺之以天理,行之以五德,应之自然,然后调理四时,太和万物。"[陈鼓应:《庄子今注今译》,北京:商务印书馆2007年版(以下略注),第428页。]另外,《庄子·秋水》所言"知尧舜之自然而相非,则趣操睹矣"中的"自然"则是指"自是":"夫物皆自是,故无不是;物皆相非,故无不非。"[(清)郭庆藩撰,王孝鱼点校:《庄子集释》,第578页。]

③ (清)郭庆藩撰,王孝鱼点校:《庄子集释》,第227页。

④ 同上书,第300—301页。

到说明,如:

> 惠子曰:"不益生何以有其身?"
> 庄子曰:"道与之貌,天与之形,无以好恶内伤其身。"①(《德充符》)

由此可知,在庄子看来,人之所以能够做到"无以好恶内伤其身"("无情")的根本原因在于"道与之貌"和"天与之形",也就是说,"道"与"天"给予了人之"身貌"和"身形",而这顺理成章地就可以得出人之"益生"与其"好恶"无关的认识。那么,在此种语境下,"因自然而益生"中的"自然",所指向的就是"道"与"天"所给予人最初的"无情"的"身貌"和"身形",所体现的是先天的原初之义,也就是指"本来的情况",而不是后天的因自身好恶之情而起的造作之义。这在老子的"自然"思想中是没有的,可视之为庄子对老子思想的一种发展,即:从"自己如此、不受他者影响"的外界无干涉,发展到"原本如此、不是有意造作"的内心无智故。这样的"自然",在《庄子》外、杂篇中有明显的体现。

《庄子》外、杂篇中关于"自然"的论述,主要是在内心无智故的"原本如此、不是有意造作"的意义上,也可以说是在"道"或者"圣人"的层面上,如:

> 古之人,在混芒之中……当是时也,莫之为而常自然。②(《缮性》)
> 吾又奏之以无怠之声,调之以自然之命。③(《天运》)
> 夫水之于汋也,无为而才自然矣。至人之于德也,不修而物不能离焉,若天之自高,地之自厚,日月之自明,夫何修焉。④(《田子方》)

---

① (清)郭庆藩撰,王孝鱼点校:《庄子集释》,第 227 页。
② 同上书,第 551 页。
③ 同上书,第 509 页。
④ 同上书,第 712 页。

礼者，世俗之所为也；真者，所以受于天也，自然不可易也。①（《渔父》）

叶树勋认为《田子方》和《渔父》中的"自然"与内篇《德充符》的"自然"一样，都是去智故、无意识的"自然"，而杂篇《天运》和《缮性》的"自然"则与内篇《应帝王》的"自然"一样，都是指与"圣人无为"相对的"万物自然"②。而笔者认为，《天运》和《缮性》的"自然"也是在强调内心的无智故，即张岱年先生所说的"本来的情况"，这主要是根据《天运》"调之以自然之命"（即"以自然之命调之"）提出的背景：

北门成问于黄帝曰："帝张咸池之乐于洞庭之野，吾始闻之惧，复闻之怠，卒闻之而惑，荡荡默默，乃不自得。"

帝曰："汝殆其然哉！吾奏之以人，征之以天，行之以礼义，建之以太清……吾又奏之以无怠之声，调之以自然之命，故若混逐丛生，林乐而无形，布挥而不曳，幽昏而无声。"③（《天运》）

显然，"调之以自然之命"是针对黄帝"张咸池之乐于洞庭之野"而言的，即黄帝"以自然之命调""咸池之乐"。所以，"自然"在此表示的是"圣人"的行为而不是"万物"的状态。而《缮性》所言"莫之为而常自然"看似与《老子》"莫之命而常自然"的表述相似，但因一字之差，两者指涉的对象却是完全不同的。前者的对象只有一个，即"在混芒之中，与一世而得淡漠焉"的"古之人"，其"莫之为而常自然"也就是"无为而自然"；后者则前文已述及，所涉及的对象是"道"和"万物"，即"道之无为"而导致"万物之自然"。

（二）有意的"自为"

对"万物"层面的对象，《庄子》外、杂篇用到最多的则是突出有意、有情

---

① （清）郭庆藩撰，王孝鱼点校：《庄子集释》，第1027页。
② 叶树勋：《早期道家"自然"观念的两种形态》，第23—24页。
③ （清）郭庆藩撰，王孝鱼点校：《庄子集释》，第504—509页。

·路高学/黄老"自为"对《老子》"自然"的承继·

的"自为",或者是不被干涉的"自为",如:

季彻局局然笑曰:"若夫子之言,于帝王之德,犹螳螂之怒臂以当车轶,则必不胜任矣。且若是,则其自为处危,其观台多,物将往投迹者众。"①(《天地》)

季彻曰:"大圣之治天下也,摇荡民心,使之成教易俗,举灭其贼心而皆进其独志,若性之自为,而民不知其所由然。"②(同上)

谆芒曰:"圣治乎?官施而不失其宜,拔举而不失其能,毕见其情事而行其所为,行言自为而天下化,手挠顾指,四方之民莫不俱至,此之谓圣治。"③(同上)

天道运而无所积,故万物成;帝道运而无所积,故天下归;圣道运而无所积,故海内服。明于天,通于圣,六通四辟于帝王之德者,其自为也,昧然无不静者矣。④(《天道》)

故古之王天下者,知虽落天地,不自虑也;辩虽雕万物,不自说也;能虽穷海内,不自为也。⑤(同上)

禹之治天下,使民心变,人有心而兵有顺,杀盗非杀,人自为种而天下耳,是以天下大骇,儒墨皆起。⑥(《天运》)

类自为雌雄,故风化。⑦(同上)

为牺谋,曰不如食以糠糟而错之牢荚之中,自为谋,则苟生有轩冕之尊,死得于腞楯之上、聚偻之中则为之。为牺谋则去之,自为谋则取之,所异牺者何也?⑧(《达生》)

从以上可以看出,《天地》有三处"自为"用例。第一例,讲的是君主不应

---

① (清)郭庆藩撰,王孝鱼点校:《庄子集释》,第436页。
② 同上书,第437页。
③ 同上书,第446页。
④ 同上书,第462页。
⑤ 同上书,第469页。
⑥ 同上书,第529页。
⑦ 同上书,第533页。
⑧ 同上书,第646页。

该具有的一种行为，即用"自为"来描述一种非"圣人"之所为的行为，其产生的背景是将闾葂向鲁国国君建议"服恭俭，拔出公忠之属而无阿私"，而季彻则认为这样做对治国而言就像螳臂当车，将使自己处于危险之中；第二例，讲的是在"圣人"治下的"民"之所为，可以理解为"圣人无为"而"民性自为"，类似于《老子》的"圣人无为"而"百姓自然"；第三例，讲的是"圣治"下的"民"之所为，与第二例基本相同，不过用的是"行言自为"，也可以理解为"形名自为"，如《黄帝四经》的"天下有事，无不自为形名、声号矣"，以及《韩非子》的"有言者自为名，有事者自为形"。

《天道》的"自为"指的是与"帝王之德"（"道"）相应的"六通四辟"（"万物"），这可以从原文中的前一句话"天道运—万物成""帝道运—天下归""圣道运—海内服"的表达结构中得到说明。很显然，这种表达方式仍然是在老子的"道之无为"与"万物之自然"的思维范式下，只不过是用"自为"代替了"自然"。而《天道》中"自为"的另外一处表述则是"古之王天下者"的"不自为"，也即"圣人"的"不自为"，与《天地》中第一个"自为"的用意大同小异。其后，《天运》的两处"自为"，一处明显是讲"人自为"①，另一处"类自为"中的"类"是一种雌雄同体的动物，也可以理解为"物自为"。最后，《达生》的"自为"，皆表达为"自为谋"，可以理解为"为自己打算"，其意在说明："为自己打算，就希望生时有荣华高位的尊贵，死后能放在雕刻的柩车上面，彩饰的棺椁之中。"②而这显然是借物喻人，是在说人的"自为"。

总之，《庄子》的"自为"，主要用来表示三个方面的内容：第一，"圣人"的"不自为"；第二，"物自为"；第三，"人自为"。其中，相对于"圣人"的"不自为"，"物自为"和"人自为"则是在同一层面，可以概括为"万物自为"。不过，这里的"自为"，基本上是被批判和否定的，因为其中包含着主观意欲的作用，也就是机巧和智故。而相应地，《庄子》的"自然"，则主要表示去除了机巧和智故的状态，按照张岱年先生的观点就是指"本来的情况"。由此推断，在有意的"自为"的影响下，《庄子》的"自然"相比于《老子》发生

---

① "人自为"的"人"字，也有学者将其断在上一句，即"杀盗非杀人，自为种而天下耳"。（陈鼓应：《庄子今注今译》，第444页。）

② 陈鼓应：《庄子今注今译》，第559页。

了转变,发展为指向原本情况的无意的"自然"。而这样的"自然",也就不再指向"万物"和"百姓",而主要用于"道"和"圣人",以至于后世发展出"道性自然"的解释。

## 五、结　语

综上所述,由《老子》首倡的"自然"的本义是"自己如此",主要用于指与"道"和"圣人"相对的"万物"和"百姓",即前两者的"无为"对应后两者的"自然"。而在黄老学中,"自为"扬弃了"自然",成为了表达与"道"("执道者")相对应的"万物"("百姓")状态的主要用语,突显了有意识、有情感的人的能动性,在具体的表述中经历了从"物自为"到"人自为"的变化。这样的"自为"对《庄子》产生了重要影响。《庄子》的"自为"仍然是关于"万物"或"百姓"的表达语,但主要是批判性的。而正是在对具有意识和情感要素的"自为"的批判中,《庄子》发展了《老子》的"自然",使其从"自己如此"衍生出"原本如此"之义。

最后,还需特别提及黄老"自为"对荀子可能产生的影响。荀子受黄老思想的影响早已有学者进行过深入讨论,如赵吉惠先生甚至提出:"《荀子》书所表现的学术思想符合黄老之学的理论体系和思想范畴,荀况是战国末期黄老之学的代表。"① 而黄老之学所论的"人自为"是否对荀子"化性起伪(人为)"的人性论也产生了影响呢?这是值得进一步思考的问题。南宋学者叶适曾言:"详荀卿之说,直以人不能自为而听于天者,不可也。然则,人能自为而不听于天,可乎?"② 如果真的如此,那么我们将不得不对先秦思想进行一番新的考察。

---

① 赵吉惠:《荀况是战国末期黄老之学的代表》,《哲学研究》1993年第5期,第21页。
② (宋)叶适:《习学记言序目》,北京:中华书局1977年版,第650页。

# 高明《帛书老子校注》前三章补正

薛 聪 廖文丽 吕鹏志*

**内容提要**：高明《帛书老子校注》一书从出版以来，一直都是老学研究领域的重要参考著作。但金无足赤，高氏之书也有不少需要补充和修正的地方。本文主要根据《老子》及其注疏、其他道家文献、道教经典三类资料，并结合道家思想对《帛书老子校注》前三章（即今本《老子》第三十八、三十九、四十一章）进行补正，并在此基础上对帛书《老子》原文进行翻译。

**关键词**：《帛书老子校注》；第三十八章；第三十九章；第四十一章；话语语言学

高明先生所撰写的《帛书老子校注》乃今人研究《老子》的典范之作。此书出版至今已有二十五年，一直都是老学研究的重要参考资料。然智者千虑，必有一失。2021 年暑期在西南交通大学中国宗教研究中心举办的读书会[①]上，我们仔细阅读了此书。在阅读过程中，我们发现其中有不少值得商榷的地方。本文拟就此书前三章（即今本《老子》第三十八、三十九、四十一章）的

---

\* 薛聪，男，四川眉山人，西南交通大学人文学院博士研究生；廖文丽，女，四川内江人，西南交通大学人文学院硕士研究生；吕鹏志，男，四川遂宁人，西南交通大学人文学院教授。吴杨老师对本文的修改提出了宝贵意见，谨致谢忱。

① 参见廖文丽、薛聪、赵允嘉：《老庄与上清经——西南交通大学中国宗教研究中心 2021 年暑期读书会纪要》，见西南交通大学中国宗教研究中心官网 cscr. swjtu. edu. cn/information/detail? sort_ id＝39&id＝134。

校注部分进行补正。为便于讨论,我们会将高明对帛书《老子》前三章的校订文字录于每一节的开头,而在每一节末尾,我们会对帛书《老子》原文进行翻译,以供读者参考。

## 一、第三十八章补正

帛书《老子》第三十八章:〔上德不德,是以有德;下德不失德,是以无〕德。上德无〔为而〕无以为也。上仁为之〔而无〕以为也。上义为之而有以为也。上礼〔为之而莫之应也,则〕攘臂而乃(扔)之。故失道而后德,失德而后仁,失仁而后义,〔失义而后礼。夫礼者,忠信之薄也〕,而乱之首也。〔前识者〕,道之华也,而愚之首也。是以大丈夫居其厚而不居其泊(薄);居其实不居其华。故去皮(彼)取此。①

对于帛书《老子》第三十八章首句"上德不德,是以有德;下德不失德,是以无德",高明据《韩非子·解老》及王弼第三十八章注文,认为"德"即是"得","上德"即是"以无为用,以虚为主,无事无欲,因循自若,不德而德","下德"即是"求则得之,为则成之,立善治物,名扬位显,实则得外失内,舍真求伪,似得实失,德则无德"②。高明虽以"得"(得道)训"德",但仅止于此,并未对"德"的具体内涵做进一步的解说。由于"道德""美德""品德"是"德"的常用义,若不做进一步申说,读者很容易将此章的"上德"理解为"具有上等道德的人"。这在《老子》相关研究著作中多有体现,如陈鼓应将首句解释为:"上德的人不自恃有德,所以实是有德;下德的人,刻意求德,所以没有达到德的境界。"③ 又如韩禄伯(Robert G. Henricks)、

---

① 高明:《帛书老子校注》,北京:中华书局1996年版(以下略注),第1—8页。
② 同上书,第1—2页。
③ 陈鼓应:《老子今注今译》,北京:商务印书馆2006年版,第218页。

刘殿爵（D. C. Lau）等人均将此章"德"翻译为"virtue"①。英语中的"virtue"既可特指"高尚的道德品质"（a high moral quality），亦可泛指"优秀品质"（a particular good quality），读者亦容易据前一义项将此章"上德"之"德"理解为美德。那么，此章的"德"是否可以理解为伦理学意义上的美德或品德呢？答案是否定的。

首先，如果将"德"理解为"品德"，则下文"上德无为而无以为也"便不能成立。所谓"上德无为而无以为也"，即言"上德"的特点是无为且不以此"无为"而为，换言之"上德"是"无所为的无为"②。若将"上德"理解为"上等品德"，则不符合"无为而无以为"的特征。因为从常理来看，品德一定体现在行为之中，一个有高尚道德的人，就算当下没有做任何事，他曾经也一定做过，若什么都没做过，又如何说"他具有高尚的道德"呢？儒家也认为君子的品德必须要付诸实践，如《礼记·表记》云："是故君子耻服其服而无其容，耻有其容而无其辞，耻有其辞而无其德，耻有其德而无其行。"③ 因此，若将"德"理解为"品德"，那么"上德"就是有所为而非无所为。

其次，将"德"理解为"品德"，无法体现"上德—上仁—上义—上礼"之间的递降关系。从"上德无为而无以为也。上仁为之而无以为也。上义为之而有以为也。上礼为之而莫之应也，则攘臂而扔之"来看，"上德—上仁—上义—上礼"在"无为"这一角度上是逐步递减的。上段已经指出，将"德"理解为"品德"，"上德无为而无以为也"则不成立，自然"上德—上仁—上义—上礼"之间的递降关系也就无从谈起。更为重要的是，作为品德的"德"常与"仁""义""礼"相互关联，如《论语·颜渊》："子曰：'主忠信，徙义，崇德也。'"④《礼记·曲礼上》："道德仁义，非礼不成。"⑤《礼记·中庸》："知、仁、勇三者，天下之达德也。"⑥ 由此可知，既然作为品德的"德"已包含仁义

---

① Robert G. Henricks, *Lao-tzu: Te-tao ching: A New Translation Based on the Recently Discovered Ma-wang-tui Texts*, New York: Ballantine Books, 1989, p. 98. D. C. Lau, *Tao Te Ching*, Hong Kong: Chinese University Press, First Paperback Book Edition, 2001, p. 189.
② 高明：《帛书老子校注》，第 4 页。
③ （清）阮元校刻：《十三经注疏》第 3 册，北京：中华书局 2009 年版（以下略注），第 3560 页。
④ 程树德：《论语集释》，北京：中华书局 1990 年版，第 853 页。
⑤ （清）阮元校刻：《十三经注疏》，第 2663 页。
⑥ 同上书，第 3536 页。

等品质,又如何与仁义构成递降关系呢?所以,若将"德"理解为"品德","上德—上仁—上义—上礼"之间的递降关系则不成立。

最后,将"德"理解为"品德",不符合道家思想。从上文我们所征引的材料中可以看出,儒家往往倾向于将"德"理解为"品德"。然而,道家对"德"有着完全不同的理解。《老子》第五十一章云:"道生之,德畜之,物形之,势成之。是以万物莫不尊道而贵德。"王弼注:"道者,物之所由也;德者,物之所得也。"① 《管子·心术上》:"虚无无形谓之道。化育万物谓之德……德者,道之舍,物得以生,生知得以职道之精。故德者,得也。得也者,其谓所得以然也。以无为之谓道,舍之之谓德。"② 《庄子·天地》:"一之所起,有一而未形。物得以生,谓之德。"③ 根据这些材料不难看出,道家之"德"与其"道"紧密相连。就万物而言,道乃一切生化之根本,故曰"道生之";就一物而言,德乃一物得之于道的生长基础,故曰"德畜之"。"德者,道之舍"即言"德"是"道"在一物中的体现。由此,可以更确切地说,"德"就是万物从道那里禀受而来的"道性"或"天性"(nature)④。这一观点前辈学者在讨论老子哲学时已指出⑤。下面,我们再补充几条重要书证。

《庄子·马蹄》:"彼民有常性,织而衣,耕而食,是谓同德。"⑥《庄子·天地》:"形非道不生,生(性)非德不明。存形穷生(性),立德明道,非王德者邪。"⑦

---

① (魏)王弼注,楼宇烈校释:《老子道德经注校释》,北京:中华书局2008年版(以下略注),第137页。

② 黎翔凤:《管子校注》,北京:中华书局2004年版(以下略注),第759、770页。

③ (清)郭庆藩撰,王孝鱼点校:《庄子集释》,北京:中华书局2012年版(以下略注),第424页。

④ Ellen M. Chen, *The Tao Te Ching: A New Translation with Commentary*, New York: Paragon House, 1989, p. 146. 瓦格纳(Rudolf G. Wagner)将"德"译为"receipt/capacity"(禀赋/能力),亦通。参见 Rudolf G. Wagner, *The Graft of a Chinese Commentator: Wang Bi on the Laozi*, Albany: State University of New York, 2000, pp. 240, 461-462. 从翻译的解度来看,"nature""receipt/capacity"要比"virtue"精准得多。

⑤ 张岱年:《中国哲学大纲》,北京:中国社会科学出版社1982年版,第24页。

⑥ 成玄英疏:"德者,得也。率其常之性,物各自足,故同德。"[(清)郭庆藩撰,王孝鱼点校:《庄子集释》,第334页。]

⑦ 吴汝纶著《庄子点勘》:"'生非德不明',与下'穷生'皆读为性。"(方勇:《庄子纂要》第3册,北京:学苑出版社2012年版,第269页。)

《淮南子·原道训》："故机械之心藏于胸中，则纯白不粹，神德不全。"①按："神德"，《庄子·天地》作"神生（性）"②。

《文子·上礼》："循性而行谓之道，得其天性谓之德。"③

既然老子之"德"乃一物得之于道的道性或天性，那么"德"就同样具有了"道"之无为的特点，即第三十八章所言"上德无为而无以为"。据此，可知"上德"即指最高的、最完满的"德性"，其特点是无为，故曰"上德不德，是以有德"。相应地，"下德"即是"德性"的缺失，其特点是有为，故曰"下德不失德，是以无德"。结合起来，可将此两句翻译为："上等天性（上德）的人无[意]获得天性（德），所以他才具有天性。下等天性的人（下德）不[想]失去天性（德），所以他才不具有天性。"用通俗的话来讲，即是"有心栽花花不开，无心插柳柳成荫"。

另外，《老子》及其他道家文献中亦有与此"上德"相同或类似的词。如帛书《老子》第四十章（今本第四十一章）："上德如浴（谷）……广德如不足，建德如〔偷〕。"第五十一章："〔生而〕弗有也，为而弗寺（恃）也，长而弗宰也，此之谓玄德。"第二十一章："孔德之容，唯道是从。"第二十八章："恒德不离，复归婴儿。"④《庄子·天地》："玄古之君天下，无为也，天德而已矣。"⑤《淮南子·泰族训》："巧诈藏于胸中，则纯白不备，而神德不全矣。"⑥《文子·道原》："至德，天地之道，故谓之真人……与天地洪同，是谓至德。"⑦《文子·上德》："天覆万物，施其德而养之，与而不取，故精神归焉，与而不取者，上德也，是以有德。"⑧以上材料中的"上德""广德""建德""玄德""孔德""恒德""天德""神德""至德"等词皆是在表述最高的、最完满的

---

① （汉）刘安编，何宁撰：《淮南子集释》，北京：中华书局1998年版（以下略注），第30页。
② 王先谦《庄子集解》："生、性同。"［（清）王先谦：《庄子集解》，北京：中华书局1987年版，第106页。］
③ 又见《淮南子·齐俗训》，参见王利器：《文子疏义》，北京：中华书局2009年版（以下略注），第524—525页。
④ 高明：《帛书老子校注》，第21、22、73、327、369页。
⑤ （清）郭庆藩撰，王孝鱼点校：《庄子集释》，第403页。
⑥ （汉）刘安编，何宁撰：《淮南子集释》，第1428页。
⑦ 王利器：《文子疏义》，第37页。
⑧ 同上书，第294页。

"德性"。

总之，高明将老子之"德"训为"得"，还需要进一步说明。因为儒家也以"得"训"德"，如《礼记·乐记》云："礼乐皆得，谓之有德。德者，得也。"① 因此，我们需要分辨其中的不同。道家之"德"乃是得于无为之道的自然天性；儒家之"德"则是得于礼乐之道②的伦理品德。

综合上述讨论及高明的校注，我们将帛书《老子》第三十八章翻译如下：上等天性（上德）的人无［意］获得天性（德），所以他才具有天性。下等天性的人（下德）不［想］失去天性（德），所以他才不具有天性（德）。上德之人不作为且无意作为；上仁之人有作为，却无意于有为；上义之人有作为，且有意于作为；上礼之人行礼却无人回应，便捋起袖子伸出手臂强拉别人行礼。所以大道失去了就崇尚德，德失去了就崇尚仁，仁失去了就实行义，义失去了就实行礼。礼可谓是忠信淡薄的表现，这就是社会动乱的开始。［追求］先于众人认识［的智慧，自以为是无为，却］是道浮华的表现，这就是愚蠢的开始。所以大丈夫安于道之淳厚而不安于道之虚薄，安于道之朴实而不安于道之浮华。因此大丈夫要舍弃道之虚薄、华美，而应安于道之淳厚、朴实。

## 二、第三十九章补正

帛书《老子》第三十九章：昔之得一者，天得一以清，地得〔一〕以宁，神得一以䨓（灵），浴（谷）得一以盈，侯〔王得一〕而以为〔天下〕正。其致（诚）之也，胃（谓）天毋已清将恐〔裂〕，胃（谓）地毋〔已宁〕将恐〔发〕，胃（谓）神毋已䨓（灵）〔将〕恐歇，胃（谓）浴（谷）毋已盈将恐渴（竭），胃（谓）侯王毋已贵〔以高将恐蹶〕。故必贵而以贱为本，必高矣而以下为基。夫是以侯王自胃（谓）〔孤〕寡不谷。此其〔贱之本与，非也〕？故致数与（誉）

---

① （清）阮元校刻：《十三经注疏》，第3313页。
② 《礼记·乡饮酒义》："礼以体长幼曰德。德也者，得于身也。故曰：'古之学术道者，将以得身也。是故圣人务焉。'"［（清）阮元校刻：《十三经注疏》，第3653页。］

无与〔誉〕。是故不欲〔禄禄〕若玉,硌〔硌若石〕。①

先看"昔之得一者"一句。王弼注:"一,数之始而物之极也。"又第四十二章王弼注:"万物万形,其归一也。"高明据此认为"一"指"道","天得一以清",即"天得道以清也"②。高说甚是。这里,我们再补充几则材料。

《老子》第十章:"载营魄抱一。"第十四章:"圣人抱一以为天下式。"《想尔注》云:"一者,道也。"③

马王堆帛书《道原》有一段类似于《老子》第三十九章的文字,直接指出了"一"就是"上道",其云:"鸟得而蜚(飞),鱼得而流(游),兽得而走,万物得之以生,百事得之以成。人皆以之,莫知其名。人皆用之,莫见其刑(形)。一者,其号也;虚,其舍也;无为,其素也;和,其用也。是故上道高而不可不察也,深而不可不则(测)也。"④

《庄子·在宥》:"一而不可不易者,道也。"《庄子·天下》云:"古之所谓道术者,果恶乎在……'圣有所生,王有所成,皆原于一。'"成玄英疏:"一,道。"⑤

《韩非子·扬权》:"道无双,故曰一。"⑥

《淮南子·天文训》:"道曰规始于一。"(清王念孙云:"曰规"二字与上下文义不相属,此因上文"故曰规生矩杀"而误衍也。)《淮南子·诠言训》云:"夫无为,则得于一也,一也者,万物之本也,无敌之道也。"⑦

再来看"侯王得一而以为天下正"一句。清人王念孙训"正"为"君长",高明反对此说,认为当据蒋锡昌说,谓"正"乃《老子》专有名词,义为"直而不衺、纯而不杂"⑧。然而,从下文"贵""高"来看,高说过于迂

---

① 高明:《帛书老子校注》,第8—17页。
② 同上书,第10页。
③ 《老子道德经想尔注》(敦煌本),熊铁基、陈红星主编:《老子集成》第1卷,北京:宗教文化出版社2011年版(以下略注),第180、186页。
④ 裘锡圭主编:《长沙马王堆汉墓简帛集成》第4册,北京:中华书局2014年版,第189、190页。
⑤ (清)郭庆藩撰,王孝鱼点校:《庄子集释》,第398、1065页。
⑥ (清)王先慎:《韩非子集解》,北京:中华书局1998年版,第46页。
⑦ (汉)刘安编,何宁撰:《淮南子集释》,第244、1012页。
⑧ 高明:《帛书老子校注》,第10—11页。

·薛 聪 廖文丽 吕鹏志/高明《帛书老子校注》前三章补正·

曲,从王说训"正"为"君长",则文义简明。又遂州本"正"作"政",其下注云:"政化也。"① 按:"正"通"政"。帛书《老子》第五十八章"其正闷闷……其正察察",第八章"正善治","正",传世本多作"政"②。《尚书·周书》有《立政》篇,刘起釪谓"政"通"正"③。陆修静《洞玄灵宝五感文》:"其一法金箓斋,调和阴阳,救度国正。"吕鹏志疏证:"按,'正'通'政',谓政治或政事。如《汉书·陆贾传》:'夫秦失其正,诸侯豪杰并起。'颜师古注:'正,亦政也。'"④ 俱可证。又揆诸文义,以"政"为本字作解,"侯王得一而以为天下正(政)"即言侯王得道则可以在天下实行无为之政教,此说较训"正"为"长"义更胜,理由如下。

从前文"天得一以清,地得一以宁,神得一以灵,谷得一以盈"来看,清、宁、灵、盈皆是天、地、神、谷"得一"的结果,而"一"又是"道",又根据我们在第三十八章的论述,"得一"就是"得道",也就是"德"。因此,清、宁、灵、盈实际上是天、地、神、谷得之于道的无为之德⑤或自然之天性⑥,如《庄子·至乐》云:"天无为以之清,地无为以之宁。"⑦ 据此,与"天得一以清,地得一以宁,神得一以灵,谷得一以盈"相并列的"侯王得一而以为天下正(政)",也应是相同的含义,即"为天下正(政)"乃是侯王得之于道的"德"或者天性。帛书《老子》第五十七章云:"圣人之言曰:我无为而民自化;我好静而民自正;我无事而民自富;我欲不欲而民自朴。"第六十四章:"圣人欲不欲,而不贵难得之货;学不学,复众人之所过,能辅万物之自然,而弗敢为。"第二章:"圣人居无为之事,行不言之教。"第三十七章:"道恒无

---

① 《道德真经次解》,熊铁基、陈红星主编:《老子集成》第1卷,第527页。
② 高明:《帛书老子校注》,第108、255—256页。
③ 顾颉刚、刘起釪:《尚书校释译论》,北京:中华书局2005年版,第1661页。
④ 《道藏》第32册,北京:文物出版社、上海:上海书店、天津:天津古籍出版社1988年版(以下略注),第620页。亦参见吕鹏志:《灵宝六斋考》,《文史》2011年第3辑,第85—125页。
⑤ 近人严复云:"是各得之一,即道之散见也,即德也。"(严复:《老子道德经评点》,《老子集成》第11卷,第551页。)
⑥ 严遵《道德指归》云:"天之性,得一之清……地之性,得一之宁……神之性,得一之灵……谷之性,得一之盈……"(樊波成:《老子指归校笺》,上海:上海古籍出版社2013年版,第24—25页。)
⑦ (清)郭庆藩撰,王孝鱼点校:《庄子集释》,第612页。

名，侯王若能守之，万物将自化。"① 据这些材料，可知作为统治者的圣人或侯王行"无为之治"恰恰是"道"在统治者身上的体现。换言之，在天下施行"无为之治"正是统治者的"德性"。由此看来，将"侯王得一而以为天下正"之"正"训为"君长"（王念孙之说）和训为"纯正不邪"（高明之说），皆不若将"正"读作"政"义胜。又《老子》第四十五章云："趮胜寒，靓（静）胜炅（热），请（清）靓（静）可以为天下正。"其中"正"字，唯遂州本作"政"。诸家亦多以"官长"作解，即言"清净可以作为天下之官长"；高明亦以"纯正"作解，谓"清净可以作为天下无为之最高标准"②。然皆不若以"政"为本字作解语义简明，"清静可以为天下正（政）"即言"清净之道可以作为天下的政教（治国之道）"。此例可与第三十九章"侯王得一而以为天下正（政）"互证。

除了《老子》可以支持将"侯王得一而以为天下正"之"正"读作"政"外，道经中的类似文句也可以支持这一观点。成书于东晋末刘宋初的古灵宝经首经《元始五老赤书玉（五）篇真文天书经》在描述与"道"具有类似作用的"天书"时曾言："天宝之以致浮，地秘之以致安，五帝掌之以得镇，三光乘之以高明，上圣奉之以致真，五岳从之以得灵，天子得之以致治，国祚享之以太平。寔灵文之妙德，乃天地之玄根。"③ 此段文句与《老子》第三十九章"天得一以清……"极为相似，皆是言万物得"道"（天书）而实现自我的本性（德），其中"天子得之以致治"一句即可印证《老子》"侯王得一而以为天下正"之"正"当读作"政"，义为统治者得道（天书）就可以实行无为之政教。

接着看"其致之也，胃天毋已清将恐裂……"一段。其中"毋已"，传世本皆作"无以"。河上公注："致，诚也。谓下六事也（帛书本无'万物无以……'一句——引者注）。言天当有阴阳弛张，昼夜更用，不可但欲清明无已时，将恐分裂不为天。"高明据此将经文校订为"其诚之也，谓天毋已清将恐裂……"，并认为传世本的"无以"乃是后人的妄改，当从帛书本作"毋

---

① 高明：《帛书老子校注》，第106、139、232、412页。
② 同上书，第45—46页。
③ 《道藏》第1册，第774页。亦参见吕鹏志：《早期灵宝经的天书观》，郭武主编：《道教教义与现代社会国际学术研讨会论文集》，上海：上海古籍出版社2003年版（以下略注），第571—594页。

已",其义为"无休止、无节制"①。刘殿爵、金弘扬(Hongkyung Kim)的英译与高说相同②。然而此说值得商榷。

第一,河上公注将"致"训为"诫",于古无征。我们目前还找不到其他文献材料来证明这种训释。又如下文"故致数与(誉)无与(誉)",河上公注"致,就也"③亦无例证。高明直接据此校订经文而又未给出证据,难以说服读者。今人高亨云:"致,犹推也。推而言之如下文,十四章曰:'此三者不可致诘'。致诘犹言推问,致义与此同。"④此说较高明之说更为可信。至于"其致之"之"其"字,很可能与下文"此其贱之本与"之"其"一样,属楚方言,无义⑤。

第二,认为传世本"无以"乃后世对"毋已"的妄改,过于激进。其实,"无""毋"古通,"以"乃"已"之隶体⑥,说"无以"是对"毋已"的妄改,忽略了古代"无"与"毋"通用、"以"与"已"通用这一常见现象。

第三,将帛书本校订为"天毋已清将恐裂……",不合上古汉语语法。高明谓"毋已"为"无休止""无节制"义。若从高说,"毋已"则在此作"清"的状语,"天毋已清"即言"天不停地(无节制地、无休止地)清",这对于现代读者来说,确实能理解。但是,这种理解是在结构助词"地"的帮助下实现的。需要注意的是,"地"字的虚化发生于唐宋时期⑦,上古汉语并没有助词"地"。事实上,在上古汉语中,"毋已""无已""不已"属同类修饰语。其共同点在于后面若没有结构助词,那么它们一般被置于中心语之后。《管子·度地》"岁

---

① 高明:《帛书老子校注》,第11—14页。
② D. C. Lau, *Tao Te Ching*, Hong Kong: Chinese University Press First Paperback Book Edition, 2001, pp. 190—192. Hongkyung Kim, *The Old Master: A Syncretic Reading of the Laozi the Mawangdui Text A onward*, Albany: State University of New York Press, 2012, pp. 27—28.
③ 王卡点校:《老子道德经河上公章句》,北京:中华书局1993年版(以下略注),第157页。
④ 高亨:《老子正诂》,熊铁基、陈红星主编:《老子集成》第14卷,第59页。
⑤ 高明:《帛书老子校注》,第16页。
⑥ 汉语大字典编辑委员会编:《汉语大字典》(第2版),武汉:崇文书局、成都:四川辞书出版社2010年版,第138、1075、2371、2546—2547页。
⑦ 吕叔湘:《论底、地之辨及底字的由来》,《汉语语法论文集》(增订本),北京:商务印书馆1999年版,第122—131页。亦参见王力:《汉语史稿》,北京:中华书局1980年版,第321—323页。

修增而毋已"①，河上公注此句为"不可但欲清明无已时"②，高明引用的《诗经·郑风·风雨》"鸡鸣不已"③，这些都可以证明。因此，将帛书本校订为"天毋已清将恐裂……"，其文义看似顺理成章，实则并不符合上古汉语语法。

第四，以河上公注"言天当有阴阳弛张，昼夜更用，不可但欲清明无已时，将恐分裂不为天……"作解，与老子思想不合。若依高明之说，"天毋已清将恐裂……"当解释为"天无休止地清，恐怕将要裂开……"。而在前文我们已经谈到，"清、宁、灵、盈、为天下政"实际上是天、地、神、谷、侯王得之于道（得一）的无为之德、自然本性，一切都是得之于道的自然而然的结果，又何谈"无休止地清"呢？再从另一角度来说，既然一切所"得"都源于得道，那么保持"清、宁、灵、盈、为天下政"不就是天、地、神、谷、侯王在遵循大道、保全本性吗？又何谈造成分裂和消亡等不良后果呢？因此，高明的说法难以与老子思想相通。

根据以上讨论，我们认为帛书本"天毋已清将恐裂……"一段中的"毋已"当从传世本读作"无以"。与"毋已"不同，"无以"之"无"是表否定的动词；"以"为介词，表凭借或原因，其宾语可承上省略。"无以"乃古代汉语中的惯用词组，表示没有实施行为的凭借或依据，相当于"没有……用来"。如《左传·僖公四年》："尔贡包茅不入，王祭不共，无以缩酒，寡人是征。"④"无以缩酒"即"无包茅以缩酒"（没有束茅拿来渗酒祭神）。据此，第三十九章"天无以清将恐裂……"一段当从南宋道士邵若愚之说，解为："若天无一以清将恐拆裂……"⑤ 由此观之，第三十九章"天得一以清……侯王得一而以为天下正"一段乃正面描述"得一"之妙，"天毋已（无以）清将恐裂……侯王毋已

---

① 黎翔凤：《管子校注》，第1051页。
② 王卡点校：《老子道德经河上公章句》，第155页。
③ 可参见罗竹风主编：《汉语大词典》第1册，上海：汉语大词典出版社2001年版，第397页；第7册，第100、815页。由于相关材料甚多，读者亦可在"中国哲学电子书计划"（https://ctext.org/zh）等数据库中检索、查验。另外，需要说明的是，《汉语大词典》在解释"无已"一词时，引用的材料是《战国策·韩策一》："夫以有尽之地，而逆无已之求……"虽然形式上"无已"放在中心语"求"之前，但中间有一"之"字来表明二者的修饰关系。一般而言，如果没有结构助词，那么"无已"往往在中心语后面，比如这段材料前文有："且夫大王之地有尽，而秦之求无已。"
④ 可参见王力：《古代汉语》第2册，北京：中华书局2018年版，第450—452页。
⑤ （宋）邵若愚：《道德真经直解》，熊铁基、陈红星主编：《老子集成》第3卷，第573页。

（无以）贵以高将恐蹶"一段则是从反面来描述"无一"之害。合而言之，即是此两段从正、反两方面论述"一"（道）对于万物存在、发展之重要性。读者如果将此种解释与高明的说法相比较就会发现，前者语义简明，远胜于后者。另外，虽然高明引用了河上公的注解为其说作证，但河上公此说在《老子》注疏史上并不流行，许多注家的理解都与邵若愚相似。更为重要的是，道经中也有相似文句从正反两方面论述"道"之重要性。兹举两例，以供读者参考。

约与《老子河上公章句》同时成书的东汉道经《太平经·安乐王者法》云："自然守道而行，万物皆得其所矣。天守道而行，即称神而无方……地守道而行，五方合中央，万物归焉。三光守道而行，即无所不照察。雷电守道而行，故能感动天下，乘气而往来。四时五行守道而行，故能变化万物，使其有常也。阴阳雌雄守道而行，故能世相传。凡事无大无小，皆守道而行，故无凶。今日失道，即致大乱。"①

古灵宝经《太上无极大道自然真一五称符上经》（《道藏》本题名）在描述与"道"具有同等地位的"灵宝天文"时，云："老君曰：太上灵宝，生乎天地万物之先，乘于无象空洞大道之常，运乎无极无为而混成自然。贵不可称，尊无有上，曰太上。大无不包，细无不经，理妙叵寻，天地人所由也。在天五星运气，日月耀光；在地五岳致镇，山高海渊；王侯中原，在人五体安全。夫天无灵宝，何以耀明？地无灵宝，何以表形？神无灵宝，何以入冥？人无灵宝，何以得生？"②

下面，我们再来讨论"故必贵而以贱为本，必高矣而以下为基"一句。高明据此句经文，认为帛书本"侯王毋已贵以高将恐蹶"当解释为"侯王当屈己下人，如无节制地但欲贵于一切与高于一切，将恐被人所颠覆"③。高明的解释确实能够呈现"故"字所标明的因果关系，但从传世本读作"侯王无以贵以高将恐蹶"亦能贯通下文。在上面的讨论中，我们认为"侯王得一而以为天下正

---

① 王明编：《太平经合校》，北京：中华书局2014年版，第21页。
② 《道藏》第11册，第632页。亦参见吕鹏志：《早期灵宝经的天书观》，郭武主编：《道教教义与现代社会国际学术研讨会论文集》，第571—594页。吕鹏志：《敦煌写本P.2440〈灵宝真一五称经〉校补解题》，郑炜明主编：《饶学与华学：第二届饶宗颐与华学暨香港大学饶宗颐学术馆成立十周年庆典国际学术研讨会论文集》，上海：上海辞书出版社2016年版，第402—431页。
③ 高明：《帛书老子校注》，第13页。

（政）"一句义即侯王之"德"就是在天下施行无为之治。其实，侯王或圣人也只有循道而行、施无为之治才能成就其高贵之地位。如帛书《老子》第六十六章云："居前而民弗害也，居上而民弗重也。天下乐隼（推）而弗猒（厌）也。"第六十九章（王弼本第六十六章）云："不敢为天下先，故能为成器长。"第二十八章云："朴散则为器，耶（圣）人用则为官长。"① 因此，"侯王无以贵以高将恐蹶"即是从反面说，侯王若不依道而行（得一），其高贵地位就得不到承认，进而会被颠覆。而紧接着的"故必贵而以贱为本，必高矣而以下为基"，意在表达侯王要避免被颠覆，就必须要以贱、下为本。这恰与"道"的内涵相吻合。何以言之？下文云："夫是以侯王自谓孤寡不谷，此其贱之本与，非也？"具体来说，"孤寡不谷"乃天下之所恶，属至贱、至下之名，而高贵的"王公"却以之为称②。这种谦卑、居下态度不仅与"道之出口，淡乎其无味"③的朴素之道相通，也与"处众人之所恶，故几于道"的"水德"④ 类似。又《文子·道原》云："故道者，虚无、平易、清静、柔弱、纯粹素朴，此五者，道之形象也。"⑤ 据此，可以说"故必贵而以贱为本，必高矣而以下为基"所体现出来的谦卑、居下的处世态度恰恰是"道"之体现，因而此句能与"侯王无以贵以高将恐蹶"一句贯通。另外，从"天得一以清……侯王得一而以为天下正（政）。其致之也，谓天毋已清将恐裂……侯王无以贵以高将恐蹶。故必贵而以贱为本，必高矣而以下为基……"的叙述方式，我们也可以看出，老子善于将其宇宙论推演推广至政治和人生领域，即先叙述"道"对天地万物存在、发展的重要性，然后提出侯王、圣人亦应循道而行，以柔弱、谦卑的方式处世。这实际上反映出《老子》一书在当时，其目标读者很可能是君主，因为老子认为"道大，天大，地大，王亦大。国中有四大，而王居一焉"⑥。

综合上述讨论，结合高明对其他字句的解释，我们将第三十九章经文翻译如下：[道乃万物之本，]以往能"得一"（得道）而能得到自己本性的事物有：

---

① 高明：《帛书老子校注》，第161、375页。
② 第四十二章："天下之所恶，唯孤寡不谷，而王公以自名也。"（高明：《帛书老子校注》，第31页。）
③ 高明：《帛书老子校注》，第414页。
④ 同上书，第253—255页。
⑤ 王利器：《文子疏义》，第14页。
⑥ 高明：《帛书老子校注》，第351页。

上天得一能够清明；大地得一能够安宁；鬼神得一能够灵验；溪谷得一能够充盈；侯王得一能够在天下实行政教。推究其理，可以说：上天［若］没有凭借"一"而实现清明，恐怕将要分裂；大地［若］没有凭借"一"而实现安宁，恐怕将要塌陷；鬼神［若］没有凭借"一"而实现灵验，恐怕将要消散；溪谷［若］没有凭借"一"而实现充盈，恐怕将要枯竭；侯王［若］没有凭借"一"而实现［真正的］贵重和高尚，恐怕将要被颠覆。所以尊贵必须以低贱为根本，崇高必须以卑下为基础。所以侯王常以孤、寡、不谷来自称，这不就是以低贱作为［高贵］的根本吗？不是吗？所以欲速求名誉［的人］最终将毫无名誉可言，因此［侯王］不追求如美玉［一样的华贵］，而要安于如坚石［一样的低贱］。

## 三、第四十一章补正

帛书《老子》第四十章（今本第四十一章）：上［士闻］道，堇（勤）能行之。中士闻道，若存若亡。下士闻道，大笑之。弗笑，［不足］以为道。是以建言有之曰：明道如费（昧），进道如退，夷道如类。上德如浴（谷），大白如辱。广德如不足，建德如［偷］。质［真如渝］。大方无禺（隅），大器免成。大音希声，天（大）象无刑（形），道褒无名。夫唯道，善始且善成。①

帛书《老子》第四十章首句"上士闻道，堇能行之"，王弼本作"上士闻道，勤而行之"②。对其中的"堇"字，高明认为当从王弼本读作"勤"，"上士闻道，勤而行之"即言上士听闻大道，都能竭力而行③。与高说不同的是，刘殿爵认为"堇"当读作"仅"，"能"与"而"互通，帛书本"上士闻道，堇能行之"义为上士听闻了大道，也很少有人能够践行④。

---

① 高明：《帛书老子校注》，第18—26页。
② （魏）王弼注，楼宇烈校释：《老子道德经注校释》，第111页。
③ 高明：《帛书老子校注》，第19页。
④ 刘殿爵：《马王堆汉墓帛书〈老子〉初探（上）》，《明报月刊》1982年第8期，第11—17页。

结合前三句"上士闻道,堇能行之。中士闻道,若存若亡。下士闻道,大笑之"来看,可知"堇能行之……若存若亡……大笑之"之间明显存在递降关系。若从高说,将"堇"读作"勤",其递降关系理应是"上士多行多知—中士少行少知—下士不行不知",但中士之"若存若亡"已经是"不行"了,这种递降关系并不顺畅。若从刘说,将"堇"读作"仅",则递降关系为"上士少行有知(仅能行之)—中士不行或知(若存若亡)—下士无行无知(大笑之)",递降关系非常顺畅。因此,从前三句的递降关系来看,刘说较胜①。

由于高、刘二人皆未引材料对"堇""仅""勤"三字的关系做出详细说明,下面我们将对此进行补充。

首先,"堇"可通"仅"。《汉书·地理志下》:"豫章出黄金,然堇堇物之所有。"唐颜师古注:"堇,读曰仅。"②

其次,"堇"亦可通"勤"。在出土文献中有"堇"读作"勤"的例子,如上博简《武王践阼》:"无堇(勤)弗志,曰余智(知)之。"清华简《皇门》:"是人斯既助厥辟,堇(勤)劳王邦王家。"③

最后,"仅"与"勤"音近义通,乃同源通用字。说"仅"与"勤"音近,是因为二字皆从"堇"字得声,故可通假。如与《老子》此章文字类似的《太平经·丙部》卷四十九云:"故夫上士忿然恶死乐生,往学仙,勤能得寿耳,此上士是尚第一有志者也……中士有志,疾其先人夭死,忿然往求道学寿,勤而竟其天年耳,是其第一坚志士也……下士自力,勤能不失法,所以大举天民。"俞理明注:"勤,通仅。而,通能。"④说"仅"与"勤"义通,是因为"勤"有"尽"义,与"仅"之"少"义相通。如帛书《老子》第六章:"绵绵呵其若存,用之不堇(勤)。"高明谓"堇"读作勤,"用之不勤"即用之不尽⑤。《盐铁论·未通》:"民勤,已不独衍;民衍,已不独勤。"清代张敦仁

---

① 更详细的论证过程可参见吕鹏志、薛聪:《帛书〈老子〉第四十章"堇"字两种训释评析》,《哲学与文化》2021年第2期,第107—119页。需要说明的是,本文有关帛书《老子》第四十章的论述并非《帛书〈老子〉第四十章"堇"字两种训释评析》(以下简称《评析》)的翻版,相反,在本文中,我们补充了《评析》没有涉及的材料,并修正了《评析》认为"堇"不通"勤"的观点。

② (汉)班固:《汉书》,北京:中华书局1962年版,第1668页。

③ 白于蓝:《简帛古书通假字大系》,福州:福建人民出版社2017年版,1347页。

④ 俞理明:《〈太平经〉正读》,成都:巴蜀书社2001年版,第138、140页。

⑤ 高明:《帛书老子校注》,第250—251页。

曰："'勤''仅'同字，'仅'，少也，'衍'，多也，故以'勤'对'衍'言之。"王利器案：张说是。《汉书·扬雄传》注："'廑'，古'勤'字。"又《叙传》注："'廑'亦'勤'字也。"……《说文·广部》："廑，少劣之居，从广堇声。"引申与人部之"仅"同。《汉书·贾谊传》："其次廑得舍人。"师古曰："'廑'与'仅'同……盖'勤''廑''仅'，皆从'堇'得声，故从'堇'之字，即有少劣之意。"① 杨树达亦谓："堇有少义，故堇声之字多合寡少之义。"②

根据以上论述，可知帛书本第四十章"上士闻道，堇能行之"之"堇"字当读作"仅"（即作"上士闻道，仅能行之"），王弼本"上士闻道，勤而行之"之"勤"字不是错字，亦不是后世的妄改，而是"仅"之假借字。

综合刘殿爵对"堇"字的说解，并结合高明对其他文句的解释，我们将帛书《老子》第四十章翻译如下：上等之士听闻了大道，很少能够实行；中等之士听闻了大道，[道对于他来说是] 若有若无；下等之士听闻了大道，对道予以嘲笑。[若道] 不被下士所嘲笑，那就不能称为道了。所以《建言》有说：光明的大道好似昏暗；前进的大道好似后退；平坦的大道好似不平；最高的德好似山谷 [那么低]；最洁白的德好似黝黑；盛大的德好似有所欠缺；刚健进取的德好似懒惰；质朴的真性好似污浊。大的方没有棱角；最大的器物无须合成；最大的音乐没有声音；最大的形象没有 [具体的] 形态；盛大的道没有名号。只有这个道啊，善于生化万物，又善于成就万物。

## 四、结　语

以上即是本文对高明《帛书老子校注》前三章所做的补正。虽然此书在其他章节亦存在可商榷之处③，但瑕不掩瑜，高明先生的这本书可谓是从文献学入手研究《老子》的典范之作，其方法仍然值得我们学习，许多观点也值得我们借鉴。此外，值得一提的是，我们之所以能发现此书论述中的不足，是因为我们在阅读此书时，有意识地运用了话语语言学的方法。所谓话语语言学，即是

---

① （汉）桓宽撰集，王利器校注：《盐铁论校注》，北京：中华书局1992年版，第191、197页。
② 杨树达：《积微居小学金石论丛》（增订本），北京：科学出版社1955年版，第15页。
③ 目前我们正在进行一项名为"用话语语言学校读帛书《老子》"的专题研究，对高明《帛书老子校注》其他章节亦做了补正。

指研究连贯性话语的语言学，其主要关注的内容是句际关系和连接手段。在本文的写作过程中，我们也有意识地采用了这一方法。感兴趣的读者可以参考沈开木《句段分析：超句体的探索》[1]、王福祥《话语语言学概论》[2] 等相关著作。

---

[1] 沈开木：《句段分析：超句体的探索》，北京：语文出版社1987年版。
[2] 王福祥：《话语语言学概论》，北京：外语教学与研究出版社1994年版。

# 老子"三宝":伦理与政治的统一

闫 伟*

**内容提要**:老子提出"慈""俭""不敢为天下先"的"三宝"法则,实质上是圣人体证自然之"道"后的三种德性。"慈"以"爱"为核心,展开为"仁慈""柔慈",兼具宽容、怜悯、同情之义。圣人以慈用兵、无为而治、以民为本是"慈"用于善政的体现。"俭"以"约"为要旨,有"敦朴""俭啬""知足"的意蕴,既是老子向往的生活方式,又是统治者去私节欲、修身治国的简政方法。"不敢为天下先"以"不争"为本质,以"敬谦"为特征,其外化为"处下""居后""贵柔""守雌"的君王处世之道,实际上是一种以退为进的政治策略。老子"三宝"皆可通于"自然""无为",是老子伦理观念与政治理论的统一。

**关键词**:老子;三宝;道;无为;伦理政治

老子论及兵事时说:"祸莫大于轻敌,轻敌几丧吾宝。故抗兵相加,哀者胜矣。"② 老子所谓"吾宝",王弼注曰:"宝,三宝也。"③ "三宝"即《老子》第六十七章的"慈""俭""不敢为天下先"④。历来解老者普遍将老子"三宝"看

---

* 闫伟,男,山东新泰人,同济大学哲学系博士研究生。
② (魏)王弼注,楼宇烈校释:《老子道德经注》,北京:中华书局2011年版(以下略注),第180页。
③ 同上。
④ 同上书,第176页。

作是修道之人或得道之人的三种德性，是"道"之自然、无为属性下落至圣人身上所体现出的政治美德。譬如严遵说："故得道之士，体虚积慈，视物如己；检（俭）形促容，归于微织；玄默托后，不为物先；合和顺理，以应自然。"①范应元也说："以此三者，处上则帝王天子之德也。以此三者，处下则玄圣素王之道也。"② 由此，老子"三宝"具有伦理与政治的双重内涵，且两者集中于圣人的"德"与"政"。一方面，"三宝"属"德"的范畴，《韩非子·解老》释"德"曰："德者道之功。"③ 圣人之"德"是"道"之自然、无为本性的外化与彰显。另一方面，老子思想以"道"为核心，分"天道"与"人道"。"人道"中，修身与治国是"内圣"与"外王"的关系，是道家政治理论的基本内容。诚如郑开所言："道家固有的伦理学本身包含了政治哲学的维度。"④ 故老子"三宝"是道家伦理观念与政治理论的统一体。基于此，探讨老子的"三宝"思想，在阐明其具体内涵与相互关系的同时，更要剖析老子"三宝"蕴含的伦理与政治意识。

## 一、慈

### （一）"慈"之德

"慈"是老子第一宝，位列"三宝"之首，也是老子最为看重的圣人之德。《老子》论"慈"，除第六十七章外，还有两处⑤，皆为"孝慈"。《说文》释"慈"为："爱也。从心，兹声。"⑥ 东汉服虔注"慈"云："上爱下曰慈。"⑦ 可见，"慈"的本义就是"爱"（一种由心而发的本真、自然的道德情感），是指上对下的"爱"，犹父母之于子女也。《老子》两次出现"孝慈"，足见老子

---

① （汉）严遵著，王德有点校：《老子指归》，北京：中华书局1994年版（以下略注），第89页。
② （宋）范应元集注：《宋本老子道德经》，北京：国家图书馆出版社2017年版（以下略注），第266页。
③ （清）王先慎撰，钟哲点校：《韩非子集解》，北京：中华书局1998年版（以下略注），第141页。
④ 郑开：《道家政治哲学发微》，北京：北京大学出版社2019年版，第5页。
⑤ 见《老子》第十八、十九章。
⑥ （汉）许慎原著，汤可敬撰：《说文解字今释》，长沙：岳麓书社1997年版（以下略注），第1445页。
⑦ 同上。

"三宝"中的"慈"确为"慈爱"之"慈"。"慈"的本义是"爱","慈爱"是老子之"慈"最为重要的内涵。故范应元说:"吾之心,慈爱素具,由爱亲爱君推而爱人爱物,皆自然之理,兹为第一宝也。"①

除"慈爱"外,"仁慈""柔慈"皆是"慈"的延伸义。同时,在老子那里,由"慈爱"而引发的"怜悯""同情""宽容"等品德亦与"慈"相关。

首先,"慈"有"仁慈"之义。"仁"是先秦儒家思想的核心,与"爱"同义。老子却言:"天地不仁,以万物为刍狗;圣人不仁,以百姓为刍狗。"②"大道废,有仁义。"③"绝仁弃义,民复孝慈。"④就字面而言,老子似乎有反仁义的思想,其实不然。老子说"天地不仁",意在天地(道)的自然、无私,而非天地不爱万物。王弼曾言:"天地任自然,无为无造,万物自相治理,故不仁也……圣人与天地合其德,以百姓比刍狗也。"⑤所谓"任自然"是指天地效法"道"的自然特性,施化万物而不强制。天地或圣人的"不仁"实质上是一种"大仁""大爱",正因"不仁",万物才可化育流行、生生不息。如若天地有所偏私,与"道"性相悖,那才是真正的不仁。至于《老子》贬斥"仁义"的篇章,根据新近出土的简、帛本,则无法看出此意⑥。此外,即使按照通行本所言,大多解老者对老子之"仁义"的理解也与对老子之"不仁"的理解相一致,即强调"道"之于物(包括人)的自然性。譬如释德清说:"大道无心爱物,而物物各得其所;仁义则有心爱物,即有亲疏区别之分,故曰:'大道废,有仁义。'"⑦所以,老子并没有真正反对、排斥仁义道德。在老子看来,真正的"仁"应该与"道"一样自然、无为,对"物"无私。从这一层面而言,老子之"仁"是一种不分彼此、远近、亲疏、贵贱、贤愚、善恶、尊卑

---

① (宋)范应元集注:《宋本老子道德经》,第265页。
② (魏)王弼注,楼宇烈校释:《老子道德经注》,第15页。
③ 同上书,第46页。
④ 同上书,第48页。
⑤ 同上书,第15页。
⑥ 简、帛《老子》第十八章:"故大道废,安(案)有仁义。"(高明:《帛书老子校注》,北京:中华书局1996年版(以下略注),第310页。)简本《老子》第十九章:"绝化弃诅,民复孝慈。"(陈徽:《老子新校释译:以新近出土诸简、帛本为基础》,上海:上海古籍出版社2017年版(以下略注),第111页。)
⑦ (明)憨山著,梅愚点校:《老子道德经解》,武汉:崇文书局2015年版(以下略注),第42页。

的"大爱",与"慈"在内涵上是一致的。诚如王元泽所言:"慈主于爱,爱物仁也,而独称慈者,仁则广德以覆下,于末为盛矣。老子方语其本,故不曰仁曰慈。"① 依王元泽注,"慈"与"仁"相通于"爱物",故为一也,老子不言"仁"言"慈"只是因为"慈"为本,而"仁"则须下施于物。

其次,"慈"有"柔慈"的意蕴。《老子》多次提及"柔""柔弱",并主张"守柔""致柔"。老子曾说:"天下之至柔,驰骋天下之至坚。"② "见小曰明,守柔曰强。"③ "强大处下,柔弱处上。"④ "弱之胜强,柔之胜刚,天下莫不知,莫能行。"⑤ 老子认为柔可胜刚,在于柔弱者具有无为的一面,可以绵绵若存,含藏内敛,持续充满生机;而坚强者,过于显露突出,已经达到"物壮则老"的状态,失去了生机与活力。《老子》第六十七章说:"慈,故能勇。"⑥ 此句颇为难解,多数注家释以诸义,未能统一。联系老子"守柔曰强"之语,以"柔"释"慈",以"胜强"释"勇"较为贴切。柔弱者莫若水,坚强者莫若石,然水滴可以穿石,故强弱不可只看表面,更要关注其本质的变化。吕惠卿在注解《老子》"慈"时云:"夫慈为柔弱矣,而能胜刚强,是能勇也。"⑦ 应当说,吕氏所言与老子贵柔义旨不差。故老子之"慈"应有"柔慈"的意蕴。

此外,"慈"还具有"怜悯""同情""宽容"等义,俱是由"爱"义而生。王弼注"夫慈,以战则胜,以守则固"时说:"相愍而不避于难,故胜也。"⑧ "愍"通"憨",意为"怜悯""同情"。圣人拥有慈心,必然心生怜意,以博大的情怀容纳万物,故"慈"又有"宽容"之义。老子说"上德若谷""上善若水""心善渊"⑨,无不是在说得道之人有圣人的包容之心。圣人对待百姓,如同父母对待子女,极尽宽容、包容之情。故老子有云:"道者万物之奥,善人之

---

① (明)焦竑撰,黄曙辉点校:《老子翼》,上海:华东师范大学出版社2009年版,第164页。
② (魏)王弼注,楼宇烈校释:《老子道德经注》,第123页。
③ 同上书,第143页。
④ 同上书,第176页。
⑤ 同上书,第195页。
⑥ 同上书,第176页。
⑦ (宋)吕惠卿著,林胜利点校:《道德真经传》,北京:商务印书馆2019年版(以下略注),第94页。
⑧ (魏)王弼注,楼宇烈校释:《老子道德经注》,第176页。
⑨ 《老子》第四十一、八章,(魏)王弼注,楼宇烈校释:《老子道德经注》,第15、22页。

宝，不善人之所保。"① "善者，吾善之；不善者，吾亦善之，德善。信者，吾信之；不信者，吾亦信之，德信。"②

(二) "慈"之政

老子思想以治国为主，曾言："居善地，心善渊，与善仁，言善信，正善治，事善能，动善时。"③ "正"通"政"，王弼注曰："为政之善，无秽无偏，如水之治，至清至平。"④ 范应元说："政善治者，德惟无私。"⑤ 释德清亦言："为政不争，则行其所无事，故曰'善治'。"⑥ 所以，老子认为统治者要想达到"善政"，就要做到"无私""无事"。如何能够"无私""无事"？统治者要有"慈心"即慈爱万民之心。故"善政"与"慈政"实则为一，具体表现在三个方面。

其一，道法自然，无为而治。"无为而治"的政治理论是老子思想的主题和重点，"自然"是"道"的特征，"无为"是"道"的功用，"无为而治"是道家"自然之道"在政治领域内的施用和彰显。老子说："人法地，地法天，天法道，道法自然。"⑦ "是以圣人处无为之事，行不言之教，万物作焉而不辞，生而不有，为而不恃，功成而弗居。"⑧ 关于"无为"，众家之解以"安顺自然"与"不妄为"为主，并非是指无所作为。《淮南子·主术训》释"无为"说："人主之术，处无为之事，而行不言之教；清静而不动，一度而不摇；因循而任下，责成而不劳。"⑨《淮南子》是黄老学派的著作，主人君南面之术，继承了老子虚静、无为的为政之道。"无为"要求统治者"清静""无事""无欲"，不可过多地干预民众、百姓。圣人体道而修德，"道"之自然内化为统治之政即是无

---

① (魏) 王弼注，楼宇烈校释：《老子道德经注》，第166页。
② 同上书，第134页。
③ 同上书，第22页。
④ 同上。
⑤ (宋) 范应元集注：《宋本老子道德经》，第34页。
⑥ (明) 憨山著，梅愚点校：《老子道德经解》，第24页。
⑦ (魏) 王弼注，楼宇烈校释：《老子道德经注》，第65页。
⑧ 同上书，第7页。
⑨ (汉) 刘安著，(汉) 许慎注，陈广忠校点：《淮南子》，上海：上海古籍出版社2016年版（以下略注），第196页。

为，任凭黎民百姓自由生活，按照自己的自然本性而为。

在老子看来，统治者如果做到"无为"，不但自身得以静逸，百姓也可得到有效治理，生活能安稳舒适。老子言："道常无为而无不为，侯王若能守之，万物将自化。"① "无不为"是"无为"的结果，君王行"无为"之政，做到"贵言""希言""不言"，不乱发淫威、苛令，百姓自然可以"甘食""美服""安居""乐俗"。老子曾说："治大国若烹小鲜。"② 王弼以"不扰也"③ 解之，可谓得其旨也。至此，老子认为"无为"之道是治国的良策，但现实的王侯国君却反其道而行之，往往"多忌讳""多法令""多利器""多伎巧"，所以老子才会疾呼："我无为而民自化，我好静而民自正，我无事而民自富，我无欲而民自朴。"④

其二，悲悯生命，以慈用兵。老子之"慈"的本质是"爱"，"爱"是对生命的怜爱与同情。老子说："天道无亲，常与善人。"⑤ "是以圣人常善救人，故无弃人；常善救物，故无弃物，是谓袭明。"⑥ "天之道，损有余而补不足。"⑦ 圣人与"道"（天道）一样，都会对万物（包括人）施以恩泽，怜惜、爱护世间的一切生命。

出于对生命的慈爱，老子具有反战、厌兵、以慈用兵的军事思想。"道"自然无为，任由生命自然生灭，不加外力干预，而战争则无情地剥夺人畜生命，造成生灵涂炭的灾难。为此，老子主张统治者应该息兵偃武，尽量避免战争，并对暴君好战之举提出了严厉的批评。他说：

> 夫佳兵者，不祥之器。物或恶之，故有道者不处。君子居则贵左，用兵则贵右。兵者，不祥之器，非君子之器。不得已而用之，恬淡为上，胜而不美。而美之者，是乐杀人。夫乐杀人者，则不可以得

---

① （魏）王弼注，楼宇烈校释：《老子道德经注》，第95页。
② 同上书，第162页。
③ 同上。
④ 同上书，第154页。
⑤ 同上书，第196页。
⑥ 同上书，第72页。
⑦ 同上书，第194页。

志于天下矣。偏将军居左，上将军居右，言以丧礼处之。杀人之众，以哀悲泣之。战胜，以丧礼处之。①

在老子看来，"有道者"不用兵，若不得已而举兵，也须淡然处之，以丧礼处之。如果以兵胜为美，则是以杀人为嗜好，这是老子极力反对的。此章，老子以"哀悲泣之"对待战争中死去的众人，道出了他悲悯天下的慈爱情怀。此外，老子另有"以慈用兵"的观念，他说："夫慈，以战则胜，以守则固，天将救之，以慈卫之。"② 用兵者出于无奈，以慈爱之心迎战，则天将救之、护之，自然得百姓亲附，战无不胜，守卫坚固。

其三，以民为本，宽宥百姓。民本思想是儒家重要的政治理念，强调君民和谐，其旨在于"民惟邦本，本固邦宁"。老子虽是道家，但其思想也含有浓厚的民本因子。如果说儒家民本思想有倾向于巩固君权的隐晦目的（富民强国），那么老子的民本思想则更着力于民本身，为百姓的实际利益考虑，是慈爱之心在君民关系中的体现。

老子注重民心所向，说："圣人无常心，以百姓心为心……圣人在天下歙歙，为天下浑其心。百姓皆注其耳目，圣人皆孩之。"③ 此句中的"无常心"，亦作"常无心"。河上公注曰："圣人重改更，贵因循，若自无心。百姓心之所便，（圣人）因而从之……圣人爱念百姓如孩婴赤子，长养之而不责望其报。"④ 所谓"圣人无心"是指圣人无私心，"以百姓心为心"意在圣人治世以百姓的心之所想作为施政方针，时时刻刻为民着想。对"圣人皆孩之"的解释，河上公所言甚是，圣人为民如同父母为其子女一样无私不求回报，一切为了百姓。另外，老子认为圣人治世，不仅要施恩于百姓而不求回报，更要在实际生活中宽宥百姓、同情百姓、体谅百姓。春秋之际是社会变革的时代，各路诸侯为了成为霸主而加紧了对百姓的压榨剥削，"民之饥"源于统治者"食税之多"。面对

---

① （魏）王弼注，楼宇烈校释：《老子道德经注》，第83页。
② 同上书，第176页。
③ 同上书，第134页。
④ 王卡点校：《老子道德经河上公章句》，北京：中华书局1993年版（以下略注），第189页。

此情，老子有云："是以圣人执左契，而不责于人。有德司契，无德司彻。"① 老子之言，意在圣人应当宽容地对待百姓，不要苛责于民，假使手执债券也不向生存艰难的百姓索要财物，是为有德也。

## 二、俭

"俭"，《说文》释："约也。从人，佥声。"② 段玉裁注曰："约者，缠束也。俭者，不敢放侈之意。"③ 故"俭"的本义为"约"，即节约、爱惜、不奢侈、不浪费，与老子所说的"啬"有相通的一面。《老子》一书虽然只在第六十七章出现过"俭"字，但"俭"之德与"俭"之用，即关于"俭"的伦理内涵与政治意义却贯穿《老子》始终。

第一，"俭"是自然、敦朴，是老子心中理想的社会形态。"俭"有节约之义，在生活中体现为质朴、纯朴，不刻意追求奢华、糜费，实质上是一种自然简约的生活方式。老子提出"小国寡民"作为他心中的"理想国"，强调人民应当崇尚自然与无为，过一种无知无欲、清静纯朴、和平无扰的朴素生活。

"自然"是老子哲学最为重要的概念之一，常与"无为"并提。一般而言，"自然"偏重于伦理层面，是指天地万物的原初状态以及万物顺其本性而变化发展的过程；而"无为"则重在政治层面，是指圣人治国所采用的任由百姓自由发展的态度和方法。实际上，"自然"与"无为"既都是"道"的特征，也都是形上之"道"的本性在人为经验世界的发挥与运用。老子多次提及"自然"，皆非自然界或大自然之义。"悠兮其贵言，功成事遂，百姓皆谓我自然。"④ "希言自然。"⑤ "人法地，地法天，天法道，道法自然。"⑥ "道之尊，德

---

① （魏）王弼注，楼宇烈校释：《老子道德经注》，第196页。
② （汉）许慎原著，汤可敬撰：《说文解字今释》，第1093页。
③ 同上。
④ （魏）王弼注，楼宇烈校释：《老子道德经注》，第43页。
⑤ 同上书，第60页。
⑥ 同上书，第66页。

之贵，夫莫之命而常自然。"① "以辅万物之自然，而不敢为。"② 车载在《论老子》中说："《老子》全书谈及'自然'一辞的文字，计有五处……《老子》书提出'自然'一辞，在各方面加以运用，从来没有把它看着是客观存在的自然界，而是运用'自然'一语，说明莫知其然而然的不加人为任其自然的状态，仅为《老子》全书中心思想'无为'一语的写状而已。"③ 应当说，老子的"自然"与"事物之本然"大体不差。"自然"是指事物不需任何外力或强制力的干预，纯任事物本然之性而为，故在人之生活方式的角度上与"俭"的简约无华之义是相通的。

老子说："俨兮其若容，涣兮若冰之将释，敦兮其若朴，旷兮其若谷，混兮其若浊。"④ 所谓"敦朴"与质朴、纯朴是一样的，俱是指称一种自然、朴素，不加修饰、造作的原始状态。在《老子》中，"朴"字出现多次，本义为"天然未动的原木"，取其"天然"之义而常被喻为"道"或"自然"。譬如老子说："道常无名，朴虽小，天下莫能臣也。"⑤ 此"朴"与"道"同义。"见素抱朴""我无欲而民自朴"之"朴"均为自然、朴素也。关于"敦朴"，陈徽说："'敦'，敦厚质朴。'朴'，本谓未经雕饰的原木。在《老子》中，'朴'常喻事物的原初之状或本来面目。"⑥ 由此，"敦朴"与"自然"盖为一义也。故，"敦朴"与"俭"亦是相通于简约、质朴之义也。

老子的"俭"有自然、敦朴的意涵，表现在政治层面即是老子追求"小国寡民"的社会治理模式。《老子》第八十章说：

> 小国寡民，使有什伯之器而不用，使民重死而不远徙。虽有舟舆，无所乘之；虽有甲兵，无所陈之；使人复结绳而用之。甘其食，美其服，安其居，乐其俗。邻国相望，鸡犬之声相闻，民至老死

---

① （魏）王弼注，楼宇烈校释：《老子道德经注》，第141页。
② 同上书，第171页。
③ 陈鼓应：《老子注译及评介》，北京：中华书局1984年版，第130页。
④ （魏）王弼注，楼宇烈校释：《老子道德经注》，第37页。
⑤ 同上书，第84页。
⑥ 陈徽：《老子新校释译：以新近出土诸简、帛本为基础》，第84页。

不相往来。①

在这里,老子提出了他的"理想国",勾画了一个充满自然敦朴气息,没有战争杀伐,百姓无知无欲、安土重迁,却能够清静安逸、自由生活的美好政治蓝图。在这个政治蓝本中,老子的愿望是回归自然纯朴的生活,詹剑峰称其为"公社的复归"②。"小国寡民"的社会形态,究其根本是一个安于俭朴的社会,是一种简单质朴的生活方式。

安于俭朴,意味着不喜奢华与浪费,不需要过多的装饰与享受,这是老子对百姓的期望,更是对统治者的要求。老子有"三去"之言,谓:"是以圣人去甚,去奢,去泰。"③河上公注云:"甚谓贪淫声色,奢谓服饰饮食,泰谓宫室台榭。去此三者,处中和,行无为,则天下自化。"④作为国家的统治者,行无为之政,趋向自然俭朴的治理方式,就要以身作则,戒除贪欲,与百姓共同遵循自然质朴的原则。实际上,不管是"小国寡民"的社会模式,还是圣人的"三去"原则,都是老子"俭"德、简政思想的体现。

第二,"俭"是俭啬,是圣人养生、治国的长生久视之道。"俭"与"啬"俱是老子提出的养护身心与治理国家的方式、方法,两者具有内在的一致性。

《老子》第五十九章说:"治人事天莫若啬。夫唯啬,是谓早服。早服谓之重积德,重积德则无不克,无不克则莫知其极,莫知其极,可以有国。有国之母,可以长久。是谓深根固柢,长生久视之道。"⑤"啬",《说文》释曰:"啬,爱涩也。从来,从㐭。来者,㐭而藏之。故田夫谓之啬夫。凡啬之属皆从啬。"⑥"啬"的本义为"爱涩",有含藏、收敛、节约、爱惜的意思,与"俭"义颇为相似。河上公注"啬"为"爱惜也"⑦。释德清也说:"啬,有而不用之

---

① (魏)王弼注,楼宇烈校释:《老子道德经注》,第198页。
② 詹剑峰:《老子其人其书及其道论》,武汉:华中师范大学出版社2006年版,第288页。
③ (魏)王弼注,楼宇烈校释:《老子道德经注》,第78页。
④ 王卡点校:《老子道德经河上公章句》,第119页。
⑤ (魏)王弼注,楼宇烈校释:《老子道德经注》,第160页。
⑥ (汉)许慎原著,汤可敬撰:《说文解字今释》,第722页。
⑦ 王卡点校:《老子道德经河上公章句》,第231页。

意。"① 关于老子"啬"与"俭"的关系,严遵《老子指归》说得很清楚:"为啬之道,不施不予,俭爱微妙,盈若无有,诚通其意,可以长久。形小神大,至于万倍,一以载万,故能轻举。"② 严氏以"俭爱"释"啬",体现了老子之"啬"的珍惜、蓄藏之义。

既然"啬"有"含藏""惜爱"之义,老子有言"治人事天莫若啬",那么所谓"治人事天"的含义,则是一个需要说明的问题。对于此句的阐释,诸家众说纷纭。《韩非子·解老》说:

> 所谓治人者,适动静之节,省思虑之费也。所谓事天者,不极聪明之力,不尽智识之任。苟极尽则费神多,费神多则盲聋悖狂之祸至,是以啬之。啬之者,爱其精神,啬其智识也。故曰:"治人事天莫若啬。"③

在韩非那里,"啬"的对象主要是人(百姓)的知识,"啬"要求统治者告诫人民爱惜精神(养神),不要胡思乱想以扰心智。只有人民心无旁骛,不纵情欲费神,才可安于君主的统治。韩非立足于法家的治国之术,将老子"事天"义解为百姓的"养神治身"。与韩非类似,河上公、释德清也都是将老子的"治人事天莫若啬"解释为养生、治国之法。河上公曰:"'治人',谓人君欲治理人民;'事天',事,用也。当用天道,顺四时;'莫若啬',啬,爱惜也。治国者当爱(惜)民财,不为奢泰。治身者当爱(惜)精气,不放逸。"④ 相比韩非,河上公更加明确地指明"治人事天"为"身国同治",大概与其黄老学之思想内核有关。释德清也说:

> 此言圣人离欲复性,以为外王内圣之道也……盖人,指物欲;天,指性德也。言"治人事天,莫若啬"者,然啬,即复性工夫也。

---

① (明)憨山著,梅愚点校:《老子道德经解》,第115页。
② (汉)严遵著,王德有点校:《老子指归》,第67页。
③ (清)王先慎撰,钟哲点校:《韩非子集解》,第147页。
④ 王卡点校:《老子道德经河上公章句》,第230页。

谓圣人在位，贵为天子，富有四海，其子女玉帛，声色货利，充盈于前。而圣人以道自守，视之若无，澹然无欲，虽有而不同。所谓"尧舜有天下而不与"，此以啬治人也。圣人并包四海，智周万物，不以私智劳虑，而伤其性真，所谓"毋摇尔精，毋劳尔形，毋使汝思虑营营"。盖有智而不用其智，此以啬事天也。①

憨山不惜笔墨注解此句，其独特之处在于将"人"释为"物欲"，将"天"释为"性德"，"治人事天"释为君王治世的"内圣外王之道"。不过，"不以私智伤性真"是为养生，"以自守之道戒物欲"是圣人为政内修之德。故在德清看来，"治人事天"实为养生、治国相统一的复性工夫。

除以上三家外，严君平、王弼、吕惠卿、范应元等人对"治人事天"的解释多分而论之，或只谈治国，如严、王；或仅论养生，如吕、范。综合诸家之说，从《老子》第五十九章整体文义可知，"治人"当指治民，是政治上的国家治理，而"事天"则为养生，是君民涵养形神的方法。老子说"深根固柢""长生久视"，即是从治国与养生两个方面而言的。

第三，"俭"是知足、知止，是统治者去私节欲、导民归朴的内修之德。"俭"之德性是圣人内在于心的美好品德，是统治者以自然、无为之道治理国家的基础和前提。在老子看来，拥有俭德的国君一定要"见素抱朴，少私寡欲"。换言之，国家的上层统治者要做到老子常说的"无欲"。"无欲"并非是指没有任何欲望，而是指统治者不可沉溺于私欲，要懂得"知足""知止"。

首先，老子批判了统治者的多欲和贪心不足。老子崇尚俭朴自然的生活方式，但现实中的君王却并非如此，他们过着奢侈糜费、物欲横流的贪婪生活。老子对那些无道人君提出了严厉的批判，他说："大道甚夷，而民好径。朝甚除，田甚芜、仓甚虚。服文采，带利剑，厌饮食，财货有余，是谓盗夸。非道也哉！"② "大道甚夷，而民好径"中的"民"，根据诸家所正，应改为"人"，是为"人主"即统治者。统治者违反自然之道，不行无为之政，反而多事多欲，造成田地荒芜、国库空虚之后，他们却依旧锦衣玉食、奢侈浪费。老

---

① （明）憨山著，梅愚点校：《老子道德经解》，第115页。
② （魏）王弼注，楼宇烈校释：《老子道德经注》，第145页。

子对此非常不满,痛斥这些暴君为强盗,他们的浪费、奢侈建立在剥削劳动人民的基础上:"民之饥,以其上食税之多,是以饥。民之难治,以其上之后有为,是以难治。民之死,以(上)其求生之厚,是以轻死。"① 为政者横征暴敛,不顾百姓死活,造成了民之轻死与难治,实是统治者贪心不足、多欲多事的恶果。

此外,老子认为统治者的贪欲还会影响到社会的风气,使百姓纵于感性欲望而无法自拔:"五色令人目盲,五音令人耳聋,五味令人口爽,驰骋畋猎令人心发狂,难得之货令人行妨。是以圣人为腹不为目,故去彼取此。"② 从尾句"圣人"对"为腹"与"为目"的选择来看,前几句中的"人"当指百姓。老子目睹了上层统治者的淫逸放荡、声色犬马,感到他们的行径会扰乱民心,故提出圣人之道在于自然果腹,不在于对官能刺激的追逐。

其次,老子指出"俭,故能广"③,知足、知止可以长久、富足。"俭且广",又见《左传》④,说晋文公重耳"志广而体俭"⑤。老子此语,则是指明统治者如果以"俭"从政,自然可以使国强民富。《韩非子·解老》曰:"是以智士俭用其财则家富,圣人爱宝其神则精盛,人君重战其卒则民众。民众则国广。"⑥ 河上公说:"天子身能节俭,故民日用广矣。"⑦ 人君如果能够知足常乐、节俭惜物,从而简政于民,国土定可广大无疑。

老子不仅提出"俭,故能广",而且认为知足、知止可以富足、长久,为政者不知足、多欲则会遭受侮辱与灾祸:"知足者富。"⑧ "知足不辱,知止不殆,可以长久。"⑨ "祸莫大于不知足,咎莫大于欲得,故知足之足,常足矣。"⑩

---

① (魏)王弼注,楼宇烈校释:《老子道德经注》,第192页。

② 同上书,第31页。

③ 同上书,第176页。

④ 《左传·僖公二十三年》:晋公子广而俭,文而有礼。其从者肃而宽,忠而能力。[(战国)左丘明著,(晋)杜预注:《左传》,上海:上海古籍出版社2016年版(以下略注),第210页。]

⑤ (战国)左丘明著,(晋)杜预注:《左传》,第211页。

⑥ (清)王先慎撰,钟哲点校:《韩非子集解》,第161页。

⑦ 王卡点校:《老子道德经河上公章句》,第263页。

⑧ (魏)王弼注,楼宇烈校释:《老子道德经注》,第87页。

⑨ 同上书,第125页。

⑩ 同上书,第129页。

"足"与"止",本义皆为"脚"。知足、知止,其义可通,盖为自知其度,在合理范围内行事。关于"知足者富",有学者指出"富"当就德性而言①,故"富足"并非是指物质上的丰盈,而是主体内心的恬淡与安静,是一种精神境界。知足、知止是俭德的表现,"知足"可知"满足","知止"可知"所止",故统治者能够知足、知止就可避免因贪欲而引起祸患。

再次,老子劝诫统治者要去私节欲、导民归朴。老子以知足、知止诠释"俭",对统治者因贪欲而造成的苛政进行了批判,并指出统治者自身要清心寡欲,给人民做好敦厚质朴的表率,引导人民安于自然清静的生活。

鉴于统治阶层的私心爆满、物欲横流,老子说:"名与身孰亲?身与货孰多?得与亡孰病?是故甚爱必大费,多藏必厚亡。"②王弼注曰:"甚爱,不与物通;多藏,不与物散。求之者多,攻之者众,为物所病,故大费、厚亡也。"③对物质的过度追求,对身心都会造成伤害,不论是统治者还是百姓,都是如此。故老子又言:"不贵难得之祸,使民不为盗;不见可欲,使民心不乱。是以圣人之治,虚其心,实其腹;弱其志,强其骨。常使民无知无欲,使夫智者不敢为也。为无为,则无不治。"④《老子》第十二章末亦有"圣人为腹不为目"⑤的说法。在老子看来,圣人只是"为腹"而已,绝不会"为目",即贪图享受。既然圣人如此,那么人君与百姓更是要做到无欲、质朴,方可顺应自然长久之道。故老子言:"无名之朴,夫亦将无欲。不欲以静,天下将自定。"⑥

## 三、不敢为天下先

老子的第三宝是"不敢为天下先"。"不敢为天下先"与"慈""俭"一样,都是老子根据"道"自然、无为的特性而提出的处世法则,是万物的存在

---

① 陈徽:《老子新校释译:以新近出土诸简、帛本为基础》,第197页。
② (魏)王弼注,楼宇烈校释:《老子道德经注》,第125页。
③ 同上。
④ 同上书,第9页。
⑤ 同上书,第31页。
⑥ 同上书,第95页。

之理，也是圣人的内在德性与治世原则。《说文》释"先"为："前进也。从之。"① 王筠《句读》曰："之，出也。出人头地，是先也。"② "先"的本义为"前进"、不拘于后，可引申为"争先""逞强""张扬"等义。与"先"相对，"不先"有"不争""处下""居后""贵柔""守雌""敬让""谦退"等义，是清静、虚无之道落实到人为世界的表现。

其一，"不敢为天下先"的本质是"不争"。老子重视"不争"，认为圣人的不争之德源于"道"，是体道的结果。老子说："上善若水。水善利万物而不争，处众人之所恶，故几于道。"③ 老子以水喻"道"，水具有滋润万物而不与物争的特性，和"道"是一致的，因为"道"也是"生而不有，为而不恃，长而不宰"的。"道"之不争，决定了体道圣人也具有不争的德性。故老子言："天之道，利而不害。圣人之道，为而不争。"④

"不争"是圣人的内在德性，彰显于外，则是为政、治国之道。圣人将"不争"运用于为政之方法共有三处。一者，老子说："不尚贤，使民不争。"⑤ 依老子所言，不崇尚贤人，可以使百姓不为名誉而争，安于自然淳朴的生活。其实，不仅仅是名誉，富贵寿善等诱惑都是以老子为代表的道家哲人所主张的不争之物。诚如庄子所说："若不得者，则大忧以惧，其为形也亦愚哉。"⑥ 二者，老子又言："善为士者不武，善战者不怒，善胜敌者不与，善用人者为之下。是谓不争之德，是谓用人之力，是谓配天古之极。"⑦ 王弼注曰："与，争也。用人而不为之下，则力不为用也。"⑧ 河上公说："谓上为之下也。是乃不与人争之道德也。能身为人下，是谓用人臣之力也。"⑨ 吕惠卿亦说："德则不争，力则用人，虽用兵之危，我犹无为，况其它乎？"⑩ 老子论不争之德，圣人

---

① （汉）许慎原著，汤可敬撰：《说文解字今释》，第1172页。
② 同上。
③ （魏）王弼注，楼宇烈校释：《老子道德经注》，第22页。
④ 同上书，第200页。
⑤ 同上书，第9页。
⑥ （清）郭庆藩撰，王孝鱼点校：《庄子集释》，北京：中华书局2013年版，第541页。
⑦ （魏）王弼注，楼宇烈校释：《老子道德经注》，第178页。
⑧ 同上。
⑨ 王卡点校：《老子道德经河上公章句》，第268页。
⑩ （宋）吕惠卿著，林胜利点校：《道德真经传》，第95页。

以不争而用兵举事，则无患；以不争为政，则民治。严遵本、吴澄本等将本章与"三宝"章合二为一，认为是老子"不敢为天下先"在治国理民层面上的应用。譬如严遵说："不以先先，故不言而天下长……用人则下之以言，示之以利，陈之以诚，使之自至。是以，不争不求，以得民意，以顺民心，禀其要忌，彼人离散，而我顺比。"① 严氏之言，意在为政者心存不争之心、处下于民，则知民意、顺民心，统治才可长久。三者，老子也曾说："不敢为天下先，故能成器长。"② 韩非解曰：

  圣人尽随于万物之规矩，故曰："不敢为天下先。"不敢为天下先，则事无不事，功无不功，而议必盖世，欲无处大官，其可得乎！处大官之谓成事长，是以故曰："不敢为天下先，故能为成事长。"③

韩非子所谓"成事长"与老子"成器长""成官长"是同义而异语，俱是指称人君，人君即统治者。如果人君能够像圣人那样具有不争之德，以民为先、甘于民后，则民心不乱，国自可善治。

"不争"是老子所谓体道圣人或理想统治者的美德，施用于政治领域不仅能恩惠于民，使国家清明长治，而且对人君本身也有诸多益处。老子说："天之道，不争而善胜，不言而善应，不召而自来，繟然而善谋。"④ "天之道"的不争，其结果是"善胜"，王弼注曰："唯不争，故天下莫能与之争。"⑤ "不争"而"天下莫能与之争"，在《老子》中出现两次："是以圣人抱一，为天下式。不自见故明，不自是故彰，不自伐则有功，不自矜故长。夫唯不争，故天下莫能与之争。"⑥ "是以圣人处上而民不重，处前而民不害，是以天下乐推而不厌。以其不争，故天下莫能与之争。"⑦ 这两章皆是阐发圣人不争之德的为政效果。

---

① （汉）严遵著，王德有点校：《老子指归》，第 89 页。
② （魏）王弼注，楼宇烈校释：《老子道德经注》，第 176 页。
③ （清）王先慎撰，钟哲点校：《韩非子集释》，第 162 页。
④ （魏）王弼注，楼宇烈校释：《老子道德经注》，第 189 页。
⑤ 同上。
⑥ 同上书，第 58 页。
⑦ 同上书，第 175 页。

圣人法道（"一"）而为，谦虚处下，与民为善，自然可以得到百姓爱戴。老子谓"天下莫能与之争"并非是说圣人"不争而争"，而是指与那些喜欢横征暴敛（争夺）的暴君相比，圣人因循"道"的特性而具不争之德，行不争之政，最终得到民顺国安的政治效果。

其二，"不敢为天下先"有"处下""居后""贵柔""守雌"之义，是一种以退为进的政治策略。"不争"是老子第三宝的本质，而"不争"又可引申为"处下""居后"，这也是老子所谓"不敢为天下先"的应有之义。"处下""居后"，在老子看来是君主、侯王必须具备的为政态度，同时也是其处理国家与国家之间关系的基本原则。

与"不争"一样，"处下""居后"的君王之德也是由"道"而来。"昔之得一者，天得一以清，地得一以宁，神得一以灵，谷得一以盈，万物得一以生，侯王得一以为天下贞……侯王无以贵高将恐蹶。故贵以贱为本，高以下为基。是故侯王自谓孤寡不谷。"① 注家释"一"义多杂，但解其为"道"者居多。侯王若依"道"而为则可"贞"。"贞"，正也，有安定之义。"贵高"盖为"贞"字误，依文律一体而推致。老子言侯王"孤寡""不谷"，言贵贱、高下关系是基于前文"道"之于侯王的作用，故侯王"孤寡""不谷"是源于"一"即"道"也。"孤寡""不谷"是侯王自谦、自贬之辞，意在侯王有甘愿"处下""居后"之德也。另外，老子还说："江海所以能为百谷王者，以其善下之，故能为百谷王。是以欲上民，必以言下之；欲先民，必以身后之。"② 在这里，老子以"江海"喻"道"，从而说明侯王或人君要想统帅人民，就必须要像江海一样"处下""居后"。

圣人"处下""居后"的品德在政治层面上是有所表现的，"处下"是君王处理邦国间关系的原则；"居后"是君王受百姓爱戴，在位长久的保证。在国与国关系的处理上，老子提出"大者宜为下"的原则。老子说：

> 大国者下流。天下之交，天下之牝。牝常以静胜牡，以静为下。故大国以下小国，则取小国；小国以下大国，则取大国。故或下以

---

① （魏）王弼注，楼宇烈校释：《老子道德经注》，第109页。
② 同上书，第175页。

· 135 ·

取，或下而取。大国不过欲兼畜人，小国不过欲入事人，夫两者各得其所欲，大者宜为下。①

无论大国，还是小国，谁能"处下""谦下"，谁就可以"取"对方。王弼注"取"曰："小国则附之。大国纳之也。"② 此邦国关系处理之道也。《老子》第七章云："是以圣人后其身而身先，外其身而身存。"③ 范应元解此句说："圣人谦下，不与人争先，而人自然尊之。圣人无争，不与物为敌，而物莫能害之。"④ 老子的"后其身"显然有"居后""谦下"的意蕴。圣人在人（民）前不争先，在物前不为敌，自然可以受百姓爱戴，统治长久。

老子"慈"有"柔慈"之义，而"不敢为天下先"亦有"贵柔"的因子。故老子有云："人之生也柔弱，其死也坚强。草木之生也柔脆，其死也枯槁。故坚强者死之徒，柔弱者生之徒。是以兵强则灭，木强则折。强大处下，柔弱处上。"⑤ 老子从经验事物的强弱变化总结出"柔弱胜刚强"的理论，目的在于教人不能仅仅看到事物的表面，更要看到其内在的发展状况，所谓"反者，道之动；弱者，道之用"⑥ 即有此意。同理，老子"守雌"思想也是如此。老子说："知其雄，守其雌，为天下谿。为天下谿，常德不离，复归于婴儿。知其白，守其黑，为天下式。为天下式，常德不忒，复归于无极。知其荣，守其辱，为天下谷。为天下谷，常德乃足，复归于朴。"⑦ 这里的"雄""雌"绝非阴阳之别，而是有所喻指："雄"为刚强、尊荣、盈实等义；"雌"为柔弱、卑辱、虚静等义。老子的"守雌"与"贵柔"意义相通，俱是一种通晓事物间的相互转化从而透过现象看本质的深层智慧。

老子"贵柔""守雌"是一种人生智慧，而在政治层面上则是一种以退为进的政治策略，与君王的"处下""居后"之德类似。老子说："是以圣人云，受

---

① （魏）王弼注，楼宇烈校释：《老子道德经注》，第164页。
② 同上。
③ 同上书，第21页。
④ （宋）范应元集注：《宋本老子道德经》，第30页。
⑤ （魏）王弼注，楼宇烈校释：《老子道德经注》，第193页。
⑥ 同上书，第113页。
⑦ 同上书，第75页。

国之垢，是谓社稷主；受国不祥，是为天下王。正言若反。"① "人之所恶，唯孤寡不谷，而王公以为称。故，或损之而益，或益之而损。"② 所谓"正言若反""损益转化"正是老子辩证哲学的应用，君王只有对民处下，忍辱负重，才可成为社稷主与天下王。故老子说："非以其无私邪？故能成其私。"③ 在论及兵事时，老子也说："用兵有言，吾不敢为主而为客，不敢进寸而退尺。是谓行无行，攘无臂，执无兵，乃无敌。"④ 用兵之时，不可冒进、鲁莽迎战，否则必败无疑。有学者认为："老子的'不敢为天下先'，就是告诫人们一定要按规律办事，不可贸然、冒失行动，不可鲁莽行事，不要主动妄动，不要违反事物发展规律乱作妄为。"⑤ 所以在老子那里，"守雌""贵柔"并非是真正重视"雌柔"本身，而在于它们向"雄强"的转化过程，实质上是以退为进。正如老子自己所言："明道若昧，进道若退，夷道若颣。"⑥

其三，"不敢为天下先"以"敬让""谦退"为基本特征，要求统治者戒骄戒躁。陈鼓应在论及老子"三宝"时说："'不敢为天下先'就是老子的不争之德。举凡谦让、处后，以及不自见、不自是、不自伐、不自矜等等，都属于这一道德范畴。"⑦ 日本史学家高木智见认为："俭约和敬戒是从《老子》思想中能必然得出的处世态度，而且也是春秋以前的贵族们普遍遵守的人生规范。"⑧ 所谓"敬戒"就是"警戒"，即谨慎、小心、谦虚，与陈鼓应所说的"谦让"同义。老子的"不敢为天下先"具有多种含义，但多种含义无不具有"敬让""谦退"的意味，故可以说"敬让""谦退"是老子第三宝的基本特征。

老子重视"谦"德，要求统治者时时抱持警戒与谦虚之心，戒骄戒躁，只

---

① （魏）王弼注，楼宇烈校释：《老子道德经注》，第195页。
② 同上书，第120页。
③ 同上书，第21页。
④ 高明：《帛书老子校注》，第169页。（王弼本"……扔无敌，执无兵"语句不通，今根据帛书甲、乙本改之。）
⑤ 叶自成：《老子政治哲学：天道、政道、德道、治道、术道、器道》，上海：上海财经大学出版社2017年版，第241页。
⑥ （魏）王弼注，楼宇烈校释：《老子道德经注》，第115页。
⑦ 陈鼓应：《老庄新论》，北京：商务印书馆2008年版，第54页。
⑧ [日]高木智见著，何晓毅译：《先秦社会与思想：试论中国文化的核心》，上海：上海古籍出版社2011年版，第164页。

有如此统治才可稳固,君位才可长保。老子说:"企者不立,跨者不行,自见者不明,自是者不彰,自伐者无功,自矜者不长。"① 所谓"自见""自是""自伐""自矜"都是骄傲、浮躁的表现。一个人如果骄傲、浮躁,必定会张扬、大意、急功好事,不懂得谨慎、小心的处世之道,必定不得善果。基于此,老子劝诫人们尤其是身处高位的君主一定要"警戒""谦下",保持冷静、清醒的头脑。老子云:"重为轻根,静为躁君,是以圣人终日行不离辎重。虽有荣观,燕处超然,奈何万乘之主,而以身轻天下?轻则失本,躁者失君。"② 王弼注曰:"失本,为丧身也。失君,为失君位也。"③ 吕惠卿也说:"盖轻则任臣之劳而代之,而臣则无为,而与上同道则不臣,不臣则是失臣也。躁则忘君之逸而为天下用,则君亦有为,而与下同道则不主,不主则是失君也。"④ 为君者要效法虚静之道,去除骄躁,谦虚谨慎,以无为治国,行不言之教,君位方可长久。

## 四、结　语

至此,老子"三宝"的伦理与政治意涵已经得以彰显。统观老子"三宝"法则,可以发现"慈""俭""不敢为天下先"三者之间并非是割裂的,而是密切联系的。首先,老子"三宝"是一个有机整体。"三宝"体系是以"慈"为中心的,"慈"是"俭"与"不敢为天下先"的起点,也是终点。老子的"慈"是圣人修道、体道后的首要道德原则,圣人拥有慈爱万民之心,才会以"俭""不敢为天下先"为原则分别从内外两个方面约束自己的为政行径,善待百姓。换言之,老子"三宝"体系中,"慈"为中心,其政爱民;"俭"德在于寡欲,政在惜物以足民用;"不敢为天下先"是敬谦,以"不争"安民。其次,"三宝"俱是"道"的外化与彰显,是"道"的本性内化为圣人之德。老子之"德",王弼注曰:"道者,物之所由也;德者,物之所得也。"⑤ "德"为"得

---

① (魏)王弼注,楼宇烈校释:《老子道德经注》,第63页。
② 同上书,第71页。
③ 同上。
④ (宋)吕惠卿著,林胜利点校:《道德真经传》,第66页。
⑤ (魏)王弼注,楼宇烈校释:《老子道德经注》,第141页。

道"之"德",实为属性也。"道"的本性是自然与无为,通过"德"过渡到体道圣人那里形成内在于心的美德。老子的"慈""俭""不敢为天下先"无不具有"道"之自然、无为的特性。故"三宝"由"道"立、由"道"生,是"道"之"德"的实际践行法则。再次,在圣人以老子"三宝"施政于民的过程中,"无为"贯通"三宝"原则的始终。《淮南子·修务训》释"无为"曰:"若吾所谓无为者,私志不得入公道,耆欲不得枉正术;循理而举事,因资而立;权自然之势,而曲故不得容者,政事而身弗伐,功立而名弗有。"① "私志不得入公道","权自然之势"是老子之"慈"的要求;"耆欲不得枉正术"是"俭"的体现;"政事而身弗伐,功立而名弗有"蕴含不争之德,是老子"不敢为天下先"的本质。老子"三宝"皆可通于"无为",无为之政是老子所谓"自然之道"在政治实践中的应用。总之,通过对老子"三宝"的内涵及其相互关系的探讨,我们可以发现"慈""俭""不敢为天下先"是老子思想中的伦理观念与政治理论的统一,即治世圣人"内圣"之德与"外王"之政的一体。

---

① (汉)刘安著,(汉)许慎注,陈广忠校点:《淮南子》,第481页。

# 《老子》第六十二章"虽有拱璧以先驷马"再探

张 帆*

**内容提要**：《老子》今本第六十二章虽有"拱璧以先驷马"一句，学者们已指出其体现着"先轻后重"的礼仪规范。但据传世文献及出土材料可知，这种礼仪规范应用于多种活动，过去多以为的献物、聘问活动，并非"先轻后重"规则的唯一使用场合。今由新蔡葛陵楚简中祭祷简的"先之以一璧"等材料，结合第六十章、第六十二章文义，可以判断《老子》所言"拱璧以先驷马"指的是祭祷鬼神的行为，反映出楚地盛行鬼神祭祀的风俗。

**关键词**：《老子》；"拱璧以先驷马"；新蔡葛陵楚简

《老子》今本第六十二章有"虽有拱璧以先驷马，不如坐进此道"① 一句，其阐释历来众说纷纭。梳理旧说，过去学者争论的焦点主要有二：一是"拱璧"为何物；二是"以先"为何意。马王堆帛书、北大汉简《老子》公布后，学界又有了新的阐释，但目前仍未形成有说服力的定说。可以发现，学者在解释时遇到滞碍的主要原因是"拱璧以先驷马"的指代不明，与前文的"天

---

\* 张帆，女，河南平顶山人，重庆大学人文社会科学高等研究院讲师。

① 本文"今本"皆指王弼本，下文同。

子、三公"和后文的"坐进此道"似乎没有直接的文义联系。今从传世和出土文献中对璧、马的使用入手,对《老子》第六十二章此句再做考察。

此句在马王堆帛书、北大汉简《老子》中保存完整,但存在少许异文。诸本文字如下:

| 王弼本、河上公本① | 虽有拱璧以先驷马,不如坐进此道 |
|---|---|
| 傅奕本② | 虽有拱璧以先驷马,不如进此道也 |
| 帛书甲本 | 虽有共之璧以先四马,不善坐而进此 |
| 帛书乙本③ | 虽有共之璧以先四马④,不若坐而进此 |
| 北大汉简本⑤ | 唯有共之璧以先四马,不如坐而进此 |

"拱璧",马王堆帛书本和汉简本均作"共之璧"。历来学者的理解大致可以概括为以下几种:一是以拱璧为"珙璧",如易顺鼎、马叙伦、朱谦之等均作此解⑥,以《左传》杜注为证⑦。《玉篇·玉部》:"珙,大璧也。"⑧ 二是以拱璧为"拱抱宝璧",王弼注作此理解⑨,蒋锡昌以为是,又解释为"拱抱之大璧"⑩。帛书"共之璧",高明以为"共"字当假为"拱","拱之璧"即拱抱之璧,亦

---

① 王弼本参见(魏)王弼注,楼宇烈校释:《老子道德经注校释》,北京:中华书局2008年版(以下略注),第162页;河上公本参见王卡点校:《老子道德经河上公章句》,北京:中华书局1993年版,第242页。
② 傅奕本经文参见(唐)傅奕:《道德经古本篇》,《道藏》第11册,北京:文物出版社、上海:上海书店、天津:天津古籍出版社1998年版(以下略注),第487页。
③ 帛书甲、乙本参见湖南省博物馆、复旦大学出土文献与古文字研究中心编纂,裘锡圭主编:《长沙马王堆汉墓简帛集成》第4册,北京:中华书局2014年版,第5、196页。
④ "共之"二字原为缺文,《长沙马王堆汉墓简帛集成》整理者据衬页反印文释出。
⑤ 北大汉简本参见北京大学出土文献研究所编:《北京大学藏西汉竹书》第2册,上海:上海古籍出版社2012年版(以下略注),第134页。
⑥ 马叙伦:《老子校诂》,北京:中华书局1974年版,第537页;朱谦之:《老子校释》,北京:中华书局2000年版(以下略注),第254页。
⑦ 《左传》襄公三十一年:"六月辛巳,公薨于楚宫,叔仲带窃其拱璧。"杜预注:"拱璧,公大璧。"[参见(清)阮元校刻:《十三经注疏(清嘉庆刻本)》,北京:中华书局2009年版(以下略注),第4373页]。
⑧ 胡吉宣:《玉篇校释》,上海:上海古籍出版社1989年版,第84页。
⑨ (魏)王弼注,楼宇烈校释:《老子道德经注校释》,第162页。
⑩ 蒋锡昌:《老子校诂》,上海:上海书店1988年版(以下略注),第381页。

是作此解①。三是复旦大学哲学系《老子》注释组在《老子注释》中指出的,"共"为"供奉"②。四是《长沙马王堆汉墓简帛集成》指出的,"共"似为专名,"共璧"类似于"和璧""随珠"③。五是将共、璧理解为并列结构,如徐志钧认为"共"指大璧,"璧"指小璧,"共之璧"即大璧与小璧④。

关于"先驷马",过去大多数学者都认为"先"是礼仪中的某种流程,与赠礼有关。孔颖达明确提出《老子》之"先驷马"如同《左传》"先吴寿梦之鼎",并言"古之献物必有以先之……以轻先重,非以贱先贵"⑤。此后注释《老子》的学者如吴澄说"拱璧先驷马,犹《春秋传》言'乘韦先十二牛'也……驷马陈于外,执拱璧以将命曰先。朝聘以拱璧驷马为至贵而未足贵也'"⑥,也认为"先"是一种礼物的先后关系,并指出《老子》此处指代的是朝聘活动。薛惠在《老子集解》中亦将此句解释为"古者进物必有以先之……献人以拱璧驷马,此世之所谓至贵者"⑦,认为"拱璧先驷马"代表着"至贵"的地位。蒋锡昌承孔颖达之说,言"古之献物,轻物在先,重物在后",强调礼物的先后是因为物品的轻重不同,又以为此句主语为三公,即"三公虽有拱璧以先驷马献于天子"⑧。孔颖达、蒋锡昌之说虽流行,但此处解释为赠送礼物确实文义稍嫌迂曲,因此也有学者另立新说。如高亨就认为"拱璧聘问之物,驷马使者所乘,使者乘车抱璧以聘邻国,则拱璧何能先驷马哉",指出"拱璧"用于聘问之礼,并怀疑"以先"二字应当在"驷马"二字之下,"先"应借为"诜",《说文》"诜,致言也",为聘问之意⑨。许抗生从其说⑩。高明则指出:

---

① 高明:《帛书老子校注》,北京:中华书局1996年版(以下略注),第129—130页。
② 复旦大学哲学系《老子》注释组注:《老子注释》,上海:上海人民出版社1977年版,第35页。
③ 湖南省博物馆、复旦大学出土文献与古文字研究中心编纂,裘锡圭主编:《长沙马王堆汉墓简帛集成》第4册,第32页。
④ 徐志钧:《帛书老子校注》(修订本),南京:凤凰出版社2013年版,第177页。
⑤ (清)阮元校刻:《十三经注疏(清嘉庆刻本)》,第4272页。
⑥ (元)吴澄:《道德真经吴澄注》,上海:华东师范大学出版社2010年版,第90页。所据整理本断句有误,此处已更正。
⑦ (明)薛惠:《老子集解(附考异)》,北京:中华书局1985年版,第39—40页。
⑧ 蒋锡昌:《老子校诂》,第381—382页。
⑨ 高亨著,董治安编:《高亨著作集林》第5卷,北京:清华大学出版社2004年版,第172、379页。
⑩ 许抗生:《帛书老子注译与研究》(增订本),杭州:浙江人民出版社1985年版,第45页。

"'先'字当为'駪',《说文》:'駪,马众多皃。''以'字训'与'或'及',王引之《经传释词》卷一:'广雅曰:"以,与也。"又云:"以,犹及也。"'此之谓立天子,置三卿,纵有拱抱之宝璧与众多之乘马,莫若静坐无为尤进于道。"① 黄怀信将"先"理解为行动上的先后,认为"拱璧"代表着贵重的礼品,"驷马"指军队突袭,对不听教化的国家实施先送重礼引诱,后动兵马威胁等措施,都不如坐而讲道②。

"先轻后重"作为礼仪规范,不仅见于璧、马的组合。《左传》襄公二十六年记载"郑伯赏入陈之功,三月,甲寅,朔,享子展,赐之先路三命之服,先八邑,赐子产次路再命之服,先六邑"③,因命服轻于封邑,所以要"先"。过去所说物品遵循"先轻后重"的原则,大致是可从的,"先"字的释读不需要通假和改字。不过多数学者都认为"拱璧以先驷马"只用在献物、赠贿活动里,这样的解释看似文从字顺,然细读之下,与第六十二章的文义关系并不大,所以高亨等学者才会寻求别解。第六十二章前文言"立天子,置三公",讲的是国家政治制度层面,此处无论是赠贿还是聘问,似乎都难以与"立天子,置三公"衔接,阐释起来容易流于笼统和模糊。而将"拱璧""驷马"等同于"至贵"的地位,更是引申太过,璧、马也并非那么珍稀难得之物,起码不能与"立天子,置三公"的尊贵相比肩。所以要解决此句释读的疑窦,根本问题还是要找出"拱璧以先驷马"代表的意义。

今按文献中"璧"与"驷马"共用,出现在以下几种情况里:

1. 晋荀息请以屈产之乘,与垂棘之璧,假道于虞以伐虢。④(《左传》僖公二年)

2. 公享晋六卿于蒲圃,赐之三命之服,军尉、司马、司空、舆尉、候奄,皆受一命之服,贿荀偃束锦、加璧、乘马,先吴寿梦之

---

① 高明:《帛书老子校注》,第130页。
② 黄怀信:《老子汇校新解》,南京:凤凰出版社2016年版,第66—67页。
③ (清)阮元校刻:《十三经注疏(清嘉庆刻本)》,第4319页。
④ 同上书,第3888页。

鼎。①（《左传》襄公十九年）

3. 齐欲伐魏，魏使人谓淳于髡曰："齐欲伐魏，能解魏患，唯先生也。敝邑有宝璧二双，文马二驷，请致之先生。"②（《战国策·魏策三》）

4. 智伯欲伐卫，遗卫君野马四，白璧一。③（《战国策·宋卫策》）

5. 智伯欲袭卫，故遗之乘马，先之一璧。④（《说苑·权谋》）

6. 于是天子已用事万里沙，则还自临决河，沈白马玉璧于河，令群臣从官自将军已下皆负薪窴决河。⑤（《史记·河渠书》）

山西翼城大河口墓地出土的霸伯盂（或称尚盂）铭文中，也有一些类似的材料：

1. 延宾，嚻，用鱼皮两，侧毁（馈）用章（璋），先马，逨（原）毁（馈）用玉。⑥

2. 宾出，以胆（俎）或（又）延，白（伯）或（又）逨（原）毁（馈）用玉，先车。⑦

霸伯盂铭文所记"用章（璋），先马"，李学勤先生指出："'用璋先马'，即先奉璋，后献马，体现先轻后重的原则，可参看《老子》第六十二章：'虽有拱璧，以先驷马。'"⑧璋与璧都是玉器，霸伯盂铭文反映出聘享之礼中需

---

① （清）阮元校刻：《十三经注疏（清嘉庆刻本）》，第4272页。
② （汉）刘向集录，范祥雍笺证，范邦瑾协校：《战国策笺证》，上海：上海古籍出版社2011年版（以下略注），第1382页。
③ 原文作"野马四百白璧一"，黄丕烈等已指出"百"为"白"之衍误，当改作"野马四，白璧一"。（汉）刘向集录，范祥雍笺证，范邦瑾协校：《战国策笺证》，第1835页。
④ （汉）刘向撰，向宗鲁校证：《说苑校证》，北京：中华书局1987年版，第338页。
⑤ （汉）司马迁：《史记》，北京：中华书局1982年版，第1412—1413页。
⑥ 此器器型与铭文图片披露于谢尧亭等：《山西翼城县大河口西周墓地》，《考古》2011年第7期，第17页。目前部分字词如"嚻"等的含义，尚无定论，此处释文综合学界意见与己意写出。
⑦ 谢尧亭等：《山西翼城县大河口西周墓地》，《考古》2011年第7期，第17页。
⑧ 李学勤：《翼城大河口尚盂铭文试释》，《文物》2011年第9期，第67—68页。

要用到玉与马，也反映出聘享之礼的物品同样需要按照"先轻后重"的次序①。

分析上述材料中玉器和马使用的情景，霸伯盂铭文所载为聘问，《左传》《战国策》所载多为赠赂，《史记》所载为祭祀，各有不同。可见"璧""马"都属于"币"，也就是财货，并非只能用于某种固定的活动中。尤其是璧、马在祭祀中的使用，过去常被学者所忽略。璧、马在祭祀中也遵循"先轻后重"的原则，新蔡葛陵楚简的祭祷简可以证明。

新蔡简中璧与马出现的情况如下：

1. ☒一勴，北方兄（祝）祷乘良马，珈（加）【璧】☒（新蔡乙四 139）

2. 祷北方一牺，先之一璧，歔（就）☒（新蔡乙四 14）

3. ☒选（先）之一璧☒（新蔡甲三 142—1）

4. ☒⋯⋯一青羲（牺），【先】之一璧，遬祷于埅（地）宝（主）【一】青羲（牺），先之一璧；遬祷于二天子各痒（胖）☒（新蔡乙二 38、46、39、40）

5. ☒于北方一犠，先之以（？）☒（新蔡乙三 40）

6. 牺马，先之以一璧，迈而遥（归）之。遳（移）吝（文）君之祝☒☒（新蔡甲三 99）②

虽然新蔡葛陵楚简多有残损，但仍可以看出，在祭祷时也有"先之一璧"的规则出现。另外，在新蔡简祭祷用物中，出现了"乘良马"的祭品，即"驷马"。对于葛陵简的"先之"，晏昌贵先生指出："'先之'后多接'一璧'，'先

---

① 学者一般将霸伯盂记载的活动理解为聘礼，黄益飞进一步指出"用鱼皮两侧赂，用璋先马"是享礼，"原赂用玉"是聘礼。霸伯赠物皆遵循先轻后重的顺序，因此以鱼皮、璋、马为序，首日之礼中霸伯赂伯老以虎皮、璋也遵循先轻后重的次序。（参见黄益飞：《霸伯盂铭文与西周朝聘礼——兼论穆王制礼》，《考古学报》2018 年第 1 期，第 25—48 页。）曹建墩已据多种材料指出献马常在币帛玉器之后，"先"指的就是"行礼的先后次序"。（参见曹建墩：《霸伯盂铭文与西周时期的宾礼》，复旦大学出土文献与古文字研究中心网站，2011 年 6 月 22 日。）或有学者将"先马"理解为"马先入"，或是"导马"，非是。

② 以上新蔡简释文皆引自陈伟等：《楚地出土战国简册（十四种）》，北京：经济科学出版社 2009 年版，第 403—416 页。

之'前则有'犠马''青犠'或'情'……简文称'先之一璧',乃是因为祭祀牛、马形体重大,祭献之先,以璧导夫先路。"① 所以祭祀中向鬼神进献玉璧、乘马时,也需要遵照物品先后的规范。那么,《老子》的"拱璧以先驷马"不仅有可能是赠贿、聘问,亦有可能指的是祭祷神灵②。

在今本第六十二章"虽有拱璧以先驷马,不如坐进此道"的语境中,以聘问、进献解"拱璧以先驷马",与《老子》文义联系不强。而解释为祭祀,可与上下文文义连接,且与《老子》他章有所呼应。第六十二章后文言"古之所以贵此道者何?不曰以求得,有罪以免邪",也就是说持守大道就可以求得和免罪,不必再立天子、三公,"拱璧以先驷马"。则"立天子、置三公"③"拱璧以先驷马"也应与"求得""有罪以免"相关。《史记》记载的祭祀河神是为了解决水患,新蔡简的祭祷神灵、先祖(人鬼)都是为了除祟免灾,其目的正是为了"求得"和"免罪"。但《老子》认为这类行为都是"有为"的体现,类于"余食赘行",如果能"坐进此道",以"道"来治理天下,"求以得"和"有罪以免"就是自然可得的,也不必用"拱璧以先驷马"来祭祷。今本六十章言"以道莅天下,其鬼不神,非其鬼不神,其神不伤人"④,可为本章参证。用"道"治理天下,鬼神就仿佛失去了神性,并非鬼神没有神力,而是鬼神不能伤人。此句说的也是遵循大道,鬼神就不会降祸,与第六十二章此处正可呼应。

传世本"虽有拱璧以先驷马",帛书本作"虽有共之璧以先四马",汉简本作"唯有共之璧以先四马","虽""唯"为常见通假字。汉简整理者指出,传世本"虽"字,汉简本皆作"唯"⑤。将"拱璧以先驷马"理解为祭祷的行为,则"拱璧"不太可能是像"随珠"一样的专名,毕竟这对于频繁的祭祀活动来说过于珍贵。今按"有"为虚词,可训为能。《古书虚字集释》:

---

① 晏昌贵:《巫鬼与淫祀:楚简所见方术宗教考》,武汉:武汉大学出版社2010年版,第249—250页。
② 陈伟先生在解释新蔡葛陵楚简中"先之"时,已采竹添光鸿引《老子》"虽有拱璧以先驷马"释《左传》说,但只用"先轻后重"之说,并未指出《老子》之语为祭祷之意。(参见陈伟:《葛陵楚简所见的卜筮与祷祀》,《新出楚简研读》,武汉:武汉大学出版社2010年版,第103页。)
③ 诸本"三公",帛书甲本作"三卿",帛书乙本作"三乡"。"乡""卿"为分化字,"公""卿"义近。
④ (魏)王弼注,楼宇烈校释:《老子道德经注校释》,第157页。
⑤ 北京大学出土文献研究所编:《北京大学藏西汉竹书》第2册,第135页。

"'有',犹'能'也……《礼记·大学》篇:'知止而后有定,定而后能静,静而后能安,安而后能虑,虑而后能得。''有'与'能'为互文。"① 传世本作"拱",帛书、汉简本作"共"的字可读为"供",意为供奉,如此则"之"字无碍。武内义雄、张舜徽等曾怀疑"之"字为衍文②,从出土本来看不确。敦煌数个《老子》写本均作"供之璧"③,证明帛书、汉简本的系统在中古时期仍有传承。郑良树也指出"想尔天宝本作'供之璧',可证有'之'字本不绝如缕,唐人犹见及"④。诸本虽有异文,但多为通假,文义相差不大,可读作"虽能供之璧以先驷马",意为虽然能供奉玉璧、驷马,代指的是祭祷鬼神的行为。

"不如坐进此道",帛书甲本作"不善","善"为"若"之误字,诸本"不如""不若"义近。"坐进此道",傅奕本作"进此道也",帛书本、汉简本作"坐而进此",文义亦相近。出土本无"道"字,下文"古之所以贵此道者"一句亦无"道"字,可知并非写手遗漏,而是出于相近的版本体系,有所流传。劳健以"何弃之有""先驷马""坐进此道"三句为韵⑤,古棣以"虽有拱璧""坐进此道"为韵⑥,从出土本看皆不成立。过去学者对"坐"的解释有两种,一种是取"坐"的本义,即跪坐,以此强调恭敬,蒋锡昌等持此说⑦;一种是取"坐"的引申义,解为安坐静处,如高明将此句翻译为"莫若静坐无为尤进于道"⑧。从《老子》今本第三十七章"道常无为而无不为,侯王若能守之,万物将自化"⑨、今本第四十八章"取天下常以无事"⑩ 来看,后说较好。

综上,今本第六十二章"故立天子,置三公,虽有拱璧以先驷马,不如坐

---

① 裴学海:《古书虚字集释》,上海:上海书店1935年版,第157页。
② 转引自朱谦之:《老子校释》,第254页;张舜徽:《老子疏证》,《周秦道论发微》,武汉:华中师范大学出版社2005年版,第137页。
③ 李若晖:《老子异文总汇》,上海:上海辞书出版社2019年版,第408页。
④ 郑良树:《老子新论》,上海:上海古籍出版社2011年版,第234页。
⑤ 劳健:《老子古本考》,熊铁基、陈红星主编:《老子集成》第15卷,北京:宗教文化出版社2011年版,第339页。
⑥ 古棣、周英:《老子通》上册,长春:吉林人民出版社1991年版,第504—505页。
⑦ 蒋锡昌:《老子校诂》,第382页。
⑧ 高明:《帛书老子校注》,第130页。
⑨ (魏)王弼注,楼宇烈校释:《老子道德经注校释》,第90—91页。
⑩ 同上书,第128页。

进此道"句的大意是说即使设立天子、三公之位管理国家,供奉玉璧、驷马等物以祈鬼神,都不如居守大道。也就是说,只要持守大道,就能"我无为而民自化",无需建制、设官、祭祷等"有为"的行为了,这也能呼应第六十二章前文所言"道"是万物之主①,既是善人之宝,也是不善人之所保。

《老子》屡言天、鬼、神等超自然力量,但又将"道"和"道"生之"一"置于天、神之上,如今本第三十九章言"天得一以清;地得一以宁;神得一以灵","天无以清,将恐裂;地无以宁,将恐发(废);神无以灵,将恐歇"②。刘笑敢先生指出:"老子不断以上帝、鬼神来反衬道之自然的根源性和有效性,从思想的方向性来看,他是把上帝和鬼神的作用推到了边缘或次要、从属的地位。"③《老子》并非无神论者,而是在承认鬼神的前提下,突出"道为天下贵"的思想内核。楚地祭祀之风盛行,《汉书·地理志》言其"信巫鬼,重淫祀"④。据学者统计,楚地祭祀的鬼神有天神、地祇、人鬼三大类,包括东皇太一、东君、日月、云中君、诸司、岁、社、诸山神、诸水神、三楚先、厉鬼、五祀等等⑤,数量极多。《老子》多受楚文化影响,但"拱璧以先驷马","其鬼不神,非其鬼不神,其神不伤人"在体现楚地风俗的同时,更展示出"道"超越鬼神、行道胜于卜祀的理性主义的色彩。

---

① "万物之主",此句今本作"万物之奥",王弼注旧训为"暖"。[(魏)王弼注,楼宇烈校释:《老子道德经注校释》,第161页。]出土材料公布后,帛书本作"万物之注也",北大汉简本作"万物之梮也"。帛书整理者指出"奥"可训为"主",《礼记·礼运》"故人以为奥也",注:"奥,犹主也。"(参见国家文物局古文献研究室编:《马王堆汉墓帛书》第1册,北京:文物出版社1980年版,第8页。)魏宜辉进一步指出"奥"与"注""梮"音相近,有通假可能。[参见魏宜辉:《北大汉简〈老子〉异文校读五题》,《安徽大学学报》(哲学社会科学版)2013年第6期,第71—75页。]

② (魏)王弼注,楼宇烈校释:《老子道德经注校释》,第106页。

③ 刘笑敢:《老子古今:五种对勘与析评引论》,北京:中国社会科学出版社2006年版,第580页。

④ (汉)班固撰,(唐)颜师古注:《汉书》,北京:中华书局1962年版,第1666页。

⑤ 杨华等:《楚国礼仪制度研究》,武汉:湖北教育出版社2012年版,第245页。

道学研究

# 《抱朴子内篇》之"道"与《老子》之"道"的亲疏*

余 平 余恬婧**

**内容提要**：《抱朴子内篇》之"道"与《老子》之"道"皆不是定义，它们同在"道可道，非常道"的深渊中说话。然而，作为"神学"经典的《抱朴子内篇》却与作为"哲学"经典的《老子》有着生存姿态上的疏离。前者信仰先行，并由信仰而来生长出对"玄一之道"的反思性守护。后者从思想本身出发，去反思并批判日常经验。两者尽管疏离，却仍深度关联。《抱朴子内篇》之道本质上来自《老子》之道，它打开了"道"的神性维度。可当其守护自身的神性时，却又回到了可道之道的境域中。《老子》之道从思性而来，启示《抱朴子内篇》从可道之道重返道本身，守护自身的神性。

**关键词**：玄一之道；道；亲疏

晋葛洪的《抱朴子内篇》，被学界公认为是道教史上"承前启后的划时代"

---

\* 本文系国家"十三五"规划文化重大工程《中华续道藏》（批准号：中央统战部"统办函"［2018］576 号）的专项研究成果。

\*\* 余平，男，四川乐山人，四川大学哲学系教授；余恬婧，女，四川自贡人，四川大学哲学系 2018 级博士研究生。

著作①,"是三国迄晋的神仙道教的集大成著作"②,"是魏晋道教发展史上的里程碑"式的著作③。这是因为它第一次在道教史上全面而又系统地打开了一个真正的"神学"维度。为神仙信仰奠定神学根基的乃是"玄一之道",然而,对"玄""一""道"的领会,不管从文本的脉络还是思想的内涵,都与道家关于"道"最原始的言说——《老子》有着血肉勾连的关系。根本上,《抱朴子内篇》之"道"与《老子》之"道"是一回事吗?如何理解它们之间的亲与疏呢?

## 一、"道"之言说的亲缘性

《抱朴子内篇》对玄一之道的阐扬,主要集中在《畅玄》篇、《道意》篇和《地真》篇。如:"玄者,自然之始祖,而万殊之大宗也。眇眜乎其深也,故称微焉;绵邈乎其远也,故称妙焉。"④ "夫玄道者,得之乎内,守之者外,用之者神,忘之者器,此思玄道之要言也。得之者贵,不待黄钺之威;体之者富,不须难得之货。高不可登,深不可测。乘流光,策飞景,凌六虚,贯涵溶。出乎无上,入乎无下,经乎汗漫之门,游乎窈眇之野。逍遥恍惚之中,徜徉仿佛之表。咽九华于云端,咀六气于丹霞。徘徊茫昧,翱翔希微,履略蜿虹,践踏旋玑,此得之者也。"⑤ 又如"人能知一,万事毕。知一者,无一之不知也;不知一者,无一之能知也。道起于一,其贵无偶,各居一处,以象天地人,故曰三一也。天得一以清,地得一以宁,人得一以生,神得一以灵"⑥ 云云。在《抱朴子内篇》中,"玄"就是"道",就是"一",同时也是"真"。如何理解它们呢?"'玄'与'道'的意义相同,都是客观唯心主义的本体","'玄'被看成是产生世界万物的总根据,是一种神秘莫测的精神实体"⑦。但是如果试图进一

---

① 卿希泰主编:《中国道教史》(修订本)第1卷,成都:四川人民出版社1996年版,第304页。
② 牟钟鉴等主编:《道教通论》,济南:齐鲁书社1991年版,第415页。
③ 胡孚琛:《魏晋神仙道教》,北京:人民出版社1991年版,第122页。
④ 王明:《抱朴子内篇校释》(增订本),北京:中华书局2018年版,第1页。
⑤ 同上书,第2页。
⑥ 同上书,第323页。
⑦ 胡孚琛:《魏晋神仙道教》,北京:人民出版社1991年版,第199、200页。

步把握这些概念,却会发现它们拒绝这种把握。究其原因,是由于它们缺乏严格的定义。"葛洪道教哲学中承袭来的一些本体论概念,缺乏严格确切的定义,例如他使用的'玄''道''一'等概念就没有本质上的区别。"①

同样的情形也发生在《老子》之"道"那里。也就是说,从道家到道教,始终阻碍人们理解的便是关于"道"的言说。令人惊讶的是,这种阻碍在《老子》一开篇就已获得自觉的形态:"道,可道也,非恒道也;名,可名也,非恒名也。"②面对这个深渊般的名句,我们通常把第一个"道"理解为名词性的东西,由此引发这个"道"指的"是什么"的问题。这种"……是……"的发问,必然导向将"道"落实到一个"什么"上。我们可以将这个"什么"理解为"总规律""总根据""实体"等等。但是这些对道本身的理解,已经进入"可道"的范围。"规律""根据""实体"是关于"道"的言说,即"可道"。这种"可道之道"不是"恒道",即道本身。因为能被说出的"道",就必然被封闭在已说出的"特殊"规定中,即使这种"特殊"具有"普遍"的名义。实际上,我们认为的关于道本身的正确言说,已经被道本身所否定:"道……可道,非……常道。"问题在于,面对这句话本身的拒绝,我们仍会继续追问,既然已被言说的"道"不是道本身,那该如何理解"道"呢?"道"究竟是什么呢?这种追问,造成了一个无穷倒退的情况。因为,任何关于"道"的言说,都不是"恒道",即使将"道"处置为"神秘"、最空虚的空虚者、玄之又玄者也不行。这就是说,道本身拒绝任何意义上的定义,以及由此定义而来的关于"道"或充实或空虚的表象。

不管是《老子》之"道"还是"玄一之道"都拒绝定义。并非不能定义,关键在于它们的出场方式不是定义,而且是作为这种"不是"本身。当我们用类似"总规律"等方式言说道时,其意在表达道本身无所不包、无时不有的本质。然而,当此本质被把握之际,"道"已经成为一个现成的东西,道本身被抛弃了。问题是,这种边缘化意义上的"抛弃",不已经与"道"之无处不在相矛盾吗?当我们信心满满地掌握了"道"之后,难道就不再处于"道"的威力之中吗?也就是说,即使我们以定义的方式完成对"道"的认识,我们仍处

---

① 胡孚琛:《魏晋神仙道教》,北京:人民出版社1991年版,第201页。
② 高明:《帛书老子校注》,北京:中华书局1996年版,第221页。

在"道"之中。这暗示了"道"远远多于认识,多于"可道"。它包围我们,席卷我们,道-说自身"道冲,而用之或不盈。渊兮,似万物之宗"①;"迎之不见其首,随之不见其后"②;"夫玄道者,得之乎内,守之者外,用之者神,忘之者器,此思玄道之要言也"③。

已不难看出《抱朴子内篇》之"道"与《老子》之"道"的亲密性。根本上,道教之"道"仍处在"道可道,非常道"的深渊中。然而,道教毕竟不是道家,《抱朴子内篇》之"道"与《老子》之"道"的亲密,不意味着二者是一回事,因为《抱朴子内篇》是"神学"经典,《老子》是"哲学"经典。

## 二、"道"之言说的疏离

不管道家之道如何的幽深,如何的玄远,这种幽深、玄远本身说到底不过是对日常之认识、理解、道理等的"扬弃",就是说,是在对经验世界的"反思"或"批判"中被给予的。如"天下皆知美之为美,斯恶已;皆知善之为善,斯不善已"④,"不尚贤,使民不争。不贵难得之货,使民不为盗。不见可欲,使民心不乱。是以圣人之治,虚其心,实其腹,弱其志,强其骨。常使民无知无欲"⑤,等等。这些被理解、被定义和被解释的"道",都已然属于可道之道,已经不是道本身(恒道)了。这意味着,道本身从一切可道之道中不断地退隐,并作为这种退隐不断逃离任何反思性概念。然而,这个不断逃离反思性概念的道本身,恰恰是在纯粹的反思中,至少是经过这种纯粹的反思才被给予的。于是,再经过"无名"与"有名","无欲"与"有欲"的进一步过渡,一个"同谓之玄,玄之又玄,众妙之门"的境域便不断地向我们喷涌。显而易见,这个"玄"或"玄之又玄"的道本身,是后—反思性的,亦即在来回思辨之后作为结果被间接地给予的。这就是哲学的或玄学的"道"。《老子》一书也

---

① 高明:《帛书老子校注》,北京:中华书局1996年版,第239页。
② 同上书,第288页。
③ 王明:《抱朴子内篇校释》(增订本),北京:中华书局2018年版,第2页。
④ 高明:《帛书老子校注》,北京:中华书局1996年版,第229页。
⑤ 同上书,第235—237页。

因此通常被判定为"哲学"或者"玄学"。不仅如此,所谓"道,可道也""名,可名也"本身就已经表明,《老子》并不排斥或否定"可道";反之,一切可道之道都是"道",只不过"非恒道"而已,倘若"道,不可道也,绝对地不可道也",那恐怕就是"神秘主义"而非"哲学"了。

而《抱朴子内篇》的玄一之道比道家之道要"空"得多。这种空绝非"抽象"之空、"思辨"之空、"间接"之空,尽管它不像《老子》一般充满对经验世界的"反思"与"批判"。它的空恰恰是"具体"之空、"非反思"之空、"直接"之空。严格地讲,这是一种与道家之道的空断然不同质的空。这种空不是"扬弃"经验世界,而是将所有"尘世"生存彻底倒空之空,是无条件地领受绝对的玄一之道的"领受"之空,因而说穿了也就是"信仰"之空,即信仰—生存性之空。若以纯"哲学"的方式去读解《畅玄》篇中的诸如"玄者,自然之始祖而万殊之大宗也"①,"抑浊扬清,斟酌河渭,增之不溢,挹之不匮,与之不荣,夺之不瘁"② 之类的描述;去读《道意》篇中的诸如道者"涵乾括坤,其本无名。论其无,则影响犹为有焉;论其有,则万物尚为无焉"③ 之类的描述;去读《地真》篇中诸如"金沈羽浮,山峙川流,视之不见,听之不闻,存之则在,忽之则亡,向之则吉,背之则凶,保之则遐祚罔极,失之则命凋气穷"④ 之类的描述,确实会不知所云,无所适从。

我们势必会问这个无所不在而又无所不能的玄一之道到底是什么呢?这样的问题本身只是在确证着两点:第一,提问者尚"不信";第二,就信仰而言,这个提问本身就是"非法的",因为这个无所不在和无所不能的被问者不可能是任何有限的或有条件的"什么"。故而按"哲学"的思路来看,这个玄一之道就显得是"神秘主义"的。《抱朴子内篇》以"畅玄"冠首,其中,"畅"有畅通、畅达之意。这就是说,葛洪关心的是"怎样去通达"玄一之道,至于这个玄一之道本身是什么,早在"畅"之前就已经抢先非反思性地——直接信仰性地——被给予了。所以在《抱朴子内篇》中,葛洪只对玄一之道做"自然之

---

① 王明:《抱朴子内篇校释》(增订本),北京:中华书局2018年版,第1页。
② 同上。
③ 同上书,第170页。
④ 同上书,第323页。

始祖而万殊之大宗""称微焉""称妙焉"①之类的"描述"。作为描述,这是真正"空"的描述,因为实际上并没有任何"现实的什么"被描述;也就是说,《抱朴子内篇》的描述无"对象"。可是这种"空的描述"又绝非什么"虚幻的""想象的""不现实的"描述,毋宁说这是一种现实得不能再现实的描述,因为"描述"玄一之道就是"现实地"召唤或者"现实地"领受玄一之道,而这种召唤或领受本身已经就是信仰之"意向性"的实现本身,已经就是信仰及其对象的直接给予本身,亦即直接的信仰—生存的绽出本身。因此从根本上讲,《抱朴子内篇》玄一之道的意向本身就不是反思的、哲学的,而是信仰的、神学的,纵然它掩蔽在哲学或玄学的语词及其阐扬方式之中。

《抱朴子内篇》的玄一之道远不单单是一种思辨的"理论",更是一种直接现实的宗教信仰性"生存"。这在《抱朴子内篇》的玄一之道那里展现得淋漓尽致。《畅玄》篇说:"夫玄道者,得之乎内,守之者外,用之者神,忘之者器,此思玄道之要言也。"②这实际上是说,"思玄道"并不单单是去"思辨"之,更是意味着去"得之""守之""用之"或"忘之",要言之,去活生生地"领受"之或"生存"之。所以,《抱朴子内篇》中的那些酷似分享着道家的玄之又玄的"道理",其意向并非哲学的而是"神学—信仰的"。

如何理解区别于"哲学"的"神学"呢?"神学",是典型的"西方式"的概念,但这一概念却支撑着人们对宗教文本的理解,因此有必要对之有所把握。神学,英文为 theology,由两个希腊词 theos 和 logos 组成。theos 的意思是"神",logos 则通译为"逻各斯"或"道"。西方神学家将"神学"规定为"关于上帝的言说"③;或"是一种理解,是一种对天主的理性把握与研究"④;又或是"通过参与和反思一种宗教信仰,力求用最明晰和最一致的语言来表达这种信仰的内容"⑤。这些规定显示出神学的本质。神学之为神学,彻头彻尾地是从某种宗教信仰性生存本身之中生长出来的,而当一种宗教信仰经过反思或概念

---

① 王明:《抱朴子内篇校释》(增订本),北京:中华书局2018年版,第1页。
② 同上书,第2页。
③ 参见杨慧林:《圣言·人言——神学诠释学》,上海:上海译文出版社2002年版,第3页。
④ [德]约瑟夫·拉辛格著,静也译:《基督教导论》,上海:上海三联书店2002年版,第39页。
⑤ [英]约翰·麦奎利著,何光护译:《基督教神学原理》,上海:上海三联书店2007年版,第1页。

性阐扬,重新确认自身作为一种独特的宗教信仰的存在,它便拥有了一种神学的位格。在此,信仰不是简单的相信,不是诸生存方式之一,而是整个生存都向着无限者敞开。对神学而言,根本的乃是信仰先行并基于信仰生长出对此信仰的反思性守护。

《抱朴子内篇》正是在此意义上的神学作品。整部《抱朴子内篇》基本上是讲道理的、反思性的,是奠基于神仙信仰而来的对神仙信仰的反思性阐发,而这正是其与《老子》的区别。《老子》之道在思辨的漩涡中间接地给予;《抱朴子内篇》之道是一种源于信仰的反思性守护。也就是说,《抱朴子内篇》之道与《老子》之道根本上有一种生存姿态上的疏离。这种疏离显然不是绝对的,因为它们共享着"道可道,非常道"的思想深渊。那么,该如何理解这种疏离又亲近呢?

## 三、道—说的"之间"

《抱朴子内篇》在"畅玄"之后,即刻转入了以"论仙""对俗""至理"等为题目的对神仙实有的直接辩护,这是对信仰之"道"的进一步论说。在此可以看到多种诘难与应答。如,一种诘难曰:"未闻有享于万年之寿,久视不已之期者矣"①;"咸曰世间不见仙人"②。《抱朴子内篇》应答道:"虽有至明,而有形者不可毕见焉。虽禀极聪,而有声者不可尽闻焉。虽有大章、竖亥之足,而所常履者,未若所不履之多。虽有禹益齐谐之智,而所尝识者未若所不识者之众也。万物云云,何所不有。"③"而浅识之徒,拘俗守常,咸曰世间不见仙人,便云天下必无此事。夫目之所曾见,当何足言哉?天地之间,无外之大,其中殊奇,岂遽有限,诣老戴天,而无知其上,终身履地,而莫识其下。形骸已所自有也,而莫知其心志之所以然焉。寿命在我者也,而莫知其修短之能至焉。况乎神仙之远理,道德之幽玄,仗其短浅之耳目,以断微妙之有

---

① 王明:《抱朴子内篇校释》(增订本),北京:中华书局2018年版,第12页。
② 同上书,第14页。
③ 同上书,第12页。

无，岂不悲哉？"① "故不见鬼神，不见仙人，不可谓世间无仙人也。"② 等等。

另一种诘难曰："有始者必有卒，有存者必有亡。"③《抱朴子内篇》应答道："夫存亡终始，诚是大体。其异同参差，或然或否，变化万品，奇怪无方，物是事非，本钧末乖，未可一也。夫言始者必有终者多矣，混耳齐之，非通理矣。谓夏必长，而荠麦枯焉。谓冬必凋，而竹柏茂焉。谓始必终，而天地无穷焉。谓生必死，而龟鹤长存焉。"④ "万殊之类，不可以一概断之，正如此也久矣。有生最灵，莫过乎人。贵性之物，宜必钧一。而其贤愚邪正，好丑修短，清浊贞淫，缓急迟速，趋合所尚，耳目所欲，其为不同，已有天壤之觉，冰炭之乖矣。何独怪仙者之异，不与凡人皆死乎。"⑤ 等等。

只要稍做分析便不难发现，《抱朴子内篇》的所有应答，包括应答的内容、方式以及应答之所以能成立抑或不能成立等等，均采用典型的"经验的"或者"归纳的"方式。实际上，对比如"有始者必有卒，有存者必有亡"这样的命题，本来并不必然是经验的或归纳的结果。换言之，这个命题也可以是纯粹"演绎的"或"分析的"结果，说"有始者"实质上已经暗含着有开端、有起点，亦即一个"有限者"，否则便谈不上"有始"。这意味着，"有始"本身就内在地"蕴涵"着"有卒""有死"，就是说，"有始者必有卒，有存者必有亡"乃是一个同义反复的"分析"命题，它不可能"出错"。不是有一个"有始者"，尚等待着"将来的"有终抑或无终，而是只要是"有始者"，就"已经"作为"有始"而是"有卒""有死"的了。因此，就一般"知性的"运思方式来说，说一个"有始者""无卒""无死"，就等于说一个有起点、有开端的无限，即一个"有限的无限"，亦即等于说一个"圆的方"。要言之，从"有死""有存"到"有卒""有亡"的过渡与"经验"抑或"不经验"无关，因为"卒""亡"乃是抢先地蕴涵在"有死""有存"的概念本身之中，故而才能从前者"必然地"推演出后者来。

---

① 王明：《抱朴子内篇校释》（增订本），北京：中华书局2018年版，第14—15页。
② 同上书，第21页。
③ 同上书，第12页。
④ 同上书，第13页。
⑤ 同上书，第14页。

就《抱朴子内篇》而言，它走的全然是标准的"归纳推理"的路子。这意味着《抱朴子内篇》对神仙实有的全部神学辩护，已经从《老子》吟唱的道本身，向着"可道之道"坠落。就是说，其辩护无一不分享着"事实检验"或"效验"的日常生存原则。譬如，人没有"见闻"或"效验"过神仙（第一种诘难），这便证明不了"不可能有神仙"，因为"虽有至明，而有形者不可毕见焉"；从"有始者必有卒"的效验出发（第二种诘难），也同样推不出这样的结论来，因为"异同参差""万殊之类，不可以一概断之"，就是说，事实的、个别的、有限的无效验，证明不了可能的、普遍的、无限的无效验。故而完全可以说，"效验"不仅是《抱朴子内篇》神学辩护真正"自明的"意义域，而且进而界划出了整个道教神学及其神仙信仰可能展开的生存性边界。"边界"与其说是一条外在的感性线条，毋宁说是一种"界限"，一种既肯定着自身也限制着自身的界限。作为界限，"效验意向"诚然塑造了道教神学及其神仙信仰在世界各种宗教中鲜明的个性或特色；但作为界限，"效验意向"也同样拘禁着道教神学及其神仙信仰展开自身的纵深度。因此，《抱朴子内篇》展现出来的道教信仰之界限，不是其神学辩护或神学位格"经不起事实的检验"，反而恰恰是它那总是企图去"经过"事实检验的强烈的"效验"意向。

《抱朴子内篇》关于玄一之道的言说，以及进一步将之展现为"神仙实有"的辩护，产生了一种内在的不匹配。在对"玄""一""道"的描述中，《抱朴子内篇》处在《老子》"道，可道也，非恒道也"的思辨深渊中。此时，"道"不可定义，不能定义，它通过神学家的吟唱，不断显现自身作为信仰对象的辽阔。然而，在进一步证明"道"作为神仙之实有时，却退回到日常的"效验"意向上。简单来讲，玄一之道处在"恒道"的位置上，神仙实有的证明，却处在可道之道的处境中。《抱朴子内篇》作为神学作品，信仰先行，从信仰本身中生长出反思性的辩护，但是这种辩护一旦没有持守在"恒道"的意义上，而是坠落为有限的归纳推理，终会造成对这种信仰本身的反噬。尤其是当今的可道之道领域已经完全被科学技术所接管，这使得《抱朴子内篇》归纳推理的效验原则更经不起推敲，进而造成道教神学的式微乃至解体。

内在的矛盾暗示了《抱朴子内篇》之道与《老子》之道虽然在生存姿态上有所疏离，但仍具有深度的关联。虽然作为道教神学经典，《抱朴子内篇》是自足的，但是一旦以信仰为前提的玄一之道反思性地辩护自身时，它便又来到了《老子》之道的思辨领域中。从"道可道，非常道"的思想漩涡中可以清楚地显露出《抱朴子内篇》为自身所做的思性辩护仍有局限。如何理解《抱朴子内篇》与《老子》疏远着又亲密着的"之间"呢？从《老子》对"道"的吟唱出发，启示了《抱朴子内篇》将"道"这个民族性的命名拓展到神性的维度，这是令人惊讶的。倘若"道可道，非常道"是深渊，那就意味着道本身是开放的，且是开放性本身。神性意义上的玄一之道便是这个开放性活生生的见证。就《抱朴子内篇》而言，虽然信仰先行，但它实行着道本身的"空灵"。只不过，它并未将这种"空灵"贯彻到底，并未从经验意义上的自然思维返回到"道可道，非常道"的"先验"维度中去。如此，一种启示或已到来，如若《抱朴子内篇》从信仰而来将自身的思性辩护提升到"先验"维度，其神仙信仰将重新赢得一种本质性的敞开。这同时意味着，"道可道，非常道"作为深渊，需要被守护。

## 结　语

《抱朴子内篇》之道与《老子》之道显示出道教与道家的血肉勾连。其亲密性在于，二者之"道"不是定义，无法通过分析概念的方式将其了结，因为"可道之道"实非"恒道"。前者是"神学"经典，后者是"哲学"经典。在《抱朴子内篇》这里，信仰先行，此信仰不是这样那样的相信，而是整个生存朝向无限者的绝对敞开，它贯通并支配信仰者的生存整体。《老子》的生存姿态是反思、怀疑、批判。两者虽然疏远，却仍有深度关联。《抱朴子内篇》之道本质上来自《老子》之道，它打开了"道"的神性维度，当其守护自身的神性时，又回到了可道之道的境域中。若从此"经验"维度返回到"先验"维度，或许神性的锁闭会再次开启。可以体会，《抱朴子内篇》之道与《老子》之道根本意味着神性与思性的亲疏。神性从思性而来，命名了思性的神性维度。思性从自身出发，命名并守护神仙之神性。

# 儒道同源：早期道教仙传中两性关系故事的发生学解读[*]

常 磊[**]

**内容提要**：本文意在揭示早期道教仙传中超越伦理规范的两性交往主题与儒家两性禁忌之间的矛盾，并进一步阐释两种观念背后所遮蔽的原始先民的生殖经验和集体记忆。文章的第一部分通过解读两性交往的道教仙传故事，归纳出此类主题的基本特征；第二部分通过对比与第一部分性质完全相悖的儒家两性伦理禁忌，逐步追溯其可能存在的源头——原始仪式中带有节令性特点的两性禁忌规则；第三部分阐释两性禁忌规则的弊端以及由此催生的偶合庆典仪式。最终指出这种仪式和相关神话与道教仙传故事之间的因果联系。

**关键词**：道教仙传；儒家伦理；两性禁忌

---

[*] 基金项目：本文为2019年度河南省哲学社会科学规划项目"'非遗'视域下的中原神话—仪式谱系及其保护策略研究"（2019CWX031）的阶段性成果，河南师范大学博士科研启动基金项目"孔孟美学思想的发生学研究"（qd18101）的阶段性成果。

[**] 常磊，男，河南新乡人，河南师范大学文学院副教授。

## 一、道教仙传中所展现的两性交合情节

在早期道教文学作品中，曾经出现过一系列明显违背儒家伦理的两性交往故事，例如《列仙传·女丸》云：

> 女丸者，陈市上沽酒妇人也。作酒常美，遇仙人过其家饮酒，以素书五卷为质。丸开视其书，乃养性交接之术。丸私写其文要，更设房室，纳诸年少，饮美酒，与止宿，行文书之法。如此三十年，颜色更如二十……遂弃家追仙人去，莫知所之云。①

女丸偷学男女"交接之术"，并将房舍翻新专门接纳不同的年轻异性，这显然僭越了儒家伦理道德的基本规范。

《礼记·内则》指出：

> 男不言内，女不言外。非祭非丧，不相授器。其相授，则女受以篚，其无篚，则皆坐奠之而后取之。外内不共井，不共湢浴，不通寝席，不通乞假。男女不通衣裳。内言不出，外言不入。男子入内，不啸不指，夜行以烛，无烛则止。女子出门，必拥蔽其面，夜行以烛，无烛则止。道路，男子由右，女子由左。②

可见，在记载儒家礼仪的经典文献中，"男女授受不亲"的道德律令被具化为"不共井""不共湢浴""不通寝席""不通乞假""不通衣裳"等实践规则。这种两性之间连同睡觉的席子都要严格分开的做法自然与女丸"更设房室，纳诸年少，饮美酒，与止宿"的行为截然对立。

按照惯常的看法，《列仙传》为西汉刘向所著录。因此，女丸故事的成型期

---

① 邱鹤亭注译：《〈列仙传〉今译·〈神仙传〉今译》，北京：中国社会科学出版社1996年版，第108—109页。

② 王文锦译解：《礼记译解》，北京：中华书局2001年版，第369页。

应当晚于儒家学理被标界为汉代官方正统思想的时期。换言之，女丸的故事存在于儒家"授受不亲"的道德观念出现和普及之后。

进而我们需要追问：这一故事的设置为何丝毫没有受到儒家伦理思想的影响，甚至出现了反其道而行之的情节？这是否可能意味着，以女丸为代表的超越儒家两性禁忌的故事群另有源头呢？或许，我们可以推断，女丸的故事在汉之前经过了数次增改和口头传诵，直到被刘向以书面形式收录在《列仙传》后才得以最终定型。而这一故事的框架"原型"却在历次修改过程中被顽固地保存下来。

《列仙传》中的其他诸仙故事可印证上述推理。例如，"赤松子""宁封子""黄帝"等神话传说中的人物与刘向所生存的年代相距甚远，因此他很难凭空臆想出此类人物的"升仙"经历。这就增加了我们上述推断——女丸等故事并非刘向生造，而是数代累积的结果——的可信度。接下来，我们可以通过相似故事的对比，进一步说明儒家伦理和道教仙传相关内容的分殊。

据《神仙传·李八百》记述，李八百在得知唐公昉求道未遇明师时，有意考验他的诚意，要求他为自己舔疮：

> 公昉即自为舔之。八百又言："君舐之复不能使吾愈，若得君妇为舐之，当差也。"公昉乃复使妇舐之……乃使公昉夫妻及舐疮三婢，以浴余酒自洗，即皆更少，颜色悦美。①

从引文中不难看出，李八百要求唐公昉的妻子为其舔疮，这种行为不仅完全超出了儒家"男女授受不亲"的伦理限定，而且是以"舐疮"来象征性地表达两性交媾的事实。

我们再来看《搜神记·弦超》的记述：

> 我，天上玉女，见遣下嫁，故来从君。不谓君德，宿时感运，宜为夫妇。不能有益，亦不能为损。然往来常可得驾轻车，乘肥马，饮

---

① 邱鹤亭注译：《〈列仙传〉今译·〈神仙传〉今译》，北京：中国社会科学出版社1996年版，第244页。

食常可得远味异膳,缯素常可得充用不乏。然我神人,不为君生子,亦无妒忌之性,不害君婚姻之义。①

引文中的"玉女"不仅降落凡间,主动与青年男子发生两性关系,而且明确指出自己的行为"不害君婚姻之义"。也就是说,这种两性关系并不受儒家道德的束缚,即不必履行夫妻之间应遵循的权利和义务。

如果我们将上文所摘引的三个故事归于同一个母题:违背伦理约束的两性交往,便能更进一步比较它们的共性特点。

第一,这类故事是在仙(神)—凡交合的框架内展开叙述的。

女丸和"诸年少"、李八百和唐公昉的妻子、"玉女"和青年男子——这些故事中发生性关系的人物都具有一仙一凡的特征。

第二,它们无一例外地完全违背了儒家所厘定的伦理标准,即打破了夫妻之间的固定交合模式。

女丸作为"妇人"却要和"诸年少"交合;李八百更是过分,主动要求别人的妻子与其性交;"玉女"则明确表达出"不害君婚姻之义"的愿望。这种"不害"的实质是只遵循夫妻之间两性交合的权利,却不履行互相忠诚的义务。换言之,它意在冲破夫妻之间固定交合的伦理制约。

第三,故事中两性交媾的行为非但没有受到道德层面的谴责,反而成为主人公得以顺利升仙的基本条件。

女丸偷学"交接之术"与"诸年少"交往且酤酒,作为一个妇人,她丝毫不顾及儒家所规设的伦理禁忌,反而"如此三十年,颜色更如二十",最终得道成仙,"追仙人去";为李八百"舔疮"的唐公昉妻子"即皆更少,颜色悦美";而与"天上玉女"交合的青年男子也可再与其他女子交往,"不害君婚姻之义"。这些肆意僭越儒家伦理的行为并没有遭受道德谴责,反而成就了主人公的返老还童和由凡入仙的愿望。

---

① 王根林等点校:《汉魏六朝笔记小说大观》,上海:上海古籍出版社1999年版,第287—288页。

## 二、儒家伦理禁忌和原始仪式中的两性禁忌规则

既然我们认为上述道教仙传所阐扬的主题——两性交往——之所以能够不受儒家伦理禁忌的影响,可能是由于两者的源头不同。那么我们就有必要追溯两种思想形成的根脉,从而解释可能造成这种分殊的原因。

我们首先回顾上文中所引《礼记·内则》。其中的男女"不通寝席"甚至不能存在任何肌肤接触的禁令到底适合怎样的人群呢?换言之,这里的"男女"是指什么性质的男女呢?

《礼记·曲礼》的一段叙述给予我们明确的答案:

> 男女不杂坐,不同椸枷,不同巾栉,不亲受。叔嫂不通问,诸母不漱裳。外言不入于梱,内言不出于梱。女子许嫁,缨,非有大故,不入其门。姑、姊、妹、女子已嫁而反,兄弟弗与同席而坐,弗与同器而食。父子不同席。①

此段引文明显可以作为《礼记·内则》中我们已经引述的"男女不相授受"的儒家伦理禁忌的注脚。它进一步说明了"男女"是指具有直接血亲关系的同龄男女("叔嫂""姑""姊""妹"与"兄弟"),而非一般意义上的两性。那么为何会在同龄血亲之间悬设不相亲昵的道德禁令呢?

《左传·僖公二十三年》有"男女同姓,其生不繁"②的说法。《左传·昭公元年》又出现了"内官不及同姓,其生不殖"③的叙述。《国语·晋语》也有"同姓不婚,恶不殖也"④的记载。

这些引文无疑反映了春秋战国时期,人们对于同姓宗亲之间生育后代的禁忌态度,进而也从侧面说明了"兄弟弗与(姑、姊、妹)同席而坐"的原因。

---

① 王文锦译解:《礼记译解》,北京:中华书局2001年版,第15页。
② 杨伯峻注:《春秋左传注》,北京:中华书局2009年版,第408页。
③ 同上书,第1220页。
④ 徐元诰撰,王树民、沈长云点校:《国语集解》,北京:中华书局2002年版,第330页。

我们认为，儒家设立血亲男女之间授受不亲的道德律令正是为了防止"其生不繁"恶果的产生。显然，从小一起长大的异性（"同姓"）之间非常容易产生肌肤之亲和情感认同，这就大大提高了他们更深层次接触（两性交媾）的可能。因此，同姓血亲之间的性行为后果即被明确表述为"不繁""不殖"。

但是我们也需注意到，"男女同姓，其生不繁"的集体经验几乎不可能在初始阶段就达到《礼记》所规定的"弗与同席而坐，弗与同器而食""非祭非丧，不相授器"的细致程度和理论水平。换言之，这些明确的道德禁忌一定是我国先民在长期的宗教和世俗实践中逐渐归纳提炼而成的。当然，它也不是我国古代所独有的，从人类学的角度着眼，这种生殖经验曾经遍布于世界各地的原始部族之中：

> 在新赫布里底群岛（the New Hebrides）的勒珀斯岛（Lepers Island），男孩长到一定年龄后就不再住在家里了……诚然，他还是可以回到父亲的家中去讨些食物。不过，如果他的姐妹在家，他哪怕还没吃到也必须离开……如果兄弟与姐妹在旷野不期而遇，女孩必须马上跑开或躲藏起来。男孩如果在路上认出了他姐妹的足迹，便不再向前。其实，他甚至都不提她的姓名。
>
> ……在新喀里多尼亚（New Claedonia）也盛行着相似的习俗。如果兄弟和姐妹在小道上不期而遇，女孩便飞身钻入灌木丛中，而男孩则不回头地走过去。
>
> 在新不列颠（New Britain）的加泽尔半岛（the Gazelle Peninsula）的土著居民中，姑娘婚后便不得与其兄弟讲话，不再直呼其名，而是转弯抹角地提到他。
>
> 在新麦克伦堡（New Mecklenburg）同辈堂表亲（如兄弟姐妹）也受到类似的限制，彼此间不能接近，不可握手，不可互赠礼物；但是允许在相隔几步之遥处，彼此交谈。对姐妹乱伦的处置是绞死。[①]

---

[①] [奥] 弗洛伊德著，车文博主译：《图腾与禁忌》，北京：九州出版社2014年版，第15—16页。

引文所述诸例证都具有《左传》和《国语》所言的"同姓"关系。新赫布里底群岛禁止青年男子在姐妹在场的情形下回到父系家中吃饭,这与《礼记·曲礼》"兄弟弗与同席而坐,弗与同器而食"的表述惊人吻合。而新喀里多尼亚具有直接血亲关系的男女不同道而行的习俗又是《礼记·内则》"道路,男子由右,女子由左"的同意转换。面对"男女同姓,其生不繁"的惨痛教训,新麦克伦堡人甚至将乱伦的姐妹处以绞刑,可见原始先民对这种两性生殖后果的忌惮。

对此,奥地利心理学家、精神分析学派的创始人弗洛伊德指出:

> 在所有有图腾的地方,我们都可以发现一条定规:拥有相同的图腾的人们,不可在彼此间发生性关系,因而不可通婚……这些未开化的人对于乱伦抱有非同寻常的恐惧……将这种古代的针对兄弟姐妹间通婚的禁忌,延伸到堂表亲甚至那些只在精神上互称亲属的人们之间的婚姻上……应该承认,在乱伦问题上,这些蒙昧人比我们要敏感得多……它们的施行有着宗教般的严格规定。①

弗洛伊德所言的"相同的图腾"正是指拥有相同血缘根脉的宗族群体。那么,为何不同民族、不同地域的原始先民会不约而同地总结出如此相似的生殖经验呢?关于这一点,前苏联人类学家谢苗诺夫曾有很好的解释。他指出,从发生学的角度来看,原始部族只有在面临诸如战争、狩猎等关乎群体生死存亡的重大事件时,才会杜绝男女之间的性行为的发生。而世界各地的原始先民在同一历史阶段都经历了相似形质的狩猎和战争,进而便会衍生出非常类似的性禁忌规则:

> 凡存在这种狩猎性禁忌的民族都深信,在整个这段时间内节制性关系是打猎成功的必要条件,违反了这种禁忌必然会遭受挫折。
> 例如莱祖村(在美拉尼西亚群岛的新爱尔兰岛上)的居民深

---

① [奥]弗洛伊德著,车文博主译:《图腾与禁忌》,北京:九州出版社2014年版,第9—15页。

信，假如狩猎者之中有谁违反了禁忌，那么不仅违反者本人，而且他的所有伙伴在狩猎中都不会取得成功。又如印第安人中的努特卡人（北美洲西北海岸一带），如果在猎取鲸鱼的时候发生了不幸事故，那他们就毫无疑问认为是由于狩猎者中有人违反了性禁忌。于是他们就要寻找这个肇事者，并严厉地惩处他。①

从引文内容可知，原始先民将狩猎、战争的失败归咎于部落的某一个体违反了两性禁忌。对此，英国著名人类学家弗雷泽也搜罗了非常相似的例证：

至于在克里克联盟的印第安人和其亲属部落间，据闻他们的"战士"在战争期间不与女人同居，特别在出发征战前以及回来后三天三夜，都要禁欲不与妇女同居，甚至同自己的妻子也不能接近。这是由于宗教的虔诚和约束，需要使本人圣洁。南非的巴佩迪人和巴聪加人，不仅其战士不得接近妇女，留居村里的人也都得节欲。他们认为如果他们不实行节欲，则他们的战士所经之地就将荆棘丛生，就不能赢得胜利……印度东北部阿萨姆邦山区的一些部落，在对外进行袭击时，或袭击之后，不仅不许战士同自己的妻子同居，而且连妇女烧煮的饭也不能吃，甚至对自己的妻子也一句话都不能说。②

在谢苗诺夫和弗雷泽所举例证中，原始先民对"他的所有伙伴在狩猎中都不会取得成功""他们的战士所经之地就将荆棘丛生"等厄运的解读显然带有宗教和巫术的色彩。毋庸置疑，战争、狩猎等重大事件在世界各部族原始先民的思维中都不是简单的世俗行为，而是与现象背后祖先神祇的意志以及无所不在的神秘力量紧密地联系着。

弗洛伊德针对这一普遍存在的原始思维和禁忌方式给出了他的解释：

他们臣服于这些禁忌就好似理应如此，并深信不疑触犯这些禁忌

---

① ［苏］谢苗诺夫著，蔡俊生译：《婚姻和家庭的起源》，北京：中国社会科学出版社1983年版，第82页。
② ［英］J. G. 弗雷泽著，汪培基、徐育新、张泽石译：《金枝》，北京：商务印书馆2017年版，第355页。

会受到最严厉的报应……任何触犯这样一条禁忌的人都会遭禁忌的特征,就好像全部的危险能量都已经传继给他。这种力……附着于一切诡秘可怕之物,如疾病和死亡以及通过传染或污染而与之相联之物。①

弗雷泽对这种可怕的魔力的传染原理做了更进一步的解读,他举出大量近亲交媾影响自然秩序的例证:

在婆罗洲……人们认为乱伦能给整个家族带来极大的灾难,特别是带来由于粮食歉收而造成的饥馑的危险。

……布鲁卡扬人相信,未婚男女之间的私通会受到神灵降下的惩罚,使庄稼歉收,捕鱼打猎一无所获。

当暴雨倾盆时,东印度的另一个大岛哈尔马赫拉岛（Halmahera）的加莱拉人（Galelareese）就说,一定是兄妹、父女或其他近亲之间发生了不正当的性关系。这件事情必须使得尽人皆知,因为只有这样才能使雨停下来。

……在非洲的一些地方,人们相信破坏了性道德就会扰乱大自然的秩序,特别是要毁坏大地的产物。②

弗雷泽指出,这无非是原始思维中"模拟巫术"③原则的产物,即人类的交媾行为与自然界动植物包括气象的阴阳和合都是同构同律的,人类的性交会与自然物象的运动结合形成共振关系进而互相感应,一方的紊乱必然导致另一方的紊乱。因而无秩序的性交会造成暴雨等自然秩序的失调,这也正是弗洛伊德所言的邪恶的魔力附着于一切事物之上的具体结果。

因此,原始先民非常小心地避免近亲之间的性行为。然而,这种两性禁忌在巩固族群关系、加强群体团结、保障祖先神灵庇佑的同时,也带来了新的问

---

① [奥]弗洛伊德著,车文博主译:《图腾与禁忌》,北京:九州出版社2014年版,第26—27页。
② [英]J. G. 弗雷泽著,阎云翔、龚小夏译:《魔鬼的律师——为迷信辩护》,北京:东方出版社1988年版,第46—51页。
③ [英]J. G. 弗雷泽著,汪培基、徐育新、张泽石译:《金枝》,北京:商务印书馆2017年版,第26—67页。

题：被确定为同一族群的成员之间通过图腾崇拜的形式继续加强集体的认同感，结果却造成了这一图腾内部关系的封闭性，使每一个这样的族群都变成了近血缘的亲属关系。而近亲交配的发生又使原始人的遗传基础变弱，使他们的形体结构丧失了进化的可塑性，并因而具有了保守性①。

上述观点和我国古代文献中的"男女同姓，其生不繁"的表述完全吻合。

鉴于这种生殖经验，我国先民的神话传说中才会出现不同族群之间通婚的神话故事。例如著名学者袁珂先生就曾描述汉画像石中的伏羲、女娲二神祇的形象："两人的脸面，或正向，或背向。男的手里拿了曲尺，女的手里拿了圆规。或者是男的手捧太阳，太阳里面有一只金乌；女的手捧月亮，月亮里面有一只蟾蜍。"② 两位神祇的形象中明显带有部族图腾（金乌、蟾蜍）的痕迹。研究神话的学者田兆元通过一系列的考古学、民俗学和人类学的推演指出：女娲本是蛙神崇拜的人格化，伏羲则是鸟神崇拜的人格化，它们都是图腾崇拜的产物。

> 蛙部落与鸟部落在中原仰韶文化接触通婚而成为联盟，其中势力强劲的一支向青、甘方向扩散，形成了蛙鸟一体的马家窑文化。蛙部落的首领女娲与鸟部落的首领伏羲就是在这种部落联盟中留下了他们的后人，也留下了他们的神话。③

可见，异族通婚是避除"其生不繁"的重要途径，也是我国先民在图腾时代的必然选择。

同时，我们也可以从西方神话故事中发现人类对近亲性交后果的极度恐惧。在我们所熟知的古希腊神话传说《俄狄浦斯王》中，俄狄浦斯在神谕的蛊惑下与母亲伊俄卡斯忒通奸，其行为的后果便是俄狄浦斯刺瞎双眼，自我放逐④。这

---

① [苏]谢苗诺夫著，蔡俊生译：《婚姻和家庭的起源》，北京：中国社会科学出版社1983年版，第148页。
② 袁珂：《中国神话传说——从盘古到秦始皇》，北京：世界图书出版公司2012年版，第57页。
③ 田兆元：《神话与中国社会》，上海：上海人民出版社1998年版，第17—18页。
④ [德]施瓦布著，楚图南译：《希腊神话和传说》，北京：人民文学出版社1959年版，第173—179页。

种"杀父娶母"的"命运悲剧"背后折射出的则是人们对于直系血亲之间性交行为的担忧和畏惧。

总之,从远古时代的巫术活动和生产实践中逐步形成的"男女同姓,其生不繁"的生殖经验,经过漫长的时期后被儒家具化为直系血亲男女之间"不共井""不共湢浴""不通寝席""不通乞假""不通衣裳"等伦理道德禁忌。这也许就是"男女授受不亲"的儒家礼仪产生的原由和根脉。

## 三、道教两性交往故事溯源

通过以上的梳理,我们可知,原始先民从交感巫术和生产实践过程中逐渐形成了两性禁忌的观念,以保障族群内部的团结和祖先神祇的庇佑。这种局面的产生在增强族群个体间凝聚力的同时,也固化了他们的族群规模,使其组成"近血缘的亲属关系",进而造成了"其生不繁"的困局。面对这种生存危机,与异族个体乃至群体之间发生性关系成为无法避免的选择。

需要注意的是,这种与异族之间的交合很可能在初始阶段并不规范,呈现为本族女性个体与异族男性个体之间的"偶合"。由于它可以撇开两性禁忌的族群内部的巫术和伦理律令,进而就带有了异常疯狂、毫不拘束的"狂欢"性质。当这种狂欢被固定在某个特殊时段内——例如我们在上文所提及的族群内部男子为了狩猎、战争准备而长时间离群索居的时期——本族女人与异族之间的偶合也就相应地需要遵循固定的时间规则,进而此段时期转变为一种带有狂欢性质的节日。我们可以从后世的节令庆典中寻找到暗合此类偶合性质的蛛丝马迹:

> 这些典礼和节庆都只有妇女可以参加。它们都不同程度地带有色情的特征:妇女们常常把衣服脱光,做一些猥亵的动作,跳一些淫秽的舞蹈,唱一些有失体面的歌曲……而任何一个有意无意地碰见了这种庆典的男子,都会遭到疯狂的妇女们最残酷的对待……昔日放荡进犯的一些特征表现地最明显的,还是古希腊的酒神节,那些最原始的只有妇女参加的节日。据普鲁塔赫记载,过酒神节时,妇女们狂怒地

扑向被看作男性植物的常春藤，并把它撕得粉碎。①

族群内部妇女们受到两性禁忌压抑的时间越久，她们在交合过程中释放出欢娱和疯狂也就越剧烈。尽管这种"放荡进犯"带有违反伦理道德的性质。但是我们应当注意到，原始先民的伦理道德只能适用于族群内部，而对异族人群无效。因此，本族女人带有狂欢性质的交合行为丝毫不会受到伦理禁令的束缚。更为重要的是，这种性行为避免了"男女同姓，其生不繁"的发生。从而既稳定了本族成员之间的关系，释放了女性成员的性压抑，也提高了族群后代的整体质量。这也许就是引文中所述，直到古希腊时期，我们依然可以见到此类交合行为的原因所在。

如果我们能够认同上述推理，便可更加稳妥地分析中国古代文献中的相关记载。《诗经·郑风·溱洧》云：

溱与洧，方涣涣兮。士与女，方秉蕳兮。女曰观乎？士曰既且。
且往观乎！洧之外，洵讦且乐。维士与女，伊其相谑，赠之以勺药。
溱与洧，浏其清矣。士与女，殷其盈兮。女曰观乎？士曰既且。
且往观乎！洧之外，洵讦且乐。维士与女，伊其将谑，赠之以勺药。②

这首历来被儒家视为"淫风大行"③的诗歌事实上很可能与上文引述的古希腊酒神节的来历相仿。关键在于，"方涣涣兮"具有明确的季节性特点。它表明男女在溱洧两河交汇处的"相谑"成为固定时段内的行为范式，进而也就带有狂欢化的节日庆典性质。

《毛诗正义》也明确指出："于此之时，有士与女方适野田，执芳香之兰草兮。既感春气，托采香草，期于田野，共为淫泆。"④这段记述显然是对"偶合"

---

① ［苏］谢苗诺夫著，蔡俊生译：《婚姻和家庭的起源》，北京：中国社会科学出版社1983年版，第156—157页。
② （清）阮元校刻：《十三经注疏》，上海：上海古籍出版社1997年版，第346页。
③ 同上。
④ 同上。

行为的具体描摹。尽管诗歌本身遮蔽和美化了两性交合的"淫泆"细节,然而无论是为其注疏的古人还是今人都能从中追寻到这种交合行为的痕迹。

无独有偶,《诗经·鄘风·桑中》也可归入上述主题的序列:

爰采唐矣?沬之乡矣。云谁之思?美孟姜矣。期我乎桑中,要我乎上宫,送我乎淇之上矣。

爰采麦矣?沬之北矣。云谁之思?美孟弋矣。期我乎桑中,要我乎上宫,送我乎淇之上矣。

爰采葑矣?沬之东矣。云谁之思?美孟庸矣。期我乎桑中,要我乎上宫,送我乎淇之上矣。①

与《溱洧》的不同之处在于,"桑中"并非一般意义上的"野田",而是商人祭祖的圣地。如此神圣的祭祀重地却变成了男女互表情愫甚至肆意交合的欢娱之所,这种明显违背儒家"敬鬼神"思想的僭越行为自然会被后世儒者所诟病。

《汉书·地理志下》云:"卫地有桑间濮上之阻,男女亦亟聚会,声色生焉,故俗称郑卫之音。"② 所谓"声色生焉"无非是对两性私自交欢行为的隐晦说辞。可见,经过儒家礼仪规范的逐渐渗透,上古时期此类交合举动背后的秘密已经被慢慢遮蔽和不可理解。

当然,我们还可以通过将这两首诗歌隐约透露出的交合信息与其他种群原始先民的行为进行对比来还原《溱洧》《桑中》的细节。

就在同一个特洛布里恩德群岛上,马利诺斯基记录了那里存在的两种有趣的习俗,一种叫"乌拉基列",另一种叫"卡塔瑶西"。所谓"乌拉基列"就是一个村的青年们为了同别村的姑娘发生性交关系而进行的游玩。虽然这种游玩是习俗所允许的,但即使如此,青年们在集合和出发上路时还是笼罩着一种严峻的神秘色彩……走近预定的村庄

---

① (清)阮元校刻:《十三经注疏》,上海:上海古籍出版社1997年版,第314—315页。
② (汉)班固:《汉书》,南京:凤凰出版社2013年版,第979页。

以后,他们又隐藏在密林里,然后姑娘们再秘密地溜到那个地方与他们相会……"卡塔瑶西"乃是女人的一种"乌拉基列",即姑娘们到邻近一个村庄去做爱情游玩。①

可见,"乌拉基列"和"卡塔瑶西"无非是西方版的《溱洧》《桑中》。引文明确指出:这种两性之间的私密交欢"是习俗所允许的"。尽管《溱洧》《桑中》的内容饱受后世儒家诟病,甚至作为儒家先圣的孔子也曾明确表达出"放郑声,远佞人。郑声淫,佞人殆"②的看法。但是,儒家不得不承认一点,"郑卫之音"乃是一种当地人普遍接受的风俗习惯,所以儒家才用"淫风大行"来形容他们对这种风俗的不满。而"乌拉基列""笼罩着一种严峻的神秘色彩"又需"隐藏在密林里"进行的描述,让我们推想"溱洧"和"桑中"的两性交欢的行为同样带有某种神秘色彩。并且,我们在上文已经提及,诸如"桑中"这种神秘场所,不仅是隐秘的密林,而且是与祖先神交流的祭祖重地。因此,这种带有祭神色彩的两性交媾行为一定具有某种宗教性质,从而很容易以宗教仪式的文字表述——神话——的方式展现出来:

> 赤帝女曰瑶姬,未行而卒,葬于巫山之阳,故曰巫山之女。楚怀王游于高唐,昼寝,梦见与神遇,自称是巫山之女,王因幸之,遂为置观于巫山之南,号曰朝云。③

"高唐"乃是后来祭祀高禖的神圣地界,它和"桑中"如出一辙。曾经作为部族首领炎帝女儿后来又化为巫山云雨之神的瑶姬就在神秘和隐蔽的高唐与楚怀王发生了交合。文献以楚王"梦游"的形式象征性地表达了这一违背儒家伦理规范的两性行为。

无独有偶,《楚辞·天问》云:"禹之力献功,降省下土四方,焉得彼涂山女而通之于台桑?闵妃匹合,厥身是继,胡维嗜不同味而快朝饱(饥)?"④引文

---

① [苏]谢苗诺夫著,蔡俊生译:《婚姻和家庭的起源》,北京:中国社会科学出版社1983年版,第166页。
② 杨伯峻:《论语译注》,北京:中华书局2009年版,第162页。
③ 袁珂:《中国神话传说——从盘古到秦始皇》,北京:世界图书出版公司2012年版,第116页。
④ 同上书,第248页。

所记述的是夏部落联盟首领大禹在治水期间与涂山氏偶合于台桑的神话。这又与瑶姬和楚怀王在巫山高唐的"神遇"模式完全一样。更为关键的是,瑶姬与楚怀王、大禹与涂山氏这一类型的神话故事及其背后所隐蔽的原始思维都在日后道教"仙化"的过程中留下了明确的印记。

杜光庭《墉城集仙录》记载:"云华夫人,王母第二十三女,太真王夫人之妹也。名瑶姬。受徊风混合万景色炼神飞化之道,尝东海游还,过江上,有巫山焉……时大禹理水驻山下,大风卒至……其后楚大夫宋玉以其事言于襄王。王不能访道要以求长生,筑台于高唐之馆。"①

在神话阶段,原本基于原始宗教思维,依从族群内部"男女同姓,其生不繁"道德律令的两个偶合故事,到了道教仙传中,便合二为一了,巫山神女瑶姬同时也是大禹治水时的涂山氏。而且在道教教义的融注下,她摇身变成了西王母的女儿——云华夫人,而她的那些隐晦的两性行为也就成为仙凡之间的正当交往。所以在这个仙传故事中,作者并没有流露出任何贬斥之意。

如果我们能够认同上述的推理过程,便能很容易理解文章第一部分中的早期道教仙传所出现的以两性交合为主题的神仙故事的由来。它们很可能是原始先民的集体记忆在经过"神话"时期后逐步积淀和凝定的产物。

我们有必要回顾上文中被规约为同一母题——超越伦理禁忌的三个仙传故事。它们通过仙—凡交合的模式加以叙述,与大禹和涂山氏、楚怀王和巫山神女的故事一脉相承,最终演变出西王母女儿这一典型仙化例证。神、仙和凡人的身份与性质的不同正好暗示了在其源头阶段交合双方性质的不同(异族);巫术与宗教阶段对族群外部偶合的许可在经历了漫长的时间后,逐步演化为神话中对"神人以和"的许可,再转化为"仙界"对两性交媾行为的鼓励。只是这一"原型"心理经过了千百年来的数次增改和遮蔽,因之不被我们所理解。

而儒家"男女不相授受"的道德禁令也是在避除给原始先民带来惨痛教训的"男女同姓,其生不繁"的过程中逐步确立的。儒家的伦理禁忌和道教的仙传思想这两个看似完全相悖的观念背后所展现的"原型"或许只是原始先民生殖经验的两个侧面。

---

① 闻一多:《死水·神话与诗》,贵阳:贵州教育出版社2014年版,第160—161页。

# 葛洪刑法思想与《周易》治道[*]

曲 丰[**]

**内容提要**：葛洪的刑法思想主要体现在《抱朴子外篇·用刑》中。他所主张的君主法权、司法公正、执法严格、罪刑相适等刑法思想都可以在《周易》中找到相关依据。葛洪借镜《周易》治道并且予以引申和发挥，绝非偶然，而是有多重原因的。一方面，《周易》的治道几乎贯穿于整个中国封建社会的法律史中；另一方面，道家学派的形成发展也与易学存在密切的融通关系。葛洪生活于特定的社会背景中，受到了直接的文化熏陶，这种熏陶决定了他的刑法思想深深打上了《周易》治道的文化烙印。葛洪汲取《周易》治道精神以建构自己的刑法思想，历经了千百年时空的思想交汇，让我们看到了思想的传承和文化的力量，也给我们当代人以重要的启迪。以客观辩证的态度分析葛洪刑法思想与《周易》治道的关系，既要肯定其积极的正面价值，也应该看到其所存在的历史局限性。

**关键词**：葛洪；刑法思想；治道

葛洪（283—363），字稚川，自号抱朴子。作为魏晋时期的著名道学理论家、炼丹家和医药学家，葛洪对后世道学的发展产生了深远影响。葛洪一生著

---

[*] 本文系2020年度福建省中青年教师教育科研项目（社科类）"新时代大学生国情民情教育研究"（项目编号：JAS20455）的专题研究成果。

[**] 曲丰，女，黑龙江双鸭山人，厦门工学院国学院研究员。

述颇丰,根据王明先生所著的《抱朴子内篇校释·葛洪撰述书目表》所载共计63种900余卷,可惜大多已佚,现存仅有《抱朴子》内外篇、《神仙传》《肘后备急方》等数种。20世纪80年代以来,葛洪逐渐成为学术界研究的热点之一,他所著的《抱朴子》内外篇更是被奉为经典之作。据知网检索,关于葛洪及其思想研究的文章有两千余篇。随着众多学者对葛洪思想研究的不断深入,诸多好文不断见诸报端,葛洪的思想也逐步清晰和立体起来。以葛洪的刑法思想为例,多位学者分别从其刑法思想的内容和论证方式等角度进行研究。不过,关于葛洪刑法思想与《周易》治道的关系问题,则少有人问津。

## 一、问题的提出

"治道"一词最早见于《子夏易传》,该书卷一在注释《师》卦之《象》辞"地中有水,师,君子以容民畜众"时说:"地中有水,故能有得其润而保其广地之用也。盖象乎君子也,则能得其情而获其治道,出于民也。故君子以容而畜之,显仁以藏用也。"① 《师》卦之象,坎下坤上,坤为土,坎为水,所以说"地中有水"。《子夏易传》对《师》卦的象征理趣予以发挥,指出地中存储了足够的水,才能保持湿润,发挥大地养育万物的功用。推而广之,君子效法《师》卦,就在于获得社会治理的法度,这就叫作"治道"。其基本宗旨是"出于民",即从人民大众的切身利益出发考虑问题;其思想具有广泛的包容性与道德关怀。其中的"显仁以藏用",具有特别丰富而幽深的内涵。所谓"显仁"就是在社会上高扬仁德关爱精神,而所谓"藏用"则是蕴含社会治理的一切法度,既有伦理道德规范,也有刑罚措施等等。这一点,《礼记·乐记》讲得很清楚:"故先王慎所以感之者,故礼以道其志,乐以和其声,政以一其行,刑以防其奸。礼乐刑政,其极一也,所以同民心而出治道也。"② 照此说来,"礼、乐、刑、政"四维虽然各有功用,但殊途同归,最终都出自治道。《周易》一书,从卜筮之学延伸开来,由象数而发为义理,归根结底就在"治道"二字。从这个角度看,抓住了"治道",就把握了《周易》的核心精神。对此,葛洪可谓心领

---

① (周)卜商:《子夏易传》,清《通志堂经解》本,第20页。
② (唐)孔颖达:《礼记正义》,《十三经注疏》,北京:中华书局1980年版,第1435页。

神会。其所著《抱朴子外篇·用刑》说:"八卦之作,穷理尽性,明罚用狱,著于《噬嗑》;系以徽纆,存乎《习坎》。"① 《噬嗑》卦是《周易》的第二十一卦,下震上离象征啮合,以口象为义借喻刑法;《坎》卦则是《周易》的第二十九卦,以"系用徽纆,置于丛棘"隐喻牢狱。刑法思想是《周易》治道的重要内容,主要体现在《噬嗑》《坎》《丰》《旅》《中孚》《贲》等卦中。葛洪所主张的君主法权、司法公正、执法严格、罪刑相适等刑法思想与《周易》治道存在着不可分割的关系,这是很值得探究的学术问题。

## 二、葛洪刑法思想的《周易》依据

葛洪的刑法思想具有儒家与法家思想相互融合的特征。他认为仁德和刑法二者一柔一刚是相辅相成、缺一不可的关系,仁德必须有刑法的支持,而刑法也必须以仁德为依据;施行仁德是根本,但刑法也是不可或缺的。这种认知体现了《周易》刚柔相济的治道原则。

(一) 君主法权

《抱朴子外篇·用刑》一开始就指出:

> 莫不贵仁,而无能纯仁以致治也;莫不贱刑,而无能废刑以整民也。咸云:"明后御世,风向草偃。道洽化醇,安所用刑?"余乃论之曰:"夫德教者,黼黻之祭服也;刑罚者,捍刃之甲胄也。若德教治狡暴,犹以黼黻御剡锋也;以刑罚施平世,是以甲胄升庙堂也。故仁者养物之器,刑者惩非之具,我欲利之,而彼欲害之,加仁无悛,非刑不止。刑为仁佐,于是可知也。"②

在人世间,人们把仁政放在最为尊贵的位置,往往看轻刑罚的作用。葛洪指出纯粹的"仁政"是不能真正实现社会治理的,所以他主张刑法与仁德都是治国之道,二者相互补充,不可偏废。刑与仁同样重要,都是国之神器,为君

---

① 杨明照:《抱朴子外篇校笺》上册,北京:中华书局1991年版,第333页。
② 同上书,第330页。

者必须掌握法权。他说：

> 故明君治难于其易，去恶于其微，不伐善以长乱，不操柯而犹豫焉。然则刑之为物，国之神器，君所自执，不可假人，犹长剑不可倒捉，巨鱼不可脱渊也。乃崇替之所由，安危之源本也。田常之夺齐，六卿之分晋，赵高之弑秦，王莽之篡汉，履霜逮冰，由来渐矣。或永叹于海滨，或拊心乎望夷，祸延宗祧，作戒将来者，由乎慕虚名于往古，忘实祸于当己也。①

葛洪为了强调人君自执"国之重器"——刑法的重要性，做了多重比喻，并且以历史上政权更替的深刻教训为警戒。其中的"履霜逮冰"典出《周易·坤》初六爻辞"履霜，坚冰至"②。此所谓"冰冻三尺，非一日之寒"，政权丧失、社会动乱，乃是渐进积弊的过程。人君如果不知道防微杜渐、整肃刑法，一味地追求虚名，必定断送江山。鉴于此，葛洪提醒人君不可以"操柯而犹豫"，而应该采取果断的法律措施。

葛洪这种主张的内在依据乃是《周易》的《噬嗑》卦。其《象》曰："雷电，噬嗑；先王以明罚敕法。"③《噬嗑》卦象为上离下震，离为电为火，震为雷，六爻构成若人口上下颚的咬合状态，象征狱事。唐代李鼎祚《周易集解》说："雷动而威，电动而明，二者合而其道彰也。用刑之道，威明相兼，若威而不明，恐致淫滥；明而无威，不能伏物，故需雷电并合，而噬嗑备。雷所以动物，电所以照物，雷电震照，则万物不能怀邪。故先王则之，明罚敕法，以示万物，欲万方一心也。"④雷电并出，象征威明相兼，先代君主效仿雷电创立刑法昭示天下，使万众归心。宋代耿南仲曾对《噬嗑》卦九四爻与六五爻进行过这样的阐释："六五君也，制刑者也；九四臣也，用刑者也，制刑付之臣，用刑

---

① 杨明照：《抱朴子外篇校笺》上册，北京：中华书局1991年版，第346页。
② 黄寿祺、张善文：《周易译注》，上海：上海古籍出版社2007年版，第18页。
③ 同上书，第127页。
④ （唐）李鼎祚撰，王丰先点校：《周易集解》，北京：中华书局2016年版，第145页。

加之民,其事虽殊,其欲刚而通乎变,则一而已。"① 意思是讲君主负责制定法律,大臣负责实施法律,法权自古即为君主所有。由此回头比对葛洪的君主法权思想,可以看出其与《周易》的主张一脉相承。

(二)司法公正

葛洪提出司法者要保持公正之心,不能因为一己好恶而曲意执法,也不能因为亲疏关系而随意执法。他说:

> 善为政者,必先端此以率彼,治亲以整疏,不曲法以行意,必有罪而无赦。若石蜡之割爱以灭亲,晋文之忍情以斩颉。②
> 发号吐令,则车訇若震霆之激响,而不为邪辩改其正。画法创制,则炳若七曜之丽天,而不以爱恶曲其情。③

以法律为准绳、以事实为依据是确保公正的前提,明察案情、明辨是非为司法公正的重要保障。葛洪的论述对《周易》的诸卦义理也是有所取法的,这主要关联到《丰》卦、《贲》卦以及《噬嗑》卦。

《丰》卦之《象》谓:"雷电皆至,丰,君子以折狱致刑。"④ 其卦象为上震下离,震为雷,离为日为电,雷象征权威,电象征光明,表示君子应当效仿雷电审理讼狱、动用刑罚。《周易正义》释为:"断决狱讼须得虚实之情,致用刑罚必得轻重之中;若动而不明,则淫滥斯及。故君子象于此卦,而折狱致刑。"⑤ 审理案情,定罪量刑,必须辨明案情,刑罚由此才能够适当。如果不明案情,随意司法,就会导致刑罚的滥用。此外,明察案情必须保证事实清楚,不能滥用文饰。《贲》卦之《象》云:"山下有火,贲;君子以明庶政,无敢折

---

① (宋)耿南仲:《周易新讲义》,《文渊阁四库全书》第9册,台北:台湾商务印书馆1982—1986年影印版,第639页。

② 杨明照:《抱朴子外篇校笺》上册,北京:中华书局1991年版,第344页。

③ 同上书,第187页。

④ 黄寿祺、张善文:《周易译注》,上海:上海古籍出版社2007年版,第322页。

⑤ (魏)王弼、(晋)韩康伯注,(唐)孔颖达疏,于天宝点校:《宋本周易注疏》,北京:中华书局2018年版,第331页。

狱。"① 其卦象下离上艮，为山下有火之象。程颐释为："象之所取，唯以山下有火，明照庶物，以用明为戒。而贲亦自有无敢折狱之义。折狱者，专用情实，有文饰则没其情矣。故无敢用文，以折狱也。"② 山下有火，象征光明普照万物，所以审理案情应当事实清楚，不能文饰，否则就会湮灭真相，造成司法不公。对于司法公正，《噬嗑》卦则通过饮食过程中发生问题的特殊情况予以警示。其六三爻辞说："噬腊肉，遇毒；小吝，无咎。"③ 意思是讲咬嚼干肉中毒了，虽然没有生命危险，却也是一场小灾。为什么是小灾呢？按照《象》辞的解释是"位不当"。因为《噬嗑》卦的六三爻是阴爻却居于阳位，所以灾难就来了。引申到刑法上，意味着治理刑狱必先正其位，因为其位不当而施刑必然不能服众。对此，王弼注曰："三处下体之上，失正刑人，刑人不服。"④ 司法不公，会导致受刑之人心有不平不会真心悔过。创制刑法的目的是惩恶扬善，维护社会的安定和秩序，如果任意施刑就会导致受刑者心生怨念，不能达到施刑的目的。将《周易》的《丰》卦、《贲》卦、《噬嗑》卦之卦爻辞以及《象》辞与葛洪的刑法主张相互对照，不难看出其中的传承与发展关系。

（三）执法严格

葛洪认为执法是司法体系中的重要一环，如果有令不行、有禁不止，再多的法令也会形同虚设。执法不严，小则导致家宅不宁，大则国有内忧外患：

> 亡国非无令也，患于令烦而不行；败军非无禁也，患于禁设而不止。故众慝弥蔓，而下黩其上。夫赏贵当功而不必重，罚贵得罪而不必酷也。鞭朴废于家，则僮仆怠惰；征伐息于国，则群下不虔。爱待敬而不败，故制礼以崇之；德须威而久立，故作刑以肃之。班、倕不委规矩，故方圆不戾于物；明君不释法度，故机诈不肆其巧。⑤

---

① 黄寿祺、张善文：《周易译注》，上海：上海古籍出版社2007年版，第133页。
② （宋）程颐：《伊川易传》，《文渊阁四库全书》第9册，台北：台湾商务印书馆1982—1986年影印版，第241页。
③ 黄寿祺、张善文：《周易译注》，上海：上海古籍出版社2007年版，第128页。
④ （魏）王弼、（晋）韩康伯注，（唐）孔颖达疏，于天宝点校：《宋本周易注疏》，北京：中华书局2018年版，第158页。
⑤ 杨明照：《抱朴子外篇校笺》上册，北京：中华书局1991年版，第339页。

葛洪从国令、军法入手，联系家族管理，强调赏罚得当、维护法制权威的重要性。由此反观《噬嗑》卦，我们也可以体会到彼此思想的贯通。《噬嗑》卦要求执法者要保持刚正不阿的气概："九四，噬干胏，得金矢；利艰贞，吉。"① 陆绩释曰："肉有骨谓之胏。离为乾肉，又为兵矢，失位用刑，物亦不服，若噬有骨之乾胏也。金矢者，取其刚直也。噬胏虽复艰难，终得申其刚直，虽获正吉，未为光大也。"② 九四之爻处于上卦"离"之下位，系阳爻却居于阴位，表征施刑不顺，但因其能够保持刚正不阿的立场，最终获吉。不过，此时的刑法尚未推行光大，所以事有不服。"六五，噬干肉，得黄金；贞厉，无咎。"③ 王弼解释："得处尊位，而居于中，能行其戮也。履虽不正而能行其戮，刚胜者也。噬虽不服，得中而胜，故曰噬乾肉，得黄金也。已虽不正，而刑戮得当，故虽厉而无咎也。"④ 六五爻虽是阴居阳位，但阳刚尊高而不失中和态势，守正可以无咎。按照这种卦象义理，那就必须重视司法体系中承上启下的重要环节，面对执法过程中所遭遇的各种困难，保持刚直刚中之气，唯有如此才能贯彻落实刑法。由此不难看出，葛洪关于严格执法的论述与《噬嗑》六四、六五爻辞的义理也是一致的。

（四）罪刑相适

葛洪认为罪与刑应当是相匹配的。他说：

> 至于改以鞭笞，大多死者。外有轻刑之名，内有杀人之实也。及于犯罪，上不足以至死，则其下唯有徒谪鞭杖，或遇赦令，则身无损；且髡其更生之发，挞其方愈之创，殊不足以惩次死之罪。今除肉刑，则死罪之下无复中刑在其间，而次死罪不得不止于徒谪鞭杖，是轻重不得适也。又犯罪者希而时有耳，至于杀之则恨重，而鞭之则恨轻，犯此者为多。今不用肉刑，是次死之罪，常不见治也。⑤

---

① 黄寿祺、张善文：《周易译注》，上海：上海古籍出版社2007年版，第129页。
② （唐）李鼎祚撰，王丰先点校：《周易集解》，北京：中华书局2016年版，第147页。
③ 黄寿祺、张善文：《周易译注》，上海：上海古籍出版社2007年版，第129页。
④ （唐）李鼎祚撰，王丰先点校：《周易集解》，北京：中华书局2016年版，第148页。
⑤ 杨明照：《抱朴子外篇校笺》上册，北京：中华书局1991年版，第363页。

文中的"肉刑"是指西周时期施行的墨、劓、宫、刖、大辟等刑法①。汉文帝（前202—前157）时期，自缇萦上书为父讼冤起即废除肉刑，改为鞭刑，以至于刑罚当中仅存鞭刑和死刑，而这种粗陋的刑罚会导致罪与刑严重不符。此后恢复肉刑的争议不断涌现，从两汉时期一直持续到了唐朝初年。为了健全刑罚体系，葛洪甚至提倡恢复肉刑：

> 今若自非谋反大逆，恶于君亲，及军临敌犯军法者，及手杀人者，以肉刑代其死，则亦足以惩示凶人。而刑者犹任坐役，能有所为，又不绝其生类之道，而终身残毁，百姓见之，莫不寒心，亦足使未犯者肃栗，以彰示将来，乃过于杀人。杀人，非不重也。然辜之三日，行埋弃之，不知者众，不见者多也。若夫肉刑者之为幖戒者多。昔魏世数议此事，诸硕儒达学，洽通殷理者，咸谓宜复肉刑，而意异者驳之，皆不合也。魏武帝亦以为然。直以二隅未宾，远人不能统至理者，卒闻中国刖人肢体，割人耳鼻，便当望风谓为酷虐，故且权停，以须四方之并耳。通人扬子云亦以为肉刑宜复也。但废之来久矣，坐而论道者，未以为急耳。②

葛洪提倡恢复肉刑的根本原因是他认为魏晋时期仅有鞭刑和死刑的刑法是不健全的，存在着严重的罪刑不符的问题，恢复肉刑就可以弥补这个不足。魏晋时期虽然名义上是施行轻刑，但实际上死于鞭笞的犯人不计其数，葛洪认为肉刑虽然损坏了人的身体但毕竟还可以保存人的生命，况且受过肉刑的人其残缺的身体对别人也有提醒和警示的作用，这有助于君主治国于未乱。从这个意义上来说，葛洪提倡恢复肉刑并非残酷无情，他更看重的是保全人的性命，这与他在《抱朴子内篇》中提出的贵生思想也是一脉相承的。

罪刑相适的观点在《周易》中也多有提及，比如《噬嗑》卦："初九，屦校灭趾，无咎。"③ 王弼注曰："凡过之所始，必始于微，而后至于著。罚之所

---

① 陈成国点校：《尚书·吕刑》，《四书五经》，长沙：岳麓书社1991年版，第278页。
② 杨明照：《抱朴子外篇校笺》上册，北京：中华书局1991年版，第364页。
③ 黄寿祺、张善文：《周易译注》，上海：上海古籍出版社2007年版，第128页。

始,必始于薄,而后至于诛。"① "上九,何校灭耳,凶。"② 王弼注:"处罚之极,恶积而不改者也。"③ 轻罪轻罚,重罪重惩,根据不同的罪行实行不同的刑罚。再看《旅》卦,其《象》曰:"山上有火,旅;君子以明慎用刑而不留狱。"④ 明代来知德解释:"明其刑,以罪之轻重言;慎其刑,以罪之出入言;不留者,既决断于明慎之后,当罪者即罪之,当宥者即宥之,不留滞淹禁也,非留于狱中也。"⑤ 厘清案情并施以相应的刑罚,这个过程应当积极而有效率,不可拖延迟滞,将犯人滞留于狱中。

罪刑相适的思想反映于《周易》多个卦象之中,同样也是葛洪刑法思想的重要内容。此外,《周易》还提出了慎用死刑的观点,《中孚》卦之《象》谓:"泽上有风,中孚,君子以议狱缓死。"⑥ 葛洪的贵生观点与之亦相吻合。

## 三、葛洪遵循《周易》治道建构刑法思想的原因与启示

《周易》千百年来一直备受世人推崇,其历史地位和影响是不言而喻的。其中蕴含的治道不仅仅是葛洪刑法思想的来源,也成为其衡量法律制度的标尺。正因为有《周易》治道作为支撑,葛洪才能独具慧眼、鞭辟入里地指出当时法律制度的偏颇和不足,从而更加有效地确立和推广自己的刑法思想。

葛洪何以积极取法《周易》治道以建构刑法思想?其原因是复杂的。概括起来,主要有如下方面:

(一)从《周易》的地位来看

自古以来,《周易》被奉为"群经之首"。《周易》的治道,对后世法律制

---

① (魏)王弼、(晋)韩康伯注,(唐)孔颖达疏,于天宝点校:《宋本周易注疏》,北京:中华书局2018年版,第156页。

② 黄寿祺、张善文:《周易译注》,上海:上海古籍出版社2007年版,第130页。

③ (魏)王弼、(晋)韩康伯注,(唐)孔颖达疏,于天宝点校:《宋本周易注疏》,北京:中华书局2018年版,第159页。

④ 黄寿祺、张善文:《周易译注》,上海:上海古籍出版社2007年版,第328页。

⑤ (明)来知德:《周易集注》,《四库全书》第32册,台北:台湾商务印书馆1982—1986年影印版,第300页。

⑥ 黄寿祺、张善文:《周易译注》,上海:上海古籍出版社2007年版,第352页。

度的制定和解释产生了深远影响。魏晋时期,晋武帝司马炎于泰始四年颁布了《泰始律》,"武帝亲自临讲,使裴楷执读"①。西晋著名律学家张斐奉敕为《泰始律》作注而有《律注表》。《晋书·刑法志》记载他的注释多次引用了《周易》。比如:"自始及终,往而不穷,变动无常,周流四极,上下无方,不离于法律之中也。"②他拟《周易》变通之体,为"敕慎"之经,于是"五刑成章,辄相依准"③,《周易》的治道成为其制定法律的基本原则。降至唐代,《唐律疏议》引述《周易·系辞传》"天垂象,圣人则之"的论断,谓"观雷电而制威刑,睹秋霜而有肃杀"④。此后的宋、明、清代颁布的律法皆以《唐律疏议》作为参照,《周易》的治道已然成为了诸代律法的依据和原则,其影响之深可见一斑。可以说,《周易》的治道几乎贯穿整个中国封建社会的法律史。以此看来,《周易》能够成为葛洪刑法思想的源头也就不足为奇了。

(二)从道家发展历史来看

中国道家,就源头而论可以追溯到伏羲氏创立八卦的远古时代。这一点可以从先秦时期的经典著作里找到证据。无论是《子华子》《列子》,还是《庄子》《尸子》都把伏羲氏当作得道神圣,对其创立八卦的文化贡献多有记载和赞扬。如《尸子》卷下称:"伏羲始画八卦、列八节,而化天下。"⑤再如《庄子·大宗师》论道时将伏羲氏与狶韦氏、维斗、日月等相提并论,谓"伏羲氏得之,以袭气母"⑥,所谓"得之",是说伏羲氏已经得道。之所以如此,是因为伏羲氏所创制的八卦作为"气母"的契合物,具有神圣性。由伏羲氏所创立的八卦后来由周文王推演为六十四卦,系以卦爻辞,成为诸子百家学说的智慧之本。春秋之际,老子传授尹喜《道德经》五千言,标志古典道家的诞生,正是这部被道家学派奉为瑰宝的历史文献处处闪烁着用《易》演《易》的辉光。例如该书第四十八章所言"为学日益,为道日损,损之又损,以至于无为"⑦,便

---

① 丘汉平:《历代刑法志》,北京:群众出版社1962年版,第155页。
② (唐)房玄龄:《晋书》,北京:中华书局1974年版,第928页。
③ 同上书,第931页。
④ 刘俊文:《唐律疏议笺解》,北京:中华书局1996年版,第1页。
⑤ (清)马骕:《绎史》,北京:中华书局2000年版,第18页。
⑥ (唐)杜光庭:《道德真经广圣义》,南京:凤凰出版社2017年版,第81页。
⑦ 詹石窗:《道德经音诵》,成都:巴蜀书社2021年版,第183—184页。

是化用《周易》的《损》《益》两卦,而第三十五章的"执大象,天下往,往而不害,安平泰"① 则化用《周易》的《泰》卦义理。宋代易学名家邵雍曾经说"老子得《易》之体"②,充分反映了作为道家理论奠基人的老子对《易》学的传承与应用。老子之后,法家学派注重汲取道家关于由道生法的理论,其代表人物韩非子撰《解老》与《喻老》篇,融会贯通《周易》与《道德经》的精神,将传统的"法循天道"的认知向前推进了一步。战国秦汉之际黄老之学勃兴,《黄帝四经》对西汉初的社会治理产生了积极影响;此后到了西汉末东汉初,更有《太平经》的流传。《黄帝四经》和《太平经》都遵循《周易》精神论说道法关系。《黄帝四经·经法·道法》:"道生法。法者,引得失以绳,而明曲直者也。故执道者,生法而弗敢犯也,法立而弗敢废也。故能自引以绳,然后见知天下而不惑矣。"③《太平经·和阴阳顺道法》说:"故顺天地者,其治长久。顺四时者,其王日兴。道无奇辞,一阴一阳,为其用也。得其治者昌,失其治者乱;得其治者神且明,失其治者道不可行。详思此意,与道合同。"④《太平经》所谓"治"讲的就是治理,其中既包含德治,也有法治,而其遵循的最高准则即是阴阳大道。这种思想体现了《周易》治道与道家社会平安理论的融通。葛洪正是在这种经典传承的历史文化背景下成长起来的,故而他继承先前道家学派汲取《周易》治道精神便是很自然的事情了。

(三)从葛洪的人生经历来看

葛洪在《抱朴子外篇·自序》中说:"年十六,始读《孝经》《论语》《诗》《易》。贫乏无以远寻师友,孤陋寡闻,明浅思短,大义多所不能通,但贪广览,于众书乃无不暗诵精持。曾所披涉,自正经、诸史、百家之言,下至短杂文章,近万卷。既性暗善忘,又少文,意志不专,所识者甚薄,亦不免惑,而著述时犹得有所引用,竟不成纯儒,不中为传授之师。其河洛图纬,一视便止,不得留意也。不喜星书及算术九宫三棋太一飞符之属,了不从焉。由其苦

---

① 詹石窗:《道德经音诵》,成都:巴蜀书社 2021 年版,第 29—130 页。
② (清)王梓才、冯云濠:《宋元学案补遗》,北京:中华书局 2012 年版,第 1016 页。
③ 陈鼓应:《黄帝四经今注今译》,北京:商务印书馆 2007 年版,第 2 页。
④ 王明:《太平经合校》,北京:中华书局 1960 年版,第 11 页。

人而少气味也。"① 作为六经之一的《周易》与《论语》《诗经》一样是葛洪的启蒙书籍,所以我们看到《抱朴子外篇》引用《周易》的例子甚多,比如:"潜初飞五,与时消息,进有攸往之利,退无濡尾之累,明哲以保身,宣化以济俗。"② 文中的"潜初飞五"出自《周易》之《乾》卦初九爻辞"潜龙勿用"与九五爻辞"飞龙在天,利见大人"③,而"与时消息"出自《周易》之《丰》卦"日中则昃,月盈则食,天道盈虚,与时消息"④。至于"攸往之利"出自《周易》之《屯》卦辞"勿用有攸往,利建侯"⑤;"濡尾"出自《周易》之《未济》卦初六爻辞"小狐汔济,濡其尾,无攸利"⑥。再比如"故藏器者珍于变通随时"⑦ 出自《周易·系辞下》"君子藏器于身,待时而动"以及"变通者,趣时者也"⑧。葛洪在《抱朴子外篇》中大量地引用了《周易》作为论说的依据,单单《嘉遁》一篇文章引用《周易》就多达25处。通观葛洪《抱朴子外篇》可以看出《周易》的义理已经成为葛洪《抱朴子外篇》的思想支撑,《周易》的变易、简易、不易思想在葛洪《抱朴子外篇》中多有体现,成为其分析问题的思维模式。读葛洪《抱朴子外篇》,我们深感其思想的辩证和善于变通,而博大精深的《周易》无疑是其非常重要的思想根源。

(四) 从魏晋时期的律法制度来看

魏晋时期的法律制度虽然总体来说是依据《周易》治道而立,但是同样存在历史局限性。比如西晋在损益汉《九章律》和三国魏《新律》的基础上创立的《泰始律》中依据礼制规定了"五服制度",即依据血缘亲疏远近定罪量刑,血缘关系越近刑罚越轻,血缘关系越远刑罚越重。再比如司法机关不能直接给贵族定罪,而是要依据"上请制度"报告皇帝,具体量刑由皇帝裁决。这样的法律制度明显有悖于司法公正,所以葛洪提出"善为政者,必先端此以率

---

① 杨明照:《抱朴子外篇校笺》下册,北京:中华书局1991年版,第655页。
② 杨明照:《抱朴子外篇校笺》上册,北京:中华书局1991年版,第11—12页。
③ 黄寿祺、张善文:《周易译注》,上海:上海古籍出版社2007年版,第3页。
④ 同上书,第322页。
⑤ 同上书,第27页。
⑥ 同上书,第368页。
⑦ 杨明照:《抱朴子外篇校笺》上册,北京:中华书局1991年版,第16页。
⑧ 黄寿祺、张善文:《周易译注》,上海:上海古籍出版社2007年版,第408页。

彼，治亲以整疏，不曲法以行意，必有罪而无赦"①。葛洪认为不能因为亲疏关系不同而影响司法公正，更不能曲意执法，越是亲近者越应该严格执法，应当有罪必罚，有过必惩，如此才能够令疏远者信服。正是由于葛洪看出了当时法律制度在制定和执行中与《周易》治道的背离之处，才有针对性地提出了君主法权、司法公正、执法严格、罪刑相适等刑法思想。所以说，葛洪的刑法思想根源于《周易》，而非当时的法律制度。

葛洪汲取《周易》治道精神以建构自己的刑法思想，历经了千百年的演变，让我们看到了思想的传承和文化的力量，也给我们当代人以重要的启迪：

第一，《周易》治道之所以跨越千年而历久弥新，在于其思想是中华民族智慧的结晶。其中，尤其值得深思的是"中正之道"。在《周易》学说中，凡阴爻居于二位，阳爻居于五位，则象征中正之德，如《乾》卦的"刚健中正，纯粹精也"②，《需》卦的"位乎天位，以中正也"③等都体现了"中正"的治道精神。概览全书，可以看到六十四卦中至少有四十五卦论及"中正"或分论"中""正"。所谓"中正"是指恰到好处、无过无不及的状态，而致中正的途径就是刚柔相济、阴阳平衡，从而达到"和"的境界。中正是《周易》治道的重要原则和目标，世间万物虽不同质，但是只要保持中正就能够各安其分，各适其度，和谐发展，一如《中庸》所言"致中和，天地位焉，万物育焉"④。和谐社会不仅是古人的向往与追求，还是我们当今社会的发展愿景和目标，所以上至国家的大政方针，下至个人的为人处世，"中正"仍然应当是重要的守则。

第二，应该辩证地看待思想文化的历史传承。无论是三千多年前的《周易》，还是一千七百多年前的《抱朴子》，其思想都对后世产生了影响，具有独特的价值。但是我们应当看到它们都是君主时代的产物，故而带着古代社会的烙印。比如"君主法权"以及"肉刑"等思想，虽然其目的是解决一些社会问题，也符合当时的社会需求，但从根本上看都是为了维护君主制度，从当今时代的立场看，显然存在着极大的历史局限性。

---

① 杨明照：《抱朴子外篇校笺》上册，北京：中华书局1991年版，第344页。
② 黄寿祺、张善文：《周易译注》，上海：上海古籍出版社2007年版，第12页。
③ 同上书，第40页。
④ （清）阮元校刻：《十三经注疏》，北京：中华书局2009年版，第3527页。

## 结　语

公正合理的法律制度是人类的共同诉求。道德是法律建设的依据，而法律则是道德的底线。法律存在的意义在于惩恶扬善，维护社会稳定。《周易·系辞下》有言："善不积不足以成名，恶不积不足以灭身。小人以小善为无益而弗为也，以小恶为无伤而弗去也，故恶积而不可掩，罪大不可解。《易》曰：'何校灭耳，凶。'"① 照此说来，成就美名是长期行善的结果；而招致灭身的大灾则是长期作恶的结局。小人不明白这个道理，他们把小善看作无益己身的事而不肯践行，把小恶看作不伤大体的事而不愿摒弃，所以恶行不断累计而无法掩盖，罪过大了，就会导致锒铛入狱，自我毁灭。《周易·系辞下》这段话警醒人们在日常生活中，应该经常进行自我反省，检讨自己的过错，改恶从善。

当今社会，经济发展突飞猛进，各种诱惑令人眼花缭乱。我们研究葛洪刑法思想与治道的关系，以客观的态度进行辩证分析，旨在取其精华，去其糟粕。

---

① 黄寿祺、张善文：《周易译注》，上海：上海古籍出版社2007年版，第408—409页。

# 《庄子》"丧"的方法论探析

## ——以"吾丧我"为中心*

杨 燕 廖谢兵**

**内容提要：** "吾丧我"出自《庄子·齐物论》，历来对此解释颇多，然意见纷纭，难以统一。以往诸方家多注重"吾"与"我"之辨析，对"丧"字的含义和其昭示的方法论关注颇少。在《齐物论》中，"丧"实际昭示着回归于道的方式。通过超越"形态之我""情态之我"以及最后的"逻辑之我"，逐渐摆脱外在和内心的人我、物我，以及之后的"吾"与"我"的对立，最后达到齐生死与万物合一的齐物之境。这与《庄子》所讲的"心斋""坐忘"有着极为密切之联系，二者其实是一而二，二而一的关系。

**关键词：** 齐物论；吾丧我；方法论

《齐物论》历来被认为是《庄子》中最具哲理性的一篇文章。谈论《齐物论》最避不开的便是开篇子綦所提出的"吾丧我"命题，其中蕴含着庄子认为

---

\* 本文系国家"十三五"规划文化重大工程《中华续道藏》（批准号：中央统战部"统办函"［2018］576号）的专项研究成果。

\*\* 杨燕，女，河南新乡人，四川师范大学哲学学院教授；廖谢兵，男，四川宜宾人，四川师范大学哲学学院中国哲学专业研究生。

的人可达到的理想境界,同时,它也揭示了庄子独特的"丧"的方法论。这也是《齐物论》一章极富魅力的吸引点之一。

## 一、"吾""我"之辩

"吾"与"我"出现在《齐物论》开篇子游与子綦的对话之中:

> 南郭子綦隐机而坐,仰天而嘘,嗒焉似丧其耦。颜成子游立侍乎前,曰:"何居乎?形固可使如槁木,而心固可使如死灰乎?今之隐机者,非昔之隐机者也?"子綦曰:"偃,不亦善乎,而问之也!今者吾丧我,汝知之乎?女闻人籁而未闻地籁,女闻地籁而未闻天籁夫!"①

林希逸当是第一个对"吾""我"的不同给予更多关注的诠释者。他在解释这段对话时说:"'嗒焉'者,无心之貌也。'丧其耦'者,人皆以物我对立,此忘之也……有我,则有物;丧我,无我也。无我,则无物矣……'吾',即我也。不曰我丧我,而曰'吾丧我',言人身中才有一毫私心未化,则吾我之间亦有分别矣。'吾丧我'三字下得极好。"②显然,林希逸认为"吾""我"之间的差别是我有一私心,而私心造成了物我的对立,丧我即是丧此私心的过程,也是"我"回归到"吾"的过程。这个过程在他看来属于一种心灵状态的转化,与我的身体无关,故而他将子綦"嗒焉"的状态解释为一种"无心之貌"。

明代的陆西星与林氏一样,注意到了"吾""我"之差异,认为"我"乃是形骸之意。他说:"丧耦,即丧我,谓忘形也,盖神与形为耦,忘其形,是丧其耦也……盖人人皆自形骸躯壳上起念,而子綦不然,迥出常态,故子游异而问之。子綦答言:'今者吾丧我矣,女知之乎?''丧我'二字,又是自前篇'至人无己'上生下,盖丧我,则可与忘物,可以忘我,可与忘忘,而优入于圣

---

① (清)郭庆藩撰,王孝鱼点校:《庄子集释》,北京:中华书局2012年版,第48—50页。
② (宋)林希逸著,陈映红点校:《南华真经口义》,云南:云南人民出版社2002年版,第15页。

域矣。"① 不难看出，陆氏认为"吾""我"之差别是形与神的对立与否，若能忘形则神无所对，自然可以忘物、忘我、忘忘而游于圣域，从而回归到"吾"的状态。基于这样的理解，陆长庚对于"嗒然"的解释亦异于林希逸，他认为"嗒然"是"解体之貌"②。

从林氏与陆氏的解释来看，"吾""我"之间确有差异，但若仅止步于此则依然似有不足，"吾""我"之间当需要一番更深入的辨析。关于"吾"与"我"之不同，除了古人林希逸、陆西星外，近人胡适曾在其《吾我篇》中也做了一番细致的论述。他认为古人用此两字分别甚严，并从《论语》等典籍中列举了许多例子：

> 今者吾丧我。（《庄子·齐物论》）
> 太宰知我乎？吾少也贱，故能多鄙事。（《论语·子罕》）
> 夫召我者，而岂徒哉？如有用我者，吾其为东周乎？（《论语·阳货》）
> 善为我辞焉！如有复我者，则吾必在汶上矣。（《论语·雍也》）
> 伐我，吾求救于蔡而伐之。（《左传·庄公十年》）③

基于对上述例子的分析，胡适先生认为语法上"吾"一般作主语而非宾语，倒装句除外，而"我"一般作宾语。与胡适不同，当代的陈少明先生则认为从语法上区别两者似乎并不妥当，因为"我"也可以做主语，两者的主要差别应该从用法上区分："我的用法确是'因人而言'，即相对于非我（你或他）的存在而说的……吾只是'就己而言'，即单纯的自我表达，并不必然牵涉与他者的关联。"④ 同时，他还将这种差别限定在《齐物论》文本之内，对其进行了严谨的统计与对比，认为这样的区别在《齐物论》文本之内是成立的。这确实也是"吾"与"我"的区别之一。

---

① （明）陆西星撰，蒋门马点校：《南华真经副墨》，北京：中华书局2010年版，第14页。
② （明）陆西星撰，蒋门马点校：《南华真经副墨》，北京：中华书局2010年版，第14页。
③ 欧阳哲生编：《吾我篇》，《胡适文集》第2册，北京：北京大学出版社1998年版，第176—179页。
④ 陈少明：《"吾丧我"：一种古典的自我观念》，《哲学研究》2014年第8期，第44页。

另外，孟琢先生在《"吾丧我"思想新诠——以汉语词源学为方法》一文中，以汉语词源学的方法，从一个新角度对"吾丧我"的"吾"与"我"之不同提供了一种新见解，分析了"吾"与"我"词源意义上的差别，他指出："我的词源意义在于'倾斜'，其实质是基于成形、成心的人物关系的不对等性。'丧'与'忘'同源，是一种排遣人文标识的精神方法，依三籁之序而不断逆行，以退场的方式归于整全的天籁之境。'吾'的词源意义在于'相遇'，是超越了偏斜之'我'的人与万物之间的自由相遇、平等转化与浑然一体。"①

逻辑层面上，相较于古人注疏的方式，陈少明与孟琢先生从语法学和词源学的角度分析"吾"与"我"的不同，无疑更具有合理性，同时也从新的角度证明了"吾"与"我"两者之间确实有微妙的差异性，至少从语法和词源学上来说是这样的。孟琢先生的研究更是为我们提供了新的思路，即从小学的角度解读两者的差别。

从汉字的造字法和本义出发，我们也可得见"吾"与"我"的差别。东汉许慎的《说文解字》对于"吾"的解释是："吾，我自称也。从口五声。五乎切。"汉典②认为"吾"是形声字，其本义为"我"。同时，"吾"与"五"同源。关于"五"的意义，《说文解字》曰："从二，阴阳在天地间交午也。"③ 即阴阳二气在天地间交汇的状态。换言之，"吾"的状态是一种阴阳交汇的状态，而交汇状态下的阴阳相互转化，此消彼长，宛如太极。

依据前文所述，陆西星、林希逸的共识是"吾""我"之差别是对立产生的，若能消除对立则"我"可以回归于"吾"。这种无有对立的状态其实也就是庄子所云之"至人""真人"等所达到的境界，庄子也在《齐物论》中以不同的文字多次提及。如在论及如何超越是非、彼是对立时，庄子云："彼是莫得其偶，谓之道枢。枢始得其环中，以应无穷。是亦一无穷，非亦一无穷也。故曰莫若以明。"④《大宗师》篇的真人亦是如此："故其好之也一，其弗好之也一。其一也一，其不一也一。其一与天为徒，其不一与人为徒。天与人不相胜

---

① 孟琢：《"吾丧我"思想新诠——以汉语词源学为方法》《中国哲学史》2020 年第 5 期，第 57 页。
② （汉）许慎：《说文解字》，北京：中华书局 1963 年版，第 32 页。
③ 同上书，第 307 页。
④ （清）郭庆藩撰，王孝鱼点校：《庄子集释》，北京：中华书局 2012 年版，第 71 页。

也，是之谓真人。"① 郭象注曰："夫真人同天人，齐万致。万致不相非，天人不相胜，故旷然无不一，冥然无不在，而玄同彼我也。"② 显然，真人是消除了彼我对立，达到了天人不相胜的无对立状态的人。质言之，真人即是达到了"吾"的状态的人。

《说文》对于"我"的解释是："我，施身自谓也。或说我，倾顿也。从戈从乎，乎或说古垂字。一曰古杀字。凡我之属皆从我。"徐锴对此作注曰："从戈者，取戈自持也，五可切。"③ 汉典解释其为会意字，本义为兵器。这与《齐物论》中"我"的形象恰好吻合，《齐物论》中的"我"时刻陷于各种情态与物态的纷扰中，不间断地处于紧张的交争状态，不亡则难以了结，难以达到"吾"之天均、天籁整全的状态。庄子对这样的"我"的状态有着细致的描述，庄子云："大知闲闲，小知间间……其寐也魂交，其觉也形开，与接为构，日以心斗。缦者，窖者，密者。小恐惴惴，大恐缦缦。其发若机栝，其司是非之谓也……喜怒哀乐，虑叹变热，姚佚启态……旦暮得此，其所由以生乎！"④ "我"时刻处在与物相接、心斗不已、魂交形开之状态中，并且这种状态"一受其成形"，不亡则难以待尽。

可见，无论是从造字的角度还是从字的本义来看，"吾""我"两者之间确实存在着微妙的差别。"吾"应当是有交汇之意，可看作是道枢、真宰、天均、天籁的整全；而"我"的本意是兵器，意味着对立、斗争、缠绕。

## 二、"丧"：一种回溯式的方法论

"丧"字通常被理解为消亡，这种理解容易让人以为庄子的精神追求是对生命沉寂的向往，可《齐物论》开篇子游的语句似乎又并未透露此种意谓。子游见子綦"嗒然似丧其耦"的状态时，他说："形固可使如槁木，而心固可使如死

---

① （清）郭庆藩撰，王孝鱼点校：《庄子集释》，北京：中华书局 2012 年版，第 239 页。
② 同上书，第 245 页。
③ （汉）许慎：《说文解字》，北京：中华书局 1963 年版，第 267 页。
④ （清）郭庆藩撰，王孝鱼点校：《庄子集释》，北京：中华书局 2012 年版，第 57 页。

灰乎？"① 这里我们不得不承认庄子是用喻的高手,以槁木和死灰为喻传达"吾丧我"之状态,表达的是一种死而后生、死生转化的情景。以往的注释家们都过于注重于槁木和死灰的本相,以此来解说"吾丧我"是一种寂寞神凝、无情无意和不住于物的状态。如郭象注此便云："死灰槁木,取其寂寞无情耳。"② 成玄英也说："如何安处,神识凝寂,顿异从来,遂使形将槁木而不殊,心与死灰而无别。"③ 若仔细考察"槁木"和"死灰"背后的联系,便知庄子想表达的并非如此而已。无论是"槁木"还是"死灰",两者都隐藏着死而后生、死生转化的寓意。槁木之下存在着等待新生的种子,死灰之下有待发的新芽,这些都属于自然之中常见的景象,在经历秋冬之萧条或者烈火的焚烧之后,其下埋藏的是不可抑制的勃勃生机。

那么,"丧"字到底该解释为何义呢？郭象注曰："吾丧我,我自忘矣;我自忘矣,天下有何物足识哉！"④ 郭象此处以"忘"解"丧"是极具洞见的,"吾"之不显是由于"我"的遮蔽与偏执所致,若忘"我",则"吾"自然会显露出来。同时,从词源学角度"丧"与"忘"同源,两者互训亦并无不可,故本文亦认为"丧"字当解释为"忘"。

"丧"字之义明确后,我们将面临一个新的问题,即"丧"到底是"丧"什么,所丧的内容又是什么。回顾前文,前人的解释为我们回答此问题提供了一些答案。首先,我们需要"丧"的是"形态之我",也即陆西星所说的"形骸之我"。何以此种"形骸之我"需要"丧"呢？"形态之我"即我们的身体,在现实世界中身体总是会占据一定的空间和资源,而现实世界中的资源和空间总是有限,由此我与人与物之间的相互排斥、相互斗争便产生了。在庄子看来,这种排斥与斗争使人生充满了悲剧的体验："一受其成形,不忘以待尽。与物相刃相靡,其行尽如驰,而莫之能止,不亦悲乎！终身役役而不见其成功,茶然疲役而不知其所归,可不哀邪！"⑤ 正是在这种人与我、我与物相刃相

---

① （清）郭庆藩撰,王孝鱼点校：《庄子集释》,北京：中华书局 2012 年版,第 48 页。
② 同上书,第 49 页。
③ 同上。
④ 同上书,第 50 页。
⑤ 同上书,第 61 页。

縻中，我们逐渐向着"我"转化，"吾"则被慢慢遮蔽。

同时，庄子还认为这种形态之我的所见并非为真知，不同的有机体所见之世界是不同的，故基于此种形态之我而来的知见是值得怀疑的，这体现于啮缺与王倪的问答之中："啮缺问乎王倪曰：'子知物之所同是乎？'……且吾尝试问乎女：'民湿寝则腰疾偏死，鳅然乎哉？木处则惴栗恂惧，猿猴然乎哉？三者孰知正处？民食刍豢，麋鹿食荐，蝍且甘带，鸱鸦嗜鼠，四者孰知正味？猿猵狙以为雌，麋与鹿交，鳅与鱼游。毛嫱丽姬，人之所美也；鱼见之深入，鸟见之高飞，麋鹿见之决骤。四者孰知天下之正色哉？自我观之，仁义之端，是非之涂，樊然殽乱，吾恶能知其辩！'"① 显然，庄子以为从形态之我得来的知见不属于真知，不同的有机体视野下呈现的现实世界有着极大差异。

然而，这只是从外在来讲的。除前文所引之外，郭象解释"丧我"还有"故都忘外内，然后超然俱得"②。"丧"掉"形骸之我"只是让现实世界中人我、物我之对立得以消解，而内心之精神世界这种紧张依旧存在。因而，我们需要"丧"掉情态之我。何以如此呢？因为"情态之我"或者说"成心"，它的产生虽然有赖于"形骸之我"的参与，如庄子说"其形化，其心与之然"③，但一旦其产生便具有了相对的独立性。即使忘掉形骸之我，它也不会随之而消散。一个简单的例证便是梦境。梦境中我对现实中我的身体是全然不知的，而梦境中的我却仍旧处于人我、物我的对立当中，并且固执地认为我是我，与他物不同，这种情况便是庄子所说的"其寐也魂交"。即使"形态之我""丧"掉了，"成心"依旧在内心世界中反复上演着现实世界的各种争斗。而且这种"成心"一旦形成，会更加剧内外两个世界中的人我、物我之对立。何以如此？因为在庄子看来，这两者是相互影响的，所谓"其形化，其心与之然"。

当此两者均"丧"掉之后，我们也就排除了诸如"仁礼"等充满人文标识的东西和身体之欲望，"自我"或者说"成心"也就消散了。但仅仅如此仍然不够，还需要进一步回归，将"逻辑之我"也"丧"掉。因为此时仍还有一个我的意识存在，亦即"逻辑之我"。虽然此"我"不会有偏执和物我的区分，但是

---

① （清）郭庆藩撰，王孝鱼点校：《庄子集释》，北京：中华书局2012年版，第96—99页。
② 同上书，第50页。
③ 同上书，第61页。

其还有我与大道之间的区分。好比大海之中的一滴水,虽知道自己与大海中每一滴水都一样,但却不能真正地融入大海。只有连这个"我"也"丧"掉,才能回归于"道",从而真正地达到"吾"的状态,也就是"听之以气"的状态。

综上,在《齐物论》中,"丧"昭示着回归于道的方式。通过超越"形态之我""情态之我"以及最后的"逻辑之我",摆脱外在的和内心的人我、物我对立,以及之后的"吾"与"我"的对立,最后达到齐生死与万物合一的齐物之境。这种方式其实也就是老子所说的"为道"的方式,老子说:"为学日益,为道日损,损之又损,以至于无为。"① 庄子则将此种方法表述为"吾丧我"三字。

## 三、"丧"与"心斋""坐忘"

现在,我们知道了"丧"的方法论,那么它和《人间世》中的"心斋"以及《大宗师》中的"坐忘"到底是何关系呢?在《庄子·人间世》中,仲尼曰:"若一志,无听之以耳而听之以心。"② 成玄英对此的疏解是:"耳根虚寂,不凝宫商,反听无声,凝神心符。"③ 耳朵属于我们感受世界的五官之一,庄子在此所言不仅是说我们的听觉,还是在说以耳为代表的人类感受世界的身体机能。在庄子看来,形体的机能所得到的知见是不值得信任的,我们总是会受到自身的欺骗以为自己所见为真。比如,船桨在水下,船上之人看到的船桨是断裂的,而实际的情况却并非如此。"无听之以耳"就是让我们"丧"掉具体的形体的束缚,也就是前文所述的"形态之我"的束缚,这种"形态之我"会造成外在的人我、物我的对立,由此其所获得的知见也不值得信任。

接着庄子又借仲尼之口继续说:"无听之以心而听之以气!听止于耳,心止于符。气也者,虚而待物者也。唯道集虚。虚者,心斋也。"④ 郭象对此的注解

---

① 陈鼓应:《老子今注今译》,北京:中华书局2020年版,第231页。
② (清)郭庆藩撰,王孝鱼点校:《庄子集释》,北京:中华书局2012年版,第152页。
③ 同上书,第153页。
④ 同上书,第152页。

是:"遗耳目,去心意,而符气性之自得,此虚以待物者也。"① "耳目"即是先前所述的"形态之我","心"则是情态之下形成的"成心",此"成心"易受到外境所扰从而随物而化。"成心"一旦形成,随之而来的便是各种执念,诸如"是非"之执念、"我"之执念等。这些"执念"进而造成内心世界人我、物我的对立。因此,只有"丧"掉此"成心"方能向真正的"道"的境界回归。

在庄子看来放弃此"成心"仍不是最终目标,还要更进一步回归到"听之以气"的状态。"气"在《庄子》一书中扮演了生化万物的作用,其无有形态,虚而待物。虚而待物、物来顺应显然是"道"的特质。若能回归到"气"的状态,其实也就是回归到了"吾"或者说"道"的状态。此状态则再无物我、人我之别,也只有到了这一步,我们才算是彻底地超越了"我"的限制。因而在《人间世》中,颜回说:"回之未始得使,实自回也;得使之也,未始有回也;可谓虚乎?"② 郭象注曰:"未始使心斋,故有其身。既得心斋之使,则无其身。"③ 此"身"当是包含了形骸、情态等之身,唯有"丧"此"身"方能回归到与"道"合一之境。从颜回的回答之中我们也不难看出,"心斋"所论述的方法即是"吾丧我"之"丧"的方法,通过层层的回溯或者说超越,回归到"吾"所示的真人之境,也就是与道冥一之境。在《人间世》最后,夫子肯定颜回的疑问说:"尽矣。吾语若!若能入游其樊而无感其名,入则鸣,不入则止。无门无毒,一宅而寓于不得已,则几矣。"④ 如此之状态就是"与道冥一"之境的具体表述,同时也是外杂篇中所说的外化而内不化的状态。

"坐忘"一语出自《庄子·大宗师》,文章依然借仲尼与颜回的对话引出此语。

> 颜回曰:"回益矣。"仲尼曰:"何谓也?"曰:"回忘仁义矣。"
> 曰:"可矣,犹未也。"他日,复见,曰:"回益矣。"曰:"何谓也?"

---

① (清)郭庆藩撰,王孝鱼点校:《庄子集释》,北京:中华书局 2012 年版,第 153 页。
② 同上书,第 154 页。
③ 同上。
④ 同上。

曰："回忘礼乐矣。"曰："可矣,犹未也。"他日,复见,曰："回益矣。"

曰："何谓也?"曰："回坐忘矣。仲尼蹴然曰：何谓坐忘?"颜回曰："堕肢体,黜聪明,离形去智,同于大通,此谓坐忘。"仲尼曰："同则无好也,化则无常也。而果其贤乎！丘也请从而后也。"①

颜回与仲尼前面的对话似乎与"丧"的方法联系不那么紧密,但是若从后面看颜回对"坐忘"的解释,两者的联系便豁然开朗。颜回曰："堕肢体,黜聪明,离形去智,同于大通,此谓坐忘。"郭象注曰："夫坐忘者,奚所不忘哉！既忘其迹,又忘其所以迹者,内不觉其一身,外不识有天地,然后旷然与变化为体而无不通也。"② 何谓"坐忘"？乃是外不识有天地,内不觉其一身,旷然与变化为体无所不通。换言之,就是外忘其"形骸之我",此"形骸之我"一忘,则现实世界的种种人我、物我之对立就自然消解掉；内忘其"情态之我",此"情态之我"一忘,则内心凝寂,"成心"自然被消解掉。内心世界由"成心"而有的人我、物我之对立也自然被解构；最后忘掉"逻辑之我",到达与造化同游无所不通的境界。正如成玄英对此的解释,他说："外则离析于形体,一一虚假,此解堕肢体也。内则除去心识,悗然无知,此解黜聪明也。既而枯木死灰,冥同大道,如此之益,谓之坐忘也。"③

故而,颜回除了说"堕肢体,黜聪明"之外,后仍有"同于大通"之语。质言之,消解了肢体和"成心"之后并未完全达到与道为一的境界,还需要更进一步抵达同于大通的境界,这样才算真正的达于坐忘之境,而这其实也是"丧我"的方法论最后所达到的消除"吾"与"我"对立的状态,以及"心斋"中"听之以气"的状态。显然,这与前述"丧我"之路径完全一样,通过忘掉外在的"形态之我",解除实然世界中的人我、物我对立,消除内心世界的对立,最后进一步消除"逻辑之我",从而抵达与道冥一的境界。综上,我们不难看出庄子于《齐物论》篇中提出的"吾丧我"之"丧"的方法贯穿于内篇,与

---

① （清）郭庆藩撰,王孝鱼点校：《庄子集释》,北京：中华书局 2012 年版,第 288—290 页。
② 同上书,第 290 页。
③ 同上

"心斋""坐忘"实为同义而异言。

　　总之，庄子是先秦子学人物中最为独特的一位，当其他诸子争相为救世而积极倡导入世之说时，庄子反其道而行之，提倡忘记仁义礼乐回归到人的本真。其由"吾丧我"引出的"丧"的方法，实乃一种独特的修养方法论，与"心斋""坐忘"一体两面，贯穿庄子思想的始终，为后人开创了一个全新的精神世界，求道真途。

# 葛洪证仙所建构的两重"三表法"
## ——兼论"三表法"之论证效力[*]

谢徐林[**]

**内容提要**：《抱朴子内篇》围绕神仙是否存在、神仙是否可学两大问题，以"或人问难+抱朴子答问"的叙事手法展示了道教与正统儒家之间一场精彩的论战。论辩双方均借用了墨家"三表法"为基本框架进行说理，即依据天道、圣王来做权威性论证，依据古今见闻事例来做经验性论证，依据对国家、家族及个人的利弊影响来做功利性论证。这不仅直观展示了葛洪神仙学说的建构逻辑，也使"三表法"之性质与论证效力得到了充分呈露。葛洪抓准"三表法"每一表的逻辑局限性来驳斥或人，同时却又悄悄建构起了一套神仙家的"三表法"，这是他对传统"三表法"内涵的突破与丰富。这场由葛洪自导自演却很可能在其一生行历中真实发生过的儒道论辩，无疑是早期道教思想史上的重要一幕。

**关键词**：葛洪；抱朴子内篇；三表法；神仙可学论

道教的核心信仰与追求是长生成仙，而"神仙是否可以由学而致"从汉代

---

[*] 本文系国家"十三五"规划文化重大工程《中华续道藏》（批准号：中央统战部"统办函"[2018] 576 号）的专项研究成果。

[**] 谢徐林，男，湖南湘西人，南京大学哲学系博士研究生。

以来就是道教史中一个重要问题，曾引起道教内部长期的论争。卿希泰、詹石窗二位先生主编的《中国道教通史》第二卷对这一论争的历史进行一个大致的梳理①。

然而，围绕着这个重要问题不仅有道教内部的论争，同样也存在着外部论争，即道教与以儒家思想为本位的正统社会之间的论争，乃至与外来的佛教思想之间的论争。这时就会触及一个比"神仙是否由学而致"更为基础的问题，即"神仙是否真实存在"。在道教内部论争中这常常不是问题，而在道教与外部世界的论争中这却是首先需要回答的。这两大问题，可以说是道教神仙信仰得以建立的基本问题。

东晋时的葛洪作为神仙学说虔诚的信仰者与实践者，"对战国以来的神仙思想做了系统的总结，使道教的神仙信仰理论化，为上层士族道教奠定了理论基础"②。其《抱朴子内篇》围绕着"神仙是否实有""神仙是否可学"两个问题讲述了一场道教与外部世界之间动态的辩论。葛洪巧妙设置了一个"或人"的角色来代表正统儒家③，并通过宾主对答的形式来建构自己的神仙理论和系统性来回应正统社会的种种质疑。

## 一、"或曰"与《抱朴子内篇》的叙事逻辑

借助于"或曰""或问"阐述自己思想的手法在先秦诸子书中时有所见，例如《论语》中就有"或曰：雍也仁而不佞""或曰：以德报怨，何如""或问禘之说""或问子产"等篇章④。但先秦文献中的"或曰""或问"基本是偶尔为之，也许仅仅是对真实问答情境的匿名化处理。

而《抱朴子内篇》中"或曰"的应用性质则完全不同，它竟出现了七十余

---

① 参见卿希泰、詹石窗主编：《中国道教通史》第2卷，北京：人民出版社2019年版，第215—216页。
② 卿希泰、詹石窗主编：《中国道教通史》第1卷，北京：人民出版社2019年版，第335页。
③ 葛洪少时本以"以儒学知名"，而后才"好神仙导养之法"。葛洪自序其书云："世儒徒知服膺周孔，莫信神仙之书，不但大而笑之，又将谤毁真正。故予所著子言黄白之事，名曰《内篇》；其余驳难通释，名曰《外篇》。"[参见（唐）房玄龄等：《晋书》，北京：中华书局1974年版，第1911—1912页。] 可知其《抱朴子》某种程度上是专为驳斥和开导"世儒"而作。
④ （宋）朱熹：《四书章句集注·论语集注》，北京：中华书局1983年版，第76、157、172、150页。

次,"或曰+抱朴子曰"的问答作为贯穿始终的叙事手法,构成了该书大部分内容。这七十余条"或曰"又明显可分为两类,一类是向葛洪请教神仙之说的道、法、术,"或人"的身份好似弟子;另一类是对葛洪的质疑和问难,"或人"的身份则是论敌①。这两类"或曰"错杂分布于《抱朴子内篇》各篇中,但我们大致能够分清楚。

其中第二类"或曰"由于动态展示了道教与外部世界之间一场精彩的论战,不仅在文字上更具有可读性,而且从思想史的角度来说也更值得我们关注。如果能将分散于各篇的或人问难与抱朴子答问综合起来看,将有助于我们对葛洪神仙学说的建构逻辑及其所面对的社会文化氛围有一个历史情境化的了解。为了表述的方便,以下所举"或问"或"或曰"皆仅就第二类而言。

难能可贵的是,葛洪所树立的这位论敌不仅有嘲笑、讥讽、疑虑等丰富细腻的情感,而且说理时善于引经据典,文采斐然。总体来看,《抱朴子》中或人的质疑、问难大多有理有据,若拎出来整合在一起就是一篇完整的批判神仙学说的论战文,几乎涵盖了当时乃至后世对于"神仙实有""神仙可学"的主要质疑和批评。可见,葛洪试图通过或人的角色将主流社会对神仙学说的质疑和批评充分展示出来,而非有所回避。他所树立的或人角色感越强、论证越充分,就越表达了葛洪本人对神仙学说的坚定信念。

或人对葛洪神仙之说的问难集中见于《对俗》《塞难》《释滞》《辨问》四篇,其余则散见于其他篇章,兹列举如下:

| 篇目 | 论仙 | 对俗 | 微旨 | 塞难 | 释滞 | 辨问 | 极言 | 遐览 |
|------|------|------|------|------|------|------|------|------|
| 次数 | 2 | 7 | 2 | 5 | 4 | 3 | 2 | 2 |

综观《抱朴子内篇》,或人之问从内容到语气大体上经历了从嘲笑、讥讽、

---

① 因此《抱朴子内篇》中的"或曰"有两大意义:一者为宣教,即以问答形式系统展示葛洪神仙之说的道、法、术;二者为护教,即以问答形式系统展示葛洪对于正统社会之批评的回应与驳斥。

质问、疑惑到恭敬请教的变化，生动展示了一个完整的说服过程①。在《论仙》中，或人对葛洪学说的态度是"大笑"；到了《遐览》中，或人已经自称"鄙人"并反思其过去的鄙陋，而尊称葛洪为"先生"并恭敬请教修道之事：

> 或曰："鄙人面墙，拘系儒教，独知有五经三史百氏之言，及浮华之诗赋，无益之短文，尽思守此，既有年矣……先生既穷观坟典，又兼综奇秘，不审道书，凡有几卷，愿告篇目。"②

作为问难者的或人显然是一位儒家知识分子，但他的态度在论辩过程中逐渐改变，并最终完全转到了葛洪的立场上。而面对或人真诚的忏悔和请教，葛洪立马引为同伦并回顾自己曲折的学仙经历来鼓励他。

葛洪作为神仙学说忠实的信仰者与实践者，在其一生行历中可能一次又一次真实地面对过这类来自主流社会的问难。故或人的形象未必有某一个对应的原型，而可能是许多真实人物的结合体。或人的一个个问难虽然分散于《抱朴子内篇》的不同篇章，却并非是偶然的、零散的，而基本上展示了一个儒家知识分子对道教神仙之说的系统性驳斥。

而一旦我们将分散于不同篇章的或人问难综合起来看，将会明显发现这一系统性驳斥是借用墨家"三表法"为基本框架建构起来的。而葛洪在逐一反驳或人观点的同时，也对其所建构的"三表法"框架进行了解构。但是在同时，葛洪却悄悄建构了一套神仙家的"三表法"来支持自己的学说。这是或人与葛洪之辩中颇值得注意的一点。

众所周知，"三表法"是墨子所确立的三条衡量言论对错、得失的标准。它

---

① 这一说服过程在《微旨》一篇中亦略有呈现。该篇包含八组问答，第一个"或曰"是表达或人对葛洪的质疑和嘲讽，第二个是表达或人的诚服："或曰：'屡承嘉谈，足以不疑于有仙矣，但更自嫌于不能为耳。敢问更有要道，可得单行者否？'"（王明：《抱朴子内篇校释》，北京：中华书局1985年版，第122—129页。）此后的六个"或曰"皆为或人对葛洪的进一步请教。

② 王明：《抱朴子内篇校释》，北京：中华书局1985年版，第331页。

在《墨子》中有几种略带差异的表达范式①，综合起来看我们可将三表的具体内涵大致归纳如下：

第一表强调"有所本"，即一项言论主张应当本于天道，本于古圣王之道。这一表重在提供权威性论证。

第二表强调"有所原"，即一项言论主张在横向上应当原察于百姓的群体见闻，在纵向上应当原察于书中的历史经验。这一表重在提供经验性论证。

第三表强调"有所用"，即该言论主张落实到实践中要能够符合国家、人民之利。这一表重在提供功利性论证。

假如一项主张既能够在天道、先王、圣人的维度上"有所本"，又能够在历史与现实中获得感性经验的支撑，落在实践中还能够满足国家、社会与个人的利益，那么它自然是一项好主张。可见三表合用确实能产生强大的论证效力，故墨子专门以"三表法"来论证自己的十大主张。"三表法"之论证效力不能单纯以形式逻辑来考量，因为它是依据中国传统社会特有的文化土壤而建立，投射着华夏民族自商周以来已基本奠定的文化心理结构：往上说，是尊天道、敬鬼神、法先王、崇圣人等内涵；往下说，是重视感官经验、务求实用、以民为本等内涵。这可以说是诸子百家立言立说时共享的一种文化土壤，也为秦汉以后的不同思想家所继承。

《墨子》文本中带有宣教色彩的论证使我们难以充分见识到"三表法"的论证效力及其不足。《抱朴子内篇》恰恰提供了一个动态化的论辩过程，论辩双方皆有意无意地以"三表法"为基本框架来进行说理，这不仅直观地呈现了葛洪神仙学说的建构逻辑，也可以使我们对"三表法"之性质与论证效力有一个更充分的认识。

---

① "三表法"在《墨子》中有两种典型的表述：《非命上》所述三表分别为"上本之于古者圣王之事""下原察百姓耳目之实""发以为刑政，观其中国家百姓人民之利"，《非命中》则分别为"考之天鬼之志、圣王之事""征以先王之书""发而为刑政"。（参见吴毓江撰，孙启治点校：《墨子校注》，北京：中华书局2006年版，第401、413页。）综合这两种表述可知，第一表的衡量准绳是天、鬼神和古圣王，第二表的衡量准绳是百姓群体经验和书中的历史经验，第三表的衡量准绳是国家、人民之利。

## 二、或人问难中所见的"三表法"架构

"三表法"之三表如果从论证效力的性质来说，可以大致化约为"天道圣王表"（基于天道、先王、圣人等来立论）、"见闻经验表"（基于横向的群体见闻和纵向的历史见闻来立论）和"效用利弊表"（基于国家、百姓与个人之利来立论）。前面说到，分散于各篇的或人问难如果整合起来就是一篇完整的批判神仙之说的论战文。而这篇论战文的主要论据、主要观点彼此呼应，大致可分为三大类，与"三表法"之三项恰能够一一对应。

或人的第一大类问难是借助于天道、先王、圣人来立论，以证明神仙非实有、神仙不可学，可以对应"三表法"中的天道圣王表。它包含以下八个质疑①：

1. 或人难曰："良工所作，皆由其手，天之神明，何所不为，而云人生各有所值，非彼昊苍所能匠成，愚甚惑焉，未之敢许也。"

2. 或曰："仲尼称自古皆有死，老子曰神仙之可学。夫圣人之言，信而有征，道家所说，诞而难用。"

3. 或曰："果其仙道可求得者，五经何以不载，周孔何以不言，圣人何以不度世，上智何以不长存？"

4. 或问曰："若仙必可得，圣人已修之矣，而周孔不为之者，是无此道可知也。"

5. 或曰："生死有命，修短素定，非彼药物所能损益。"

6. 或曰："皇穹至神，赋命宜均，何为使乔松凡人受不死之寿，而周孔大圣无久视之祚哉？"

7. 或曰："黄帝审仙者，桥山之冢，又何为乎？"

8. 或人问曰："彭祖八百，安期三千，斯寿之过人矣。若果有不死之道，彼何不遂仙乎？"

---

① 以下八段引文分别见王明：《抱朴子内篇校释》，北京：中华书局1985年版，第136、138、153、224、50、136、241、242页。

其中2、3、4三个问难是依据周公、孔子等圣人未曾学仙且五经等经书未曾言仙来论证神仙不可学；1、5、6三个问难是依据儒家的天道观、天命观来论证神仙不可学；7、8两个问难是以道家尊奉的圣贤也并未成仙来论证神仙不可学。

或人的第二大类问难是通过列举古今各类见闻经验来论证神仙非实有、神仙不可学，大致可对应墨子"三表法"的见闻经验表。它包括以下七个质疑①：

1. 问者大笑曰："夫有始者必有卒，有存者必有亡。故三五丘旦之圣，弃疾良平之智，端婴随郦之辩，贲育五丁之勇，而咸死者。"（引历史见闻）

2. 世间不见仙人，故天下必无此事。②（引世人一般见闻）

3. 世人所以不信仙之可学，不许命之可延者，正以秦皇汉武求之不获，以少君栾太为之无验故也。（引学仙失败的典型案例）

4. 世人以刘向作金不成，便谓索隐行怪，好传虚无，所撰《列仙》，皆复妄作。（引学仙失败的典型案例）

5. 或难曰："龟鹤长寿，盖世间之空言耳，谁与二物终始相随而得知之也？"（从经验上质疑"龟鹤长寿"说）

6. 或人难曰："子体无参午达理，奇毛通骨，年非安期彭祖多历之寿，目不接见神仙，耳不独闻异说，何以知长生之可获，养性之有征哉？"（从葛洪体貌平凡论证其不知神仙之说）

7. 或曰："余阅见知名之高人，洽闻之硕儒，果以穷理尽性，研核有无者多矣，未有言年之可延，仙之可得者也。先生明不能并日月，思不能出万夫，而据长生之道，未之敢信也。"（或人自述其生平见闻）

---

① 以下七段引文分别见王明：《抱朴子内篇校释》，北京：中华书局1985年版，第12、14、17、21、47、123、140页。

② 葛洪在对或人问难的答复中会转述"世人""俗人""浅识之徒"等对其学说的批评，这样的批评者亦可视为"或人"之属。

其中第1、3、4个问难属于纵向的历史见闻经验，第2、5、6、7则属于现实的群体及个人经验。

或人的第三大类问难，是从学仙之不利的角度来论证神仙不可学，大致可对应"三表法"的第三表"观其中国家、人民之利"①。它包括以下六个问难②：

1. 或曰："审其神仙可以学致，翻然凌霄，背俗弃世，烝尝之礼，莫之修奉，先鬼有知，其不饿乎！"

2. 或问曰："人道多端，求仙至难，非有废也，则事不兼济。艺文之业，忧乐之务，君臣之道，胡可替乎？"

3. 或曰："圣明御世，唯贤是宝，而学仙之士，不肯进宦，人皆修道，谁复佐政事哉？"

4. 或曰："学仙之士，独洁其身而忘大伦之乱，背世主而有不臣之慢，余恐长生无成功，而罪罟将见及也。"

5. 苦心约己，以行无益之事，镂冰雕朽，终无必成之功。未若摅匡世之高策，招当年之隆祉，使紫青重纡，玄牡龙跱，华毂易步趋，鼎馔代末粗，不亦美哉？

6. 或曰："儒者，周孔也，其籍则六经也，盖治世存正之所由也，立身举动之准绳也，其用远而业贵，其事大而辞美，有国有家不易之制也。为道之士，不营礼教，不顾大伦，侣狐貉于草泽之中，偶猿猱于林麓之间，魁然流摈，与木石为邻，此亦东走之迷，忘葵之甘也。"

其中1、2、3、4四个问难是强调学仙会对家族祭祀、国家取贤和人伦礼制等造成负面影响；5、6两个问难是阐明学仙对于个人来说弊大于利，苦大于乐。

这三方面的质疑占了"或人"问难的绝大部分，他关于神仙非实有、神仙

---

① 参见吴毓江撰，孙启治点校：《墨子校注》，北京：中华书局2006年版，第401页。原文为"观其中国家、百姓、人民之利"，而"百姓""人民"义涵略同。
② 以下六段引文分别见王明：《抱朴子内篇校释》，北京：中华书局1985年版，第51—52、148、151、152、12—13、188页。

不可学的最强有力的论据基本都包含在其中了。三方面的论证相合一，近乎将正统儒家对神仙之说的批判和盘托出。剩余的少数问难可算作这三方面质疑的延伸和补充，论证的力度也要小得多。

因此，或人的观点如果综合起来看，明显是以"三表法"为基本论证框架而建构起来的。与墨子对"三表法"的运用相似，或人依据天道、圣人、先王来做权威性论证，依据历史的、现实的见闻事例来做经验性论证，依据对国家、家族及个人的利弊影响来做功利性论证。我们可依此三表为框架将或人的主要论证做如下整合：

天道圣王表—
- 五经俱不言神仙，今神仙传非圣人所作。
- 周孔等圣人皆不学仙，可知无仙道。
- 仲尼称"自古皆有死"，此言信而有征。
- "神仙不死"说不合于天命、天道。
- 道家圣贤黄帝、彭祖、安期生尚且未成仙。

见闻经验表—
- 历史上的圣者、智者、辩者、勇者皆已死。
- 世人未尝亲见仙人，未尝亲见龟鹤长寿。
- 秦皇、汉武求仙无验，刘向作金不成。
- 你葛洪体貌平常，论仙之语不足凭信。
- 我结识高人硕儒甚多，未有言仙之可学者。

效用利弊表—
- 仙道不顾礼俗，妨害祖宗祭祀。
- 人人竟先学仙，不利于国家举贤。
- 学仙背弃君臣大伦，将招致惩罚。
- 学仙勤苦而无益，徒失世俗之乐。

这倒不一定说葛洪在书写或人角色时刻意借用了墨子的"三表法"，毋宁说这体现了"三表法"背后的文化心理结构在中国传统社会的广泛影响力——它使得人们在一些宏大主题的论证中会有意无意顺应这种文化心理结构，从而自然而然地借用墨子所提出的基本论证框架。

当然，葛洪既然以"三表法"为框架来塑造自己的论敌，或多或少表明了他对这一文化心理结构的深刻理解和自觉运用。

## 三、葛洪答问对"三表法"的解构与重构

正因为或人的质疑是以"三表法"为基本架构来展开,其主要论据、观点彼此呼应而形成了一个整体。而葛洪在逐一反驳或人观点的同时,也相当于对其所建构的"三表法"框架进行了解构。其种种驳斥对"三表法"之论证效力给予了全面的冲击,触及和突破了每一表论证效力的边界。然而葛洪在解构或人"三表法"的基础上,又悄悄建构起了一种仙家的"三表法"以宣扬自己的主张。

(一)葛洪对或人"天道圣王表"的解构

或人一再强调神仙之事为"五经所不载,周孔所不为",因此是虚妄的,这是一种典型的权威性论证。葛洪却巧妙地从经验、逻辑层面来解构这种权威性论证的效力。

1. 回应神仙之事为"五经所不载"的质疑

葛洪首先申明"五经所不载者无限矣,周孔所不言者不少矣"[①]。然后他列举了五经所不载的有关天地宇宙的知识约30条,诸如"周天之度数,四海之广狭,宇宙之相去,凡为几里?上何所极?下何所据?",认为学习五经的儒者们"皆不能对",而《巫咸》《甘公》《石申》《海中》《七曜》等书则"记之悉矣"[②]。他又从各类书籍及世俗传说中列出关于万物的知识条目数十种,认为均属于"五经所不载,周孔所不说,可皆复云无是物乎?"[③] 这等于从经验、逻辑层面破了或人立论的大前提,消解了其权威性论证。

同时,葛洪又试图在五经之外寻求另外的经典证明以建立起他自己的权威性论证,那就是他广泛称引《灵宝经》《玉策记》《昌宇经》《异闻记》《荆山经》《龙首记》《列仙传》《彭祖经》《黄石公记》等书中关于神仙之事的记录来

---

① 王明:《抱朴子内篇校释》,北京:中华书局1985年版,第153页。
② 同上书,第154页。
③ 同上书,第154—155页。

为自己辩护①。

2. 回应神仙之事乃"周孔等圣人皆不为"的质疑

葛洪的应对是对"圣人"一语之内涵、外延进行全新解读。他认为通常所说的"圣"是指在某一领域取得极高成就的人，因而世间会有"棋圣""书圣""画圣""木圣"等称谓，孟子分别称伯夷、柳下惠、伊尹为"清之圣者""和之圣者""任之圣者"亦可为证。葛洪进一步列举了历史上的"机械之圣""治疾之圣""卜筮之圣""知音之圣""用兵之圣"等，并由此发问："何为善于道德以致神仙者，独不可谓之为得道之圣？"② 他通过改变"圣人"之内涵而大大拓宽了其外延，一定程度上消解了圣人的神圣性。但其本意并非要摒弃这种权威性论证，只是欲站在一个更高的立场上打破儒者对圣人的独尊解释权——这个更高的立场即道的立场，他强调道贯通天地而无所不包，"但黄老执其本，儒墨治其末耳"③。那么，"执其本"的道家圣人自然要高于或者至少不会低于"治其末"的儒家圣人。

3. 对于神仙之说不合于天道、天命的反驳

或人依据儒家天命观来反驳神仙不死说，葛洪则充分运用了道家"自然""无为"思想来解构或人所言的"天之神明"——他把万物生于天地比拟成虱类寄生于人，虱类的寿命非决定于人身，因而人的寿命也不由天地决定。他认为与人联系最紧密的生身父母，尚不能决定人的美丑、智愚、夭寿等，"况乎天地辽阔者哉？"④ 他又列举"伯牛废疾，子夏丧明，盗跖穷凶而白首，庄蹻极恶而黄发"⑤ 等命运反常事例来证明天确实是无为的，并不决定人的寿命。

有意思的是，葛洪虽以道家自然观念解构或人的天道观、天命观，但面对何以周孔等圣人皆不学仙道，何以多数人不信仙道，何以有人勤学无成、有人

---

① 葛洪引述了早期灵宝经记录的吴王得夏禹所藏"真文"并请教孔子的故事，并由此说："以此论之，是夏禹不死也，而仲尼又知之。安知仲尼不皆密修其道乎？"（参见王明：《抱朴子内篇校释》，北京：中华书局1985年版，第229页。）至于或人对黄帝、彭祖、安期生皆未成仙的怀疑，葛洪也是引用道书的记载予以反驳。

② 王明：《抱朴子内篇校释》，北京：中华书局1985年版，第225—226页。

③ 同上书，第185页。

④ 同上书，第137页。

⑤ 同上书，第138页。

却易成等种种疑问,葛洪的回应仍然是诉诸于天命。他提出了一种"星宿值命说",认为"命属生星,则其人必好仙道。好仙道者,求之亦必得也。命属死星,则其人亦不信仙道。不信仙道,则亦不自修其事也"①。这一天命论与葛洪的自然主义天道观多少有些矛盾,但我们不宜夸大它在葛洪神仙之说中的分量,因为葛洪一再强调古来仙人均是由学而成,没有不经学习而获长生度世者。"星宿值命说"主要被他用来解释儒家圣人及一般大众对神仙之说的"不学"与"不信"②。与此相对应,葛洪强调人唯有深信之并笃学之,方有可能成仙。因此他始终在强调后天的学习,强调人为胜过天定。《抱朴子·黄白》引龟甲文曰:"我命在我不在天,还丹成金亿万年。古人岂欺我哉?"③他力图建立起一种既不同于传统儒家,也不同于传统道家的属于仙家的天命观④。

(二)葛洪对或人"见闻经验表"的解构

胡适曾指出"三表法"第二表在具体运用时存在两大流弊,一是"耳目所见所闻,是有限的",二是"平常人的耳目最易错误迷乱"⑤。其实葛洪早在一千六百多年前就抓住了"见闻经验表"的这两大漏洞,他回答或人之问时一再强调,天地之大无奇不有,人们耳目所见所闻只是其中一小部分,未见未闻的则为多数;何况常人的耳目见闻往往并不可靠,"俗有闻猛风烈火之声,而谓天之冬雷;见游云西行,而谓月之东驰。人或告之,而终不悟信"。因此,怎么能据此说神仙之事必定为无呢?

神仙是否存在是一个很难证实也很难证伪的问题。葛洪一方面强调或人所提供的见闻经验无法证伪神仙之存在,另一方面则提供了另一类见闻以证明神仙之存在。所谓"列仙之人,盈乎竹素""前哲所记,近将千人,皆有姓字及有

---

① 王明:《抱朴子内篇校释》,北京:中华书局1985年版,第136页。
② 东汉的王充在解释反常的命运遭际时亦运用了相似学说。(参见黄晖:《论衡校释》,北京:中华书局1990年版,第48页。)冯友兰对此评述说:"以'疾虚妄'立论,务求实证之王充,亦有其所谓命,并主有符瑞之说。可见时代影响之大,虽特异之士,亦有时难自拔也。"(参见冯友兰:《中国哲学史》下册,重庆:重庆出版社2009年版,第77页。)"星宿值命说"亦可视为东汉以来之时代观念在葛洪身上的体现。
③ 王明:《抱朴子内篇校释》,北京:中华书局1985年版,第287页。
④ "我命在我不在天"这一口号在后来的《西升经》《养性延命录》《真气还元铭》等道经中被反复引用和发挥,成了道教迥异于世界上其他任何宗教的一个基本理念。
⑤ 参见胡适:《中国哲学史大纲》,北京:中华书局2018年版,第120页。

施为本末""（刘向）所撰《列仙传》，仙人七十有余"①。魏晋时期随着道派的发展和道经造制的兴盛，大量新道书正统儒家知识分子可能闻所未闻，葛洪构建自己的神仙学说时则充分运用了这些道经的记录②。

是否认同神仙存在不仅是一个需要论证的公共话题，还是一个人言人殊的个人信仰问题。个体将首先运用私人经验来进行自我论证，而这种自我论证有时亦可以进入到公共论证话语中。或人除了运用群体性的见闻事例反驳葛洪，还强调自己平生结识高人硕儒甚多而未有一人言神仙可学者。而葛洪在回答时亦一再拿亲身经历来论证自己和反驳或人，他认为神仙之道可由书中的大量神仙记录（间接经验）和自己生平所见的各类养生方术（直接经验）推理而得："小既有验，则长生之道，何独不然乎？"③

面对一个既难证实又难证伪的问题，论辩双方皆运用了私人经验来作为论据，这一点颇值得注意。

（三）葛洪对或人"功用利弊表"的解构

首先，葛洪驳斥了仙道与世道不能兼得的观点。他以黄帝荷四海之任、彭祖为大夫八百年、伯阳为柱史、吕望为太师、范蠡霸越而泛海等事例来论证"古人多得道而匡世"，并不一定要"废生民之事"而修之于山林。因此"上士"学仙能够"内宝养生之道，外则和光于世，治身而身长修，治国而国太平"④。当然葛洪指出学仙者毕竟与世俗之人不同，他们并不总是"兼而修之"。

其次，葛洪强调每一时代"学仙之士，万未有一"，并不会对国家、社会造成实质性的妨害。何况"学仙之士，未必有经国之才"⑤，在朝廷中往往多之无用，弃之无损。

以上两点都是论证仙道与世道并不冲突，学仙不足以损害国家、百姓之利。

最后，葛洪强调仙道不仅不会带来危害，反而对国家、家族与个人皆有大

---

① 王明：《抱朴子内篇校释》，北京：中华书局1985年版，第12、46、16页。
② 葛洪在刘向《列仙传》基础上所作的《神仙传》，也是为回答弟子滕升关于古之得仙者是否实有其人的请教。
③ 王明：《抱朴子内篇校释》，北京：中华书局1985年版，第51页。
④ 同上书，第148页。
⑤ 同上书，第152—153页。

利益。

对于国家、社会而言，仙道能发挥济世救人之效，功德无量：

> 世之谓一言之善，贵于千金然……至于告人以长生之诀，授之以不死之方，非特若彼常人之善言也，则奚徒千金而已乎？设使有困病垂死，而有能救之得愈者，莫不谓之为宏恩重施矣。今若按仙经……则天下皆可令不死，其惠非但活一人之功也。黄老之德，固无量矣！①

对于家族而言，学仙将有裨益于祖宗先人，是一种大孝：

> 盖闻身体不伤，谓之终孝，况得仙道，长生久视……先鬼有知，将蒙我荣，或可以翼亮五帝，或可以监御百灵，位可以不求而自致，膳可以咀茹华璃，势可以总摄罗酆，威可以叱咤梁成，诚如其道，罔识其妙。②

对于个人而言，学仙能带来一种世俗人无法获得的大利益：

> 夫得仙者，或升太清，或翔紫霄，或造玄洲，或栖板桐，听钧天之乐，享九芝之馔，出携松、羡于倒景之表，入宴常、阳于瑶房之中。③

胡适曾指出墨子"三表法"第三表最大的流弊在于把"用"字、"利"字解得太狭隘。"往往有许多事的用处或在几百年后始可看出，或者虽用在现在，他的真用处不在表面上，却在骨子里。"比如墨子从国家利益、社会风气和百姓疾苦等多个方面来论证音乐无用，而当时一个叫程繁的人则历举音乐的种

---

① 王明：《抱朴子内篇校释》，北京：中华书局1985年版，第149页。
② 同上书，第52页。
③ 同上书，第189页。

种用处来反驳墨子①。由此可见一件事情的利益往往是多方面的,有当下的和长远的,已知的和未知的,局部的和整体的,此一方面的和彼一方面的,乃至此世界的和彼世界的。葛洪正是立足于这一点来驳斥或人,他在世俗利益之外描绘了一种超越性的大利益。

总结来说,葛洪对或人的反驳始终是一边破一边立,在驳斥的同时也在做关于神仙之道的知识普及和思想解放工作。从"破"的一面来看,葛洪的反驳对或人的"三表法"论证架构进行了强有力的冲击,触碰和突破了每一表论证效力的边界。从"立"的一面来说,葛洪在与或人的论辩过程中建立起了一种仙家的"三表法"——他在儒家五经之外试图建立另一种经典的谱系,在儒家圣贤之外试图建立另一套圣贤的谱系,他突破了儒家乃至传统道家的天道观、天命观而试图建立神仙家的天道观、天命观;他广泛撷取百家之书及魏晋新出道书中的故事并历举生平所见所闻,从而提供了另一类支持神仙之说的见闻经验;他在强调修道与国家、社会利益不相违背的同时,又向世人描述了另一种超越性的大利益。

## 四、从葛洪与或人之辩看"三表法"的论证效力

值得注意的是,葛洪对或人"三表法"的解构运用了一种类似于"田忌赛马"的策略——"三表法"第一表明显属于权威性论证,它是基于群体性的精神文化共识而产生论证效力,其必然具有超经验、超逻辑的一面②。而葛洪的策略恰恰是从经验、逻辑层面来解构它。"三表法"之第二表是依据感性经验来论证,或人提出了各类支持"神仙不可学"的经验性事实,葛洪的应对却是大量引用仙经道书的神异记录来反驳,其说理一定程度上带有权威性论证的性质。

在这个既难证实又难证伪的辩题上,葛洪巧妙发挥了"三表法"三项之间的错位优势。这也告诉我们,"三表法"第一表的权威性论证必须与后面的经验

---

① 胡适:《中国哲学史大纲》,北京:中华书局2018年版,第120页。
② 梁启超即抓住了中国古代天的超经验特点来剖析墨子"天志说"的逻辑局限性:"说'天兼爱'和老子说'天地不仁'正是两极端的话,到底谁是谁非?谁也找不出最高法庭来下这判语。"(梁启超:《梁启超全集》第6册,北京:北京出版社1999年版,第3272页。)

性论证、功利性论证有机结合起来，才能产生更为强大的论证效力。它们在单独使用时都各有自己的逻辑局限性，从而给意见相反者留下了反驳的空间。

（一）"三表法"每一表的逻辑局限性

第一项"天道圣王表"看起来是一种演绎推理，其推理过程可大致表述如下：

> 凡是符合天道、符合古圣王之道的主张都是对的，
> 这个主张符合天道，也符合古圣王之道，
> 因此，这个主张是对的。

这一演绎论证被中国古代不同学派的学者所熟用，但其演绎大前提中"天道""圣王"两大范畴都义涵丰富、微妙难言而给人留下了自我诠释的空间。其之所以具有大前提的地位，在于中国古代不同学派皆认同天道与圣王之道是一切政治、道德、人伦、礼俗之本。

第二项"见闻经验表"看起来是一种归纳推理，其推理过程可大致表述如下：

> 来自历史与现实的经验性案例 A1、A2……An 都说明这一主张是对的，
> 因此，这一主张是对的。

中国人极重视感性经验，这一推理手法同样为不同学派所熟用。但它的两个弱点早已为葛洪和胡适所剖明，其一，被用作论据的见闻经验是有限的，它明显是一种不完全归纳；其二，人们的见闻经验容易错乱，因此论据本身就有待考究[①]。

----

[①] 《墨子》将"三表法"第二项表述为"下原察百姓耳目之实""察众之耳目之请（情）"（分别见吴毓江撰，孙启治点校：《墨子校注》，北京：中华书局 2006 年版，第 401、423 页），"情""实"均表示真相、事实。可知第二表并不是将大众的见闻拿来就用，还需要"察其实""察其情"。但是连墨子本人在运用这一表时也显得较为随意，他用大众见闻传说来论证鬼神实有就颇为后世所诟病。

第三表综合考量了国家、社会及个人之利,最容易取得人们的共识。但一件事情的利弊总是多方面的,如前所述,故不同学派的学者仍可以站在自己的立场上灵活地谈论一件事情的利益。

由此可知,"三表法"每一项在论证逻辑上都有其不完备的地方,从而给意见相反者留下了反驳的空间。葛洪正是抓准了"三表法"每一表的逻辑局限性来反驳或人的论证。

(二)"三表法"作为论证系统的开放性

然而,如果我们换个角度来理解,这种逻辑局限性正好使得"三表法"成为一个开放、包容的系统。

"三表法"虽然是墨子首先提出来的,但其背后投射的文化心理结构却是各个学派立言立说时都在遵循的。中国文化自商周以来即已形成尊天道、法先王、崇圣人的传统,三者被视为政治、人伦、礼俗、道德的最高价值依据。但"天道""先王""圣人"在中国文化中多维度的丰富内涵又使其成为开放、包容的概念,不同学者皆可灵活地做出自己的解读,所谓"孔子、墨子俱道尧舜,而取舍不同,皆自谓真尧舜",而他们对天道、天命的解读就更加"取舍不同"了。扩大来讲,儒墨俱尊"天道",俱法"先王",俱崇"圣人",俱重视耳目感官经验,俱强调国家、人民之利,只是他们在价值上取舍不同而已。

这种"取舍不同"的情况说明,"三表法"只是一个基础性的论证框架,不同立场的学者可以比较灵活地使用它——不仅对"天道圣王表"可以做出灵活的诠释,运用"见闻经验表"时也同样如此——不同学者往往只是选取对自己有利的见闻经验来佐证。第三项"效用利弊表"由于融摄了国家、社会与个人的利益而最容易取得人们的共识,但仍可以从多层面、多维度来谈利益。

或人与葛洪能够各自以"三表法"为论证框架来论证彼此对立的观点,正充分说明了"三表法"的开放性和包容性。

(三)葛洪对"三表法"的突破与丰富

当时人们把葛洪论证神仙实有、神仙可学的行为称之为"欲强通天下之不可通者"[1],可见这种系统化的道教神仙学说对以儒家为底色的正统社会带来了

---

[1] 王明:《抱朴子内篇校释》,北京:中华书局1985年版,第283页。

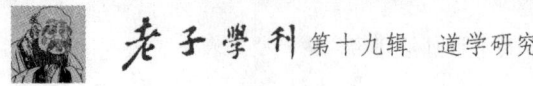

巨大的挑战。因此，与其说葛洪与或人的论辩是对"三表法"的冲击，倒不如说它是对中国固有文化的冲击——在与或人论辩的过程中，葛洪对华夏文化传统的天道观、天命观和圣人观都进行了开创性的解读；他连珠炮似地提出了一系列迥异于世俗经验的"大有径庭，不近人情"① 的神异见闻；他耐心描绘了一种迥异于世俗利益的超越性利益。故葛洪对于"三表法"的解构与重构，本身也可以视为对传统"三表法"内涵的一种丰富，即他对天道、圣人，对耳目见闻，对国家人民之利的全新解读使我们能够超越墨家或儒家的立场而对"三表法"有一个更加开阔的理解。

由于对天道、先王、圣人的尊奉往往凝结着中华文化在长期历史中所形成的最核心的精神文化共识，对感性经验的重视和对国家、人民之利的强调则代表了中华文化基本的思维方式和价值取向，故"三表法"背后所投射的文化心理结构是一种"大同"，而不同学派对"三表法"的灵活运用则体现为"小异"。当我们将墨子、或人和葛洪对"三表法"的不同运用综合起来看，或许有可能提炼出一个超越于不同学派立场的、更具普适性的论证模型来。

---

① 语出《庄子·逍遥游》。

# 论民国时期全真千峰先天派"性"与"命"内丹修炼思想

赵 芃

**内容提要**：道教全真千峰先天派是民国时期全真龙门支派之一。全真龙门第十一代传人赵避尘，道号顺一子，自民国九年（1920）五月普渡弟子八百人，传千峰先天派，至今已有百年历史。其立教宗旨蕴含着"先性后命"的修炼原则、"与性合一"的修炼路径、"性命和修"的修炼观念、"开通八脉"的修炼技巧、"神与性和"的修炼目标，从教义理论与实践方法上系统构建了内丹修炼的思想体系。千峰先天派有关"性"与"命"的内丹修炼思想，对深入研究民国时期全真千峰先天派的思想理论，弘扬中国优秀传统文化具有积极意义。

**关键词**：全真道教；千峰先天派；内丹思想

"性"与"命"是道教认识和理解人之生命的两大观念，二者相互依存，辩证统一，共同构成生命的长生长养系统。全真千峰先天派开山老人赵避尘①所著

---

\* 本文系国家"十三五"规划文化重大工程《中华续道藏》（批准号：中央统战部"统办函"[2018] 576号）的专项研究成果。

\*\* 赵芃，男，山东济宁人，齐鲁工业大学（山东省科学院）文化产业研究院教授。

① 赵避尘（1860—1942），号千峰老人，道号顺一子，北京昌平县人，自称属于丘处机龙门派，为继承八代伍守阳、九代柳华阳、十代了然、了空的第十一代传人，并称在北京有门徒达八百余人，传千峰先天派金仙大道。1933年出版《性命法诀明指》一书。该书十六卷，叙述十六步内丹口诀，用问答的方式对炼己筑基、金鼎玉炉、开通八脉、法轮自转、采大药过关等修炼方法做了讲授。

《性命法诀明指》一书,全面阐释了全真龙门千峰先天派"性"与"命"内丹修炼思想,系统传承和发展了道教有关"性命双修"思想及实践方法,蕴含着"道法自然"的科学理念,是民国时期道教内丹修炼的代表性著作之一。

## 一、"先性后命"的修炼原则

道教主张"性命双修",但在"性"与"命"的修炼秩序上,全真道强调"先性后命"与南宗强调的"先命后性"形成了明显的区别。《性命法诀明指·安神祖窍》开门见山地阐明"初炼性命之功,先得炼性"①,强调千峰先天派"先性后命"之修炼原则,主张"炼性"是其重要的丹道之法,也是坚持性命双修的前提条件。只有做到"炼性",才能使生命具有长养长生之基础。因此,"修命"先需"炼性",坚守"收拾念头之法"②,才能实现初炼性命之功的修炼目标。"收拾念头之法"主要包括:

第一,坐前,强调修性应清静无欲,即"每于静坐之前,务要扫除一切杂念。宽放衣带,身体不受束缚,自然血脉流通无阻"③。只有心中无任何杂想,才能使血脉畅通,身心放松,到达无拘无束、轻松自然之状态。

第二,坐中,把握"目"之观、闭、开、垂、齐、平等对于修性之功能作用。即"及入坐时,身如槁木,心似寒灰。两目下观鼻准,不可太闭,太闭则神气昏暗;亦不可过开,过开则神光外驰。当以垂帘看鼻准,意念在两目中间,齐平处为最佳。久之,慧光自然现出。此修丹起初,收拾念头之法"④。只有实现齐平身、心、目、鼻等肌体器官,使之相互之间彼此协调,才能实现修性之最佳效果。

第三,坐念,修性应使"心""眼""耳""舌""颚""鼻"之间相互配合。即"俟心气适和后,含眼光,凝耳韵,舌顶上颚,调鼻息。如息不调,恐有闭塞喘急之患。息调身心全忘。塞兑终日如愚"⑤。通过不同器官相互之间"适"

---

① 《性命法诀明指》,《藏外道书》第26册,成都:巴蜀书社1994年版,第5页。
② 同上。
③ 同上。
④ 同上。
⑤ 同上。

"和""含""凝""顶""调"之配合,实现"息调身心"之目标,避免修性行为"塞"与"愚"。

第四,坐姿,修性还应通过"膝""腿""手""指"等肢体及动作,实现"抱阴阳""守正中"之目标。如"盘膝稳坐,左腿向外,右腿向内,为阳抱阴。左手大指,捏定中指。右手大指,进入左手内。《捏子诀》:'右手在外,为阴抱阳。此名子午八卦连环诀。'《经》云'手脚和合扣连环,四门紧闭守正中'是也"①。

"初炼性命之功"具有以下的优点。其一,具体明确。通过"坐前""坐中""坐念""坐姿"几个简单而明确的功法步骤,使全真道教有关"炼性"思想得以落地生根,使长期以来人们有关"修性""炼性""养性"等对于生命呵护的观念和意识,能够通过具体明确的"坐功"得到实践和体验。其二,简单易行。"炼性"之功便于操作实施,使具有神秘而复杂的内丹"密宗"之功以坐功静养的方法得以体现,不但简单实用,而且便于人们掌握、实践,使抽象的"炼性"思想,能够通过机体动作和意念控制,能够落实到人们日常行为的静坐之功。其功法易学,便于普及和一般体验者实践运用,开创了道教内丹功法大众化、普及化之先河。其三,便于推广。"炼性"之法简便易行,便于推广与应用。在今天经济社会高度发展,人们竞争激烈、身心压力较大且时间不宽裕的情况下,掌握和实践千峰先天派"炼性"之功法,对促进人们身心健康具有积极意义。

千峰先天派"收拾念头之法",还蕴含着"性命"炼养之机理。千峰老人认为:"吾人脑中之仁,左右有小管各一,左曰太极,右曰冲灵。上接天谷,下达涌泉,中通于心。丹经云:性者心也,发于二目。命者肾也,发于淫根。真性乃心中灵气,发于脑仁,二小管。是以眼视正中,性光现出,炼之日久,即与命接合而为一。性命和合,为观空不空,不知和合之理,无所成也。"② 其思想诠释了"炼性"与人之机体的三个内在关系:

其一,全息关系。"炼性"与人之机体之间构成全息关系,即通过"炼性"所产生的局部运动与变化,不仅影响局部,而且会反射到肌体全部运动组

---

① 《性命法诀明指》,《藏外道书》第 26 册,成都:巴蜀书社 1994 年版,第 5—6 页。

② 同上书,第 6 页。

织,并会引起身体上一系列的生理变化。即"炼性"会影响并牵动人体各部位的器官,引起气血、经脉、心跳、呼吸等一系列身体、心理、生理的运动变化。原因在于"人脑""小管""太极""冲灵""天谷""涌泉""心肾"等相互连接、相互贯通,构成人体的全息系统,各个部位器官之间形成了系统的整体关系,共同构成了生命运动与演变,"炼性"可以起到牵一发而动全身之效果。

其二,导引关系。"炼性"可以导引养生、养命。在生命长养长生过程中,"性"对于生命炼养、保健、运动具有导引关系。由于性指心,发动于二目;命指肾,发动于淫根;真性乃是人心中的灵气,发生于脑仁的两根小管中;人的双眼存视正中,人的灵性之光便会出现,持久修炼,便会与命相接,使"性"与"命"合而为一。因此,正确做好"炼性"不但可以导引"心肾"与"目根"健康、"真气"与"灵气"不失,回归"性光现出"之自然,而且还可以使"炼性"导引生命运动按照生命自然、长养长生之路发展。

其三,和合关系。"炼性"可以实现"性"与"命"之间相互和合。性与心、命与肾彼此相依、和合为一,即所谓"性者心也;命者,肾也"。同时,"真性乃心中灵气,发于脑仁",与肌体生命同处于身体大宇宙之中,二者之间具有"性与命接合而为一,性命和合"之关系。性命相互和合混融,即"不知和合之理,无所成也"。"性"与"命"还具有合炼关系。"用功之时,两眼归中守一,养于祖窍之内,勿勤勿怠,谓之安神祖窍。为炼性之所,立命之根。"① 其中,"炼性"是第一位的,不仅为"立命之根",而且还是"收拾念头之法"首要之选。

## 二、"与性合一"的修炼路径

千峰先天派在修炼路径上明确了"与性合一"的基本要求,弘扬"先天真性"之道派传统,认为生命应融合于性。生命长生长养与"性"之间相互联系、相互融合、合二为一。《性命法诀明指·玉鼎金炉》提出了所谓"玉鼎"之名,认为玉鼎乃"先天真性所居之处",玉鼎者"与性合一",应该把握"存神

---

① 《性命法诀明指》,《藏外道书》第26册,成都:巴蜀书社1994年版,第7页。

养气之所妙处"，才能实现生命的长养长生。千峰先天派认为，所谓"玉鼎者，正在两耳尖上之中心，方寸玉枕之中，是元神室也。金炉者，正在肾前脐后、两胯上之中心，此是真金炉也。此炉是真炁穴①。这在一定程度上传承了全真道对于丹道"玉鼎"之认识。

千峰先天派在确认丹道修炼"玉鼎"部位上，强调了"性"与"命"的内在联系。其认识有三点：

其一，"玉鼎"作为丹道修炼之部位，正在大脑中心，内藏一胞，为先天真性所居之处，又称之为"元神室"。两边各有一管，联于眼珠，复下通心，即所谓"性者心也，发于两目"②，即性与心、性与目、性与机体器官是分不开的，表明离开了心、目、脑等机体器官，性则不复存在。

其二，"玉鼎"作为炼养之中枢"鼎内存性"，是内丹修炼必然达到的最高生命境界，蕴含着与性合一的基本属性。即"鼎原无鼎，真炁发时，与性合一，方为玉鼎之名"③。玉鼎所存之性，是由于人们修炼养生达到"真炁发时"，才实现"与性合一"，从而成就了"玉鼎"之位。这是千峰先天派对于"与性合一"修炼路径的重要认识。

其三，"玉鼎"作为"生精之所"，不但为"真炁穴"（金炉）之枢纽，而且在"炼性"功能中发挥着重要作用。千峰先天派认为"脐下一寸三分，前七后三正中心处，曰真炁穴……又名金炉。炉内存命"④"炉原无炉"⑤，当生命达到"与性合一"炼养之境界，则可以实现"精生炁发则为炉，血液至此管，变化为阴精，亦即生精之所也"⑥，从而使"玉鼎"炼养之功能得以充分发挥。

人们在日常生活中"食五谷百味"⑦，从而给生命运动提供能量，生命运动在这种能量转化中不断得到演化与滋养。如何在实现生命的能量转化中达到"与性合一"，实现生命炼养之目的，千峰先天派认为采取"吞津液法"可以实

---

① 《性命法诀明指》，《藏外道书》第 26 册，成都：巴蜀书社 1994 年版，第 15 页。

② 同上。

③ 同上。

④ 同上。

⑤ 同上。

⑥ 同上。

⑦ 同上书，第 16 页。

现"养成仙体"。因为"血行脉中,气行脉外,即动静二语默之际,毫无一息停留。舌根下,有两管,左为肩井,右为石泉,口中津液皆由此生,吞入任脉,落于丹田,立化成阴精。此吞津液法,求师口传,否则必入食道,经大小肠,出二便,无所用矣"①。"吞津液法"是炼制元精"与性合一"的重要途径,其方法包括"吞咽""化精"与"意控"三个主要阶段。

首先,"吞咽"即用舌顶住上颚,舌根处的两窍穴,此时要比平常产生的津液多而且产生迅速。等到津液满口不能容纳,从气管中喷出之时,要及时伸长脖领将其吞下,这样津液必然进入任脉,下达下丹田,从而实现养命之功效。

其次,"化精"即吞咽之津液会逐渐化为阴精和阳精。"精""气""神"在生命长生长养中居于首要地位。精足则气足,气足而神旺,身体便会因此强健起来。

最后,"意控",即在没有"真师"授传情况下,需要在修炼中实现"意控""淫水"之泛滥。如果不能做到"意控",容忍淫水长居于此,便会时时作怪,扰乱人的心性。"自古至今,男女受斯害者多矣。此管若发涨,妇女易失贞节,男子荒淫纵欲,置生死于度外者,比比皆然。"②

为此,千峰老人认为:"外肾一举,名为活子时到,须要无念采取。而采取法,复有老年、少年、童真之别。以童真本元体,毫无亏损,如将其圆陀陀、光灼灼之慧命,收归中宫,时时醒悟,刻刻觉照,护持十月,即可大药过关,养成仙体。"③ 通过"收归中宫""时时醒悟""刻刻觉照"等功法,护持十月,达到与性合一,可实现"意控"之效果、"养成仙体"之目标。

## 三、"性命和修"的修炼观念

千峰先天派在实践性命双修时,强调养命应从"炼性"开始,通过修性而修命,实现"性命和修"之目标。将先修之性与后修之命"自然集合一处",通过"养神养气之法",实现"性命双修"之目标。千峰老人认为:"和者,心中

---

① 《性命法诀明指》,《藏外道书》第 26 册,成都:巴蜀书社 1994 年版,第 16 页。

② 同上。

③ 同上。

阴气能和肾中阳气，阴气得阳气，则有安心立命之所。合者，肾中阳气，承受心中阴气，则自敛收坚固其体。凝者，是凝神之法，二目和合归并一处。集者，下照坤脐，肾中真命，自然集合一处。此即性命双修，养神养气之法。"①养神养气之法在"性命和修"中起到重要作用，可以实现性命合一而到达生命长养长生之目标。

千峰先天派认为，养神养气之法，通过"炼性"与肌体之间相互"融合""意同""充满"② 等可以产生长养长生之功效，从而实现"性命和修"之目标。

"融合"，即"炼性"与肌体运动具有融合关系。"炼性"开始时采取真气以炼制内丹，通过一吸，使得真气真意从腰下尾闾穴直上升至头顶，再一呼，又下降至丹田，这便称为法轮一转，即真气运转的一个周期，可以较好地和合凝集神气，还会感到身体下部忽然融和，真阳上升，达到养生炼气之功效。

"意同"，即"炼性"与肌体运动实现意同关系。在"炼性"中通过控制意念与肌体运动之间相互会同，如意念与呼吸相互运转，再反复存思观照丹田，久而久之就会有慧光从丹田升出，使修性之意与修命之为会同，实现性命和修之目标。

"充满"，即"炼性"与肌体运动达到最佳状态。其标志是"炼性"达到一定程度会有慧光升出，这个"慧光圈"使"精、气、神"充满全身，从而达到"炼性"最佳效果。慧光即是所谓"太极圈"，父母因为一念的萌生而生下我身，而未有此身之前，已先有慧光圈的存在，性与命就寓于其中，只有使"慧光"出现，才能使"炼性"充满肌体，进而实现性命和修之目标。

千峰先天派认为，性命和修来源于先天之炁、父母之命，婴儿出生之前就孕育着"性命"合一之机理。人身在母腹中时性命合一并依附于母体，十月炁满胎圆，剪断脐带，先天祖炁切断。"性"携带着炁上移至心，"命"携带着炁下入到肾，二者相距有八寸四分。如果"元神失位，识神主事，自少而壮，壮而老，老而呜呼，性命不能合一"③。如若实现性命复归于婴儿，则需要通过性命和修之炼养。

---

① 《性命法诀明指》，《藏外道书》第26册，成都：巴蜀书社1994年版，第18页。

② 同上。

③ 同上。

千峰先天派认为,实现性命和修,应按照守丹田之法,静极而动,真情一到,即以意念控制发动的真炁,用意去采取,以所生之精来补充元体,人才得以长生。采补一百天,便可收回元气六十四铢,这样便有一阳返回到了身体中,从而使母体赋予的性命同体复归于身体之中,从而实现修性养命之要求①。有关炼养与性命之关系,有口诀:

> 五谷化精性命分,上要八两下半斤;头正中是性,丹田中是命;真性生出于乾中,真命产发在坤位;五谷之气化卫荣,性命全由气血生;顶者曰鼎炼真性,田者曰炉生真命;督升任降成鼎炉,锻炼五谷化精气;火逼金行颠倒转,化谷结丹养性命;和合凝集转法轮,吸呼熏炼性命存;烹炼铅汞于鼎炉,炼精炼神根本地;返观凝神入炁穴,炼精百日黄芽生;尔知身中本有者,乾坤鼎炉在正中;先取白金为鼎炉,炼炁化神是性功;未发之前心是性,已发之后性是心。心性源头参不透,空从往迹费搜寻;性之根,命之蒂,同出异名为两类。合归一处结成丹,还为元始先天炁;有人若问玄关地,八万四千正中生。出离目前空中定,知者便是道中人。②

"性命和修"除了注意机体生命的炼养、修为外,还注意修炼勤奋、阴德厚积之品德修养。"炼道之人,亟应广修己德,多行好事,犹恐躬之不逮。"③ 德厚者与德薄者在性命修为和养生长生方面是有差别的。只有广修己德,多行好事,善心发动,悔过自新,笃行其志,才可以"心定性灵",实现性命和修之效果。

## 四、"开通八脉"的修炼技巧

千峰先天派认为性命双修是一门科学,应该认真学习践行,只有全面领悟

---

① 《性命法诀明指》,《藏外道书》第26册,成都:巴蜀书社1994年版,第19页。
② 同上书,第21页。
③ 同上书,第20页。

性命之学的内在机理，才能达到生命养生长生之功效。《性命法诀明指·开通八脉》认为"炼性"需要掌握修炼技巧，顺应性命之学的自然规律。其中，"开通八脉"炼养之法具有一定代表性。

所谓"八脉"指人肌体之"督脉""任脉""带脉""阳腧脉""阴腧脉""冲脉""阳跷脉""阴跷脉"，具有"横通带脉上通心，下通阳关前通脐，上后通肾中通冲"①之功能，又称之为"生精、化精、走精、炼精之八脉"②。如果"此脉一结，不能化精，人由此而老矣"③。对于八脉在养生中的重要作用，千峰老人认为："人身通气，八脉总根在生死窍，上通泥丸，下通涌泉，真气聚散，皆以此窍为转移。"④ 如果在修炼中做到"开通八脉"，则可以达到"血脉周流，全身贯通，和气上朝，阳长阴消，水中火发，雪里花开，天根月窟闲来往，三十六宫都是春，乃是生炁之根"⑤。如何"开通八脉"？千峰老人认为"每日清晨早起，先行八脉之气：闭口鼻气，心意先由生死窍起"⑥，并通过"吸呼"来实现：

> 一吸由尾闾关升到头中为督脉；二呼由前任脉降至生死窍。三吸由生死窍上升至炁穴为带脉，双分开至背后双腰眼，双上双膀窝定住。四呼由两膀窝双走两肘外，为阳腧脉，走中指至手心定住；五吸由两手心走阴腧脉，双回至胸前定住。六呼由两胸前双降至带脉，合归一处，回生死窍。七吸由生死窍直升至绛宫定住，为冲脉，不可过心；八呼由心下降至生死窍分开，双走两腿外，为阳跷脉，过脚指到足心，为涌泉穴定住。九吸由涌泉穴双回两腿内，为阴跷脉，过生死窍，上至真炁穴定住；十呼由真炁穴降至生死窍定住。⑦

---

① 《性命法诀明指》，《藏外道书》第26册，成都：巴蜀书社1994年版，第22页。
② 同上。
③ 同上。
④ 同上书，第23页。
⑤ 同上。
⑥ 同上。
⑦ 同上。

"开通八脉"作为千峰先天派内丹修炼的基本方法,具有四个特点。一是动态连续,通过连续"五吸""五呼"而满十,实现"开通八脉"之效果,"开通八脉"过程与生命生理运动呼吸过程相结合,从而达到"能驱逐一身百窍之阴邪"。二是行气冲脉,通过每日早晨行气,逐步开通身体八脉,可以实现脉脉相通、心肾调和、气穴定住、邪气驱除之目标。三是以脉带穴,每天先行八脉之气,使之达到疏通经络、穴位应冲、身心舒畅、肢体灵巧之效果。四是性命互换,通过"开通八脉",不但能够气血相通,五官肢体互动,还可以达到心性与命脉之间相互融合,性与命的动静互换,实现"保命立身""却病延年"修炼之功效。有口诀云:

八脉开通却病无,全凭心意用功夫;保命立身是任督,却病延年通腧跷;任督二脉通周身,后升前降转法轮;尻督一开通属阳,法轮长转身体康;通精气神是任督,行气血是气血管;走精走气八脉分,阴阳腧跷仔细行;师授之后亲自用,八脉一开阳气升;亲自在脉中行过,数百回方得成就;用后天之真吸呼,寻找真人吸呼处。①

另外,千峰先天派认为"开通八脉",还可通过"生精""化精""走精""炼精"等"生精之法"②加以实现,并"须当格外注意,方能融会贯通"③,最终实现生命的长生长养。

## 五、"神与性和"的修炼目标

千峰先天派强调性命双修的修炼目标是通过筑基、合炼,精补其精,气补其气,神补其神,实现"神与性和"。《性命法诀明指·采外药》提出了人们需要修炼"金仙之道",使七情(喜、怒、忧、思、悲、恐、惊)不动,五贼(眼、耳、鼻、舌、身)不乱,六根(眼、耳、鼻、舌、身、意)大定,精难动

---

① 《性命法诀明指》,《藏外道书》第 26 册,成都:巴蜀书社 1994 年版,第 26 页。
② 同上书,第 23 页。
③ 同上。

摇，方可从事，实现"先性后命"之修炼目标。

千峰老人认为："在未筑基之先，元神逐境外弛，元炁散，元精败，而基坏。必用三宝合炼，精补其精，气补其气，神补其神，三者合一则基成矣。基成而人仙之果证矣。"① 至于为什么要筑基修炼、补精、补气、补神，千峰先天派认为原因有三。一是生命自然，"人身如无根之树，惟凭气息以为根株，百岁光阴，如梦相似"②。为了防止在不知不觉中衰老死亡，需要修炼真道，实现生命的自然之性。二是价值追求，人生需要抓住各种机会展示自己的价值，"切莫去时空手，到老依前病死，枉在人间一遭"③。在生命的历程中，不要失去机会空手而回，应该勉力修炼，实现生命价值最大化。三是延长寿命，通过清心寡欲，即"一意无他"，包括"眼不外视""耳不外听"，以及"节饮食""省睡眠""绝谈笑""息思虑"等实现生命"如龟吸日，寿乃延长"④。

实现"神与性和"需要修炼"金仙之道"，即"与天地同其寿量者其基此，与仙圣齐其神通者基此"⑤，"朝收暮炼，日采时烹"⑥，勤勉不断地采取元神元气来修炼内丹，才可享受成仙之大福。通过"所谓阳神之有基。由于阳精之无漏，名曰漏尽通，金丹成矣。此为筑基之功，大矣哉"⑦。有关"金仙之道"的原则、方法、途径、目标、禁忌和效果，千峰老人提出了"七情""六根""五贼"思想，认为金仙之道的原则乃"先于炼心"，通过炼心，实现修炼者"七情不动，五贼不乱，六根大定，精难动摇"⑧之目标。金仙之道的方法和途径，即"以身为国，以精为民，精不动摇，谓之民安，神气充足谓之国富"⑨。金仙之道的禁忌是："以眼见色，则爱起而贼精；以耳听声，则欲起而摇精；以鼻闻香，则贪起而耗精；以口尝味，则嗜起而走精。"⑩ 应尽力避免这些禁

---

① 《性命法诀明指》，《藏外道书》第26册，成都：巴蜀书社1994年版，第27页。
② 同上书，第26页。
③ 同上。
④ 同上。
⑤ 同上书，第27页。
⑥ 同上。
⑦ 同上。
⑧ 同上。
⑨ 同上。
⑩ 同上。

忌，才可有"得先天之炁"①的效果。

通过修"金仙之道"可以实现"神与性和"之目标，达到"身心意""精气神""三元合一"，即"精神"与"性情"，"身心"与"虚静"等相互之间达到融合与促进。千峰老人认为："身、心、意谓之三家，精、气、神谓之三宝，又谓之三元。以身、心、意为主，以精、气、神为用，三元合一而丹成，摄三归一在于虚静。虚其心则神与性合，静其身则精与情寂，意大定则三元混一。"② 其中，"身心意"与"精气神"相互处于"主"与"用"的地位关系，没有"身心意"就没有"精气神"，而建立在"身心意"基础上的"精气神"之"三元"或称"三宝"，只有"合一"才能"虚其心""静其神""情合性""精合神"。通过"身之不动""心之不动""意之不动"，达到"精化为炁""炁化为神""神化为虚"③之效果，实现"神与性和"之修炼目标。

千峰先天派内丹修炼思想系统构建了"性"与"命"的修炼原则、修炼路径、修炼观念、修炼技巧、修炼目标，其"炼性"理论与修炼方法，对丰富人们的养生实践，实现生命自然、自然养生、适度养生，科学保健等具有一定的积极意义。

---

① 《性命法诀明指》，《藏外道书》第26册，成都：巴蜀书社1994年版，第27页。
② 同上。
③ 同上。

# 老子与道教关系新探

张红志

**内容提要**：历史上多有学者对道教与老子之关系不以为然，认为道教之理念多非《老子》所言，仪式、制度等更是与其中思想相距甚远。但实际上，这是混淆了老子与《老子》。老子是一位精通礼制的史官，而《老子》作为一部书，只能代表老子的一个侧面。道教之中，那些被认为与《老子》无关而被蔑视的内容，往往可以从史官之司职与礼制之中找到原型。故道教之原，实与老子、史官有着深厚的关系。

**关键词**：道教起源；多面相的老子；科仪；教阶制度；史官职能

在学界主流观念中，道教产生的标志是东汉张道陵于巴蜀创立的正一盟威之道。但《三国志》《后汉书》等史料之中所见的正一道已然是一个有着相当成熟制度的庞大教团，这种严密的组织必然经历了相当长时间的酝酿准备，绝非短时间之内可以形成。

道教作为根植于中国传统社会之中的本土宗教，其早期的教理教义、组织制度等并非凭空产生，而是深受两周秦汉以来的文化影响。这种影响不仅在于先秦诸子、神仙方术等对道教思想义理、技术层面的影响，还在于礼制对道教

---

\* 本文系国家"十三五"规划文化重大工程《中华续道藏》（批准号：中央统战部"统办函"［2018］576号）的专项研究成果、四川大学"中国语言文学与中华文化全球传播"学科群阶段性成果。

\*\* 张红志，男，江苏徐州人，四川大学道教与宗教文化研究所博士研究生。

制度规范的影响。国之大事在祀与戎，宗教祭祀在古代中国有着十分重要的地位，相关制度也成熟极早。据《周礼》所载，周代的职官划分为天、地、春、夏、秋、冬六官。其中春官宗伯及其下属职官司掌邦礼："乃立春官宗伯，使帅其属而掌邦礼，以佐王和邦国。"① 周代的邦礼所要处理的内容不仅是人与人之间的关系，还包括了人与天神、地祇、鬼之间的关系，此类内容对道教的科仪形式、制度规范等均有着深远的影响。而在这种礼制对道教的影响中，老子扮演着十分重要的角色。

## 一、道教与多面相的老子

当代学术界往往严格区分道家、道教，认为两者并不相同，不可混为一谈。而在历史上，持此观念的学者也不鲜见，如白居易认为："何况玄元圣祖五千言，不言药，不言仙，不言白日升青天。"② 马端临则认为随着时代的推移，道教距离黄老越来越远："黄帝、老子、列御寇、庄周之书所言者，清净无为而已，而略及炼养之事……近世黄冠师之徒，则专言经典科教。"③ 并强调老子并未以《道德经》设教，道教与老子的关系不过是"羽人方士借其名以自重"④。此类观点的共同之处多在于强调道教之内容与老子之思想具有差异性，但若细加考辨，会发现此类观点之中所谓的老子实际上是指《老子》一书，也即是《道德经》，而不是老子其人。

在道教产生的汉代，黄老之学曾兴盛一时，其影响深入到了整个社会。而《老子》作为黄老之学的一部分，并不能完全代表黄老、道家，也不能代表老子。道教徒所尊崇的老子形象复杂而多面，除了《老子》一书外，老子的身份与司职也对道教有着特殊的意义。

道教徒认为老子是太上老君降化在世间的人格身份，这一形象与道教的正

---

① （清）孙诒让著，汪少华整理：《周礼正义》第4册，北京：中华书局2015年版，第1496页。
② （唐）白居易撰，谢思炜校注：《白居易诗集校注》，中华书局2006年版，第289页。
③ （元）马端临撰，上海师范大学古籍研究所、华东师范大学古籍研究所点校：《文献通考》第10册，北京：中华书局2011年版，第6203页。
④ 同上书，第6204页。

统联系在一起。汉末张道陵、北魏寇谦之的天师之位，均托言得自老君，而他们所传的"正一盟威之道"与"云中音诵新科之戒"，同样号称是与老君订立盟约之后得其所授，故《魏书·释老志》在论述道教的起源之时认为："道家之原，出于老子。"① 虽然《老子》一书之中少有涉及仪式、科戒、制度仪式的内容，但老子本人却对此相当精通。至少在汉代人的观念之中，老子是一个礼学大师的形象。而且，"孔子见老子"在当时是一个相当重要的画像石题材。

**山东嘉祥县纸坊镇敬老院出土画像局部**
（右边一人榜题孔子，左边一人榜题老子②）

关于汉代画像石所绘的"孔子见老子"图，学界主要有两种观点。一些学者认为其中描述的内容是孔子适周并问礼于老子。《孔子家语》记载，孔子曾至周王室观先王之遗制，考礼乐之所极。孔子此行不仅对宗庙明堂进行了实地考察，还求教了相关的专业人士："至周，问礼于老聃，访乐于苌弘，历郊社之所，考明堂之则，察庙朝之度。"③《史记》《说苑》等文献之中的记载与此可以

---

① （北齐）魏收：《魏书》第 8 册，北京：中华书局 1974 年版，第 3048 页。
② 金维诺总主编，信立祥卷主编：《中国美术全集·画像石画像砖》第 1 册，合肥：黄山书社 2009 年版，第 224 页。
③ （清）陈士珂辑，崔涛点校：《孔子家语疏证》，南京：凤凰出版社 2017 年版，第 78 页。

互证。也有学者认为图中描述的内容并非孔子适周问礼，而是孔子为老子助葬之事①。《礼记·曾子问》记载，孔子明确对曾子说过："昔者吾从老聃助葬于巷党。"② 而在助葬之时，孔子趁机向老聃问礼，所问的主要涉及丧礼的四个问题。陈恳博士对"适周问礼"与"助葬问礼"两种传本进行了详细的考证，认为两者是发生在不同时间的两次问礼，并不矛盾③。实际上，无论画像石中所要表达的是孔子"适周问礼"还是"助葬问礼"，都足以说明老子对周礼十分熟悉，以至于在某些方面甚至要超过孔子。而老子之所以对周礼有如此深刻的认识，很大程度上与其司职有着直接的关系。

《史记》记载，老子"姓李氏，名耳，字聃，周守藏室之史"④。《曾子问》引《论语》郑注曰："老聃，周之大史。"⑤《汉官仪》则曰："侍御史，周官也，为柱下史，冠法冠……柱下史，老聃为之。"⑥ 还有一些记载认为老子先任守藏室之史，后任柱下史。虽然在汉代有关老子的生平事迹，以及具体担任何种职官的记载均已经模糊不清，但比较确定的一点是，在当时的观念中老子是一位史官。而《汉书·艺文志》明确认为"道家者流，盖出于史官"⑦，更是指出了道家与史官的关系。

在《周礼》的划分之中，史官属于春官宗伯的下属官员，而宗伯所负责掌管的乃是邦国之礼："乃立春官宗伯，使帅其属而掌邦礼，以佐王和邦国。"⑧ 虽然无法确认老子的具体是哪一种史官，但作为春官之属，这些史官的主要职责便是辅助宗伯处理各种与礼仪相关的事务。老子身居其位，通晓周礼乃是职责所在。作为各种礼仪的实际参与者，老子不仅要在理论上对周礼进行掌握，还

---

① 陈东：《汉画像石"孔子见老子"其实是孔子助葬图》，《孔子研究》2016年第3期，第50—61页。
② （清）孙希旦撰，沈啸寰、王星贤点校：《礼记集解》中册，北京：中华书局1989年版，第545—546页。
③ 陈恳：《"孔子问礼于老子"早期传本考信》，《孔子研究》2017年第6期，第12—22页。
④ （汉）司马迁撰，（南朝宋）裴骃集解，（唐）司马贞索隐，（唐）张守节正义：《史记》第7册，北京：中华书局1982年版，第2139页。
⑤ （清）朱彬撰，饶钦农点校：《礼记训纂》上册，北京：中华书局1996年版，第298页。
⑥ （汉）应劭：《汉官仪》，（清）孙星衍等辑，周天游点校：《汉官六种》，北京：中华书局1990年版，第144页。
⑦ （汉）班固撰，（唐）颜师古注：《汉书》第6册，北京：中华书局1962版，第1732页。
⑧ （清）孙诒让著，汪少华整理：《周礼正义》第4册，北京：中华书局2015年版，第1496页。

要在实际的应用之中应对各种疑难情况。所以，孔子才会在相关领域的仪礼难题上向他请教。可见，老子除了是《老子》的作者之外，其本身还是一个精通周礼的史官。《魏书·释老志》所论的"道家之原，出于老子"①与《汉书·艺文志》所说的"道家者流，盖出于史官"②在一定程度上是相同的。因此，考察老子与道教的关系以及老子对道教的影响，绝不能仅仅考虑《老子》一书。道教与《老子》之间的关系当然十分密切，自汉末正一盟威之道之时就已经有《老子想尔注》，以往的学者此研究极多，此处无须赘述。而老子的史官身份，以及史官司职对道教的影响并不比《老子》一书带来的影响小。

## 二、史官司职对道教科仪的影响

周代史官的司职范围相当广泛，内容相当复杂，与今日所谓之史学家大不相同。刘师培在《古学出于史官论》③《补古学出于史官论》④中指出史官在周代官制之中的地位极为重要，六艺、九流、术数、方技甚至当时的一切学术皆以官学的形式掌握于史官之手。虽然周代之学术是否皆掌于史官有待商榷，但史官作为春官宗伯之属官，其司职天然的便与术数、礼仪等相关。

史官所属的宗伯在秦代被改为奉常，至汉景帝时又被改为太常："奉常，秦官，掌宗庙礼仪，有丞。景帝中六年更名太常。属官有太乐、太祝、太宰、太史、太卜、太医六令丞。"⑤宗伯之名虽已不同，但其掌管礼仪的职责并未有大的变化，而太史等官也依然作为其属官协助其工作。《后汉书·百官志》记载，汉代之时，太史更名太史令：

> 太史令一人，六百石。本注曰：掌天时、星历。凡岁将终，奏新年历。凡国祭祀、丧、娶之事，掌奏良日及时节禁忌。凡国有瑞应、

---

① （北齐）魏收：《魏书》第8册，北京：中华书局1974年版，第3048页。
② （汉）班固撰，（唐）颜师古注：《汉书》第3册，北京：中华书局1962版，第726页。
③ 刘师培：《古学出于史官论》，《刘师培史学论著选集》，上海：上海古籍出版社2006年版，第9—14页。
④ 刘师培：《补古学出于史官论》，《刘师培史学论著选集》，上海：上海古籍出版社2006年版，第15—21页。
⑤ （汉）班固撰，（唐）颜师古注：《汉书》第6册，北京：中华书局1962版，第1732页。

灾异，掌记之。丞一人。明堂及灵台丞一人，二百石。本注曰：二丞，掌守明堂、灵台。灵台掌候日月星气，皆属太史。①

十分明显，太史令不仅有记载祥瑞、灾异等大事的职责，还需要掌管与天文历法、国家礼仪等相关的内容。以往的研究往往忽视了《老子》与老子的区别与联系，所以多因《老子》之中少有言及祭祀鬼神之事，便认为道教仪式距离老子之道较远，甚至完全无关。如马端临在论述道教科仪时，便认为道教科仪不是源于老子，而是模仿佛教："至其经论、科仪等事，又依仿佛氏而不及者。"② 但即使他持有这样的成见，却也在相关论述中不得不承认其与周礼，尤其是祝、史、巫、觋之间的渊源关系。

> 虽曰道经中所谓天神地祇皆领之国家之祠官，为臣庶者不当僭有所祈，然子路曰"祷尔于上下神祇"，孟子曰"虽有恶人，斋戒沐浴则可事上帝"，则亦为臣庶而言……则夫臣庶士民之家，苟有灾厄，而为之祈吁天地，醮祭星辰，黄冠师者斋明盛服，露香叩首，达其诚悃，乃古者祝、史、巫、觋荐信鬼神之遗意，盖理之所有，而亦人情之所不能免也。③

这种既认为道教科仪与老子无关，又认为其上承自巫史传统的矛盾观点在历史上并不鲜见。这种吊诡的情况实际上是因为过于重视《老子》一书，而忽视了老子的身份：精通礼仪的史官。所以他们在具体考察道教之源时往往会有所偏差，甚至自相矛盾。老子的史官司职本就决定了他需要参与礼仪，协助其他职官一起负责仪式举行之事，实际上，其司职所涉及的内容对道教的影响极深，甚至远远超过《老子》一书的影响。

从《孔子家语》《礼记》等有关孔子问礼的文献之中，可知老子所通晓的周

---

① （南朝宋）范晔撰，（唐）李贤等注：《后汉书》第12册，北京：中华书局1965年版，第3572页。
② （元）马端临撰，上海师范大学古籍研究所、华东师范大学古籍研究所点校：《文献通考》第10册，北京：中华书局2011年版，第6203页。
③ 同上书，第6205页。

礼至少涉及郊祀、明堂、庙朝、丧礼等方面，而早期道教的科仪很大程度上便是从相关的礼仪之中脱胎而出。虽然这些礼仪牵涉较广，需要多种职官联事而行，但史官所承担的一些具体事务同样在后世道教之中有着直观的体现。

（一）对天文术数的掌握

国家的祭祀活动是神圣而严肃的，其活动的时间节点不可随意，而择日正是史官之职责。按《周礼·春官·大史》："大祭祀，与执事卜日。戒及宿之日，与群执事读礼书而协事。"① 凡国家之大型祭祀，大史均需与相关执事选择合适的时间，并对选定的时间进行占卜以确定吉凶。在一些大型祭祀之中，卜日的环节有时不仅是史官与其他部门联事负责，而且国君也会参与其中："凡卜筮，君占体，大夫占色，史占墨，卜人占坼。"② 实际上，祭祀之中的卜日只是史官司职的一小部分体现，远非其司职的全部。《汉官仪》记载，上自五帝下至司马迁父子所处的汉代，天文历法、星象术数等均由史官世代职掌：

> 太史令……昔在颛顼，南正重司天，火正黎司地。唐虞之际，分命羲和历象日月星辰，敬授民时。至于夏后、殷、周，世序其官，皆精研术数，穷神知化……汉兴，甘石、唐都、司马父子，抑亦次焉。③

虽然上古时的具体情况难以考察，但至少在秦汉之人的观念及官制之中，仪式之中以占卜时日吉凶为代表的天文历算类事务的确是由史官职掌负责。后世各朝多严禁民间私习天文历算，但相关的知识在道教之中一直有所传承，而且此类学问在道教的科仪之中不可或缺。道教举行仪式之时也同样重视时间节点，不同的仪式、不同的目的、不同的参与者，往往涉及不同的利忌之日，所以在仪式举行之前便需要加以推敲，选定良辰吉日。为了择日之方便，道教还编撰有一些专门的工具书作为辅助，如《洞玄灵宝道士受三洞经诫法箓择日历》便是其中的代表。

---

① （清）孙诒让著，汪少华整理：《周礼正义》第6册，北京：中华书局2015年版，第2514—2516页。
② 同上书，第2357页。
③ （汉）应劭：《汉官仪》，（清）孙星衍等辑，周天游点校：《汉官六种》，北京：中华书局1990年版，第128页。

除了卜日之外，道教仪式所设立的坛场、法师所穿的法服、法器的安放形式也往往借助于术数，或直接或间接地比拟宇宙天地以构建其神圣性。这种模拟道教谓之法天象地，同样是对天文术数的应用，而这一切均与史官之司职有着高度的重合。

（二）对人神序次的重视

无论国家祭祀天地，还是诸侯祭祀家庙，往往参与者众多。在这种充满神圣性与严肃性的大型礼仪之中，秩序与规则极为重要，进行祭祀的人与被祭祀的鬼神皆尊卑有序、各有其位，序次之间不可有差错。这种人神序次在周礼之中有着严格的规定，是一种专门的学问，而这乃是史官所司掌。在确定仪式举行的时日之后，为了保证仪式成功，提前的预备是必要的，负责预备事物以保证正式仪式之中人神次序正确者正是史官。

在参与祭祀之人的序次安排方面，按《周礼·春官·大史》："戒及宿之日，与群执事读礼书而协事。祭之日，执书以次位常，辩事者考焉，不信者诛之。"[1] 大史需要在正式祭祀之前联合相关人员，根据礼书的规定对仪式进行预备。而在祭祀当天，大史负责根据礼书对祭祀参与者进行排序，并对失礼者进行惩处。实际上，除了祭祀鬼神的礼仪之外，在诸侯对周天子的大会同，以及四季对周天子的朝、宗、觐、遇等礼仪之中，其位次排列与礼仪程序也同样需要史官安排协调。道教的科范延续了这种对仪式序次的重视："夫人道崇真，次位、行坐、倚立，须依典仪，人不位分，法则无绪矣。"[2] 只不过，周礼之中的位次高低主要是以爵位与年龄为依据，也即是序爵、序齿。而道教的位次则是以箓职、年龄为依据，而且与周礼类似，道教之箓职也有内外之分："悉依法箓大小为次第。若所受同，以前后为次。若所受法箓治职同日，当以年长为次。若受外官，次虽大，悉不得加上内治。"[3] 如同大史有惩处失礼之人的职责一样，道教之中也有专门负责此事的司职："威仪职：主教敕礼制、衣服、仪容、

---

[1] （清）孙诒让著，汪少华整理：《周礼正义》第6册，北京：中华书局2015年版，第2514—2516页。

[2] （唐）张万福：《要修科仪戒律钞》，《道藏》第6册，北京：文物出版社、上海：上海书店、天津：天津古籍出版社1998年版（以下略注），第962页。

[3] 《玄都律文》，《道藏》第3册，第460页。

法则、起次位,弹邪正非,施行法礼。"①

而被祭祀的鬼神序次同样与史官联系紧密,按《周礼·春官·小史》:"小史掌邦国之志,奠系世,辨昭穆。若有事,则诏王之忌讳。"② 所谓系世、昭穆,直接关系到祭祀的顺序,而忌讳则是其忌日与名讳。道教的仪式同样重视神灵之序次、名讳,相关仪范对此多有强调,且有《真灵位业图》之类专门序次神灵位阶之书。史官不仅要确定被祭祀者在仪式之中所处位置、祭祀顺序,还要确定其所享用祭品的差异:"大祭祀,读礼法,史以书叙昭穆之俎簋。"③ 而这同样被道教所继承,道教举行仪式设立坛场时,不同的神灵有不同位次与法信,如祭祀五帝时,其位次分别对应五方,所用法信的数量则对应各个方位的颜色与数字。

(三) 世序天地与分别人鬼

虽然史官需要严格遵循礼书的记载,对礼仪之中的人神次序进行安排,但他们并不仅仅是照本宣科的执行者。实际上,人与神的等级秩序也是有专门的司职进行确定,而这同样与史官有着密切的关系。

司马迁在《太史公自序》中首论司马氏之世系:

> 昔在颛顼,命南正重以司天,北正黎以司地。唐虞之际,绍重黎之后,使复典之,至于夏商,故重黎氏世序天地。其在周,程伯休甫其后也。当周宣王时,失其守而为司马氏。司马氏世典周史。④

司马迁明确指出其家本出于重黎氏,之后历代相续,直至汉代也未断绝。他认为史官之职乃是从重黎氏司天、司地的官守而来,并谓之"世序天地",也就是掌管天、地、人之间的关系。而且,这里的"序"既包括了天神、地祇、人鬼的等级次序,及其所应受到祭祀的规格,也包括了哪些群体有资格进行对

---

① (唐) 王悬河编:《三洞珠囊》,《道藏》第 25 册,第 336 页。
② (清) 孙诒让著,汪少华整理:《周礼正义》第 6 册,北京:中华书局 2015 年版,第 2514—2516 页。
③ 同上书,第 2527 页。
④ (汉) 司马迁撰,(南朝宋) 裴骃集解,(唐) 司马贞索隐,(唐) 张守节正义:《史记》第 10 册,北京:中华书局 1982 年版,第 3285 页。

应等级的祭祀。按《国语·楚语下》，重、黎二氏曾受命清理"夫人作享，家为巫史"①的乱象，他们将这种普通人任意祭祀神灵的行为加以取缔，并把相应的权力收归于巫、史、祝、宗等特定人群。这一记载是重黎氏实施"世序天地"职能的一次典型案例，他们使没有相应权力的普通人断绝了与天神、地祇的沟通，普通人只可祭祀人鬼，也即是自家的先祖。因此，这次著名的事件被称为"绝地天通"。但具有相关权力的史官一直都承担着沟通神灵的职责，并被世人认为是通晓天道者，故柯陵之会有"吾非瞽史，焉知天道"②之言。司马迁在自述撰著《史记》的目的时，首先提到的便是"究天人之际"，而这正是自重黎氏以来史官的一贯职责。

  汉代大兴的正一盟威之道距司马迁的时代不远，而其教团在成立之初也同样进行了与重黎氏如出一辙的改革。据陆修静追述，正一盟威之道创立之初所面临的是一个类似于九黎之时"民神杂糅，不可方物"③的境况："三五失统，人鬼错乱。"④当时民间淫祠众多，妄称鬼神者各行其是："擅行威福，责人庙舍，求人飨祠，扰乱人民，宰杀三牲，费用万计。"⑤而正一盟威之道对这些淫祠进行了清整："诛符伐庙，杀鬼生人，荡涤宇宙，明正三五，周天匝地，不得复有淫邪之鬼。"⑥自此，以往那些杂乱的鬼神祭祀，以及沟通这些鬼神的灵媒均被清理。这实际上是一次重定人神秩序的宗教革命。通过这种明正三五、分别人鬼的方式，正一盟威之道规定了人们可以祭祀哪些鬼神，并将沟通人神的权力收归到了部分祭酒那里。而相关的等级规定"唯天子祭天，三公祭五岳，诸侯祭山川，民人五腊吉日祠先人"⑦既是礼制的延续，也与重黎氏的绝地天通相应。

  道教是一个非常重视科仪的宗教，明《道藏》之中过半文本皆与科仪有关，其中与史官司职相关者难以尽述。但绝大多数道教科仪皆有一个共通之

---

① 徐元诰撰，王树民、沈长云点校：《国语集解》，北京：中华书局2002年版，第515页。
② 同上书，第83页。
③ 同上书，第515页。
④ 《陆先生道门科略》，《道藏》第24册，第779页。
⑤ 同上。
⑥ 同上。
⑦ 同上。

处,其仪式之中与神灵沟通的方式主要借助于"章表文书"。正史之中的最早记载乃是为"三官手书":"请祷之法,书病人姓名,说服罪之意。作三通,其一上之天,着山上,其一埋之地,其一沉之水,谓之三官手书。使病者家出五斗米以为常。"① 其基本模式是祭酒通过文书沟通神灵,将病者服罪之诚与求恳之意分别送达三官之处,以此祈求三官为其解罪祛病。这种章仪模式古已有之,如出土于华山的《秦骃祷病玉版》便是将载有祷病文本的玉版投之于山的典型。而更早的案例在《尚书·金縢》之中便有记载:"史乃册,祝曰:'惟尔元孙某,遘厉虐疾……尔之许我,我其以璧与珪归,俟尔命;尔不许我,我乃屏璧与珪。'"② 周公为成王祷恳疗病,起草沟通天帝的文书,并对天帝祝词恳祷的正是史官,而史官的这些职务正是后世道教章仪的源头。

## 三、史官司职对道教制度的影响

程式化的科仪活动依赖于实体的教团组织,而维持一个教团组织的正常运行必须有相应的组织制度。道教的组织制度同样有大量内容继承自史官之司职,其在管理信众、道众,考核教职人员,授予相应神权等方面与周礼所载之史官职务十分相似。以章表文书等沟通人神的权力并非人人都有,只有那些位阶足够的道官才有为人请祷的资格。

(一) 图、版与治、箓

早期道教,尤其是信奉汉末正一盟威之道之道民与现代意义上的宗教信徒颇有不同,后者只要对某一宗教有认同与信仰即可,而前者不仅需要对正一盟威之道有宗教信仰,还必须通过相应的入教程序获得宅录。

汉末道教划分治区以管理道民,信徒需要根据自家的地理位置,到相应的祭酒治师之处,依照科格戒律入道,然后方可成为正式道民。入道之时,信徒需以信物表达自己的诚心,这种信物在早期道教中主要是米:"受其道者辄出米五斗。"③ 道教谓之信米、命信、命米。在此之后,治师祭酒会为其授箓,并将

---

① (晋) 陈寿撰,(南朝宋) 裴松之注:《三国志》第1册,北京:中华书局1982年版,第264页。
② (清) 孙星衍撰,陈抗、盛冬铃点校:《尚书今古文注疏》,北京:中华书局2004年版,第325页。
③ (南朝宋) 范晔撰,(唐) 李贤等注:《后汉书》第9册,北京:中华书局1965年版,第2435页。

其家中人口宅舍予以注明："道科宅录，此是民之副籍。男女口数，悉应注上。"① 这种箓实质上相当于具有宗教性质的户籍，每年三会之时，道民皆须赶赴治师之处将家中已故、新生之人上报，定正宅录之中的名录："若口数增减，皆应改籍……三会之日，三官万神更相拣当。若增口不上，天曹无名；减口不除，则名簿不实。"② 道教的宅录之中，皆须注明道民是某州郡乡里之人、某年月日时生。这种划分教区，统计管理道民的制度与史官掌握图版的司职有着千丝万缕的关系。

图为土地之图，版为人民之数，相当于今天所说的政治区划和人口户籍，而先秦之史官便是掌握这些资料的重要职官。周代各级区划之图由地官司徒之属官绘制，而版则主要由秋官司寇之属统计。这些图版在统计完成形成书册之后，需要上交到相应部门，而其副本则由史官收藏，作为核实逆查的重要依据。

孙诒让曾引《吕氏春秋·先识览》所载殷内史向挚之事，认为商、周之时的内史司职相似，皆掌版图副本③。同时，《吕氏春秋·先识览》还记载了夏太史令终古携图法出奔之事④。虽然太史与内史之职有别，但均反映了夏、商、周三代之时，史官之属有掌握版图的司职。汉末道教设立治区，各个治师祭酒受箓之后，方可领户化民。其所受之箓规定了对应的教区，以及负责教化的道民，这事实上就是以道箓与宅录的形式实现了版图的功能。

相对于较为固定的图，版的变化相对频繁。人有生老病死，民众之名籍并非一成不变。按《礼记·内则》所载，士人之子出生三个月后便需取名，其名由家史制作副本，并由各级史官备案："夫告宰名，宰辩告诸男名，书曰'某年、某月、某日某生'而藏之。宰告闾史，闾史书为二：其一藏诸闾府，其一献诸州史。"⑤ 世人有生有死，为了核对人口的确切情况，周礼规定在每年的四季聚会中民众以"比"的方式进行核验。其中，春秋两季的祭祀之时往往还伴

---

① 《陆先生道门科略》，《道藏》第24册，第780页。
② 同上。
③ （清）孙诒让著，汪少华整理：《周礼正义》第7册，北京：中华书局2015年版，第2562页。
④ （秦）吕不韦编，许维遹集释，梁运华整理：《吕氏春秋集释》，北京：中华书局2009年版，第395页。
⑤ （清）孙希旦撰，沈啸寰、王星贤点校：《礼记集解》中册，中华书局1989版，第764页。

随着闾胥宣读法令,教戒民众。三年进行一次大比,类似当代的人口普查,由小司寇主持并报给内史等部门:"及大比登民数,自生齿以上,登于天府,内史、司会、冢宰贰之,以制国用。"① 道教校定道民命籍的制度与此一脉相承,只不过一年三会,在时间上略有不同。而且,道教的三会也伴随着宣讲科戒:"会竟,民还家,当以闻科禁威仪教敕大小,务共奉行。"② 可以说,早期道教有关靖治、道民的制度,乃是以史官所职掌的与图版相关内容为基础发展建构而来。

(二)册命与授箓

周代史官所掌的图版并不仅仅是记载国家疆域与人口多少的材料,也是册命诸侯卿士的基础数据。而且,史官同时也是册命制度之中的重要职官:"内史掌王之八柄之法,以诏王治。一曰爵,二曰禄,三曰废,四曰置,五曰杀,六曰生,七曰予,八曰夺。"③ 甚至,就连天子的册命,也是由史官保管宣读,如《尚书·顾命》所载康王即位之事:"太史秉书,由宾阶跻,御王册命。曰:'皇后冯玉几,道扬末命,命汝嗣训,临君周邦,率循大卞,燮和天下,用答扬文武之光训。'"④ 至于周天子之下的诸侯、孤、卿、大夫、士,史官就不仅仅只有宣读权,而且具有一定的影响力:"凡命诸侯及孤卿大夫,则策命之。"⑤ 不同等级的诸侯卿士有着不同的权力、俸禄,而这也是由史官协助周天子决定:"王制禄,则赞为之,以方出之。"⑥ 周代的俸禄并非后世那样根据月份发放财物,而是根据爵位之等级,确定其可以食多少户禄米,这实际上取决于其受封的版图。

早期道教的箓阶体系延续了相关的制度。正一盟威之道给道士逐阶授箓,并分配对应治所的制度,与周代史官所掌的册命制度在内核上是一致的。道教不同位阶之箓,相当于不同的"爵"。普通道民所受之箓只是宅录,或名之为镇宅灵箓。道民与普通人的区别只是相当于周代之时的国野之别,此时的他

---

① (清)孙诒让著,汪少华整理:《周礼正义》第8册,北京:中华书局2015年版,第3347页。
② 《陆先生道门科略》,《道藏》第24册,第780页。
③ (清)孙诒让著,汪少华整理:《周礼正义》第7册,北京:中华书局2015年版,第2561页。
④ (清)孙星衍撰,陈抗、盛冬铃点校:《尚书今古文注疏》,北京:中华书局2004年版,第502页。
⑤ (清)孙诒让著,汪少华整理:《周礼正义》第7册,北京:中华书局2015年版,第2562页。
⑥ 同上书,第2564页。

们并没有相应的神圣性的权力，只有在依据科格逐阶受箓成为道官之后才具有了相应的权力。

周代受册命者除了因血缘关系之外，往往源于乡老举荐贤能，而且其所受之册命由史官存档："乡老及乡大夫、群吏献贤能之书于王，王再拜受之，登于天府，内史贰之。"① 周代之册命一般为九阶，按《周礼·大宗伯》："以九仪之命，正邦国之位：一命受职，再命受服，三命受位，四命受器，五命赐则，六命赐官，七命赐国，八命作牧，九命作伯。"② 周代的册命制度从一命之吏职直至九命之伯，赋予了国人不同的等级、地位、权限。道教之授箓制度亦然，道民所受之箓从护身童子箓，至济度万民之仙灵箓，其人则相应地从不领户化民，随受箓等级高低而分掌不同道治。而受箓者也是需要由各治道士保举，依其才德高低对其治职进行升迁。

> 若箓吏中有忠良质朴，小心畏慎，好道翘勤，温故知新，堪任宣化，可署散气道士。若散气中能有清修者，可迁别治职任。若别治中复有精笃者，可迁署游治职任。若游治中复有严能者，可署下治职任。若下治中复有功称者，可迁署配治职任。若配治中复有合法者，本治道士皆当保举，表天师子孙，迁除三八之品。先署下八之职，若有伏勤于道，劝化有功，进中八之职。若救治天下万姓，扶危济弱，能度三命，进上八之职。能明炼道气，救济一切，消灭鬼气，使万姓归伏，便拜阳平、鹿堂、鹤鸣三气治职。③

除此之外，《正统道藏》之中所收的《太上三五正一盟威箓》④ 尚存二十四阶箓之大略，由此也可窥得当时有关治、职、箓的等级制度。与周代士人受到册命之后具有相应地位与权力一样，祭酒道士在版署治职之后，也便获得了根据自己所受治箓，在相应治区之内领户化民的权力。而且，正如周代各国还要

---

① （清）孙诒让著，汪少华整理：《周礼正义》第3册，北京：中华书局2015年版，第1025页。
② 同上书，第1645—1659页。
③ 《陆先生道门科略》，《道藏》第24册，第781页。
④ 《太上三五正一盟威箓》，《道藏》第28册，第426—466页。

向周天子贡赋一样，祭酒也具有相似的义务。根据道教的折传制度，各治在接受道民的法信租米之后，均要按比例向天师所在治所传输："某甲治受领民租百斛，折八十斛入甲乙治，以二十斛传天师治。"① 这种传输信米作为租税的制度同样与史官司职颇有关系，据睡虎地秦简之中所载："入禾稼、刍稿，辄为廥籍，上内史。"② 史官之中本就有负责田粮仓储的成员。

更重要的是，道教的箓籍包括了世俗凡尘与神圣世界的双重含义，授箓不仅仅是授予道士世俗的教权，而且同时授予了他号令鬼神的权力，而这同样与史有着莫大的关系。史字甲骨文作 ，乃是以手执"中"之意，"中"有书册之意。《国语·楚语下》载史老申公子亹为楚灵公献对策："君则曰：'余左执鬼中，右执殇宫。'"③ 韦昭注曰："谓把其箓籍，制服其身。"④ 由此可知，"鬼中"即记载鬼神箓籍之书册。"史"字本身便有职掌生人、鬼神箓籍之意，而道教之箓同样如此，其中除了记载授受道箓的师徒双方箓籍之外，还有与箓阶对应的鬼神箓籍。道士佩有道箓，便可以役使鬼神，这与楚灵公所言之"执鬼中"是相同的。

史官所掌之"八柄之法"还包括了对爵位的废置，乃至生杀予夺。道教对教徒的管理虽然没有如此森严，但的确也有相应的制度。如道士有贤行才德，便可通过举荐升受更高阶的道箓，这便是"置"。而授箓之后也并不是一劳永逸，有各种可能的情况会使其被剥夺此资格。若道士违反相应科戒，会被"夺箓"，又或者不小心丢失道箓，也失去原本被授予的神圣资格。只有其按照科格忏悔首过，积累足够的功德，并缴纳相应信物之后，方可恢复道箓，或者得到重新受箓的资格。这种授箓、升箓、夺箓、还迁本职的一系列制度，实际上就是具有道教对教团之中道官的置废予夺。

（三）典册、法令与经教、科格

史官在施行"八柄之法"时有着必须遵守的法令条文，不可随意而为。升

---

① 《玄都律文》，《道藏》第3册，第460页。
② 中国政法大学中国法制史基础史料研读会：《睡虎地秦简法律文书集释（三）：〈秦律十八种〉（〈仓律〉）》，《中国古代法律文献研究》2015年第8辑，第64页。
③ （战国）左丘明撰，（三国吴）韦昭注：《国语》，上海：上海古籍出版社2015年版，第366页。
④ 同上书，第367页。

迁之时需考察其才德，惩处之时需要核查其过错。对于被升迁者，史官并不仅仅是考察才德者，还掌管着他们所要学习的各种文籍："凡周代文籍，并掌于史官。"① 也就是说史官同时掌管考核的标准与考核的内容。对于被惩处降谪者，史官是掌握法律典册的重要职官：

> 大史掌建邦之六典，以逆邦国之治，掌法以逆官府之治，掌则以逆都鄙之治。凡辩法者考焉，不信者刑之。②
> 御史掌邦国都鄙及万民之治令，以赞冢宰。凡治者受法令焉。③

而且，在掌管刑赏之书的同时，史官也会参与起草相关法令。如《逸周书》所载："太史策形（刑）书九篇，以升，授大正。"④ 实际上，春官宗伯之下的五史均掌握典册律法，只不过侧重点不一样。其中有些侧重邦国治理，有些侧重诸侯外交，有些侧重祭祀仪式。

作为一个早熟的宗教团体，道教的教阶制度在东汉之时就已经非常完善。其教阶的升迁自有考核体系与评价标准，授箓、升箓、夺箓等活动均须考察才、德两方面，绝非随意而为。而相关的经教、科格，与史官所掌的典册、法令十分接近。

人非生而知之者，道民也是如此，若要达到科格之中相应的才、德要求，行之有效的教化体系必不可少。道教的解决方式是以经籍教化道民，然后以相应的科格对他们进行考核。与史官掌典籍类似，在道教的观念中，道经神圣宝重，均掌握于经师之手，不可轻传，必须按照科格仔细选择有资格的弟子加以传授培养。《太真玉帝四极明科经》便是集中记载此类科格的道经之一。这些环节均被融合于授箓制度之中，使道教的授箓并不仅限于教阶的授予，而是综合了经、戒、职、契等的多方面授受。

道士升迁受箓均有相应的标准要求，而且每受一阶箓，受箓者均要接受相

---

① （清）孙诒让著，汪少华整理：《周礼正义》第4册，北京：中华书局2015年版，第1551页。
② （清）孙诒让著，汪少华整理：《周礼正义》第6册，北京：中华书局2015年版，第2501—2502页。
③ （清）孙诒让著，汪少华整理：《周礼正义》第7册，北京：中华书局2015年版，第2574页。
④ 黄怀信、张懋镕、田旭东：《逸周书汇校集注》下册，上海：上海古籍出版社1995年版，第792页。

应的戒律，戒律中规定了其应尽的义务，与不可触犯的禁忌。若受箓者能够按照相应的科格尽到自己的义务，积累功德足够之后便可逐渐迁赏："科教云：'民有三勤为一功，三功为一德。民有三德则与凡异，听得署箓。受箓之后，须有功更迁。'"① 而若受箓者触犯禁忌，违反戒律，则会被降罪迁谪。相关科格典型者有《正一法文太上外箓仪·事箓行戒》：

> 凡违戒者背负鞠言，协道信邪，杂事信俗，此为不专，中心怀二，愚迷犹豫，惑障缠深，师三诲之，必能改革，守一不惑，召神有效。三诲不悛，是为叛道，乖逆师尊，法应夺箓。违真奉俗，及无所事，师慈愍之，不追咎责；怨对事他，弃本逐末，虽名奉道，实犯正科，师移诸官，不得容受。积久知悔，更立殊功，乞还听许，依德升迁。若瞋恚委遁，不输箓符，师勿苦求，但移而已。又外犯阳官，死罪从刑，即是负道，皆应夺箓。鞭笞赎罚，章奏解之，刑而枉者，启告勿夺。又内犯阴官，师友谏喻，苟作不从，皆宜格夺，轻重详量。师朋评议，令法取允，幽显贵知，破戒谬滥，师资格同罪，夺之后首悔立功，随宜进署，依科遵行，去失箓者，输罚更受。②

此外如《玄都律》《女青鬼律》《太上老君戒经》等也均是重要的戒律典籍。道教对道众教化、考核的制度并不仅仅在性质上与史官制度相似，甚至在一些细节的标准上也与史官制度有着惊人的一致性。

张家山汉墓出土的《二年律令·史律》竹简（见下图），对为史的标准有明确记载："试史学童以十五篇，能风（讽）书五千字以上，乃得为史。"③ 普通学童得升为史的标准乃是掌握五千字。而道教的初入道者在升为祭酒时，所需标准与此相似。按《三国志》："其来学道者，初皆名'鬼卒'。受本道已

---

① 《陆先生道门科略》，《道藏》第24册，第781页。
② 《正一法文太上外箓仪》，《道藏》第32册，第209—210页。
③ 张家山二四七号汉墓竹简整理小组编著：《张家山汉墓竹简〔二四七号墓〕（释文修订本）》，北京：文物出版社2006年版，第80页。

信，号'祭酒'。"①《典略》："又使人为奸令祭酒，祭酒主以老子五千文，使都习，号为奸令。为鬼吏，主为病者请祷。"② 很明显，初入道的鬼卒如果要升迁为祭酒鬼吏，需要掌握老子五千文。而且，这里所说的老子五千文并非约数，而是非常确定的五千个字。按陶弘景所见之杨羲手书张鲁本《道德经》：

> 老子《道德经》，有玄师杨真人手书张镇南古本。镇南即汉天师第三代系师鲁，魏武表为镇南将军者也。其所谓为五千文者，有五千字也。数系师内经有四千九百九十九字，由来阙一。是作三十辐，应作卅辐，盖从省易文耳，非正体矣。③

他所要论述的虽然是杨羲手书本字数有缺的原因，但恰好反映出汉末道教所用《道德经》是五千字的特殊版本。而使用这种版本《道德经》作为考核标准的升迁制度，与《二年律令·史律》所载的选拔标准已经不仅仅是相似，而且近乎完全一致。道教的这种制度，很可能是直接从《史律》延续而来。

（四）万民约剂与盟威之道

无论是周礼之册命还是道教之授箓，均是神圣而严肃的大事，往往皆须在神灵面前盟誓，然后才可以进行授受。不仅如此，许多其他日常活动也同样需要盟誓。而盟誓除了口头的表示之外，还需要有物质上的凭证。

周代诸侯国之间的会盟，除了歃血为盟订立契约之外，还需要将盟书埋于坎中。埋于地下的盟书并非仅有的一份，还制有相应的副本，参与盟誓的各国需收藏副本以备核验。不仅如此，在国家的日常运行之中，有许多事务需要以契作为保证，而这些契约除了各个部门有所保留外，还需要将相应的副本交由大史掌管。按《周礼·大史》："凡邦国都鄙及万

---

① （晋）陈寿撰，（南朝宋）裴松之注：《三国志》第1册，北京：中华书局1982年版，第263页。
② 同上书，第264页。
③ （梁）陶弘景撰，王家葵辑校：《登真隐诀辑校》，北京：中华书局2011年版，第195—196页。

民之有约剂者藏焉，以贰六官，六官之所登。若约剂乱，则辟法，不信者刑之。"① 所谓约剂，也即契约。周代之时，国与国、国与民、民与民之间的契约的副本皆由大史收藏。这些副本可以用来对整个六官系统之间的契约进行核验管理，并对其中不合法者按刑论处。

汉末道教以"正一盟威之道"为名，很明显地体现出了对盟约的重视。在道教的观念中，张道陵的系天师之位正是通过与老君盟誓立约得其亲授的，按《大道家令戒》："与天地券要，立二十四治。"② 而盟誓立约的形式也作为道教仪式的重要环节，贯穿了道教的方方面面。普通信众若要加入道教，皆须盟誓，并订立券契："初入道门，诣师奉受券契。不受券契，土地山川守界真官，不上道名，治官障碍稽留，难为成道。"③ 除了入道之时需要订立券契之外，道士受箓、受职、受经之时也同样皆须盟誓立约。如黄素三盟：

> 道重人轻，不敢便授。共登黄坛，授以盟言。要誓天地，日月为盟，刻臂饮丹，誓告神明，不敢妄传。甲受盟之后，不得轻传，泄露真要。自当奉承师法，皆如今约。一旦负违今誓，甲当以身谢天地水三官。④

与周代盟会歃血为盟类似，早期道教也有师与弟子歃血为盟的例子，但这与道教乐生的教义颇有冲突，所以在多数情况下被青丝、金环所代替。而与此相配的还有券契，其中书有师与弟子发誓的内容。师徒互相盟誓之后，将环券从中剖分，彼此各持其半以为凭证，并将相应的法信投入水中或埋于地下。这种仪式形式与周礼之中将牺牲玉帛，以及载有盟誓的玉版埋于坎中的方式如出一辙。

---

① （清）孙诒让著，汪少华整理：《周礼正义》第6册，北京：中华书局2015年版，第2503—2505页。
② 《正一法文天师教戒科经》，《道藏》第18册，第236页。
③ 《正一威仪经》，《道藏》第18册，第252页。
④ 《正一法文法箓部仪》，《道藏》第32册，第199页。

## 结　论

　　学界在考察道教与老子的关系时，长期以来以《老子》代替了老子。这使得老子的形象严重狭隘化，以至于凡与五千文所言不同者皆被排斥在外。但实际上，老子的形象及内涵绝非仅限于《老子》之内容。

　　就正史所载的资料而言，老子本身就是一位精通周礼的史官。而且就《孔子家语》《荀子》乃至后世文献以及汉代画像砖来看，此形象早已得到了社会的广泛认同。这一在汉代社会广泛流行的形象，当时的道教不可能视而不见。在这种情况下，"道家者流，盖出于史官"与"道家之原，出于老子"虽然言辞有异，但实际上乃是对道教源头一体两面的表述。因为老子的多重属性，道教之原既出于《老子》，也出于老子。而出于老子身份的那一部分，很大程度上乃是出于史官之司职。无论老子是否有主动传教的意图与行动，其与道教之间是否有直接的传授，从客观角度来看，道教的科仪形式、教团制度，多能从史官的职官范围之中找到原型。换言之，即便是道教在攀附老子，那也无损于道教内容大量源于史官职能之事实。以往的研究往往认为道教仅有部分思想与老子有关，而将斋醮科仪、戒律科格等与老子割裂。但实际上，这些内容恰恰与老子的身份有着密切的关系。

　　老子的形象复杂而多样，并非本文所能尽述。甚至，考虑到史官与六官均有联事，其中所涉及的职官与礼制更是庞杂。若以这种广义的史官职能而论，道教所受的影响更是难以细说，如道教法器与典瑞、道教音乐与司乐、道教法服。从种种证据来看，道教并不是有些学者所认为的那样，是从民间宗教整合而成的教团，反而是自三代礼制之中分化而来的宗教。

# 论唐代灵宝五方镇墓石中的政治诉求[*]

王古今 李 翎[**]

**内容提要**：灵宝五方镇墓石是唐代的一种特殊镇墓石。本文通过对镇墓石主人身份的分析考证，围绕京兆韦氏家族与阿史那忠镇墓石，探讨灵宝五方镇墓石的使用开端及特定经文的选择理由，并结合唐玄宗建太清宫的时代背景，从生、死两个层面讨论唐代灵宝五方镇墓石与太清宫制度对道教的推崇。统治者希望通过对政权与道法的调和，提升李唐皇室血统的神圣性，同时也借此宣扬李唐政权的正统性，进而稳定先前武、韦动摇的国家政局，实现国家的安定统一。

**关键词**：灵宝五方镇墓石；《太上洞玄灵宝灭度五炼生尸经》；京兆韦氏；玄宗；太清宫

## 一、概念及学术史

考虑到五方镇墓石的内容书写，刘屹建议使用"灵宝五方镇墓石"来称呼

---

[*] 本文系国家"十三五"规划文化重大工程《中华续道藏》（批准号：中央统战部"统办函"［2018］576号）的专项研究成果。

[**] 王古今，女，北京人，中央美术学院人文学院博士研究生；李翎，女，辽宁大连人，四川大学道教与宗教文化研究所研究员。

这类石刻①。灵宝五方镇墓石目前集中发现于以河南洛阳、陕西西安为中心的区域，尤其以西安（古长安）为多，其他地区尚未发现。镇墓石的标准配置为五块大小相同的正方形青石，每块镇墓石形似墓志，有盖有底。石上一般刻写秘篆文和敕告文，秘篆文多在内区，敕告文环绕四周。另有秘篆文与敕告文左右排布的情况。此外还有只刻写秘篆文而没有敕告文的样式。根据王育成先生的研究，此类镇墓石中的秘篆文来自道教灵宝经②。而敕告文除了志主个人情况和丧葬地点的不同之外，内容基本没有大的差别，最直接而完整地体现在"元始旧经"之一的《太上洞玄灵宝灭度五炼生尸经》（简称《五炼经》）中③。

因目前发现的唐代镇墓石有多种类型，灵宝五方镇墓石只是其中一种，故学术史的梳理也仅限于灵宝五方镇墓石（后简称"镇墓石"），其他类型镇墓石的研究这里暂且不提。

早在清末就有金石学家著录此类镇墓石刻。叶昌炽在其著作《语石》卷五"符篆类"中录有四方唐代的镇墓石，并描述了其外形和内容，将这些石刻归为道家符篆类④。20世纪50年代以来，考古学家在陕西、河南的墓葬中陆续发掘出灵宝五方镇墓石（多为其中一块或几块），并收录于发掘简报中⑤。一些征集

---

① 赵力光、王庆卫：《再论唐代镇墓石的使用及其寓意：从李通灵镇墓石说起》，西安碑林博物馆编：《碑林集刊》第18辑，西安：三秦出版社2012年版，第94页。

② 参见王育成：《唐宋道教秘篆文释例》，《中国历史博物馆馆刊》1991年第00期，第46、82—94页；王育成：《文物所见中国古代道符述论》，陈鼓应主编：《道家文化研究》第9辑，上海：上海古籍出版社1996年版，第267—301页；王育成：《中国古代道教奇铭异符考论》，《中国历史博物馆馆刊》1997年第2期，第25—50页。

③ 原文详见赵力光、王庆卫：《再论唐代镇墓石的使用及其寓意：从李通灵镇墓石说起》，西安碑林博物馆编：《碑林集刊》第18辑，西安：三秦出版社2012年版，第94—95页。

④ 叶昌炽撰，柯昌泗评：《语石·语石异同评》，北京：中华书局2005年版，第371—373页。

⑤ 李子春：《唐武三思之镇墓石》，《人文杂志》1958年第2期，第87、109页；陕西省文物管理委员会：《西安南郊庞留村的唐墓》，《文物参考资料》1958年第10期，第40—43页；陕西省文管会、昭陵文管所：《唐阿史那忠墓发掘简报》，《考古》1977年第2期，第136页；王世和、楼宇栋：《唐桥陵勘查记》，《考古与文物》1980年第4期，第54—61、69页；西安市文物管理处：《西安东郊田家湾唐墓》，中国考古学会编：《中国考古学年鉴》1995年，北京：文物出版社1997年版，第250—251页；姜捷：《关于定陵陵制的几个新因素》，《考古与文物》2003年第1期，第72—73页；郑州大学历史学院、西安市文物保护考古研究院：《西安南郊唐上清大洞法师姜希晃墓发掘简报》，《中原文物》2020年第5期，第42—48页。

而来的镇墓石①与这些出土镇墓石被一并收录在石刻碑志中②。近些年，还有个别藏于国外的镇墓石引起了学者的关注③。总体而言，这些材料主要记录了出土镇墓石的外形特征及其上刻写的文字，并依据释读，初步判断其为道教的镇墓习俗，具有镇墓、驱邪、厌胜之用。

在这些发掘简报和材料收录的基础上，中外学者对镇墓石进行了更加深入的研究。1963年，著名考古学家徐苹芳在《唐宋墓葬中的"明器神煞"与"墓仪"制度——读<大汉原陵秘葬经>札记》④一文中提到了唐宋的镇墓石，认为唐宋镇墓石就是传世文献《大汉原陵秘葬经》中记载的五方五精石。1966年，法国学者茅甘（Carole Morgan）发表了关于唐宋镇墓石的文章，指出唐代镇墓石与道教灵宝经的关系，并认为考古发现的唐代墓葬刻石不具有很强的镇邪功能。虽然该研究结论目前来看存在一定的问题，但此篇文章是较早的唐宋镇墓石专门研究成果，为后人的研究指明了方向⑤。1991—1997年间，王育成发表

---

① 惠毅：《西安新发现大唐睿宗黄天真文镇墓刻石》，《西北大学学报》（哲学社会科学版）2008年第1期，第47页；王建荣：《唐女青文五岳镇墓刻石考释》，西安碑林博物馆编：《碑林集刊》第15辑，西安：三秦出版社2009年版，第84—88页；赵力光、王庆卫：《唐代五方镇墓石志主再论——从新见李通灵镇墓石谈起》，荣新江主编：《唐研究》第18卷，北京：北京大学出版社2012年版，第159—172页；张全民：《〈唐故普康公主墓志铭〉与道教五方真文镇墓石》，杜文玉主编：《唐史论丛》第16辑，西安：陕西师范大学出版社2013年版，第234—244页。

② 梁王武三思镇墓石收录于张鸿杰主编：《咸阳碑石》，西安：三秦出版社1990年版，第59页，另见于张德臣：《渭城文物志》，西安：三秦出版社2007年版，第244页；丰王妃崔氏镇墓石收录于张宁等主编：《隋唐五代墓志汇编·北京卷附辽宁卷》，天津：天津古籍出版社1991年版，第2册，第164页，另见于高峡主编：《西安碑林全集》第93卷，广州：广东经济出版社、深圳：海天出版社1999年版，第4485—4491页；女道士李镇墓石收录于郝本性主编：《隋唐五代墓志汇编·河南卷》，天津：天津古籍出版社1991年版，第136页；志主不详南京赤帝镇神文收录于赵君平编：《邙洛碑志三百种》，北京：中华书局2004年版，第363页；志主不详黄帝镇神文收录于赵君平、赵文成编：《河洛墓刻拾零》下册，北京：北京图书馆出版社2007年版，第651页；李通灵镇墓石收录于赵力光主编，西安碑林博物馆编：《西安碑林博物馆新藏墓志续编》下册，西安：陕西师范大学出版社2014年版，第652—661页。

③ [日]气贺泽保规：《新发现的彭尊师墓志及其镇墓石——兼谈日本明治大学所藏墓志石刻》，杜文玉编：《唐史论丛》第14辑，西安：陕西师范大学出版社2012年版，第69—80页；白彬、葛林杰：《记美国芝加哥富地自然史博物馆藏唐代镇墓石刻》，《文物》2013年第11期，第87—91页。

④ 徐苹芳：《唐宋墓葬中的"明器神煞"与"墓仪"制度——读〈大汉原陵秘葬经〉札记》，《考古》1963年第2期，第95页。

⑤ [法]茅甘著，杨民译：《论唐宋的墓葬刻石》，《法国汉学》丛书编辑委员会编：《法国汉学》第5辑，北京：中华书局2000年版，第150—186页。

多篇文章讨论镇墓石上的秘（云）篆文，认为镇墓石是道符的新品种，且与汉字联系密切，可以用汉语对译释读①。2001年，刘卫鹏在《文博》上发表《"五石"镇墓说》②，论述了镇墓石的演变过程，认为唐宋时期的镇墓石是由东汉时期用于墓葬压镇的五种矿物药石演变而来。而其中所强调的是石头压镇墓葬的作用。2005年，尹夏清和呼林贵发表的《陕西发现的唐代镇墓石初步探索》③对唐代的大部分镇墓石做了录文，但似有一些讹误。该文还论述了这些镇墓石文与告地策、镇墓券的联系与区别，五方石使用的来源等相关问题。2005年发行的日本学者加地有定的《中国唐代镇墓石の研究：死者の再生と崑崙山への昇仙》④，是目前关于唐代镇墓石研究的唯一一本专著。其中著录唐代镇墓石十方，部分附有图版，结合镇墓石墓主生平等史实讨论了镇墓石的用途，以及所包含的救济和昆仑山升仙信仰。然而，因该书的写作出于作者本人兴趣，并不是一部严谨的学术著作，所以不能以这部书的论述作为认识唐代五方镇墓石的出发点。2006年出版的张勋燎和白彬的《中国道教考古》⑤第5册收录了江苏、陕西、河南、川西南朝唐宋墓出土的镇墓文石刻，是当时最全面的材料搜集整理。然而二人将所有出土镇墓石都定性为纯道教的物品，利用上清派和灵宝派两个道派的历史发展演变论述镇墓石的演变。这种做法既没有跳出传统道教史研究的窠臼，也不能充分地认识、利用这些五方镇墓石来反映唐代思想和信仰世界。同年，法国学者Patrick Sigwalt⑥在茅甘研究的基础上，重新讨论了《五

---

① 王育成：《唐宋道教秘篆文释例》，《中国历史博物馆馆刊》1991年第00期，第46、82—94页；王育成：《文物所见中国古代道符述论》，陈鼓应主编：《道家文化研究》第9辑，上海：上海古籍出版社1996年版，第267—301页；王育成：《中国古代道教奇铭异符考论》，《中国历史博物馆馆刊》1997年第2期，第25—50页。

② 刘卫鹏：《"五石"镇墓说》，《文博》2001年第3期，第24—29页。

③ 尹夏清、呼林贵：《陕西发现的唐代镇墓石初步探索》，西安碑林博物馆编：《碑林集刊》第11辑，西安：陕西人民美术出版社2005年版，第295—301页。

④ 现有中译本，详见[日]加地有定著，翁建文、徐璐译：《唐代长安镇墓石研究——死者的再生与昆仑山升仙》，西安：三秦出版社2012年版，第5—20、23—86页。

⑤ 张勋燎、白彬：《中国道教考古》第5册，北京：线装书局2006年版，第1451—1609页。

⑥ 转记于刘屹：《唐代的灵宝五方镇墓石研究——以大唐西市博物馆藏"唐李义珪五方镇墓石为线索"》，吕建中、胡戟主编：《大唐西市博物馆藏墓志研究》，西安：陕西师范大学出版社2013年版，第303页。

炼经》文本的问题，并讨论了《五炼经》所规定的斋仪程序与考古发现的这些五方镇墓石的具体运用之间的关系。周苗的硕士论文《唐宋镇墓石研究》①对以往的研究有着较为细致的梳理与评价，本文也部分借鉴了其论文学术史梳理的内容，但因时间原因，其导师刘屹的同年论文并未见于其论文中。最早收录于2011年出版的《唐研究》中的刘屹《唐代的灵宝五方镇墓石研究——以大唐西市博物馆藏"唐李乂珪五方镇墓石为线索"》②同样全面梳理了以往的材料与研究成果，尤其分析了叶昌炽与端方文集中所收录的材料的情况，并针对唐代灵宝五方镇墓石的源流、命名、文本依据、具体使用人群及目的等问题都给出了自己的见解。他认为唐代镇墓石上的符文与《五炼经》高度一致，可看作是唐代文化继承南朝文化的一个侧面，而灵宝五方镇墓石的秘篆文所具有的神秘性和神圣性，是其使用人群扩展到道教之外的原因。虽然他的研究颇为细致，但也多集中于道教史内部的分析，故仍有可补充深化的余地。赵力光、王庆卫的《再论唐代镇墓石的使用及其寓意：从李通灵镇墓石说起》③认为灵宝五方镇墓石的使用，是王朝政治下以五岳信仰为代表的宗教地理观的神圣化的体现，而在特定人群的墓葬中使用镇墓石，则是为了重新确立思想和秩序的合法性与合理性。文章中注意到了镇墓石与政权统一之间的关系，并提到了玄宗朝的太清宫制度，认为随葬的明器等是属于"公"的葬礼的构成部分，而这种葬礼意图通过死者向朝廷内外甚至还可能包括向阴阳两界显示王权。这一认识对本文的研究有很大启发性，但在该文中，这一部分的分析过于简略，且其出发点是对应宗教地理观所反映的皇权意图。而依笔者之见，宗教地理观并非是产生镇墓石的主要因素，五岳的提出也与国家祭祀并无太多关联，能否以此说明镇墓石的使用目的有待商榷。

综上所述，镇墓石材料的记载见于各类论著，比较散乱，研究也多针对某一件材料，缺乏整体性，且多局限在道教范畴，而少见对背后所反映的社会问

---

① 周苗：《唐宋镇墓石研究》，首都师范大学硕士学位论文，2011年，第2—4页。
② 刘屹：《唐代的灵宝五方镇墓石研究——以大唐西市博物馆藏"唐李乂珪五方镇墓石为线索"》，吕建中、胡戟主编：《大唐西市博物馆藏墓志研究》，西安：陕西师范大学出版社2013年版，第301—329页，原载于荣新江主编：《唐研究》第17卷，北京：北京大学出版社2011年版，第7—38页。
③ 赵力光、王庆卫：《再论唐代镇墓石的使用及其寓意：从李通灵镇墓石说起》，西安碑林博物馆编：《碑林集刊》第18辑，西安：三秦出版社2012年版，第94—107页。

题的讨论，学界的观点也不太一致。因此，本文将在搜集整理目前可见的灵宝五方镇墓石材料的基础上，尝试对灵宝五方镇墓石的来源、用途和意义进行探究，分析其背后所反映的道教与丧葬文化，及其与特定的社会背景之间的相互渗透、相互影响。

## 二、材料梳理及基本特征

因为近些年又发现了少数材料，所以下文结合前人已经提到的材料，将主要讨论对象集中在14组信息相对完备的镇墓石上，包括梁王武三思、韦后之母酆王妃崔氏、韦后兄弟韦洵和韦湑、中宗李显、睿宗李旦、睿宗之妻昭成皇后窦氏、睿宗之女金仙公主、玄宗朝道士尹愔和彭尊师、玄宗之子寿王的女儿清源县主、德宗朝道士姜希晃、懿宗之女普康公主、懿宗朝道士曹用之、僖宗朝道士李通灵。根据这些人所处的不同时代，笔者制作了人物关系图（图1）。

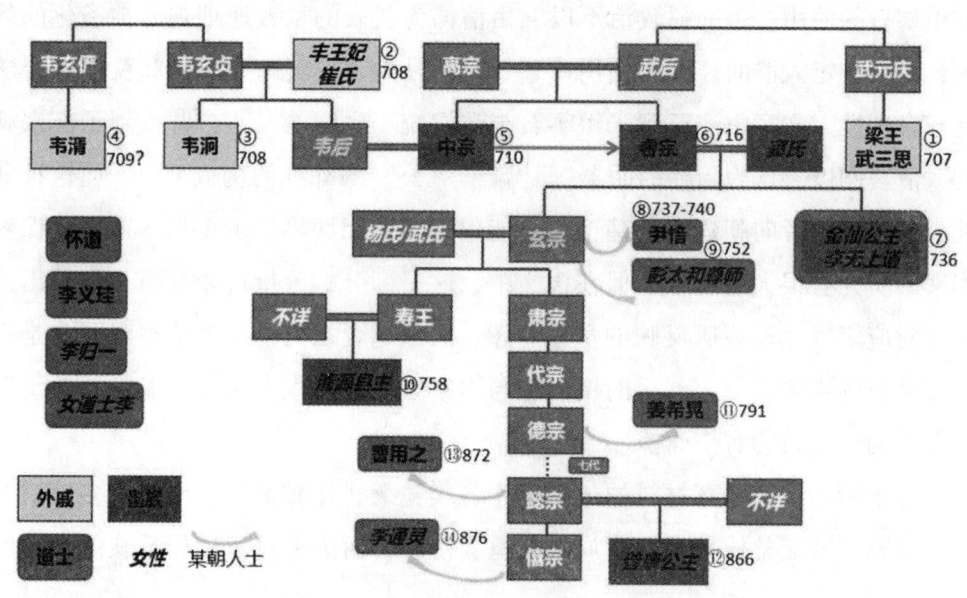

图1　灵宝五方镇墓石主人的人物关系图

根据这一人物关系图可看出，以下葬年份为标准，最早的四人——武三思、崔氏、韦洵、韦湑——都与韦后有着极为密切的关系，可以说是以韦氏家族为主体的外戚成员。武三思虽是武后的侄子，但是其子武崇训是韦后宠爱的女儿安乐公主的丈夫，所以韦后与武三思是姻亲关系①。再者，据《资治通鉴》记载，经上官婉儿的引荐，武三思与韦后私通②。所以，虽然武三思得势复兴了武家的势力，但其与韦后的姻亲关系也在名义上说明武三思是韦氏外戚中的一员。

　　这四人之后，出现了目前可见等级最高的镇墓石的所有人——中宗、睿宗与昭成皇后。虽然窦氏的皇后之位是死后追封，但因镇墓石的制作是在与睿宗合葬之时，所以这一镇墓石属于皇后等级无疑。况且，依尺寸定等级是古时的传统，只有两帝一后的镇墓石尺寸超过了60厘米，睿宗与窦氏的镇墓石甚至在70厘米之上，足以证明这三者镇墓石的等级最高。这里需另外说明的是，目前认为昭成皇后窦氏的镇墓石有西、南两块，睿宗李旦的镇墓石有中石一块，但因为二者在睿宗去世后合葬③，且窦氏的二石发现于桥陵附近，三石尺寸也相似（误差不到1厘米），所以这三块镇墓石应是同一套镇墓石，统称桥陵镇墓石。而这也应是这套镇墓石上同时出现了两人名号的原因④。

　　中宗、睿宗之后，在玄宗朝，道士也开始使用镇墓石，而兼具皇室身份与道士身份的金仙公主，成为现在所见玄宗朝第一位拥有镇墓石的人。虽然数量不多，但鉴于镇墓石的发现数量整体亦不多，玄宗朝镇墓石的数量是目前最多的。也是自玄宗朝之后，皇室的镇墓石使用扩展到了公主（金仙公主、普康公主）、县主（清源县主）一级，成为一种在皇室内部使用的高等级物品。而道士对镇墓石的使用也在玄宗朝之后得到了延续，直至晚唐僖宗朝，仍有道士李通灵镇墓石的发现。

　　通过对以上材料的梳理可以发现，以韦后为中心的韦氏家族是灵宝五方镇墓石最早的使用者。韦后去世后，镇墓石的地位提升，进入李唐皇室内部。到

---

①　《新唐书·列传第八》："安乐公主……后尤爱之。下嫁武崇训。"《新唐书》（二十四史点校本精装版）第12册，北京：中华书局2011年版，第3654页。

②　《资治通鉴·唐纪二十四》："上官婉儿……又荐三思于韦后……三思遂与后通，由是武氏之势复振。"《资治通鉴》（全二十册）第14册，北京：中华书局1956年版，第6586—6587页。

③　《新唐书·列传第一》："睿宗昭成顺圣皇后窦氏……帝崩……与肃明祔桥陵。"《新唐书》（二十四史点校本精装版）第11册，北京：中华书局2011年版，第3489—3490页。

④　西石、南石、中石都有写到"今有大唐睿宗大圣真皇帝李旦昭成皇后窦氏"。详见［日］加地有定著，翁建文、徐璐译，《唐代长安镇墓石研究——死者的再生与昆仑山升仙》，西安：三秦出版社2012年版，第133—134页；惠毅：《西安新发现大唐睿宗黄天真文镇墓刻石》，《西北大学学报》（哲学社会科学版）2008年第1期，第47页。

了玄宗朝，镇墓石的适用范围扩大，在为皇室使用的同时，也开始为道士所用。因此，就使用人群而言，从身份区别，可以说镇墓石的使用经历了三个阶段：外戚、皇族、道士，而若从这三者的身份性质来看，其实只是世俗人士与宗教人士的区别。所以下文的分析将基于这种身份区别的认识，来看看在不同身份属性的人群中，镇墓石的发现有着怎样的意味。

## 三、京兆韦氏家族

（一）形制起点的阿史那忠镇墓石

虽然本文的研究对象是形制相对统一的灵宝五方镇墓石，但从镇墓石所有人的身份背景出发，阿史那忠镇墓石也是需要纳入考虑的对象。前文有言，韦氏外戚是唐代镇墓石使用的起点，但是这里的韦氏指的仅是韦后驸马房[①]这一支，而韦后的驸马房支与太宗朝韦贵妃的郧公房并非同支[②]，却同属京兆地区的韦氏定著九房[③]。不仅如此，韦后的驸马房支与韦贵妃的郧公房支也并非没有交集。韦后祖父韦弘表曾是韦贵妃的儿子纪王李慎的典军[④]。故同为京兆韦氏，韦后家族受到韦贵妃家族的影响是极有可能的。所以韦贵妃的女婿、定襄县主的丈夫阿史那忠的镇墓石应是京兆韦氏家族中使用镇墓石的真正起点。

据刘卫鹏、周苗的研究，阿史那忠镇墓石"将四方、四维、八卦、天干地支和近二十位墓内神结合起来"[⑤]，是"基于阴阳五行和民间墓神的传统丧葬习

---

[①] 《新唐书·表第十四上》："东眷穆四代孙自璧，自璧四代孙延宾，延宾三子：璋、福、议。至温，诸子尚主者数人，因号驸马房。"据此可知韦后是韦延宾的六世孙。《新唐书》（二十四史点校本精装版）第10册，北京：中华书局2011年版，第3103页。

[②] 《新唐书·表第十四上》："文惠公旭次子叔裕，字孝宽，隋尚书令、郧襄公。六子：谌、总、寿、霁、津、静，号郧公房。"据此可知韦贵妃是韦孝宽曾孙女。《新唐书》（二十四史点校本精装版）第10册，北京：中华书局2011年版，第3086页。

[③] 《新唐书·表第十四上》："韦氏定著九房：……四曰郧公房……六曰驸马房……"《新唐书》（二十四史点校精装版）第10册，北京：中华书局2011年版，第3113页。

[④] 《唐故曹王府典军韦府君夫人方山县君河间尹氏墓志铭并序》："数年，复除游击将军、纪王（李慎）府典军，从班例也。"陕西古籍整理办公室编，吴敏霞主编：《长安碑刻》下册，西安：陕西人民出版社2014年版，第398页。

[⑤] 刘卫鹏：《两方唐代镇墓石考记》，《考古与文物》2011年第2期，第98页。

俗的遗物"①。作为宋代《地理新书》五姓明堂祭坛成型前的半成品产物，阿史那忠镇墓石同样是韦后时期出现的灵宝五方镇墓石样式的初步尝试。具体形制与使用的异常是提出这一猜想的理由。

根据阿史那忠墓发掘简报的记录，墓中仅有一块尺寸70厘米（张沛《昭陵碑石》记74厘米②）的镇墓石，上面的文字围绕中心的小方块在四方呈放射状分布。顾名思义，灵宝五方镇墓石是五块镇墓石的组合，而阿史那忠镇墓石只有一块。虽然墓葬被盗，但鉴于墓志完好，证明带有文字的石板并不在盗墓者的偷盗范围内，且镇墓石体积较大，搬动不易，故应不存在镇墓石残缺的可能。虽然石板的数量相差甚远，但上面的文字排布却已有五方镇墓石排布的前兆。文字没有单纯的从右至左竖排书写，而是按照对应的方位，在石板的四边分别写下文字，这种四方与中央的关系正是灵宝五方镇墓石所强调的，所以可以暂定这两者之间在形式的继承发展上存在一定的联系。另一点便是尺寸。如前所述，灵宝五方镇墓石系统中，最大的镇墓石三块桥陵镇墓石（睿宗与窦氏），边长73—74厘米，其次是中宗镇墓石，边长64—65厘米。但阿史那忠墓的镇墓石竟有70厘米，已经超过了中宗的镇墓石，若按照《昭陵碑石》的数据，此石与桥陵镇墓石等大，是目前发现的最大尺寸镇墓石之一。这种情况虽然看似僭越，但阿史那忠镇墓石是已知的唐代最早的一块，在没有更早的出现之前，作为唐代首例镇墓石，它或许并不存在对应的等级规制限制，即阿史那忠镇墓石出现的时候，还并未出现关于镇墓石等级划分的标准。而这块镇墓石若不是规制下的产物，那它的出现就极有可能是其妻子定襄县主的娘家——韦氏家族的内部使用物品。刘卫鹏也在其研究中提出该镇墓石可能原本属于定襄县主，而之所以这样认为也是因为后期韦后一支的韦氏家族镇墓石的发现③。

结合刘卫鹏的这种推测，将阿史那忠镇墓石作为韦氏家族镇墓石的起点是有其合理性的。基于五行和传统葬俗观念，阿史那忠镇墓石作为规制型灵宝五方镇墓石的初步尝试，为之后韦后制作亲人的镇墓石提供了思路与参考。但至韦后时期，经典《五炼经》成为镇墓石的主要文字来源，进而形成中宗、睿宗、

---

① 周苗：《唐阿史那忠镇墓石试释》，《首都师范大学学报》（社会科学版）2011年增刊，第114页。
② 张沛编著：《昭陵碑石》，西安：三秦出版社1993年版，第189页。
③ 刘卫鹏：《两方唐代镇墓石考记》，《考古与文物》2011年第2期，第97—98页。

皇后窦氏以及集中于玄宗朝并一直延续至晚唐时期的镇墓石样式。至于韦后另选经典的原因，或许与韦后亲属的异常死亡有关。相比阿史那忠相对平和的六十五岁病逝①，韦后的后母崔氏及其同族兄弟韦洵、韦湑可谓是死于非命，不得善终。而与之相对的阿史那忠镇墓石的文字虽有"保佑存亡安稳"的思想的支撑，然则并无确实的经文来源，不具有规范性。所以针对家人的异常死亡，韦后需要更具安魂镇墓效果的经文来加持，以保证镇墓石的使用效果，因此带有"安灵镇神"天文的《五炼经》成为了韦后的新选择。

（二）异常死亡的外戚与皇族

日本学者加地有定在其专著中曾提出镇墓石主人的异常死因是其可以拥有镇墓石的原因②。虽然道士墓中镇墓石的发现可以反驳这种观点，但依照本文世俗人物与宗教人物的区分，这种观点值得考虑。

回顾史料可以发现，目前有确切主人信息的这些镇墓石中，外戚与李唐皇族组成的世俗群体的死因多数为异常。虽然史料有后世误传的可能，但鉴于目前亦无法证实，暂且假设史书记载为真。《旧唐书·列传一百三十三》记节愍太子杀武三思及其子崇训③；韦后后母崔氏被钦州首领所杀④；韦后的兄弟韦洵则死于容州⑤；而韦后叔父的儿子，即韦后的表兄弟韦湑或于景龙三年（709）病逝⑥。虽然史书未载韦洵的死因，但因其兄弟四人与母亲崔氏一同被流放，想来在其母被杀之后，兄弟几人正常死亡的几率微乎其微。虽然史书记韦湑为病

---

① 《唐故右骁卫大将军兼检校羽林军赠镇军大将军荆州大都督上柱国薛国公阿史那贞公墓志铭并序》记"无徵暴疾"，"以上元二年五月二十四日，薨于洛阳尚善里之私第，春秋六十有五"。收录于张沛编著：《昭陵碑石》，西安：三秦出版社1993年版，第187—189页。

② [日] 加地有定著，翁建文、徐璐译，《唐代长安镇墓石研究——死者的再生与昆仑山升仙》，西安：三秦出版社2012年版，第20页。

③ 《旧唐书·列传一百三十三》："节愍太子……三年七月……杀三思及其子崇训于其第……中宗为三思举哀……追封梁王。"原文详见顾颉刚等点校：《旧唐书》（二十四史点校本精装版）第11册，北京：中华书局2011年版，第4736页。

④ 《旧唐书·列传一百三十三》："后母崔氏，为钦州首领宁承兄弟所杀。"原文详见顾颉刚等点校：《旧唐书》（二十四史点校本精装版）第11册，北京：中华书局2011年版，第4743页。

⑤ 《旧唐书·列传一百三十三》："玄贞有四子：洵、浩、洞，泚，亦死于容州。"《旧唐书》（二十四史点校本精装版）第11册，北京：中华书局2011年版，第4743页。

⑥ 《旧唐书·列传一百三十三》："温……弟湑……景龙三年……湑及陆颂相次病卒，赙赠甚厚。"《旧唐书》（二十四史点校本精装版）第11册，北京：中华书局2011年版，第4744页。

逝，但目前也有学者研究表明，韦湣可能死于毒杀①，故其死因或许不是一般的病逝。《旧唐书·本纪第七》记安乐公主与韦后合谋毒杀了中宗②。《旧唐书·列传第一》记睿宗德妃窦氏（后追封昭成顺圣皇后）被户婢团儿诬告与皇嗣妃刘氏（后追封肃明皇后）同谋，施行法术咒诅当朝皇后武则天。在长寿二年（693）正月二日，被武则天秘密处死，尸骨下落不明③。之后的清源县主与普康公主，据墓志铭记载，一是"少殁言夭"④，一是六岁而亡⑤，都属夭折。在这些世俗人士中，目前仅睿宗与金仙公主丝毫未提及死因，而除这二人之外的所有外戚与皇室成员，其死因都异乎寻常。如此高的比例或可以认为异常死亡与镇墓石的使用有一定的关联。所以，如前文推测，出于安魂镇墓的传统观念，在本就推行道教的唐代，韦后选定道教经典《五炼经》作为镇墓石敕告文的新文本，将"安灵镇神"的天文刻于石板之上，并配以来自其他文本的秘篆文，以求"长在光明，魔无干犯，一切神灵，侍卫安镇"。这种镇墓的原始使用目的，在刘屹的研究中也得到了肯定，他认为"'镇墓'应是道教之外的唐人使用这种五方石最主要目的"⑥。

至于同期的章怀太子墓、懿德太子墓和永泰公主墓中为何没有镇墓石的发

---

① 孙英刚、朱小巧通过对比新旧《唐书》和唐代五方镇墓石的镇墓文，认为韦湣极有可能是被韦后因"荧惑久留羽林"的天变而毒杀。但唐前期的天文星变导致的人事变动较多，而到韦后时期，二者之间是否有直接关联，恐怕还缺乏足够的材料来说明。孙英刚、朱小巧：《天文星变与政治起伏：中宗政局中的韦湣之死》，荣新江主编：《唐研究》第23卷，北京：北京大学出版社2018年版，第517—532页。

② 《旧唐书·本纪第七》："时安乐公主志欲皇后临朝称制……自是与后合谋进鸩。六月壬午，帝遇毒，崩于神龙殿，年五十五……庙号中宗……葬于定陵。"《旧唐书》（二十四史点校本精装版）第1册，北京：中华书局2011年版，第150页。

③ 《旧唐书·列传第一》："睿宗昭成顺圣皇后窦氏……为户婢团儿诬潜与肃明皇后厌蛊咒诅。正月二日，朝则天皇后于嘉豫殿，既退而同时遇害。梓宫秘密，莫知所在。"《旧唐书》（二十四史点校本精装版）第7册，北京：中华书局2011年版，第2176页。

④ 《大唐寿王故第六女赠清源县主墓志铭并序》："……寿王第六女者……铭曰……少殁言夭……"吴钢主编：《全唐文补遗》第3辑，西安：三秦出版社1996年版，第105页。

⑤ 《故普康公主墓志铭并序》："咸通二年生，六岁。以七年七月二日薨……"原文详见张全民：《〈唐故普康公主墓志铭〉与道教五方真文镇墓石》，杜文玉主编：《唐史论丛》第16辑，西安：陕西师范大学出版社2013年版，第236页。

⑥ 刘屹：《唐代的灵宝五方镇墓石研究——以大唐西市博物馆藏"唐李义珪五方镇墓石为线索"》，吕建中、胡戟主编：《大唐西市博物馆藏墓志研究》，西安：陕西师范大学出版社2013年版，第301—329页。

现，或许是因为这三者追封陪葬帝陵的原因。尤其懿德太子与永泰公主的墓有号墓为陵的超规格特征，这三者的镇墓石极有可能并未纳入墓中，而置于陵区，但因年代久远而不知所踪。亦或者是中宗并未将镇墓石纳入三人的陪葬品中——虽然中宗死后同年睿宗继位，但在这个过程中韦后曾一度掌权，所以也存在韦后为中宗制作镇墓石的可能性，故其尺寸大于之前几位外戚的镇墓石，而小于睿宗与窦氏的镇墓石。至于睿宗与窦氏镇墓石有更大的尺寸，或许是因为这是由其子玄宗所做。玄宗作为推翻韦氏政权的主导者，必然不会遵循韦后所定下的规制，所以在镇墓石的尺寸上，睿宗与窦氏的镇墓石比中宗的镇墓石又大出10厘米左右，有压其一头的意味，也意在表明睿宗李旦的这支血脉成为李唐王朝新的正统。这种猜想也并非毫无根据，因为根据下文的分析研究，玄宗朝对镇墓石相对集中的使用或许正是基于对正统皇权的强调与强化的需要。作为一项具体实践，镇墓石的使用，尤其是宗教人士——道士的加入，意味着玄宗希望通过提升道教群体地位、借助宗教力量，从而强调自身李唐血脉的崇高性与权力的正统性，稳定武、韦政变之后动荡的国家局势。

## 四、皇权与道法

（一）丧葬仪式与道教科仪的融合

前文提到，灵宝五方镇墓石的敕告文来自《五炼经》，而经文中除了有记录镇墓石上刻写的敕告文外，后面还有对应的仪式内容。以"灵宝青帝炼度五仙安灵镇神九气天文"为例，《五炼经》记："黑书此文于青石上，师拜黄缯章毕，埋文于亡者尸形所在东乡极墓界。临埋时，师云行禹步九步，至所在，东向读大字及文毕，叩齿二十四通，咽气九过，咒曰……"① 这里虽然提到在仪式后要将镇墓石掩埋，但是就目前发现的可对应上墓葬的镇墓石而言，三个镇墓石都在墓中：清源县主镇墓石、姜希晃镇墓石和曹用之镇墓石。所以就出土状况而言，镇墓石的实际使用并未完全遵循科仪规定的方式，而是将之视为随葬品的一部分，成为一种兼具道教科仪法器与丧葬仪式明器双重身份的特殊物品。

---

① 《太上洞玄灵宝灭度五炼生尸妙经》，《道藏》第6册，北京：文物出版社、上海：上海书店、天津：天津古籍出版社1988年版，第262页。

正如白彬、葛林杰所说："道教五方'炼度真文'石刻在唐代长安地区是道徒和世俗之人都使用的一种特殊明器……对李唐皇室的丧葬礼仪影响尤大。"① 根据实际的发现情况来看，这不仅仅对李唐皇室，而且对于道士的丧葬礼仪也有明确的影响。部分的镇墓石与墓志同时发现，在道士彭尊师与道士曹用之的墓志中明确写到"尊师以灵宝镇符，刊于贞石，文以纪德，昭告地司"②和"备五炼，饰仪卫……礼也"③。出自道教经文中的科仪内容出现在了墓志中，固然科仪与丧葬分属不同系统，但镇墓石作为道教科仪物品被明确划分到丧葬礼仪构成之中，以类似墓志的形式，被放置在墓室中，从一种短期仪式的法器变为永恒保护墓葬及墓主的镇墓器。在这一层面上，虽然敕告文来自道教《五炼经》，但最终的使用思想仍未超出汉魏以来镇墓文的范畴。

前文提到道士是玄宗时期出现的使用镇墓石的特定宗教群体。那么，那些拥有镇墓石的道士与其他的道士又有着什么不同，什么因素构成了只有部分道士才拥有镇墓石的特殊情况？

第一位拥有镇墓石的道士是玄宗的妹妹金仙公主。《大唐故金仙长公主志石铭并序》记载："公主讳无上道……年十八入道，廿三受法……以壬申之年建午之月十日辛巳，薨于洛阳之开元观，春秋卅有四。"④《新唐书·列传第八》记公主拜史崇玄为师，并于京城修筑道观⑤。作为皇室公主，为其修筑的道观必定属于皇家道观，而金仙公主作为具有双重身份的人，她是隶属于皇室的道士。有趣的是，在之后发现的具有道士身份的人，其所属的宫观都与皇室有关，即这些道士本人与宫廷都有着极为密切的联系。美国芝加哥富地自然史博物馆藏尹

---

① 白彬、葛林杰：《记美国芝加哥富地自然史博物馆藏唐代镇墓石刻》，《文物》2013年第11期，第90页。

② 《彭尊师墓志》，摘录自［日］气贺泽保规：《新发现的彭尊师墓志及其镇墓石——兼谈日本明治大学所藏墓志石刻》，杜文玉编：《唐史论丛》第14辑，西安：陕西师范大学出版总社2012年版，第75页。

③ 《唐故太清宫内供奉、三教讲论、大德、左街道门威仪、葆光大师、赐紫、谥玄济先生曹公玄堂铭并序》，摘录自张全民：《〈唐玄济先生墓志铭〉与有关道教问题考略》，杜文玉编：《唐史论丛》第14辑，西安：陕西师范大学出版总社2012年版，第228页。

④ 《大唐故金仙长公主（无上道）志石铭并序》，吴钢主编：《全唐文补遗》第1辑，西安：三秦出版社1994年版，第135页。

⑤ 《新唐书·列传第八》："太极元年，与玉真公主皆为道士，筑观京师，又方士史崇玄为师。"《新唐书》（点校本二十四史精装版）第12册，北京：中华书局2011年版，第3656页。

愔镇墓石，根据镇墓石敕告文以及《旧唐书·玄宗本纪》的记载，尹愔是肃明观的观主①，于开元二十五（737）得玄宗诏封"谏议大夫"②。而肃明观原为唐睿宗李旦之旧居，先天元年（712）改为专门祭祀与供奉睿宗昭成、肃明两位皇后的"仪坤庙"③，开元二十一年（733）因昭成、肃明皇后先后袝入太庙，玄宗下令将"仪坤庙"改为"肃明观"④。藏于日本明治大学的《东京大安国观故观主彭尊师志铭》记，女墓主彭尊师姓彭，号太和，生活在盛唐的武则天至玄宗时期，是安国观观主⑤。安国观原是太平公主宅邸，后玉真公主从长安移居此处，称安国观⑥。西安出土的道士姜希晃的《唐故上清大洞法师西岳真人姜先生化所铭》有记，墓主姜希晃为道教上清派最高职衔的大洞法师，贞元七年（791）委化于万年县昊天观⑦。据《全唐文》记载，昊天观贞观初为晋王宅，显庆元年（656）"高宗以晋府旧宅为太宗造昊天观"⑧。《太平广记》更是提到玄宗常召昊天观得道高人入内礼谒⑨，其中或许就包括姜希晃。曹用之墓出

---

① 白彬、葛林杰：《记美国芝加哥富地自然史博物馆藏唐代镇墓石刻》，《文物》2013年第11期。
② 《旧唐书·本纪第九》："道士尹愔为谏议大夫、集贤学士兼知史馆事。"《旧唐书》（点校本二十四史精装版）第1册，北京：中华书局2011年版，第207页。
③ 《旧唐书·志第五》："时又追尊昭成、肃明二皇后于亲仁里，别置仪坤庙，四时享祭。""（开元）二十一年，玄宗又特令迁肃明皇后神主袝于睿宗之室，仍以旧仪坤庙为肃明观。"《旧唐书》（点校本二十四史精装版）第3册，北京：中华书局2011年版，第950、954页。
④ 《唐会要》卷十九："先天元年十月六日，袝昭成、肃明二皇后于仪坤庙，庙在亲仁里。开元四年十一月十六日，昭成皇后袝于太庙。至（开元五年）八月九日，敕肃明皇后依前仪坤庙安置……至（开元）二十一年正月六日，迁袝肃明皇后神主于太庙，其仪坤庙为肃明观。"（宋）王溥：《唐会要》（全三册）上册，北京：中华书局1955年版，第380页。
⑤ 《东京大安国观故观主彭尊师志铭》："尊师姓彭，号太和，江表长沙人也。"转引自［日］气贺泽保规：《新发现的彭尊师墓志及其镇墓石——兼谈日本明治大学所藏墓志石刻》，杜文玉编：《唐史论丛》第14辑，西安：陕西师范大学出版社2012年版，第74页。
⑥ 《唐会要》卷五十："安国观，（洛阳）正平坊。本太平公主宅，长安元年（701），睿宗在藩国，公主奉焉。至景云元年（710），置道士，仍以衔为名。开元十年（722），玉真公主居之，改为女冠观。"（宋）王溥：《唐会要》（全三册）中册，北京：中华书局1955年版，第876页。
⑦ 《唐故上清大洞法师西岳真人姜先生化所铭》："大洞法师友乎，真以贞元七年八月十二日，委化于京兆府万年县昊天观。"郑州大学历史学院、西安市文物保护考古研究院：《西安南郊唐上清大洞法师姜希晃墓发掘简报》，《中原文物》2020年第5期，第45页。
⑧ 参见（清）董诰等编：《全唐文》（全十一册）第4册，北京：中华书局1983年版，第1685页。
⑨ 《太平广记·神仙四十一》："时唐玄宗皇帝奉道，数召入内礼谒。"（宋）李昉等编：《太平广记》第1册，北京：中华书局1961年版，第258页。

土的《唐故太清宫内供奉、三教讲论、大德、左街道门威仪、葆光大师、赐紫、谥玄济先生曹公玄堂铭并序》详细记录了曹用之作为晚唐时期道教领袖人物,如何活跃于宫廷①。而不知葬年的李义珪,其镇墓石上写到:"今有(京兆府长安县)东明观上清三洞,三景弟子李义珪。"② 东明观是唐高宗为纪念太宗和文德皇后,仿照长安西明寺的规模敕建的唐初长安著名道观之一。直到9世纪初,还有一定规模和影响③。

以上介绍的道士在身份上最显著的特征便是与皇室关系密切,或是皇家宫观的观主,或是活跃在京城和朝中的高道。这样的身份意味着他们对宫中、朝中有关道教的政策会有最直接的认识和最真实的反馈。所以,本研究认为镇墓石的出现便是对朝中有关道教政策的反馈之一,是对"死"相关的领域的体现。而与之相对,在"生"的领域的反馈,便是在玄宗朝于国家南郊大祭中加入太清宫祭祀。太清宫祭祀圣祖老子,是借助"圣裔"④ 的身份,来强调李唐皇权的神圣性与天命所归的正统性。

(二)唐玄宗与太清宫——崇道以强化自身正统

关于太清宫及其前身玄元皇帝庙的关系可以详见汤勤福的研究⑤。这里要说明的是玄宗皇帝建立太清宫并将之加入南郊大祭这一事实的意义。简单梳理下太清宫成立的过程:开元二十九年(741)五月,玄宗诏令置玄元皇帝庙一所,并置崇玄学⑥。天宝元年(742)二月丙申,玄宗诏升老君为"上圣"⑦。天

---

① 《唐故太清宫内供奉、三教讲论、大德、左街道门威仪、葆光大师、赐紫、谥玄济先生曹公玄堂铭并序》:"敬宗皇帝于兴唐观置道学会……宣宗皇帝……仍奉诏与谏议大夫李贻孙及右街僧辩章为三教讲论……总此玄坛,率诸仙子……以十三年四月十一日遘疾,委形于京玄真观之本院,享年六十三。"张全民:《〈唐玄济先生墓志铭〉与有关道教问题考略》,《唐史论丛》第14辑,西安:陕西师范大学出版社2012年版,第228页。

② 刘屹:《唐代的灵宝五方镇墓石研究——以大唐西市博物馆藏"唐李义珪五方镇墓石为线索"》,吕建中、胡戟主编:《大唐西市博物馆藏墓志研究》,西安:陕西师范大学出版社2013年版,第302—304页。

③ 同上书,第304页。

④ 汤勤福:《唐代玄元皇帝庙、太清宫的礼仪属性问题》,《史林》2019年第6期,第55页。

⑤ 同上书,第49—57页

⑥ 《旧唐书》(点校本二十四史精装版)第3册,北京:中华书局2011年版,第925页。

⑦ 同上书,第926页。

宝二年（743）三月，改西京玄元庙为太清宫①。天宝八年（749）闰六月，玄宗朝太清宫加圣祖玄元皇帝尊号，并于太清宫圣祖前设位序昭穆②。天宝九载（750）十一月己丑，"制自今告献太清宫及太庙改为朝献"③，十载（751）正月，朝献太清宫，朝飨太庙，"有事于南郊，合祭天地"④。通过梳理可以发现，太清宫从初创时的玄元皇帝庙到最终进入国家祭祀，仅仅用了十年的时间，而这个在十年内便出现的新祭祀，从当时直至唐末的一百五十余年中一直存在。可见设立太清宫并在短时内将它推至国家祭祀的最高层面是有特定目的且极为迫切的。结合玄宗朝之前的政局变动，可以认为，太清宫祭祀出现的意义正如汤勤福在其研究中所说，在于"极大地抬高了圣祖之地位"⑤，同时也借此"抬高了唐代帝王'圣裔'的血统"⑥。

　　将太清宫祭祀的设立与镇墓石的使用结合来看，可以认为这是玄宗在生、死两个领域内推崇道教所致。极力推崇道教，除了单纯的信仰原因，更多的是政治层面的考虑。就现有材料而言，镇墓石所有人的身份背景都与皇室有着密切的联系，其中尹愔甚至在朝中担任官职，而在《旧唐书》与《新唐书》中也

---

① 《旧唐书·志第四》："二年……三月……西京玄元庙为太清宫……"《旧唐书》（点校本二十四史精装版）第3册，北京：中华书局2011年版，第926页。

② 《旧唐书·志第四》："八载……闰六月四日，玄宗朝太清宫，加圣祖玄元皇帝尊号曰圣祖大道玄元皇帝……五日，玄宗御含元殿，加尊号曰开元天宝圣文神武应道皇帝。大赦。自今已后，每至禘祫，并于太清宫圣祖前设位序昭穆。"《旧唐书》（点校本二十四史精装版）第3册，北京：中华书局2011年版，第927页。

③ 《旧唐书·本纪第九》："冬十一月……己丑，制自今告献太清宫及太庙改为朝献。"《旧唐书》（点校本二十四史精装版）第1册，北京：中华书局2011年版，第224页。《旧唐书·志第四》亦记："十一月，制……自今已后，每亲告献太清、太微宫，改为朝献……"《旧唐书》（点校本二十四史精装版）第3册，北京：中华书局2011年版，第927页。

④ 《旧唐书·本纪第九》："十载春正月乙酉朔。壬辰，朝献太清宫。癸巳，朝飨太庙。甲午，有事于南郊，合祭天地，礼毕，大赦天下。"《旧唐书》（点校本二十四史精装版）第1册，北京：中华书局2011年版，第224页。《旧唐书·志第四》亦记："十载正月，有事于南郊，于坛所大赦。"《旧唐书》（点校本二十四史精装版）第3册，北京：中华书局2011年版，第928页。

⑤ 汤勤福：《唐代玄元皇帝庙、太清宫的礼仪属性问题》，《史林》2019年第6期，第55页。

⑥ 同上。

提及太清宫中生徒的考核与一般学子的科考在形式上没有区别①。

镇墓石的使用虽出自科仪,但更多与葬礼结合,成为葬仪的一部分。这些与皇室关系密切的人员,虽然墓葬内部是为逝者所做,但生者制作墓葬、举行仪式的目的除了对逝者的祭奠,同时包含有极大的公共仪式、国家象征意味。皇室是国家的中心,与之相关的人和事都不仅仅关乎个人,更是国家意志的反映,镇墓石的使用也是如此。通过对比镇墓石的实际情况与经文中的记述,可以发现其中有很大的不同。经文提到书文于青石而实际是刻写,刻字相比于写字所具有的永久性,更类似墓志的性质。可确定来源的镇墓石都来自于墓室,如前文所说,是镇墓石与丧葬仪式的结合,甚至可以认为是科仪对葬仪的一种让步——镇墓石的使用更多满足了丧葬仪式的需要。而彭尊师镇墓砖的发现意味着,根据材料划分等级的情况在镇墓石中也有体现,等级体现最为明显的是《五炼经》中有关庶民的规定②。但是在实际发现中,并没有庶民案例。因此镇墓石的使用事实上完全限制在皇室以及与皇室相关的人群之内。所以材质的变化与庶民的缺失,又是宗教仪式对等级体现的让步。这两种让步表明镇墓石的使用其实与太清宫祭祀的出现是同一目的所呈现的两个现象,其背后的根本意图是借助皇权与宗教道法的结合,来实现玄宗政治力量的强化。

值得一提的是,虽然传统上认为女子不得入朝干政,但在玄宗朝,玄宗利用道教稳定统治这一做法,也反映在女性行为上——皇室女冠的数量在此时明显增多。在玄宗执政期间,他的妃子、妹妹、女儿都有入观做坤道的记载,例如:玄宗的淑妃杨真一在玉真观入道;其妹金仙公主、玉真公主分别在金仙观、玉真观修行,之后也活动于开元观、安国观;其女咸宜公主修行于咸宜观,万安公主修行于金仙观,楚国公主于德宗朝入道。这些案例说明,纵然有真心信

---

① 《旧唐书·志第四》:"……置玄元皇帝庙并崇玄学,置生徒,令习《老子》《庄子》《列子》《文子》,每年准明经例考试。"《旧唐书》(点校本二十四史精装版)第 3 册,北京:中华书局 2011 年版,第 925 页。《新唐书·志第三十四》称:"官秩、荫第同国子,举送、课试如明经。"《新唐书》(点校本二十四史精装版)第 6 册,北京:中华书局 2011 年版,第 1164 页。

② 《太上洞玄灵宝灭度五炼生尸妙经》:"庶人则用尺数,铁以准金。"《道藏》第 6 册,北京:文物出版社、上海:上海书店、天津:天津古籍出版社 1988 年版,第 265 页。

道入观的女性存在①，但也有部分女性是出于对玄宗崇道政治目的的反馈。作为皇权与宗教的中间人，皇族女性在活跃于道教领域的同时也对国家政治有着高度的关注，最典型的自然还是金仙、玉真两位公主。已有研究讨论二人的政治活动②，这里略过。而从二人所在道观的名称——开元、安国——亦可感觉到玄宗对道教护国所寄予的厚望。

综上，皇室成员使用镇墓石意味着在皇家葬仪中包含有道教经典仪轨的成分，而皇家宫观的道士使用镇墓石则意味着他们也被特准采用与皇家葬仪相似的规格。这种双向互动的出现结合玄宗朝首创的太清宫祭祀制度，反映出的是玄宗在生、死两界共同提升道教的宗教地位和政治地位。通过皇权对道教的干预与利用，将皇家宫观的道士作为朝廷在宗教思想方面引导统一的代言人，从宗教的角度反映出统治集团的政治导向。又通过对圣祖老子身份的强化，实现道教与皇权的统一，进而强调李唐皇室天命所归。

## 结　语

本文从身份出发，首先区分出镇墓石所有者有世俗人士与宗教人士两种。其次在世俗人士中又分为以韦后为代表的外戚家族以及以玄宗为中心人物的李唐皇室。通过对京兆韦氏家族中阿史那忠镇墓石的分析，以及韦后亲属和皇室多位成员的意外死亡得出结论：唐代灵宝五方镇墓石的使用始于广义的京兆韦氏家族，以阿史那忠镇墓石作为前兆。出于安抚被杀亲属的需要，韦后选择具有安魂镇墓作用的《五炼经》作为镇墓石新的文本来源，并从此确定了灵宝五方镇墓石的基本格式。玄宗朝道士也开始使用镇墓石的新变化是基于玄宗的政

---

① 雷闻：《被遗忘的皇妃——新见〈唐故淑妃玉真观女道士杨尊师（真一）墓志铭〉考释》，《华中师范大学学报》（人文社科版）2016年第1期，第138—148页。

② 郭海文、远阳认为金仙公主拜史崇玄为师是为了缓和玄宗与太平公主之间的矛盾，进而稳定政局。郭海文、远阳：《金仙长公主拜史崇玄为师之管见》，西安碑林博物馆编：《碑林论丛》第23辑，西安：三秦出版社2018年版，第200—208页。丁放、袁行霈则论述玉真公主与诗人之间的关系，以李白为例，讨论了玉真公主对士人进入仕途的帮助，表明玉真公主是这些诗人和唐玄宗之间互相沟通的一条重要渠道。丁放、袁行霈：《玉真公主考论——以其与盛唐诗坛的关系为归结》，《北京大学学报》（哲学社科版）2004年第2期，第41—52页。

治需要：与太清宫祭祀制度一起，从生、死两个层面推崇道教。玄宗通过皇家宫观对政权与道法的调和，来提升李唐血统的神圣性，借此宣扬其政权的正统，进而稳定先前被武、韦动摇的政局，实现国家的安定统一。

# 本命星辰与善恶伦理：
# 《赤松子中诫经》探研*

施秦生**

**内容提要**：《赤松子中诫经》专叙星神主掌人命、监察善恶之伦理思想，堪称现存最早的道教劝善书。本文指出，《赤松子中诫经》有古、今本之分，其中古本应成书于《太平经》与《抱朴子内篇》之间而稍前；今本则存在一些后人增补的痕迹，最终成书或在南北朝末。《赤松子中诫经》吸收并增饰了东汉时期流行的本命星辰说，沿用了《太平经》"命在天曹—籍系星宿—司命奉籍"的星命理论架构，又将以上理论与《太平经》之天诫说、寿三品说、善恶承负说等有机地结合到一起，形成了较为系统、成熟的星命伦理思想，影响十分深远。

**关键词**：赤松子中诫经；成书年代；文本层次；本命星辰说；善恶伦理观

《赤松子中诫经》见载于《正统道藏》洞真部戒律类，为中古时期专讲星神主命伦理思想的一部道经。该经认为，人始生时各有其本命星辰监察人的善功

---

\* 本文系国家"十三五"规划文化重大工程《中华续道藏》（批准号：中央统战部"统办函"［2018］576号）的专项研究成果、国家社会科学基金重大项目"中国西南道教文献整理与数据库建设"（批准号：21&ZD249）的阶段性成果。

\*\* 施秦生，男，江苏扬州人，浙江大学哲学学院（筹）博士后研究员。

恶行、主宰人的贫富死生。如果人多做善事，星神便会保佑他，使他远离祸患、收获福德；如果常行不义，"恶星"便会照临他，使他遭受各种灾祸，甚至殃及子孙。可以说，《赤松子中诫经》已经形成了较为系统、完备的星神主宰人命、监察善恶的伦理理论，起到了很好的劝善诫恶效果，有学者即称该经为"现存最早的道教劝善书"①。

不过，学界对这样一部重要经典却鲜少注目，仅有部分学者探讨过《赤松子中诫经》的功过思想②、教育思想③、生态伦理思想及其现代意义④；尚未有人对该经的成书年代、经名含义、文本层次、思想来源、理论贡献、影响作用等议题做出更为深入的研究，而这正是本文所要关注的问题。

## 一、成书年代、经名含义与文本层次

### （一）成书年代

关于《赤松子中诫经》的成书年代，任继愈主编的《道藏提要》称其为"六朝故籍"⑤，略嫌笼统。萧登福则认为《赤松子中诫经》"应是东汉时道书"⑥，主要依据是东晋葛洪《抱朴子内篇·微旨》已提及该经。曾传辉指出《微旨》篇所引《赤松子经》应即《赤松子中诫经》，"有人据此认为该经出于魏晋时期，然从其假托黄帝、赤松及所称太一等神名来看，似出于汉代黄老道派，其平易直白的文风也与魏晋骈丽之风不伦，亦表明此经早出于魏晋"⑦。不

---

① 曾传辉注译：《〈赤松子中诫经〉今译》，唐大潮等注译：《劝善书今译》，北京：中国社会科学出版社1996年版，第20页。苟波：《道教与明清文学》，成都：巴蜀书社2010年版，第485页。

② ［日］中村元主编：《中国佛教发展史》，台北：天华出版事业股份有限公司1984年版，第710—721页。

③ 马丽涛：《〈赤松子中诫经〉的教育思想》，《中国道教》2001年第2期，第23—26页。

④ 于国庆：《〈赤松子中诫经〉的生态伦理思想及其现代意义》，《西安外事学院学报》2006年第2期，第48—52页，收入詹石窗总主编：《百年道学精华集成》第7辑，上海：上海科学技术文献出版社2018年版，第337—342页。牛常让：《略谈〈赤松子中诫经〉的社会意义》，《中国道教》2013年第4期，第42—43页。

⑤ 任继愈主编：《道藏提要》（第三次修订），北京：中国社会科学出版社2005年版，第81页。

⑥ 萧登福：《正统道藏总目提要》，台北：文津出版社2011年版，第187页。

⑦ 曾传辉注译：《〈赤松子中诫经〉今译》，唐大潮等注译：《劝善书今译》，北京：中国社会科学出版社1996年版，第19—20页。

过其观点并无实质性证据。

按《抱朴子内篇·微旨》云："按《易内戒》及《赤松子经》及《河图记命符》皆云，天地有司过之神，随人所犯轻重，以夺其算，算减则人贫耗疾病，屡逢忧患，算尽则人死。"① "司过神据人所行增减寿算"确实是《赤松子中诫经》的主旨思想，故基本可以肯定在葛洪之前存在一个专讲"司过之神"主人寿命的古本《赤松子经》。那么，这是否说明《道藏》本《赤松子中诫经》出于葛洪之前呢？这里可能还有一些讨论的空间。

首先，今本《赤松子中诫经》援引了《阴符经》的"五贼"说："夫人修持善恶，自起于心，心是五贼之苗，万恶之根。"② 其下又引《阴符经》："经云：'天有五贼，见之者昌，失之者亡。'"③ 是则今本《赤松子中诫经》之成书必在《阴符经》之后④。不过《阴符经》的成书时间也是争议颇多的问题，王明先生认为《阴符经》应成书于531—580年之间，其作者可能是"北朝一个久经世变的隐者"⑤。循此而言，今本《赤松子中诫经》的成书上限或在531年。

其次，今本《赤松子中诫经》有"三业不生"⑥ 这样明显取自佛教的词语。"三业"一般指身、口、意三业，其说较早见于两晋时期的汉译佛经中，如东晋瞿昙僧伽提婆译《中阿含经·业相应品》云："身故作三业，不善与苦果受于苦报；口有四业，意有三业，不善与苦果受于苦报。"⑦ 其下又对身三业、口四业、

---

① （晋）葛洪著，王明校释：《抱朴子内篇校释》（增订本），北京：中华书局1985年版，第253页。此段引文的主体内容似出于纬书《河图纪（记）命符》，其书佚文可参见［日］丹波康赖撰，高文柱校注：《医心方》，北京：华夏出版社2011年版，第557页。徐兴无指出，谶纬中的"赐夺纪算"之说，源于墨家明鬼观念，但又与两汉时期流行的占星、神仙之说合流，提出"命有三科"说，试图解决现实中善恶报应并不一一对应的矛盾。"赐夺纪算"说和"命有三科"说在汉末以降的道教理论中发展为"承负说"。参见徐兴无：《谶纬文献与汉代文化构建》，北京：中华书局2003年版，第42—43页。可见《赤松子中诫经》的星神主命思想，受谶纬及《太平经》影响颇深。

② 《道藏》第3册，北京：文物出版社、上海：上海书店、天津：天津古籍出版社1988年版（以下略注），第447页。

③ 同上书，第448页。

④ 有趣的是，《正统道藏》洞真部玉诀类所收《黄帝阴符经集解》径题赤松子等十真人撰。

⑤ 王明：《道家和道教思想研究》，北京：中国社会科学出版社1984年版，第146页。

⑥ 《道藏》第3册，第445页。

⑦ 宗文点校：《中阿含经》，北京：宗教文化出版社2012年版，第49页。

意三业的具体内容有所阐发。由于《太平经》仅"间采浮屠家言"①,《抱朴子内篇》中也几乎见不到受佛教影响的痕迹②,而道教开始大量汲取佛教的思想资源主要是在晋宋之际的古灵宝经中。因此,今本《赤松子中诫经》恐非汉晋故籍,很可能经过南北朝道士的增纂。

最后,今本《赤松子中诫经》有"天上三台、北辰、司命、司录,差太一直符,常在人头上,察其有罪,夺其算寿"③ 之语。此处"太一"屈居"三台北辰"之下,竟成为任其遣敕的小神。实际上,西汉时期太一已作为至尊之神而被专祠祭拜④;早期道经尤崇太一,从《太平经》的"北极天君"到《抱朴子内篇》的"太乙元君",太一基本上都是最高神,很难想象作为汉晋旧籍的《赤松子中诫经》会将太一的地位编排得如此低下。这种贬抑太一的行径倒是同晋宋之际的古灵宝经颇为相合,《无上秘要》卷九《众圣会议品》所引《洞玄元始五老赤书玉篇经》中即可见"至真尊神"遣、敕太一之说,如称元始灵宝西天大圣众、至真尊神等"常以月二十八日,上会灵宝太玄都玉京山金阙七宝宫","其日敕太一下,历校天宿,周行学人,善恶列言"⑤。值得注意的是,在《赤松子中诫经》的其他段落中基本上都是以小神"司命"来行使督察世人、上

---

① 汤用彤:《汉魏两晋南北朝佛教史》,上海:上海人民出版社2015年版,第73页。
② 关于葛洪与佛教的关系,参见王承文:《中古早期佛道关系的新视点——以敦煌本〈灵宝威仪经诀上〉为中心》,郭武主编:《道教教义与现代社会国际学术研讨会论文集》,上海:上海古籍出版社2003年版,第535—538页。
③ 《道藏》第3册,第445页。按:三台多与北斗连称,且太一实乃"北辰"神格化之后的称呼,这里说北辰"差太一",实不知所谓,其经或以北辰为北斗。大量吸取《赤松子中诫经》内容的宋代道教劝善书《太上感应篇》即将此句改写为"三台北斗神君,在人头上,录人罪恶,夺其纪算"。(《道藏》第27册,第10页。)另,所谓"司命""司录",指三台星中的上台、下台,或文昌六星之第四、六星。
④ 田天:《西汉太一祭祀研究》,《史学月刊》2014年第4期,第39—51页。
⑤ 《道藏》第25册,第28页。这里所引的《洞玄元始五老赤书玉篇经》应即古灵宝经的核心经典《元始五老赤书玉篇真文天书经》,《道藏》本《真文天书经》中的相应内容为:"元始灵宝西天大圣众、至真尊神……常以月二十八日,上会灵宝太玄都玉京金阙七宝宫,奉斋朝天文,共集推校日月星辰分度,并得道人名。其日太一下,历校天宿,周行学人,善恶列言金堂。"(《道藏》第1册,第795页。)

报星神的职责,因此,"差太一直符"① 云云或系后人增纂。

总之,《赤松子中诫经》应有古、今本之分。若欲进一步考察该经的成书历程,还须从其经名含义、被引情况等入手。

(二)经名含义

1."赤松子"与六朝道教

《赤松子中诫经》以"赤松子"冠名,并且其对于星神主命伦理思想的宣说也是通过依托黄帝与赤松子之间的问答而展开的,因此有必要对赤松子之神格及其在六朝道教中所扮演的角色进行一番检视。

传赤松子为上古时神仙,《史记·留侯世家》记张良"愿弃人间事,欲从赤松子游耳"②。传刘向所撰《列仙传》以赤松子为神农时雨师,"服水玉,以教神农,能入火自烧"③。《淮南子·齐俗训》则云:"今夫王乔、赤诵子,吹呕呼吸,吐故内新,遗形去智,抱素反真,以游玄眇,上通云天。"④《汉书·古今人

---

① 这里的"太一直符"很容易让人联想到"十神太一"中的"直符太一"。吴羽指出,十神太一信仰虽然南朝已有,但是要到中晚唐时期才在政治、社会中产生较为重要的影响;并认为十神太一非是汉唐道教神祇,且与这一时期道教经典中的太一无关。(吴羽:《唐宋道教与世俗礼仪互动研究》,北京:中国社会科学出版社 2013 年版,第 2—4 页。)那么,《赤松子中诫经》的"太一直符"是指"十神太一"中的"直符太一"吗?换言之,其经是否出于中晚唐时期?应该不是。《赤松子中诫经》的"太一直符"当源于汉代直符制度。(参见[日]冨谷至著,张西艳译:《汉简语汇考证》,北京:中西书局 2018 年版,第 249—250 页。)其中"直"为当值意,"符"即指当值者所持之凭证,故"直符史"可以简单理解为"值班的官员",与此处"太一"之职位相副。《太平经》中已可见"直符"一词,为"当值"意,如卷一百一十一《善仁人自贵年在寿曹诀》:"故言天君敕命曹,各各相移,更为直符。"(王明编:《太平经合校》,北京:中华书局 2014 年版,第 566 页。)六朝道经中的"直符"也多为"当值"意,如古灵宝经《真文天书经》载有五帝真符,如"元始青帝真符"之下云:"召直符更生守灵宝天文……并本命日朱书,向东服之九枚,直符吏更生随符入腹肝藏之府。"(《道藏》第 1 册,第 785 页。)

② (汉)司马迁:《史记》第 6 册,北京:中华书局 1982 年版,第 2048 页。

③ 王叔岷:《列仙传校笺》,北京:中华书局 2007 年版,第 1 页。

④ 高诱注:"赤诵子,上谷人也,病疠入山,导引轻举。"(汉)刘安编,刘文典撰,冯逸、乔华点校:《淮南鸿烈集解》,北京:中华书局 2013 年版,第 361 页。

表》称赤松子为"帝喾师"①。

大概由于《列仙传》记赤松子有"服水玉"事,晋唐道教的服食药方常有托名赤松子的,如葛洪《抱朴子内篇·金丹》记有"赤松子丹法"②。《太清经天师口诀》则载有《赤松子肘后药诀》③。《黄帝九鼎神丹经诀》卷二《明神丹之由致取人贵法》称本经系王乔、赤松子、黄帝受于玄女,"非余小仙之所传受也"④。《云笈七签》卷六十六《金丹》载《赤松子玄记》⑤,卷七十五《方药》载《赤松子服云母方》⑥,当属晋唐时期的服食药方。由于赤松子能"吹呕呼吸""导引轻举",一些讲服气、导引术的道书也托名赤松子,如《云笈七签》卷五十九收有《赤松子服气经》序⑦,唐王仲丘撰《摄生纂录·导引篇》载"赤松子坐引法"⑧。

六朝时期,"赤松子"被纳入道教的神仙谱系中。可能因为"赤松子"名中有"赤",六朝上清经多据五行理论而将其与"南岳"相配,或称为"太虚真人南岳赤松子"。伪托葛洪所撰、与上清经关系密切的《枕中书》称赤松子为"昆林仙伯,治南岳山"⑨。陶弘景《真诰·稽神枢第四》记郭静于天维山逢赤松子降,授其真道,下文云:"在元炁为元君,在玄宫为玄师,在南辰为南极老

---

① (汉)班固:《汉书》第3册,北京:中华书局1962年版,第874页。另外,宋罗泌所撰《路史》虽系晚出,但该书卷三十九《余论二》"赤松石室"条对赤松子之事迹记述较详:"赤松子者,炎帝之诸侯也,既耄,移老襄城,家于石室……《神仙传》云:'赤松子者,服水玉,神农时为雨师……'而《列仙传》有赤松子舆者,在黄帝时啖百草华,不谷,至尧时为木工,故传谓帝倍师之。又云尧师之。而道亦有黄帝问赤松子《中戒》等经,此张良所以愿从之游,非末代之数矣。"(宋)罗泌:《路史》,(清)永瑢、(清)纪昀等纂修:《景印文渊阁四库全书》第383册,台北:台湾商务印书馆股份有限公司1986年版,第572页。以下该书皆出自此版本。
② (晋)葛洪著,王明校释:《抱朴子内篇校释》(增订本),北京:中华书局1985年版,第79—80页。
③ 《道藏》第18册,第788页。
④ 韩吉绍校释:《黄帝九鼎神丹经诀校释》,北京:中华书局2015年版,第31页。
⑤ (宋)张君房编,李永晟点校:《云笈七签》,北京:中华书局2003年版,第1464页。
⑥ 同上书,第1701页。
⑦ 同上书,第1300页。
⑧ 《道藏》第10册,第707页。另,约出于唐代的《太清导引养生经》载"赤松子导引法",《道藏》第18册,第395页。
⑨ 《道藏》第3册,第271页。关于《枕中书》的真伪及作者问题,参见王皓月:《析经求真:陆修静与灵宝经关系新探》,北京:中华书局2017年版,第295—318页。

人,在太虚为太虚真人,在南岳为赤松子。"① 又陶氏所编《真灵位业图·上第一·第二·左位》记有"南极南岳真人左仙公太虚真人赤松子"②,可见其位阶不低。或出于杨、许之手的早期上清经《洞真太上说智慧消魔真经》③卷一《真药玄英高灵品》将赤松子编排进上清神系中,并详细描述了其得道成真的经历:

> 赤松子学道未得之时,乃于金华山中,忽得疾病困笃,经一十六年,虽复思真存精,而所苦不愈。松子当此之时,故自平心求道,研神守静,初不以困病为悲感,以生死为视听也。
> 
> 松子既清斋扶疾,诵《智慧》、讽《消魔品》三千遍,则所疾都愈,心开神朗,有愈于未病之时也。
> 
> 松子后于大霍山中道成,上诣金阙,受书为太虚真人,是宿有真名于上清也。④

据上清、灵宝诸经的描述,赤松子的主要职责是传授经诀,如《紫阳真人内传》称周义山曾"遇南岳赤松子,受《上元真书》"⑤。《上清九真中经内诀》则径题"太虚真人南岳上仙赤松子述"⑥。《无上秘要》卷三十二《众圣传经品》引《太上八素真经》,称上皇天帝以其经授太微天帝君、三元紫精道君、真阳元老君,三君又付太上道君,道君以传后圣李君,李君则传南极赤松子⑦。卷八十七《尸解品》引《洞真太极帝君填生五藏上经》:"南岳真人赤松子曰:'昔有赵成子者,学仙之士也。初受吾《镇(填)生五藏上经》,乃按而为之。'"⑧古

---

① 陶注称此条系许长史抄出,"不审本是何经书中事,并是说南岳赤君下教之旨"。(南朝梁)陶弘景撰,赵益点校:《真诰》,北京:中华书局2011年版,第254、262页。

② (南朝梁)陶弘景纂,(唐)闾丘方远校订,王家葵校理:《真灵位业图校理》,北京:中华书局2013年版,第31页。

③ 李静:《古上清经史若干问题的考辨》,复旦大学博士论文,2009年,第109—112页。

④ 《道藏》第33册,第597页。

⑤ 《道藏》第5册,第545页。

⑥ 《道藏》第19册,第105页。

⑦ 《道藏》第25册,第106页。这里所引的《太上八素真经》即《道藏》本《上清太上八素真经》,个别表述存在差异。

⑧ 同上书,第248页。

灵宝经《上清太极隐注玉经宝诀》假托太极真人曰："劫始以来，赤松子、王乔、羡门、轩辕、尹子，并受《五千文》《隐注秘诀》，勤行大道，上为真人之长者。"①

2. "天诫""中和"与"中经"

《抱朴子内篇·微旨》所提及的仅仅是"赤松子经"。当然，"赤松子经"也可以是"赤松子中诫经"的省称，不过这也暗示我们"赤松子经"从内容到经题可能都经过后人的增纂。那么，今本《赤松子中诫经》经名中的"中""诫"是何意呢？

"诫"或即警示、劝诫之意②。经中之"诫"乃"天诫"，即皇天之诫敕："皇天以诫议，故作违犯，则鬼神天地祸之也。"③这种"天诫"观念当源于《太平经》，如卷一百十四《不可不祠诀》云："天有诫书，具道善恶之事。"④

"中"呢？《赤松子中诫经》比较强调"人"位处天地之"中"的地位："夫人生在天地之中，禀阴阳二气，皇天虽高，其应在下；后土虽卑，其应在上……人处其中，恣心情欲，凡人动息，天地皆知。"⑤这种观念应该也是取资于颇为推崇"中和"思想的《太平经》，如卷九十《冤流灾求奇方诀》云："今人居天地之间……人者，乃中和凡物之长也。"⑥并且，"中和"在道德层面上可指人类那种善恶兼具的秉性，卷四十二《四行本末诀》称"善恶并合者，中和之行也"⑦。《太平经》又将此"中和"的人学思想⑧与"天诫"观结合，有所谓"天戒中"之说，卷九十一《拘校三古文法》曰："故吾之为道，悉守本而戒中

---

① 《道藏》第6册，第646页。

② "基本上可以肯定，在先秦文献中只作'戒'，在《史记》和《汉书》中已有'诫'，但仍以'戒'为主，到了《后汉书》凡外在的告诫、警敕和命令均已写作'诫'。按《说文》：'诫，敕也。'《后汉书》李贤注引《汉制度》说：'帝之下书有四：一曰策书，二曰制书，三曰诏书，四曰诫敕。……诫敕者，谓敕刺史、太守，其文曰：有诏敕某官。它皆仿此。'说明在汉代'诫'仍然是一种国家政令形式。"伍成泉：《汉末魏晋南北朝道教戒律规律研究》，成都：巴蜀书社2006年版，第28页。

③ 《道藏》第3册，第445页。

④ 王明编：《太平经合校》，北京：中华书局2014年版，第620页。

⑤ 《道藏》第3册，第445页。

⑥ 王明编：《太平经合校》，北京：中华书局2014年版，第352页。

⑦ 同上书，第99页。

⑧ 岑孝清：《〈太平经〉的人学思想"中和之道"》，《长春理工大学学报》（社会科学版）2011年第10期，第23—26页。

而弃末。天守本,故吾守本也;天戒中,故吾戒中也;天弃末,故吾弃末也。"①意即皇天要对处于天地之中、善恶相混的人类做出警诫,与《赤松子中诫经》"中诫"之名相符。

当然,以上的诠释路径略显迂曲,《赤松子中诫经》实际上并未就"中"的概念有足够的阐发,其经"中"之名还可能是受南北朝中后期造构"中经"风气的影响。郜同麟指出,老子授尹喜上、下、中经的传说在南北朝中晚期广为流播,"基于对数字'三'的特殊崇拜,在南北朝中后期产生了大量的'中经'"②。有趣的是,古灵宝"未出"经《洞玄灵宝丹水飞术运度小劫妙经》③即将老君演出道德"中"经的神话同赤松子受科、戒之说结合到了一起:"元始老君演出五千文《道德》上、下、中经,三洞真文,众要妙经,教化后学。其辞曰:'赤松子其年十月五日受……《三洞真科》《道德要戒》于玄都宝城山中。'"④ 由是而论,《赤松子中诫经》的增纂很可能就是受到《小劫妙经》的启发。

综上,笔者倾向于认为古本《赤松子经》之全名或为《赤松子诫经》,它应是基于《太平经》"天诫"观及星命理论,以劝善诫恶为目的创作的道经,其经名含义大致为:由上古神仙赤松子所出的,宣示皇天诚命以教化、劝导人类的

---

① 王明编:《太平经合校》,北京:中华书局2014年版,第373页。
② 郜同麟:《〈老子中经〉新探》,《中国本土宗教研究》2021年第4辑,第121页。
③ 《小劫妙经》为敦煌本《灵宝经目》所标明的"未出"经之一,一般认为这些"未出"经系晚出。不过,新近的研究指出《小劫妙经》成书于陆修静之前。(孙齐:《古灵宝"未出"经研究》,《中外论坛》2021年第1期,第16—19页。)细读《小劫妙经》可以发现该经是在《人鸟五符》的基础上较多援引上清经之思想内容而造构的非主流灵宝经。王皓月认为《小劫妙经》吸收了《人鸟五符》的"人鸟山"概念。据他的研究,《人鸟五符》成书于430—435年之间,并且梁末编纂的《灵宝中盟经目》中没有出现该经,故《小劫妙经》应是梁末以后新编纂的灵宝经。(王皓月:《析经求真:陆修静与灵宝经关系新探》,北京:中华书局2017年版,第166—169页。)总之,关于《小劫妙经》及其他"未出"经的成书历程与文本层次问题可能远比我们想象的要复杂。比如最奇怪的一点是,《小劫妙经》经末有"嘉平二十三年"的说法。按:曹魏、汉赵、南凉都曾行用过"嘉平"年号,但是没有到二十三年的。其中同该经之成书年代相近的可能是南凉,不过嘉平七年(414)南凉即亡国。如果"嘉平"年号并不出于虚构的话,以南凉嘉平七年推之,则"嘉平二十三年"为430年,相当于刘宋元嘉七年、西秦永弘三年、北魏神䴥三年,是则《小劫妙经》或作成于该年之后,这同王氏的结论倒是相合。笔者倾向于认为今本《小劫妙经》是南北朝中后期的作品。如果相信今本《赤松子中诫经》的作成是受《小劫妙经》的启发,那么其成书时间大概也就是在南北朝末,这与我们的判断相符。
④ 《道藏》第5册,第857页。

经典。至于"中(诫经)"之名,则有可能是受到《小劫妙经》的启发而被增纂的。

有学者指出:"从谶纬神学的'天戒'到《太平经》的'天诫',再由《太平经》的'天诫'到五斗米道的'道诫',这是道教戒律规范形成过程的三部曲。"① 由于《赤松子(中诫)经》中未见五斗米道之"道诫"说,且囊括了一些《太平经》中常见的关于善恶承负、阴阳灾异等方面的内容,故古本《赤松子经》之成书当距《太平经》不远②。

(三)被引情况与文本层次

《道藏通考》认为《赤松子中诫经》为10世纪的作品,主要依据大概是该经较早见著于北宋中期的目录书《崇文总目》③。不过,正如郑灿山所指出的:"传统目录学的知识体系,是传统儒家学者所构筑的,而儒者对于道教或是民间信仰,基本上相对漠视乃至鄙夷,所以不大会关注其典籍传承的问题。""考证道经年代或是作者时,传统目录学的知识体系,并非唯一的参照坐标。"④ 很多早出的道经不见著于官私目录书是很正常的现象,不能据此判断道经的成书年代。下面想据《赤松子(中诫)经》的被引情况来进一步考察其文本层次的相关问题。

唐前道书征引《赤松子(中诫)经》约有两类三种:其一为南北朝天师道书《玄都律文》中关于善恶承负的内容;其二为《大有妙经》《养性延命录》中关于"天(地)不欺人,示之以响(影)"之灾异说的相关内容。另外,中古天师道章本《赤松子章历》之由来或许也与古本《赤松子经》有关。

1.《玄都律文》

《玄都律文·虚无善恶律》云:

> 人有一善,心定体安。人有十善,气力强壮。人有二十善,身无

---

① 伍成泉:《汉末魏晋南北朝道教戒律规律研究》,成都:巴蜀书社2006年版,第20页。

② 关于《太平经》的成书时间,可参见段致成:《〈太平经〉思想研究》,新北:花木兰文化出版社2011年版,第52—54页。

③ Kristropher Schipper & Fransiscus Verellen, *The Taoist Canon: A Historical Companion to the Daozang*, Chicago & London: The University of Chicago Press, 2004, p. 319.

④ 郑灿山:《六朝隋唐道教文献研究》,台北:新文丰出版公司2014年版,第56—57页。

疾病。人有三十善，所求者得……人有千善，后世出神仙真。

人有一恶，心劳体烦。人有十恶，血气虚羸。人有二十恶，身多疾病。人有三十恶，所求不谐……人有三百恶，后世受贫困。人有四百恶，后世没为奴婢。①

《赤松子中诫经》中相应内容为：

人为一善，神意安定。为十善，气力强盛。为二十善，身无患害。为三十善，所求遂意……为一千善，出群仙。

若人为一恶，意不安定。为十恶，气力虚羸。为二十恶，身多疾病。为三十恶，所求不遂……为三百恶，世世出下贱人。为四百恶，世世子孙，穷贱贫乞……为一千恶，世世子孙，异形变体，为禽兽不具之状，积恶之殃满盈，祸及数世矣。②

两相比较，很难确定是谁引用谁。不过善恶承负之说主要见于《太平经》，上引文段或出于受《太平经》影响颇深的古本《赤松子经》，而非《玄都律文》首创。据上文，今本《赤松子中诫经》成书之上限或在 531 年；而据小林正美考证，《玄都律文》约成书于刘宋末期③，即 470—479 年左右。不过《赤松子中诫经》的文句更为参差，且有部分重复的内容，如经中称为三百恶的后果是"世世出下贱人"，为四百恶则"世世子孙，穷贱贫乞"，二者略同。而《玄都律文》的文句则相对齐整。或许今本《赤松子中诫经》中善恶承负的内容保留了古本原貌，《玄都律文》则在古本《赤松子经》的基础上做了进一步的加工。

2.《大有妙经》与《养性延命录》

《洞真太上素灵洞元大有妙经》疑为王灵期所造上清经，约作于 435 年之

---

① 《道藏》第 3 册，第 456 页。
② 同上书，第 446 页。与以上内容类似的文句又见于《要修科仪戒律钞》卷十二《善功缘》所引《洞神经》，以及《云笈七签》卷九十二《仙籍语论要记》所引《仙经》。
③ ［日］小林正美著，王皓月、李之美译：《唐代的道教与天师道》，济南：齐鲁书社 2013 年版，第 154—155 页注。

前①，经中《太上大洞守一内经法》有几句话是取资于《赤松子（中诫）经》：
"天不欺人，示之以响；地不欺人，应之以影。"②《赤松子中诫经》中相应内容
为："故天不欺物，示之以影，昼夜阴阳，雷电雨雪……天之信也；地不欺
物，示之以响应，及生万物，江河流注，乃至枯涸，山崩地动，恶风振木……
地之信也。"③ 这种阴阳灾异说在《太平经》的时代较为流行，当非《大有妙
经》首创。由于《大有妙经》的成书年代早于今本《赤松子中诫经》成书之上
限，故基本可以肯定《大有妙经》所引为古本《赤松子经》。

《养性延命录》传为陶弘景所集，卷上《教诫篇》有一段内容取资于《赤
松子（中诫）经》："无谓幽冥，天知人情；无谓暗昧，神见人形；心言小
语，鬼闻人声；犯禁满千，地收人形。人为阳善，吉人报之；人为阴善，鬼神
报之。人为阳恶，贼人治之；人为阴恶，鬼神治之。故天不欺人，依以影；地
不欺人，依以响。"④《赤松子中诫经》中相应内容为："凡人逐日私行善恶之
事，天地皆知其情。暗杀物命，神见其形；心口意语，鬼闻人声；犯禁满
百，鬼收其精；犯禁满千，地录人形。日行诸恶，枷锁立成，此阴阳之报也。"⑤
"天不欺人"句则见于上段。由于《养性延命录》有称引《大有（妙）经》的
例子，所以这些话可能是转引自《大有妙经》或直接引自古本《赤松子经》。

3.《赤松子章历》

中古时期还有另外一部以"赤松子"冠名的道书，即《赤松子章历》。此书
系南北朝时期天师道章本，今本之成书似不早于唐⑥。《赤松子章历》之由来或
许与古本《赤松子经》有关，该书卷一云：

> 谨按《太真科》及《赤松子历》：汉代人鬼交杂，精邪遍行，太上
> 垂慈，下降鹤鸣山，授张天师正一盟威符箓一百二十阶……
>
> 又按：赤松子问天老平长……平长具答……

---

① 李静：《古上清经史若干问题的考辨》，复旦大学博士论文，2009年，第44页。
② 《道藏》第33册，第413页。
③ 《道藏》第3册，第445页。
④ （南朝梁）陶弘景集，王家葵校注：《养性延命录校注》，北京：中华书局2014年版，第59页。
⑤ 《道藏》第3册，第445页。
⑥ 刘祖国：《从量词使用看〈赤松子章历〉的成书年代》，《宗教学研究》2020年第3期，第52页。

又云:"人生年命,悉有星宿管系。若为恶事,记名黑簿,令人精神恍惚,梦寐不安,既多迍邅,更减年算。若清心信向之士,崇尚道法,求乞章符,奏即罪灭福生,增添禄寿,先灵迁达,愿念从心。"①

其中《太真科》系天师道科书,很有可能是陆修静的作品②;《赤松子历》未详为何书,观其书名应当是与神仙"赤松子"有关的、讲择日避忌的"历书"。吕鹏志指出,《赤松子章历》前两卷所记载的大部分仪规都出自《太真科》《赤松子历》这两部书③。笔者认为,《赤松子(章)历》受《赤松子(中诫)经》的星命伦理思想影响颇深,很可能就是在《赤松子(中诫)经》的基础上发展而来的文本,如上引文段中就说:"人生年命,悉有星宿管系。若为恶事,记名黑簿……更减年算。"其所反映的正是《赤松子(中诫)经》之主旨,所以下文中说清信之士需要求乞章符,"奏即罪灭福生,增添禄寿"。事实上,《赤松子章历》有不少祈请星神的章醮仪式,卷二《奏章向背》条云:"白日受度向东,破契子午、请命星宿、急疾章,皆向北,存大帝。自非星宿大章,登坛大事,并收捕驱除急章,不烦露上。"④ 这里提到,只有向尊高星神传递的章文才能称作"大章",并且只有"星宿大章"和一些非常紧急的章文才有

---

① 《道藏》第 11 册,第 173 页。
② 《太真科》系南北朝道教的重要道经,与这一时期的天师道及上清、灵宝经系均有密切关系,然其书散佚各处,难窥全帙。20 世纪 90 年代,日本学者大渊忍尔先生对《太真科》做了较为充分的辑佚与研究工作。他认为《太真科》系上清科书,并考证其成书时间在 420 年前半期。([日]大渊忍尔:《道教とその经典》,东京:创文社 1997 年版,第 456—463 页。)大渊之后,学界鲜有注目《太真科》者,大多数学者对其观点采取了全盘接受的态度。笔者以为辑本《太真科》包含有大量的天师道内容,可以认为是一种天师道科书;且其书的多处内容均与陆修静的思想十分合辙,故而相信该书系陆修静借用上清经中的"太真科"名目,进一步融摄上清、灵宝经法而创作出来的新的天师道科律。参见拙文:《〈太真科〉新探》,待刊稿。
③ 吕鹏志:《唐前道教仪式史纲》,北京:中华书局 2008 年版,第 211 页。
④ 《道藏》第 11 册,第 183 页。这段内容又见于《要修科仪戒律钞》卷十一"上章背向"条中的《太真科》佚文,应是出于《太真科》。由于《章历》将《赤松子历》与《太真科》并提,《太真科》很有可能受到《赤松子历》或古本《赤松子经》的影响。《太真科》不但提出了天师道二十四治的分野理论(参见吴羽:《汉唐天师道二十四治圣地建构中的天文学传统及其影响》,盖建民主编:《生命道教暨卿希泰先生道教学术思想研究国际论坛文集》,成都:巴蜀书社 2019 年版,第 416—431 页),其中的"圣—真—仙"二十七品说还与二十八宿息息相关,《三洞珠囊》卷七《二十七中法门名数品》引《太真科》:"二十七大夫者,圣真仙阶各有九品,三九二十七,应宿也。宿二十八,日月桓舍其一,一为隐故,故二十七显也。"(《道藏》第 25 册,第 337 页。)其书对星神的重视,或许正是受古本《赤松子经》之影响。

必要北向斗极祈请，其余普通章文则不必打搅星神。该卷还提到章仪中的禁戒，称"禁律"曰："人身中常有司过之神，随时上下，曰以善恶。"① 又卷四《开度章》云："香一斤，祈北斗落死籍，南斗上生名。"② 皆与《赤松子（中诚）经》之思想合辙。

因为《赤松子（中诚）经》吸收了不少《太平经》的思想内容（详下），并且《抱朴子内篇》已提及该经，故基本可以确定古本《赤松子经》为汉晋旧籍，其成书时间在《太平经》与《抱朴子内篇》之间而稍前。然而，今本《赤松子中诫经》存在一些后人增补的痕迹（包括援引《阴符经》等），其上限应在531年。它可能是在南北朝中后期造构"中经"的风气下受《小劫妙经》的启发被增纂而成的，最终成书或在南北朝末。通过比较《玄都律文》《大有妙经》等经的引文与今本《赤松子中诫经》的相应内容，可以发现二者在表述上存在一些差异——这进一步证明了我们关于《赤松子（中诚）经》确有古、今本之分的推论。不过，今本仍在一定程度上保留了古本原貌。此外，《赤松子章历》可能也是受古本《赤松子经》影响而产生的天师道章本。

## 二、思想内容及其影响

（一）本命星辰监察善恶：《赤松子中诫经》的主旨思想

今本《赤松子中诫经》全文约五千余字。经前有序，序文称公明子皋过宋，见大夫薛瑗有子一十人多病、死，遂问其故。薛瑗称自己为一国宰相，见贤如仇，多行不义，以至于此。子皋以"天虽高而察其下，行凶恶者必殃，行善事者必福"③ 等语以教薛瑗，因出本经予之，强调依经行事可治万病，惠及子孙。

《赤松子中诫经》的主体内容是由假托黄帝与赤松子的若干段问答构成的，主要通过宣说本命星辰说、星斗主命说来达到其止恶扬善的目的。其中首回问答正是经文的核心思想所在：

---

① 《道藏》第11册，第191页。
② 同上书，第204页。
③ 《道藏》第3册，第444页。

> 轩辕黄帝稽首，问赤松子曰："朕见万民受生，何不均匀：有富贵，有贫贱，有长命者，有短命者……如此不等。愿先生为朕辩之。"
>
> 赤松子曰："生民茕茕（按：通'茕'），各载一星，有大有小，各主人形，延促衰盛，贫富死生。为善者，善气覆之，福德随之，众邪去之，神灵卫之，人皆敬之，远其祸矣。为恶之人，凶气覆之，灾祸随之，吉祥避之，恶星照之，人皆恶之，衰患之事，并集其身矣。人之朝夕，行心用行，善恶所为，暗犯天地禁忌，谪谴罪累，事非一也。人之朝夕为恶，人神司命，奏上星辰，夺其算寿，天气去之，地气著之，故曰衰也。"①

黄帝对人类个体命运之间的差异感到困惑，请教于赤松子。赤松子解释说这是因为每个人都有主管其生死贫富的星体，如果多做善事，星神便会保佑他，使他远离祸患，收获福德；如果常行不义，"恶星"便会照临他，使他遭受各种灾祸。经中还指出，星神并不直接负责监察人的善功恶行，而是由小神"司命"负责此事，由其奏上星辰，星辰再做出是否增减寿算的决断。

考《赤松子中诫经》本命星辰"延促衰盛"、监察善恶之理论来源有二：

其一为东汉以来流行的本命星辰说。所谓本命星辰，一般指某人生年干支所对应之星辰②，《赤松子中诫经》称之为"本照星辰"。如《太平经》卷一百十一《有德人禄命诀》主叙推禄命之术，其中明确提到卯年生人命系东方龙星③。王充《论衡·命义》对星命术之"合理性"有所揭橥，认为人之贵贱盛衰皆由其对应"星位"的尊卑决定："众星推移，人有盛衰……天施气而众星布精，天所施气，众星之气在其中矣。人禀气而生，含气而长，得贵则贵，得贱则贱……皆星位尊卑小大之所授也。"④纬书《春秋佐助期》则称北斗七星"并是人年命所属，恒思诵之，以求福也"⑤。隋萧吉《五行大义》引《黄帝斗图》

---

① 《道藏》第 3 册，第 445 页。

② 传统观点认为古代中国并未产生出"土生土长"的生辰星占学，可能并不准确。（参见江晓原：《历史上的星占学》，上海：上海科技教育出版社 1995 年版，第 180 页。）这关涉对"生辰星占学"的定义问题，即以星辰为本位的禄命术可否称作"生辰星占学"。

③ "卯主于东，系命东星，多所生活。"王明：《太平经合校》，北京：中华书局 2014 年版，第 562 页。

④ （汉）王充著，黄晖校释：《论衡校释》，北京：中华书局 1990 年版，第 46—48 页。

⑤ ［日］安居香山、［日］中村璋八辑：《纬书集成》，石家庄：河北人民出版社 1994 年版，第 821 页。

云:"一名贪狼,子生人所属;二名巨门,丑、亥生人所属……七名破军,午生人所属。"① 因此,汉代社会已经产生了星命术的理论雏形,即相信人的贵贱寿夭由其生年干支所对应的星辰决定。在此基础上,《赤松子中诫经》更是声称"生民茕茕,各载一星"——主宰人命运的星体不再限于北斗、五星、二十八宿等重要星体,而是满天的、"有大有小"的星斗都与地上的生人一一对应。俗谚有谓"天上一颗星,地下一口丁"②,此观念之源头盖即《赤松子中诫经》。

其二为《太平经》"命在天曹—籍系星宿—司命奉籍"之星斗主命理论体系。《太平经》以汉代官制为基础,认为天界设置有掌管世人寿夭祸福的组织机构,即"天曹"。执掌天曹的正是尊高的星神,他们被认为是公正无私的人格化神灵,具有监察人间是非、保管"命籍"原本的职能,能据世人所行之善恶决定其是延生增寿抑或常沦土府,如卷一百十一《有德人禄命诀》:"籍系星宿,命在天曹……行善可尽年命,行恶失长就短。"③ 同卷《善仁人自贵年在寿曹诀》:"故言四时五行日月星宿皆持命,善者增加,恶者自退去,计过大小,自有法常。"④ 卷一百十二《贪财色灾及胞中诫》:"二十八宿更直,察民用有支干,吉凶有文。"⑤ 同卷《七十二色死尸诫》:"星有度数,照察是非,人有贵贱,寿命有长短。"⑥ 另,《太平经》的"司命"乃东汉民间所信仰的司命小神⑦,位阶较低,更多地扮演了星神之属吏或使者的角色,其职位大致相当于汉代官制中主民户的户曹与承担上计公事的上计吏,主要负责监察世人的善功恶行、记录核验"命籍"副本这类具体而繁杂的工作:"故言司命,近在胸心,不

---

① 此据刘国忠《〈五行大义〉校文》,参见刘国忠:《〈五行大义〉研究》,沈阳:辽宁教育出版社1999年版,第242页。邱博舜估计《黄帝斗图》的成书在汉隋之间,或许不会早于隋代有多远,参见邱博舜:《贪狼诸词来历初探》,《文资学报》2006年第2期,第9页。
② 武占坤主编:《中华风土谚志》,北京:中国经济出版社1997年版,第665页。
③ 王明编:《太平经合校》,北京:中华书局2014年版,第563页。
④ 同上书,第566页。
⑤ 同上书,第579页。
⑥ 同上书,第582页。
⑦ 《礼记·祭法》称王为天下群姓立七祀,诸侯为国立五祀,其中均包括"司命"神。郑玄注指出此司命非为大神,乃是"小神居人之间,司察小过,作谴告者",又称其"主督察三命"。东汉民间流行祠祀此司命神,郑玄谓:"今时民家,或春秋祠司命……在旁。"孔颖达疏称此司命为宫中小神,非是天神司命或文昌星。参见《礼记正义》,(清)阮元校刻:《十三经注疏》,北京:中华书局2009年版,第3449—3450页。

离人远，司人是非。"① "司命奉籍簿数通……簿问相实，乃上天君。"② 可以发现，《赤松子中诫经》星神主命、监察善恶而司命为属吏的理论架构正是取资于《太平经》。

《赤松子中诫经》首回问答所交代的星命伦理观正是其立论的基础，后文即以该理论为中心，取《太平经》的寿三品说、善恶承负说等做进一步的整合与发挥，借以达到劝善诫恶的目的。如第二回问答，黄帝问："人生寿命，合得几许？"赤松子对曰："人生堕地，天赐其寿四万三千八百日，都为一百二十岁，一年主一岁，故人受命，皆合一百二十岁。"③ 此即《太平经》所谓"天（上）寿"一百二十④。黄帝又问："或有胎中便夭，或得数岁而亡，此既未有施为，犯何禁忌？"赤松子解释道："此乃祖宗之罪，遗殃及后。"⑤ 此说袭自《太平经》之善恶承负说，如《钞·乙部·解承负诀》："行恶不止，不及三寿，皆夭也。胞胎及未成人而死者，谓之无辜承负先人之过。"⑥

《赤松子中诫经》的理论贡献在于将在《太平经》中联系得还不是很紧密的星命理论、寿三品说、善恶承负说等有机地结合到了一起，具有很强的威慑力与劝诫力。下文说：

> 天上三台、北辰、司命、司录，差太一直符常在人头上，察其有罪，夺其算寿。若夺一年，头上星无光，其人坎坷多事；夺算十年，星渐破缺，其人灾衰疾病；夺其算寿二十年，星光殒灭，其人困笃，或遭刑狱；夺其算寿三十年，其星流散，其人则死。时去算尽，不周天年，更殃后代子孙。子孙流殃不尽，以至灭门。
>
> 为一千恶，世世子孙，异形变体……积恶之殃满盈，祸及数世矣。

---

① 王明编：《太平经合校》，北京：中华书局2014年版，第616页。
② 同上书，第222页。
③ 《道藏》第3册，第445页。
④ 《太平经》有人寿三品或五品说，如《钞·乙部·解承负诀》："凡人有三寿……上寿一百二十，中寿八十，下寿六十。"卷一百二《经文部数所应诀》则称百二十岁为天寿、百岁为地寿、八十岁为人寿、六十岁为霸寿、五十岁为仵寿、五十岁以下为"无常命"。王明编：《太平经合校》，北京：中华书局2014年版，第23、480页。
⑤ 《道藏》第3册，第445页。
⑥ 王明编：《太平经合校》，北京：中华书局2014年版，第23页。

此为司命夺算，星落身亡，魂拷酆都，殃流后世。

右所书过犯八百余件……但世人有所犯，皆犯本照星辰，奏闻上帝、七星……先令司命夺算，令人短寿，令诸殃祸，延及子孙。①

综合上引文段，《赤松子中诫经》的星神主命伦理思想可以表述为，人寿本为一百二十岁，北斗、三台等星神派遣司命神在人头上督察人的行为，若有罪即上报星神，夺其寿算。夺算一年，本命星无光；夺算十年，星体渐渐破缺，其人遭受衰病之苦；夺算二十年，星光殒灭，其人有刑狱之灾；夺算三十年以上，星体流散，其人身亡，鬼魂受拷于酆都冥界，祸殃延及后世子孙。

在此基础上，《赤松子中诫经》强调人要常行善道，尊敬天地三光、孝爱父母、敬重师长、和顺兄弟、抚恤孤独、救济贫病："人行善道，天地鬼神，赐福助之，增延寿考，无诸恶事，何以不为善道？"② 并且，《赤松子中诫经》的善恶评价标准是动机论，其援引《阴符经》认为人的行为善恶取决于"心"，意即行为之动机，而非行为之后果："夫人修持善恶，自起于心，心是五贼之苗，万恶之根。夫人之心拟行善，善虽未成，而善神已应矣；心起恶，恶虽未萌，凶神已知。故君子千日行善，善由未足；片时造恶，恶便有余。"③

（二）对后世之影响

《赤松子（中诫）经》构建了较为系统、完备的星斗主宰人命、监察善恶的伦理理论，以期达到劝善诫恶的目的，堪称道教的第一部劝善书，在中古时期即颇具影响力。其中明的影响体现在《玄都律文》《大有妙经》《养性延命录》等书都曾援引该经以宣说善恶承负或阴阳灾异的思想，《赤松子章历》也可能是受此经影响而产生的天师道章本。暗的影响体现在，一方面，本命星辰说更加深入人心，如《抱朴子内篇·辨问》所引《玉钤经·主命原》为专论本命星辰

---

① 《道藏》第 3 册，第 445—447 页。
② 同上书，第 447 页。
③ 同上。

之篇章，文中认为天上的列宿有圣、贤、文、武、贵、贱、贫、富、仙、寿之别①。唐代道书《北帝七元紫庭延生秘诀》则构建了成熟的本命星辰理论，称子生人属北斗第一阳明星，丑、亥生人属北斗第二阴精星云云，更在此基础上发展出醮祭本命星之仪式②。另一方面，星神监察善恶的观念广为流播。天师道《旨教经》就认为诸星神会在特定日期下临人间，"周行天下，伺人善恶"③。题李淳风所注的《金锁流珠引》更将"北斗"比作世俗王权的监察机构御史台④。

　　古本《赤松子经》自汉晋间出世后，经过后世道士的增纂，影响进一步扩大，一直到宋元以后都有流传。其中最具代表性的案例是，出于北宋末的道教著名劝善书《太上感应篇》即大量吸取了《赤松子中诫经》的内容⑤。其实《太上感应篇》乃杂糅多种道经而成，恐怕算不上是什么高妙的经典，该书之所以能大范围地流行，外在原因是统治阶级的大力推广⑥；内在原因大概就是其所抄撮的以《赤松子中诫经》为代表的道经本身便具有较高的理论品质。南宋大儒真德秀曾为《感应篇》作序，称该篇"指陈善恶之报，明白痛切，可以扶助正道，启发良心"⑦。其之所以能发挥劝善诫恶的功能，关键就在于吸收利用了《赤松子中诫经》较为系统、圆融的星命伦理思想。职是之故，传世文献常有将二者并提的，如真德秀还曾为《赤松子中诫经》作跋，称"其言善善恶恶，有

---

　　① "人之吉凶，制在结胎受气之日，皆上得列宿之精。其值圣宿则圣，值贤宿则贤，值文宿则文，值武宿则武，值贵宿则贵，值富宿则富，值贱宿则贱，值贫宿则贫，值寿宿则寿，值仙宿则仙。又有神仙圣人之宿，有治世圣人之宿，有兼二圣之宿，有贵而不富之宿，有富而不贵之宿，有兼富贵之宿，有先富后贫之宿，有先贵后贱之宿，有兼贫贱之宿，有富贵不终之宿，有忠孝之宿，有凶恶之宿。"（晋）葛洪著，王明校释：《抱朴子内篇校释》（增订本），北京：中华书局1985年版，第226页。

　　② 《道藏》第32册，第549—552页。

　　③ 《要修科仪戒律钞》卷八引《旨教经》，《道藏》第6册，第955页。

　　④ 该经卷二十云："北斗如世天子立御史台，推勘功过相似。"《道藏》第20册，第449页。

　　⑤ "《感应篇》与《赤松子中诫经》共重合212字，占《感应篇》全文的16.6%。"参见李冀：《〈太上感应篇〉文本来源及其成书时间考析》，《宗教学研究》2017年第1期，第116—117页。

　　⑥ 参见李冀：《宋理宗刊印〈太上感应篇〉的缘由及其影响》，《中州学刊》2018年第1期，第108—113页。

　　⑦ （宋）真德秀：《〈感应篇〉序》，曾枣庄、刘琳主编：《全宋文》第313册，上海：上海辞书出版社、合肥：安徽教育出版社2006年版，第145页。以下该书皆出自此版本。李冀曾探讨过儒家学者对《感应篇》的态度，并对此则材料有所揭橥，参见李冀：《略论儒家学者对待〈太上感应篇〉的态度》，《老子学刊》2020年第15辑，第171—177页。

以深儆于世"①。另,据南宋倪守约《金华赤松山志》,赤松山名由来同赤松子、二皇君于此得道有关②,山中道院即存有二经,"《赤松子中诫经》在冲和道院","注《太上感应篇》在青云阁"③。再如宋末元初林灵真编《灵宝领教济度金书》卷二百三十七云:"故《中诫经》区别于条章,而《感应篇》件分于品目。作善作恶,由践履之纯疵。趋是趋非,本躬行之真妄。"④

《赤松子中诫经》多见两宋目录书著录。如《崇文总目》卷九著录有《赤松子诫》一卷⑤。《通志·艺文略》著录有《赤松子八诫录》一卷⑥。晁公武《郡斋读书志》著录有《赤松子中诫经》一卷:"右序云:轩辕黄帝遇赤松子,授《中诫经》。希弁尝考《国朝大诏令》云:'元符三年(1100)九月日制云:赤松真君,纪于仙箓,神农之师,可加号赤松凌虚真君。'"⑦《宋史·艺文志》著录《赤松子中诫篇》一卷⑧。

道门内部也多见称引、诵读《赤松子中诫经》的记录。约出于两宋之际的《西山群仙会真记》借黄帝求赤松子授《赤松子中诫经》之事强调道教的师道传统:"师,人之模范也。黄帝求赤松子,半年方得《中戒经》,止于防外行之失。"⑨南宋傅洞真注《北斗经》时援引《赤松子中诫经》的本命星辰说:"《中戒经》云:'生民茕茕,各戴一星。'人人各有本命星辰,自有灾福。"⑩南宋仲励修《道门科范大全集》卷七十一《道士修真谢罪仪》云:"正一道士某……

---

① (宋)真德秀:《跋〈赤松子经〉》,《全宋文》第313册,第226页。
② 据前引《消魔真经》卷一,赤松子学道未得之时即驻于金华山。
③ 《道藏》第11册,第76页。
④ 《道藏》第8册,第176页。
⑤ (宋)王尧臣等:《崇文总目》,《景印文渊阁四库全书》第674册,第104页。
⑥ (宋)郑樵撰,王树民点校:《通志二十略》,北京:中华书局1995年版,第1618页。题陈抟撰,盖误,或其与《赤松子中诫经》并非一书。
⑦ (宋)晁公武撰,孙猛校证:《郡斋读书志校证》,上海:上海古籍出版社2011年版,第1160页。《宋大诏令集》卷一百三十六《赤松凌虚真君制(元符三年九月)》云:"敕:道无方体,供物之求;兆见机祥,发于感忽。赤松真君纪于仙箓,神农之师,雨旸并时,有求必应,一方所仰,千载如存。祗答灵休,用申茂典。可加号赤松凌虚真君。"司义祖整理:《宋大诏令集》,北京:中华书局1962年版,第481页。
⑧ (元)脱脱等:《宋史》第15册,北京:中华书局1977年版,第5191页。
⑨ 高丽杨点校:《钟吕传道集·西山群仙会真记》,北京:中华书局2015年版,第164页。
⑩ 《道藏》第17册,第84页。

俭足静安，不念赤松之戒；苟贪损志，莫遵翊圣之文。"① 元初林灵真编《灵宝领教济度金书》卷一百九十云："自青罗昭七曜之垂，而赤松表一星之戴。"② 元代袁桷曾记玄元万寿宫提点卢行益袭封真人事，称其"诵赤松《中诫》之经，卑退为德；考南岳《内传》之旨，斋戒是先"③。明代道士周玄贞汇集宋金元明诸家《玉皇经》注以成《皇经集注》，注文中多援引《赤松子中诫经》来宣说星斗主命之伦理思想，如卷七引赤松子云："生民茕茕，各戴一星。然星之所照，有吉有凶，吉则千祥，凶有咎征。"引《中诫经》云："星之照临，吉凶惟人自召，作善则星光，大善则光显；无善无恶，其光微；小过其光散；大过其光灭。恶星之临，人有过，则恶报应；无过，则咎征免；善则凶去福临矣。"④

## 三、结　语

《赤松子（中诫）经》是基于《太平经》"天诫"观、星命理论以及寿三品说、善恶承负说等，以劝善诫恶为目的而创作的道经。根据葛洪的描述，约出于汉晋时期的古本《赤松子经》的主题与《河图记命符》等纬书类似，专讲鬼神"赐夺纪算"之事，与今本《赤松子中诫经》一致。又，《玄都律文》关于善恶承负的内容以及《大有妙经》《养性延命录》有关阴阳灾异说的内容，可与今本《赤松子中诫经》相呼应。由于这些内容多见于早期道经，应引自古本《赤松子经》，而非自身首创。换言之，今本《赤松子中诫经》虽有后人增补的痕迹（包括援引《阴符经》等），但在很大程度上保留了古本原貌。值得注意的是，南北朝中后期有造构"中经"之风气。古灵宝"未出"经《小劫妙经》将老君演出道德"中"经的神话同赤松子受科、戒之说相牵合，故推测《赤松子中诫经》很可能受其启发而增纂，最终成书或在南北朝末。

"有两种东西，我们愈时常、愈反复加以思维，它们就给人心灌注了时时在翻新、有加无已的赞叹和敬畏：头上的星空和内心的道德法则。"⑤ 同康德悬设

---

① 《道藏》第 31 册，第 925 页。
② 《道藏》第 7 册，第 820 页。
③ （元）袁桷著，杨亮校注：《袁桷集校注》，北京：中华书局 2015 年版，第 1685 页。
④ 《道藏》第 34 册，第 690 页。
⑤ ［德］康德著，关文运译：《实践理性批判》，北京：商务印书馆 1960 年版，第 164 页。

"上帝"作为德福一致最高保障的旨趣类似，《赤松子中诫经》在古老的星辰崇拜观念的基础上，充分汲取纬书、《太平经》等经典的思想资源，将本命星辰说与"善恶有报"的朴素伦理思想进行深度结合，构建了较为圆融的星命伦理理论，具有很强的威慑力与劝诫力；天上的星体被认为是至善的人格化神灵，能够公正、无私地监察世人所行之善恶，从而保证有德之人配享幸福，作恶之人必遭灾殃。《赤松子中诫经》的这种星命伦理观拥有不俗的理论魅力，影响非常深远。逮至北宋末，经过《太上感应篇》的化用，《赤松子中诫经》的星命伦理理论又焕发出了新的生机，为道教伦理观的良性发展、中国古代社会伦理秩序的和谐稳定做出了不小的贡献。

# 道教辟谷的理论基础与精神内涵

康德衡

**内容提要**：辟谷是道教中重要的养生技术之一。它所追求的是通过节食辟谷来去除痼疾、延年益寿，为得道成仙奠定良好的身体基础。既然是作为一门技术，就必然有其产生的理论基础（包括思维方法）。道教固有的基本理念——"元气论"的宇宙观、"神仙可学"的宗教生命观、道教传统养生理论等等，都是道教辟谷存在与发展的理论渊源。同时，道教辟谷实践所体现出来的思维方法和精神内涵，对今天的人们仍然具有诸多的启示意义。

**关键词**：道教辟谷；理论基础；精神内涵；启示意义

宗教之所以为宗教，总有其殊胜之处，否则不足以吸引信众和扩大影响。道教作为一门宗教，长生不死、得道成仙是其基本的宗教追求。辟谷作为道教信徒的修行手段，必然要服务于其宗教目的。同时，道教历来的辟谷实践建立在一系列特定的理论基础之上，彰显着自身的精神追求。大致来看，道教辟谷所遵循的基本原理和所要彰显的精神内涵有如下几个方面。

---

\* 本文系国家"十三五"规划文化重大工程《中华续道藏》（批准号：中央统战部"统办函"［2018］576号）的专项研究成果、三明学院博士立项课题（16YG05S）阶段性成果。

\*\* 康德衡，男，河北宁晋人，福建三明学院副教授。

# 一、元气论的宇宙观

《老子》第二十五章："有物混成，先天地生。寂兮寥兮，独立而不改，周行而不殆，可以为天地母。吾不知其名，强字之曰道。"① 道家哲学以"道"作为宇宙存在的最高原则和终极意义。同时，道家认为"气"是承载"道"的物质基础，"道"和"气"一体不二。《上阳子金丹大药》云："道也，果何谓也？一言以定之曰：气也。"②《丹阳真人语录》云："道者，何物也？祖气便是根源。"③《太平经》卷八十六："夫气者，所以通天地万物之命也。天地者，乃以气风化万物之命也，而气不通者，是天道闭，不得通达之明效也。天欲使真人丁宁此事，故以此气动感真人也。"④《论衡》："万物之生，皆禀元气。"⑤《白虎通义》："天地者，元气之所生，万物之祖也。"⑥

"气"（古字作"炁"，与"气"有所差别，今天统一作"气"），又常称为"元气""精气"，是宇宙间生生不息、变动不居的能量流。当今人们常将"气"狭义地理解为"空气"之"气"，这是不正确的。按照现代物理学的观点，气是呈游离态的、波动着的、精微的、无形的物质基本粒子。

《难经》云："气者，人之根本也。"⑦《庄子》曰："人与天一也。"⑧ 人作为宇宙进化的产物，本身同天地万物一样是由"气"构成的，并没有质料上的差别。同时，人作为气的凝聚体，又和天地万物交互融合、浑然一体。这同时也是中国古代"天人合一"思想的一层意蕴。《长生诠经》："人在气中，如鱼在水中。水以养鱼而鱼不知，气以养人而人不觉。"⑨ 道教哲学认为，"道"和

---

① 饶尚宽译注：《老子》，北京：中华书局2016年版，第66页。
② 《道藏》第24册，北京：文物出版社、上海：上海书店、天津：天津古籍出版社1988年版（以下略注），第9页。
③ 《道藏》第23册，第702页。
④ 《道藏》第24册，第470页。
⑤ 袁华忠注：《论衡全译》，贵阳：贵州人民出版社1993年版，第661页。
⑥ 陈立译注：《白虎通疏证》，北京：中华书局1994年版，第420页。
⑦ 《道藏》第21册，第606页。
⑧ 刘建国译注：《庄子译注》，长春：吉林文史出版社1993年版，第400页。
⑨ 《道藏》第35册，第400页。

"气"是浑然一体的，共同构成宇宙的本体，而"气"乃是诸有情生命的根本。所以"气"在道教中受到特殊尊崇，修炼服气之术得到道士们的高度重视。

《道德真经集义》曰："鱼在水中，水在鱼中，人在气中，气在人中，鱼去水则死，人失气则亡。"①《云笈七签》云："人与物类，皆禀一元之气而得生成，生成长养，最尊最贵者，莫过人之气也。"②据前文所述，道教的辟谷是与服气须臾不可分离的。服气技术的创立，就是基于道教元气论的世界观。换句话讲，道教认为，要达到真正的辟谷状态进而长生不死，直接吸纳采集天地间无处不在的"元气"乃是一个必要前提。

此外，道教认为，人的寿命长短和健康状况受到自身内部元气的影响。道士们相信"以心使物"，人可以运用意念的力量调动自身元气来抵抗疾病。《庄子·知北游》说："人之生也，气之聚也，聚而为生，散而为死，若死生为徒，吾又何患。"③此明确表达了"气聚则生，气散则死"的观点。《医权初编》云："人之生死，全赖乎气。气聚则生，气壮则康，气衰则弱，气散则亡。"④葛洪《抱朴子内篇》云："自天地至于万物，无不须气以生者也。善行气者，内以养身，外以却恶，然百姓日用而不知焉。"⑤司马承祯则认为："以我之心，使我之气，适我之体，攻我之疾，何往而不愈哉？"⑥

## 二、"神仙实有""神仙可致"的宗教观

宗教通过展示其超常的东西，来显示其神秘性和非凡性。道教作为中国的本土宗教，有着自己的宗教追求和宗教目的，那就是"长生不死，得道成仙"，通过修成神仙来实现个体生命的飞跃。

辟谷养生术的出现，除了道家理性的涵养，更重要的是神仙信仰的驱动。庄子在《逍遥游》中描述了神仙的情状，为后期道士修道树立了榜样，而其中

---

① 《道藏》第13册，第581页。
② 《道藏》第22册，第383页。
③ 刘建国译注：《庄子译注》，长春：吉林文史出版社1993年版，第431页。
④ 裘庆元编著：《珍本医书集成》第14册，上海：上海科学技术出版社1986年版，第17页。
⑤ 《道藏》第28册，第190页。
⑥ 《道藏》第4册，第959页。

的"不食五谷"正是"辟谷"之事:"藐姑射之山,有神人居焉。肌肤若冰雪,绰约若处子。不食五谷,吸风饮露。乘云气,御飞龙,而游乎四海之外。其神凝,使物不疵疠而年谷熟。"① 有关"神仙实有""神仙可学"的思想,尤其在《抱朴子内篇》中有清晰的表达——有人问:"龟能土蛰,鹤能天飞,使人为须臾之蛰,有顷刻之飞,犹尚不能,其寿安可学乎?"② 葛洪回答,人虽然不能"土蛰""天飞",但万物之中人最为灵,自有高出动物之处,"真人但令学其导引以延年,法其食气以绝谷,不学其土蛰与天飞也。夫得道者,上能竦身于云霄,下能潜泳于川海"③。葛洪认为,人为万物之灵,应该在能力方面超越其他动物。当然,这个途径需要经过长期的、多方面的、持之以恒的探寻才能最终落实。

所谓神仙,通俗讲就是超越凡俗、修道有成的高人。《太平经》为道教初步建立了六等神仙体系,"一为神人,二为真人,三为仙人,四为道人,五为圣人,六为贤人,此皆助天治也。神人主天,真人主地,仙人主风雨,道人主教化吉凶,圣人主治百姓,贤人辅助圣人,理万民录也,给助六合之不足也"④。葛洪的《抱朴子内篇》将仙人分为三等:"上士举形升虚,谓之天仙;中士游于名山,谓之地仙;下士先死后蜕,谓之尸解仙。"⑤《云笈七签》又把神仙分为九品,即"上仙、高仙、大仙、玄仙、天仙、真仙、神仙、灵仙、至仙"⑥。司马承祯认为,神仙是人来做的,人可以修成神仙。《天隐子》:"人生时禀得虚气,精明通悟,学无滞塞,则谓之神。宅神于内,遗照于外,自然异于俗人,则谓之神仙。故神仙亦人也。"⑦ 仙人有两大非凡特征:一是长生不死,二是具有超常本领。《释名》说:"老而不死曰仙。"⑧《汉书·艺文志》:"神仙者,所以保性命之真,而游求于其外者也,聊以荡平心意,同生死之域,而无

---

① 刘建国译注:《庄子译注》,长春:吉林文史出版社1993年版,第13页。
② 《道藏》第28册,第179页。
③ 同上。
④ 《道藏》第24册,第463页。
⑤ 《道藏》第28册,第176页。
⑥ 《道藏》第22册,第13页。
⑦ 《道藏》第21册,第699页。
⑧ 《道藏》第4册,第696页。

怵惕于心中。"① 杜光庭描述仙人的异能时说："仙者，或竦身入云无翅而飞，或驾龙虎上造太阶，或为鸟兽浮游青宵，或潜行江海翱翔名山，或服元气，或茹芝英，或出入人间，或隐迹林莽……"②

辟谷服气是道教在长期探索中寻找到的成仙途径之一。道士们认为，通过长期辟谷服气，人就可以超凡脱俗，成为长生久视、神通卓著的真人。道家典籍多有对辟谷服气长寿成仙理论的阐述。

《黄庭经》素有"学仙之玉律，修道之金科"之称，在道教典籍中地位崇高。《黄庭经》说："百谷之实土地精，五味外美邪魔腥。臭乱神明胎气零，那从返老得还婴？三魂忽忽魄糜倾。何不食气太和精，故能不死入黄宁。"③《三洞珠囊》云："仙人道士服气非有神也，积精所致和气专也。人皆食五谷与五味，我独食太和阴阳气，故能不死也。"④《三洞珠囊》又云："是故食者命有期，不食者与神谋，食气者神明达，不饮不食与天地相卒也。"⑤ 这一点继承了《孔子家语》所谓"食气者神明而寿，食谷者智慧而夭，不食者不死而神"⑥ 的观点。《吐纳经》亦云："盖闻八公有言，食草者力，食肉者勇，食谷者智，食气者神，圣人不食者不死。"⑦《服气精义论并序》则说：

> 凡服气断谷者，一旬之时，精气微弱，颜色萎黄。二旬之时，动作瞑眩，肢节怅恨，大便苦难，小便赤黄，或时下痢，前刚后溏。三旬之时，身体消瘦，重难以行。四旬之时，颜色渐悦，心独安康。五旬之时，五脏调和，精气内养。六旬之时，体复如故，机关调畅。七旬之时，心恶喧烦，志愿高翔。八旬之时，恬淡寂寞，信明术方。九旬之时，荣华润泽，声音洪彰。十旬之时，正气皆至，其效极昌。修之不止，年命延长。三年之后，瘢痕灭除，颜色有光。六年髓填，肠

---

① （汉）班固著，颜师古注：《汉书》第6册，北京：中华书局1962年版，第1780页。
② 《道藏》第18册，第198页。
③ 《道藏》第5册，第911页。
④ 《道藏》第25册，第318页。
⑤ 同上。
⑥ 《道藏》第22册，第615页。
⑦ 《道藏》第25册，第318页。

化为筋，预知存亡。经历九年，役使鬼神，玉女侍傍，脑实胁胼，不可复伤，号曰真人也。①

修道之人经过长达三年、六年、九年的辟谷服气，就具备了神仙的基本特质了。基于这个原因，辟谷之术才能够在历代追求长生不死、得道成仙的道士中间广为流行。

## 三、形体炼养的相关理论

（一）谷物养人，过则为害

中国先贤看问题，总是自觉地遵照辩证思维全面地去进行考察。如此就能认识到事物的两面性，既知其利又知其弊。比如《黄帝内经》先说："人以水谷为本，故人绝水谷则死。"② 其后又云"饮食自倍，肠胃乃伤"③。《吕氏春秋》说："靡曼皓齿，郑卫之音，伐命之斧；肥肉厚酒，烂肠之食。"④ 陶弘景在《养性延命录》中认为："百病横夭，多由饮食，饮食之患过于声色。声色可绝之逾年，饮食不可废之一日。为益亦多，为患亦切。多则切伤，少则增益。"⑤ 又云："杂食者，百病妖邪所钟。所食愈少，心愈开，年愈益；所食愈多，心愈塞，年愈损焉。"⑥ 孙思邈《枕中方》也说："夫万病横生，年命横夭，多由饮食之患。饮食之患，过于声色。"⑦《老子》第十二章曰："五色令人目盲；五音令人耳聋；五味令人口爽；驰骋畋猎，令人心发狂；难得之货，令人行妨。"⑧《老子》第十三章又论："吾所以有大患者，为吾有身也。"⑨ 这具"臭皮囊"会孳生种种欲望让人心神不宁。减少嗜好欲望，是道家推崇的生活方式，也是道教炼养

---

① 《道藏》第 22 册，第 395 页。
② 《道藏》第 21 册，第 80 页。
③ 《道藏》第 20 册，第 6 页。
④ 《道藏》第 32 册，第 495 页。
⑤ 《道藏》第 18 册，第 477 页。
⑥ 同上书，第 476 页。
⑦ 同上书，第 466 页。
⑧ 饶尚宽译注：《老子》，北京：中华书局 2016 年版，第 31 页。
⑨ 同上书，第 33 页。

的必然要求。除了以上诸条，辟谷服气基于的养生原理还有如下两项。

首先，对于道教而言，自汉代以来就有"欲得不死，肠中无滓"的观点。《抱朴子内篇》称："欲得长生，肠中常清；欲得不死，肠中无滓。"① 在道教来看，人食五谷杂粮，要在肠中积结成粪便，产生污秽浊气，阻碍成仙的道路。唐代王悬河所修《三洞珠囊》称："玄古之人所以寿考者，造次之间不食谷也。"② 道士们认为，人体肠道中积聚了大量毒物，唯有肠道彻底清洁，才能够使腑脏洁净，从而实现长生久视之道。因此，断绝凡间饮食乃是得道成仙的一大必要条件。

《太清中黄真经》则说："若或食或断，即令人志败。好食诸味，难遣谷气。此者袭气之所疾，求仙之大病也。经云：咸美辛酸五藏病，津味入牙昏心镜。致令六府神气衰，百骸九窍不灵圣。人能坚守，禁绝诸味嗜欲者，九十日三丹田凝实；百日内观五藏；三百日鬼怪不藏形，阴神不敢欺；千日名书帝录，形入太微矣。"③

其次，人类以谷物为食，寿命会受到限制，唯有达到"食气"的境界才能长生久视。人活七十古来稀，相对于乌龟等长寿动物而言，人类的寿命是短暂的，也就是所谓的"夭"。《孔子家语》曰："食肉者勇敢而悍，虎狼之类。食气者神明而寿，仙人、灵龟是也。食谷者智慧而夭，人也。不食者不死而神，直任喘息而无思虑。"④

《三洞珠囊》云："天之远而无方，不食风气，安能疾行，周流天之道哉？又当与神吏通功，共为朋，故食风气也。其次，当与地精并力，和五土，高下山川，缘山入水。与地更相通，共食功，不可食谷，故饮水而行也。次节食为道，未成固象，凡人栽小别耳。故少食以通肠，亦其成道之人。"⑤

《道德真经衍义手钞》说："食肉者勇毅而悍，食气者神明而寿，食谷者智慧而明，不食者不死而神。"⑥《淮南子》也有类似的记载："食水者善游能

---

① 《道藏》第 28 册，第 226 页。
② 《道藏》第 25 册，第 308 页。
③ 《道藏》第 18 册，第 384 页。
④ 同上书，第 476 页。
⑤ 《道藏》第 25 册，第 318 页。
⑥ 《道藏》第 13 册，第 815 页。

寒,食土者无心而慧,食木者多力而拂,食草者善走而愚,食叶者有丝而蛾,食肉者勇敢而悍,食气者神明而寿,食谷者智慧而夭,不食者不死而神。"①司马承祯在《服气精义论》中写道:"黄帝曰:食谷者智而夭,食气者神而寿,不食者不死。真人曰:夫可久于其道者,养生也;常可与久游者,纳气也。"②

道教秉承古人的智慧,既知道饮食五谷的重要性,同时也洞察五谷饮食给人带来的危害。而且,道士们在此基础上还试图有所超越——达到不吃的境界—辟谷服气—得道成仙。

（二）三尸盗气论

三尸是道教修行中的一个重要概念。道教认为人体有三尸,它们分别盘踞在三个丹田之内,上尸叫作"彭琚",在上丹田;中尸叫作"彭踬",在中丹田;下尸叫作"彭跻",在下丹田。三尸对人有所控制,"尸"在此为"主持,执掌"之义③。道教修炼者认为,"三尸"对修道成仙构成了障碍,驱除三尸是修道成功的前提条件,而辟谷是杀灭三尸的必要手段④。

《抱朴子内篇》称:"三尸之为物,实魄灵鬼神之属也。欲使人早死,此尸当得作鬼,自放纵游行,飨人祭酹。是以每到庚申之日,辄上天白司命,道人所为过失……大者夺纪。纪者,三百日也。小者夺算。算者,三日也。"⑤

《三洞珠囊》有云:"必欲服食者,当先去三尸。"⑥《太上洞玄灵宝五符序》云:"诸修长生之道,当先去三虫、下伏尸,乃可将服食,休粮绝谷耳。"⑦

另有一派道教养生家认为,人体中存在所谓的"三虫"（又称三尸、三彭）作祟为害,而三虫主要靠谷气为生。如果断其谷气,三虫即不能生存,可保人之安康长生。

《太清中黄真经》认为通过食气辟谷,断除供应三虫的谷气,使三虫绝

---

① 陈广忠注:《淮南子译注》,北京:中国文史出版社1990年版,第192—193页。
② 《道藏》第18册,第447页。
③ 陈复华主编:《古代汉语词典》,北京:商务印书馆2003年版,第1401页。
④ 康德衡:《对辟谷的解说》,《中国宗教》2017年第7期,第58页。
⑤ 《道藏》第28册,第193页。
⑥ 《道藏》第25册,第313页。
⑦ 《道藏》第6册,第330页。

灭，为修道扫平道路。其论云："一者上虫居脑宫，万端齐起摇子心，常思饮膳味无穷，想起心生若病容。二者中虫住明堂，遣子魂梦神飞扬，或香或美无定方，或进或退难守常，精神恍惚似猖狂，令子坐败食谷粮，子若知之道自昌。三者下尸居腹胃，令子淡泊常无味，静则心孤多感思，挠则心烦怒多起，使人邪乱失情理，子能守之三虫弃。"① 又说"六腑明神不隐藏，与子言语说心境。滞子神功去路难，大都谷实偏为病"；"谷实精华与灵隔，缠罗六腑昏诸脉。元神不返欲何依，子心未远焉能测。可惜玄宫十二楼，那知返作三虫宅"；"三虫宅居三部里，子能运用何忧死。漂然郁郁常居此，自辩元和九仙气"；"九仙真气常自灵，三虫已死复安宁。居在丹田内荧荧，筋骨康强体和平"②。

## 四、"我命在我不在天"的进取精神

"我命在我不在天"③，《西升经》载："老君曰：我命在我，不属天地。祸福无不自己求之者。"④ 孙思邈充分肯定了这一道教传统观点，他说："寿夭休论命，修行在本人。"⑤ 人人皆含道性，人人皆可修道成仙，人人皆可主宰自己的命运，这是道教重要的基本理念之一。道教这一积极进取精神建立在如下两个观念之上。

首先，道生万物，道寓于物，而道是永恒的，"道不可见，因生以明之"⑥，"生，道之别体也"⑦，所以学生守道，就可以像"道"那样永恒。"深根固蒂"，即可"长生久视"。葛洪认为："夫人在气中，气在人中，自天地至于万物，无不须气以生者也。"⑧ 因此只要服气守一、返璞归真，就可以长生成仙。

其次，道教认为"人人本有长生药""人老原来有药医"。这种人体可以自我疗愈的理论支撑了"我命在我不在天"的观点。对于这个观点，张伯端和张

---

① 《道藏》第 22 册，第 104—105 页。
② 同上书，第 106—107 页。
③ 同上书，第 410 页。
④ 《道藏》第 11 册，第 507 页。
⑤ 《道藏》第 36 册，第 315 页。
⑥ 《道藏》第 32 册，第 732 页。
⑦ 刘昭瑞译注：《〈老子想尔注〉导读与译注》，南昌：江西人民出版社 2012 年版，第 131 页。
⑧ 《道藏》第 28 册，第 190 页。

三丰都有清楚的表述。

张伯端在《悟真篇》中说：

> 人人自有长生药，自是愚痴枉把抛。
> 甘露降时天地合，黄芽生处坎离交。
> 井蛙应谓无龙窟，篱鷃争知有凤巢。
> 丹熟自然金满屋，何须寻草学烧茅。①

张三丰《无根树》其一云：

> 无根树，花正微，树老重新接嫩枝。
> 梅寄柳，桑接梨，传与修真作样儿。
> 自古神仙栽接法，人老原来有药医。②

## 五、"反者道之动"的方法论

"一阴一阳之谓道。"③ 践行者们高举"道"的大旗，使道家哲学独特完美的辩证法在历史上得以充分发扬，辩证思维方法得到了广泛运用并收获了累累硕果。

"反者道之动。"④ 事物发展到了极限就会向其反面转变，所谓"物极必反"。矛盾互相依存，互相对立。悟道之人往往能够用逆势思维，从常规事物和观点的反向入手，开辟出新的途径，便可以事半功倍。

（一）突破常规，反其道而用之

谷气，又叫"水谷之气"，指饮食中的精气，也就是其中所含的能量。因为人的饮食以五谷为主，故有此称。一个常识是，人不吃饭要饿死。然而，道教

---

① 《道藏》第2册，第924页。
② （明）张三丰著，孔德译注：《太极丹经》，海口：海南出版公司2011年版，第173页。
③ 《道藏》第3册，第132页。
④ 饶尚宽译注：《老子》，北京：中华书局2016年版，第103页。

却反其道而行之，突破常规观念，在特定情况下有章法地进行"断食"活动，通过服气吐纳而不饿不饥，以实现调养身体、祛病延寿之目的。

老子曰"正言若反"①，"反者道之动"。世人以吃饭为常，修道者以断食服气为常，这就是"反"。修真就是要"超凡"而"入圣"，自然有不同常规之处。冯友兰认为："道教的主要教义是如何避免死亡的原理和方术，显然是反乎自然而行的。"②但是，需要指出的是，道教追求长生不死，乃是因为发现了自然界"常规之理"外面还存在着"特殊之理"。

"顺则凡，逆则仙，只在中间颠倒颠。"道教认识到宇宙规律既有常规之道，同时又有非常之道，玄之又玄的非常之道恰恰是宇宙不为常人所知的奥秘。如果能够找到非常之道，那么就是修道成仙的有效途径。"顺凡逆仙"出自张三丰所写的《无根树》，其诗文如下：

无根树，花正偏，离了阴阳道不全。
金隔木，汞隔铅，孤阴寡阳各一边。
世上阴阳男配女，生子生孙代代传。
顺为凡，逆为仙，只在中间颠倒颠。③

（二）正难则反：外求不得，反求诸己

历史上，道教在外求于物的外丹术失败后，转而求诸自身，由此发展了道教炼养的技术——内丹。辟谷是修炼内丹一个重要的环节。

辟谷现象说明，修道者运用辩证法，突破常理，逆向思维，反而能实践中取得奇特的效果。同样地，遵循"正难则反"的原则，道教中的高明智者实践了"以毒攻毒"的医疗原则。我国最古老的医学著作《黄帝内经》就说，治病要用"毒"药，离开"毒"性治不好疾病。葛洪的《肘后备急方》记载了一种疯狗咬人引起的病症以及治疗方法④。其时，人们对狂犬病并无太多认知。葛洪联想到古代有以毒攻毒的办法，于是推测疯狗咬人，狗嘴里有毒物侵入人体使

---

① 饶尚宽译注：《老子》，北京：中华书局2016年版，第193页。
② 冯友兰：《三松堂全集》第6卷，郑州：河南人民出版社2000年版，第7页。
③ （明）张三丰著，孔德译注：《太极丹经》，海口：海南出版公司2011年版，第176页。
④ 《道藏》第33册，第91页。

人中毒,不妨试试用疯狗身上的毒物来治这种病。他让人把疯狗捕来杀死,取出脑浆敷在病人伤口上,果然有人没有再发病。今天看来,葛洪采用的方法含有人工免疫的思想。近现代免疫学说证明了葛洪的方法具有相当的合理性。

## 六、"道非常道"无限开放的认识论

道教先哲尊重世界的复杂性,承认宇宙的无限可能性,并努力寻求实现特定目的的特殊途径(道路)。道门中人一直致力于积极探究宇宙的奥秘,并认识到事物存在与发展的多种可能性,认为人们除了洞悉"常道",还要探究"非常道"。正是这个原因,道教"兼容并蓄、包罗万象"的特征才尤其昭著。

(一)"常道"之外有"殊道":普遍性与特殊性的统一

葛洪的哲学思想在道门中具有很强的代表性,他说:"万殊之类,不可以一概断之。"这是基于如下生活例证:

> 谓夏必长,而荠麦枯焉;谓冬必凋,而竹柏茂焉;谓始必终,而天地无穷焉;谓生必死,而龟鹤长存焉;盛阳宜暑,而夏天未必无凉日也;极阴宜寒,而严冬未必无暂温也;百川东注,而有北流之浩浩;坤道至静,或震动而崩驰;水主纯冷,而有温谷之汤泉;火体宜炽,而有萧丘之寒焰;重类应沉,而南海有浮石之山;轻物当浮,而牂牁有沉羽之流。万殊之类,不可以一概断之,正如此也久矣。①

葛洪对生活中的大量反常现象做了归纳总结后认为,世间万物除了普遍原则之外,还有少量的特殊规律。所以,与凡人殊异的神仙之类,应该有存在的可能性。由此再推论一步,异于常人饮食的辟谷服气之术当然也是可能的。《老子》第四十一章云:"上士闻道,勤而行之;中士闻道,若存若亡;下士闻道,大笑之。不笑不足以为道。"② 对待道教的辟谷之术,不同的人们所持的观点又何尝不是如此呢?!

---

① 《道藏》第28册,第174页。
② 饶尚宽译注:《老子》,北京:中华书局2016年版,第105页。

## (二)重视"未尝知":认识的无限性和真理的相对性

天下之大无奇不有,而人类的认识是有限的。"知有之何所索乎,而怪于未尝知也。"① 人们对世界已经认知的部分,就感到没有什么值得探究的了,而他们又常常认为未曾认知的事物是"怪力乱神"。葛洪指出,依赖有限感官所取得的知识是有局限性的:"所谓以指测海,指极而云水尽者也;蜉蝣校巨鳌,白及料大椿,岂所能及哉?""乃知天下之事,不可尽知。而以臆断之,不可任也。"②

世界复杂,事物总有其特例。人们可以通过书籍、史料的记载和今天现实事件的对比参照,来了解过去、把握现在,甚或预测未来。人们需要反对主观的经验主义,因为依据经验归纳出来的结论往往不完全可靠。孔子由此总结出人们认识事物的一大基本原则为"勿意,勿必,勿固,勿我"③。

葛洪便是这一原则的践行者,他在《抱朴子内篇·论仙》中云:

> 魏文帝穷览洽闻,自呼于物无所不经,谓天下无切玉之刀、火浣之布,及著《典论》,尝据言此事。其间未期,二物毕至。帝乃叹息,遽毁斯论。事无固必,殆为此也。④

## 七、效法万物的仿生智慧

"道",有一层含义就是达到目的的"道路"。方术,即实现目的的"方法和技术"。修道,即为探索宇宙奥秘并努力付诸实践的"以身证道"。道教既崇尚作为规律的"道",又高度注重实用技术,以"方术"著称。基于这一原因,道教在其宗教实践中涌现出了诸多发明创造。

众所周知,当代有一门方兴未艾的学科叫作仿生学。仿生学是在 20 世纪 60 年代出现的新型边缘学科,人们模仿生物功能,研究其内在原理,用以启迪新发明、新创造。仿生学研究生物体的结构、功能和工作原理,并将这些知识移

---

① 《道藏》第 28 册,第 174 页。
② 同上书,第 174—175 页。
③ 杨伯峻译注:《论语译注》,北京:中华书局 1980 年版,第 87 页。
④ 《道藏》第 28 册,第 174 页。

植于工程之中,用来发明和创造新技术。该学科的问世,为人类开辟了一条独特的、向生物界索取灵感的科技发展道路①。

可是,人们很少知道,早在两千多年前,道教先贤们就开始效法万物,自觉地运用"仿生学"原理,并且搞出了相当丰富的应用成果。例如五禽戏、胎息术和辟谷术都有仿生学的因素。

五禽戏是中国民间广为流传的也是传承时间最长的健身方法之一。它由五种模仿动物的动作组成,又称"五禽操""五禽气功""百步汗戏"等。该法之起源可上溯至先秦,如《庄子》有"熊经鸟伸,为寿而已矣"②等记载。当时已有多种模仿动物形神的导引图文,属"五禽戏"原始功法之类。汉末三国时期著名医家华佗总结前人的方法创造了"五禽戏",详细记载这套功法的文献则是陶弘景所撰的《养性延命录》。华佗五禽戏包括虎戏、鹿戏、熊戏、猿戏、鸟戏五种仿生导引术,其动作柔和,且与呼吸、意念相结合,可收到良好的养生效果。据传华佗的徒弟吴普依法锻炼,九十多岁时依然耳不聋、眼不花、牙齿完好、饮食不减,活到百岁高龄。《云笈七签》载:"吴普行之,年九十余,耳目聪明,牙齿坚完,吃食如少壮也。"③葛洪《抱朴子内篇》亦有:"有吴普者,从华佗受五禽之戏,以代导引,犹得百余岁。"④

胎息术,又称"脐呼吸""丹田呼吸",是指像婴儿一样用脐带呼吸,实际上是通过意念诱导的一种高度柔和的腹式呼吸方法。《抱朴子内篇》说:"得胎息者,能不以口鼻嘘吸,如在胞胎之中。"⑤所谓"胎息",即如胎儿在羊水之中,通过脐带获取氧气,而不用口鼻呼吸。《黄帝阴符经注》云:"口鼻是气之出入门户也,丹田为气之本源,圣人下手之处,收藏真一所居,故曰胎息。"⑥《云笈七签》曰:"人能依婴儿在母腹中,自服内气,握固守一,是名胎息。"⑦相传道家的胎息功源于模仿龟息气功,到汉代才演变为胎息。

辟谷服气也是受到龟蛇等爬行动物启迪而逐渐发展起来的养生手段。而

---

① 管红艳等主编:《生物》,北京:航空工业出版社2008年版,第212页。
② 刘建国译注:《庄子译注》,长春:吉林文史出版社1993年版,第300页。
③ 《道藏》第22册,第235页。
④ 《道藏》第28册,第190页。
⑤ 同上书,第199页。
⑥ 《道藏》第2册,第813页。
⑦ 《道藏》第22册,第408页。

且，史载一些辟谷事迹就是发端于绝境求生后对龟蛇呼吸方式的效仿，除了三国郗俭的事迹，还有一些案例记录在册。如《抱朴子内篇》有记：

> 张广定者，遭乱常避地。有一女年四岁，不能步涉，又不可担负。计弃之固当饿死，不欲令其骸骨之露。村口有古大冢，上巅先有穿穴，乃以器盛缒之，下此女于冢中，以数月许干饭及水浆与之而舍去。候世平定，其间三年，广定乃得还乡里，欲收冢中所弃女骨，更殡埋之。广定往视，女故坐冢中，见其父母，犹识之甚喜，而父母犹初恐其鬼也。入就之，乃知其不死。问之从何得食，女言粮初尽时甚饥，见冢角有一物，伸颈吞气。试效之，转不复饥。日月为之，以至于今。父母去时所留衣被，自在冢中，不行往来，衣服不败，故不寒冻。广定乃索女所言物，乃是一大龟耳。女出谷食，初小腹痛呕逆，久许乃习。此又足以知龟有不死之法，及为道者效之可与龟同年之验也。①

此文中，张广定的幼女效法动物呼吸得以在绝境中保存生命。至于"华山高卧"陈抟老祖的"蛰龙法"，又何尝不是效法动物冬眠。

---

① 《道藏》第 28 册，第 178—179 页。

# 刘沅《感应篇注释》的成书与思想特点

李 冀**

**内容提要**：刘沅于清嘉庆元年（1796）至嘉庆九年（1804）间先后经历了"遇静一道人""邻人侵越先茔""母痛孙忧愤，病益剧"和"遇卖药老人"等事，一系列遭遇促使他从单纯的儒学路径，走向儒释道三教融合的道路。《感应篇注释》成于嘉庆九年（1804），如今该书版本稀见，尚存两部民国版本，即民国扶经堂藏板和1936年安阳宋氏赠阅本。两种版本都内含《读法十条》一文，该文可以看作是对明代《太上感应篇》神化的一种修正。《感应篇注释》的主要特点包括三教会通、心心天理、命定论和务实思想四个方面。刘沅在注解以《太上感应篇》为代表的宗教经典中，逐渐形成了三教融通的儒学路径和宗教情怀，这也为他成为闽人口中的"川西夫子"和一名宗教家指明了方向。

**关键词**：刘沅；《感应篇注释》；清代

刘沅（1976—1855），字止唐，四川双流人，其学术体系以儒为本，兼通三

---

\* 本文系四川省社会科学"十三五"规划2020年度课题"刘沅《感应篇注释》研究"（SC20C026）专题研究成果。

\*\* 李冀，男，河北秦皇岛人，四川大学道教与宗教文化研究所副研究员。

教，被人尊为"川西夫子"。刘沅是一名儒者，更是一名宗教家，他所创立的刘门教对清代巴蜀地区儒家学说与宗教思想的发展起到了重要的推动作用。虽然《槐轩全书》[①] 已收录刘沅众多论著，但尚有诸多著作遗留在外，《感应篇注释》正是其中之一。《感应篇注释》是刘沅早期著作之一，反映了他早期的学术思想，但是由于该书版本稀见，学界尚未展开研究，其中所涉及的一些问题也未被探讨。

## 一、《感应篇注释》版本及其成书缘由

笔者所藏的《感应篇注释》有民国扶经堂藏板的《感应篇注释》［扶经堂是双流"刘氏三堂"之一，是刘沅之孙刘咸焌于民国五年（1916）开办，于民国年间刊印刘沅的著作］和1936年安阳宋氏赠阅本《太上感应篇注释》。

（一）《感应篇注释》版本简述

扶经堂藏板的《感应篇注释》依次有《太上感应篇》原文、刘沅于嘉庆九年（1804）作的《太上感应篇序》《太上感应篇读法十条》（开头有"太仓王志坚曰"语）、《文昌宝训》《劝戒五则》《五劝流通》《俞传》《感应篇奇验》以及《太上感应篇》注释、"引经"、"证"。安阳宋氏赠阅本《太上感应篇》依次有《太上感应篇读法十条》《感应篇劝戒五则》《五劝流通》《俞传》以及《太上感应篇》注释、"引经"、"证"。两者的区别在于安阳宋氏赠阅本不分卷；扶经堂藏板为四卷本，且比安阳宋氏赠阅本多出《太上感应篇序》《文昌宝训》《感应篇奇验》等文。《感应篇注释》延续了宋代李昌龄注本所流传下来的注解结构，即先是对《太上感应篇》原文分句，每句根据注者的理解进行阐释，而后在古代经典中找出相似或可以相对照的话语进行引证，再举出一个或多个事例说明《太上感应篇》所言不虚。

相对于其他《太上感应篇》注解本，刘沅本中的《太上感应篇读法十条》值得重视，因其对明代神化《太上感应篇》倾向的修正。日本明刊本《太上感应篇经传》载："凡受持之士，先须盥漱焚香，严整衣冠，洗心涤虑，志诚礼念

---

① （清）刘沅：《槐轩全书》，成都：巴蜀书社2006年版。

圣号，然后调声正气，字字句句分明念诵，心慕身行，自然消灾福集，一切祈求无不感应矣。"① 在明人看来，受持《太上感应篇》不仅可使人们获得神奇的感应，整个受持的过程同样是一种修行。《太上感应篇经传·六章修行》载："先当遵以六章修行庶持念圣号灵篇，得以感应，如此则自然福禄无量，子孙荣昌，金车入门，仕宦卿相若不遵此六章修行，徒口诵经，欲免罪愆，名曰渎天，其罪尤重，愈不可解，吾今降此经流传于世。"② "六章"分别为"天下通行警戒章第一""天下通行孝感章第二""天下通行士行章第三""天下应世日用章第四""天下通行日用章第五""天下通行道释章第六"。《太上感应篇经传》的编纂者以梓潼帝君的名义宣说此六章修行法则，内容或引述灵验故事，或引玉皇大帝、梓潼帝君之宝诰、垂训等，不遵此"六章修行"而诵读《太上感应篇》的人不仅无福，反而有罪，且罪孽深重，罪名为"渎天"，即亵渎了上天。

《太上感应篇读法十条》反驳了神化《太上感应篇》的做法，认为免去复杂的科仪可以使得诵读更加自由，"他刻《感应篇》有载持诵仪则者，总是教人摄心，令人不解其故，专习科仪，以讽诵祈福，于本旨失矣，苟能实意奉行，即无此科仪亦自有得"③。而且依照《读法十条》，《太上感应篇》"无时不可读""无地不可读""无人不可读"，"上而帝王公卿，下而工农贾妇女童仆"④，任何人随时随地都可诵读《太上感应篇》，诵读前不必"盥漱焚香"，少了强制的法则使得人们诵读更加自由，如此规定也利于《太上感应篇》的传播。不过自由的诵读并非没有约束，《读法十条》更加注重人们实际的行为，即："善自当为，何须言报。然无所为而为者，上也；有所为而为者，中也。愚人醉心于利禄之场，不以神道畏之，报应惺之，将终迷而不悟矣。故中下根人，最宜勤阅，然上根之人，专说虚元，不修实行，是篇尤其对症之药。"⑤ 除了不求回报的真正善行，还强调心念的作用，说："有心为感，感不灵；有心期应，应不

---

① （宋）李昌龄传：《太上感应篇经传》，日本内阁文库所藏明刊本，第1页。
② 同上书，第4页。
③ （清）刘沅：《太上感应篇注释》，安阳宋氏赠阅本1936年版，第3页。
④ 同上书，第2页。
⑤ 同上书，第1页。

至。读《感应篇》当思此旨。"① 为了增加《太上感应篇》的神圣性，周谷臣也有"六除五发"之说，即：一除自恃念、二除畏避念、三除因循念、四除好名念、五除徼福念、六除闲断念，所谓"六念既除，五心斯发。除自恃念，则发谦心；除畏避念，则发信心；除因循念，则发勇心；除好名徼福念，则发诚心；除闲断念，则发不已心"②。"六除五发"实际上是对《太上感应篇》诵读所产生的过分自由与过分严肃两者的调和。

（二）刘沅注《太上感应篇》的缘由

从刘沅的早年遭遇来看，他年幼多病，过得并不顺利，甚至在 20 岁以前曾多次因为生病而差点致死，如他在《自叙示子》中说："愚幼羸善病，自孩提至弱冠，频死者数矣。"③ 乾隆五十八年（1793）、乾隆六十年（1795）、嘉庆元年（1796），刘沅三次会试不中，"三试春官荐而不售"④。仕途失败后，刘沅经历了三件事情。其一，刘沅于紫柏山遇到静一道人。刘沅原与其他儒生一样，对佛道有偏见，但是这次与静一道人的相遇不仅让他了解了道教修养之道，最为重要的是让他改变了对道教的固有偏见，使他知晓了道教的很多理念与儒家是相通的。他说："紫柏山遇静一道人，谈修养之道，讶其与吾儒同，道人惠《道德经注》，系纯阳子作，益疑方外假托多多。"⑤ 其二，刘沅的二侄子早逝，加上邻居侵越他家先人的墓地，刘沅母亲因此而忧郁愤慨，本来的病情更加严重，"归来，二犹子殇逝，邻人侵越先茔，母痛孙忧愤，病益剧"⑥。刘沅在此情景下，身心俱疲，身体状况如七八十岁的老人一样，用药也不见效果，担心自己不能为母亲养老送终而自身先亡，"愚亦疲惫殊甚，如七八十者，恐不及终母之养，药饵罔效"⑦。其三，当刘沅经历困境之时，忽然遇到一位卖药老人（即野云老人李果圆），老人告诉他延年的方法，即人的身体自有长生药，只需返求自身，存身养气，那么必得长寿。卖药老人教授刘沅多年时间，于嘉庆甲子

---

① （清）刘沅：《太上感应篇注释》，安阳宋氏赠阅本 1936 年版，第 1 页。
② 同上书，第 2—3 页。
③ （清）刘沅：《槐轩全书》第 9 册，成都：巴蜀书社 2006 年版，第 3473 页。
④ 同上。
⑤ 同上。
⑥ 同上。
⑦ 同上。

(1804）离开。卖药老人的教授不仅为悲观待死中的刘沅带来了希望，还使他进一步接触了道教的修炼法门。他说："忽道遇卖药老人，形容殊异，心爱敬之，求示延年之方，老人曰：人身自有长生药，尔知否？曰：不知也。老人曰：先天虚无一气，天之所以为天，即人之所以为人，存身养气，即存心养性，歧而视之，是以仁者寿，大德必寿之理，不明而却老独枉神仙，尔返而求诸身心可也。予拜而受教。荏苒八年，甲子初夏，老人辞去。"①

可以说，幼年时期的多病濒死和成年后的科举不顺，这些挫折与人生的无常无意中使刘沅埋下了宗教的种子，而他的父亲刘汝钦也对其产生了深刻的影响。刘汝钦于乾隆五十四年（1789）去世，那一年刘沅22岁。刘汝钦不仅精通易学，还注解了《太上删正玉皇尊经》和《太上删定玉皇宝忏》两部道书，由此可见刘沅的道教家学背景。在嘉庆元年（1796）至嘉庆九年（1804）这八九年的时间里，刘沅历经挫折，又有一系列奇遇，由苦难和家庭所埋下的宗教种子开始发芽成长。他先是遇到静一道人，改变了他对道教的偏见；他在身体极差的情况下遇到了卖药老人，卖药老人所传授的延寿之道，让刘沅将修道付诸于他的日常行为当中。在刘沅与卖药老人的相处中，他由热衷于功名的儒生转为宣扬儒释道三教同一的学者。这一时期，刘沅完成了三部涉及宗教的注作，分别是嘉庆元年（1796）的《阿弥陀经注》、嘉庆三年（1798）的《观音经注》和嘉庆甲子（1804）的《感应篇注释》。《感应篇注释》可以看作是对卖药老人多年传授的一个总结，同时也是刘沅会通三教并逐渐形成自己思想体系的一个开端代表之作。此后，刘沅相继注有《性命微言注》《文昌订正三元火官经注》《金刚经注》《玉枢经注》《南北斗经注》《文昌大洞经忏文注》《太上订正东岳经注》《文昌大洞仙经重注》等。刘沅在五十岁以后反而出版了较多的儒学著作。

如果说刘沅的早年遭遇促使他注解了《太上感应篇》，那么他在《感应篇注释》的序文中更加明确了注释缘由，序文如下：

  自羲皇一画开天而乾坤奥妙尽于图书，三教圣贤相继叠兴，同兹

---

① （清）刘沅：《槐轩全书》第9册，成都：巴蜀书社2006年版，第3473—3474页。

性命，各有渊源，无非扶植纲常，维持世道而一元，阐教化为三清，觉世牗民未有盛于太上者也。微论妙典元功，非拟议所能穷诘，即如《感应篇》一书，言天人感召之捷，正心诚意之功，无物不有，无时不然，其有裨于人心风俗，良非浅鲜。恭维世祖章皇帝御制《劝善要言》，又命儒臣注释此书行世，先圣后圣，心理无殊，惜流播有年，反多忽略，兼旁门或少真传，彼此互生疑窦，虽吾道中人亦有不遑详察者矣。讵知修真养性，即一贯之微言；知化穷神，必伦常之克尽，并非弃日用以求功，外吾身而冥索。沅幼遵庭训，长羁尘劳，迩来鸟养家园，颇参心易，窃恨元门妙蕴，难窥道岸，诞登非易，不揣冒昧，谨将此书注证，告诸同人俾敦伦克己，以为修养之资，尽性践行，原非幽奇之理，毋徇偏见，妄议高深，则体用一原之学，可以由斯渐几，不然讳谈实学，驱逐浮沉矫语，儒修或无真得，毋乃滋之惑叹。是书奉圣祖钦定，独为精详，必当身体力行，方为无忝，若夫先天后天同符造化，了性了命，别有精微，是又在有志者潜心而玩索焉，非沅之所能及也。时嘉庆九年甲子初秋刘沅熏沐谨识。①

首先，刘沅认为三教虽然各有渊源，但是都起到扶植纲常与维持世道的作用，尤其道教的太上老君在"觉世牗民"方面具有崇高地位，所谓"觉世牗民未有盛于太上者"，《太上感应篇》是太上老君辅助王化的代表之作，内含天人感应的道理，可令世人心正意诚，在移风易俗方面具有重要的作用。

其次，刘沅提到了顺治帝颁布的《劝善要言》。《劝善要言》于顺治十二年（1655）编辑问世。该书辑选"诸书之要"，搜集了264条劝善语录，如《易经》之"积善之家，必有余庆；积不善之家，必有余殃"，《尚书》之"惠迪，吉；从逆，凶，惟影响"，以及《太上感应篇》的大部分内容都被收录其中。《劝善要言》初为满文，其受众仅为旗人，后被译为汉文，与《圣谕广训》一同宣讲，"（十七年八月）己亥，世祖御制《劝善要言》译汉书成，颁行直省学

---

① （清）刘沅：《太上感应篇注释·序》，民国扶经堂藏板，第1页。

官,朔望与圣谕广训一体宣讲"①。顺治帝还曾注释《太上感应篇》(有《御注太上感应篇》一书问世),他对《太上感应篇》的推崇,使得清代官员也纷纷为《太上感应篇》的刊刻出资出力。尤其惠栋以"硕儒"之身份也注解了《太上感应篇》,多位儒者纷纷效仿,或为《太上感应篇》作注,或出钱助印,刘沅的注释正是在这种背景下完成的。

再次,《太上感应篇》文本形成于宋代,流传于世已有数百年。但清人对该书的关注与理解仍有不足,刘沅注解的原因是希望人们可以通过阅读他的注解在了解《太上感应篇》的基础上,进而"敦伦克己""尽性践行",明晰"体用一原"的道理,人人践行善道,自然可以消除时弊。

大体而言,刘沅在经历自身困境与奇遇的情况下,通过多年的时间,将道教的思想渗透进他自身的性命修养中。《太上感应篇》于清初得到顺治帝的提倡,在世俗教化方面具有特殊的意义。刘沅于嘉庆甲子年(1804)注释《太上感应篇》,以此希望可以达到"觉世牖民"的目的。

## 二、《感应篇注释》的特点

《感应篇注释》成于嘉庆九年(1804),这一年刘沅37岁,对于古代普通人而言,37岁的年龄已经不小了,可是对于刘沅的一生来说,37岁只是他人生的另一个起点。卖药老人的教授可能激发了他的某些思想,又或是他有了更多的时间反思自身。《感应篇注释》作为刘沅的早期著作,不仅反映出刘沅学术上由外索向内求的转变过程,而且也确定了他的学术思想走向。《感应篇注释》的特点包括以下几个方面。

(一)"三教虽不同,而道则一也"

萧萐父先生和李学勤先生在2006年巴蜀书社版《槐轩全书》题词中阐明了刘沅三教会通的特点。萧萐父先生说刘沅是"阐三教之精微"②,李学勤先生说刘沅"一本儒宗,兼通二氏,影响深远"③。

---

① 赵尔巽等:《清史稿》第4册,北京:中华书局1975年版,第900页。
② (清)刘沅:《槐轩全书》第1册,成都:巴蜀书社2006年版,第1页。
③ 同上书,第2页。

刘沅融汇三教的思想在《感应篇注释》中已经有所阐发，他说："三教虽不同，而道则一也。何以言之，儒曰存心养性，道曰修心炼性，释曰明心见性。大旨皆求全乎天命之初以复见本然而已。"① 从这段话可以看出刘沅思想中明显的三教会通倾向，他认为三教的"道"同一，都是对心性的培养。不过刘沅在谈到三教的时候有轻重之分。首先，刘沅心中的神并非是通过道教修仙的方式达成的，他反对人们为了求仙而放弃人伦，并对"去父母""离妻子"而"入山采药"的行为加以抨击，他说："今世求神仙者则不然，必去父母也，必离妻子也，必绝人群也，必入山采药也，必静坐蒲团也。"② 他认为富贵之人因看淡繁华而追求长生，以及本身贫贱之人因身无挂碍而追求长生，其实都不是真的追求长生之道，"其在富贵者，目倦繁华，耳厌笙歌，身劳佳丽，游赏已极，酣畅既久，忽念长生，此愿欲之无涯也，非真好道也。其在贫贱者，环堵萧然，破瓮倾侧，席草纵横，蓬首垢面，形疲神劳，欢趣索然，无所萦恋，弃而长往，此身世之缘轻也，非真好道也"③。其次，刘沅以儒生身份接触学习道教与佛教思想，他心中成道的关键在于修行者的身心是否以儒家的伦理纲常为尊，他说："外而尽纲常，修伦纪；内而立性命，明明德，道之正也。"④ 真正的修道是对自身心念的把握，对自身行为的控制，他说："今人不理方寸而千里寻师，不检常行而六时运想，徒自劳苦，终无益也。"⑤ 只有自身心性与行为符合儒家的伦理纲常，才算是"登天"而入"天堂"，即："忠孝可以登天，仁义可以致富，诚信可以事鬼，退让可以免祸，慈良可以获福。崇德修慝即是天堂，乖伦叛纪便是地狱。"⑥ 由此可见，虽然刘沅注释了《太上感应篇》这部道经，但是他心中的道是以儒为宗的道。李学勤指出的刘沅"一本儒宗，兼通二氏"的特点在《感应篇注释》中已有显现。

（二）"心心天理"

在刘沅心中，心的培养要与理相合。他认为古今圣人之间，心和理没有差

---

① （清）刘沅：《太上感应篇注释》，安阳宋氏赠阅本1936年版，第221页。
② 同上书，第67—68页。
③ 同上。
④ 同上书，第221页。
⑤ 同上书，第69页。
⑥ 同上书，第221页。

别，只是随着年代的流逝，才有了区分。他说："先圣后圣，心理无殊，惜流播有年，反多忽略，兼旁门或少真传，彼此互生疑窦，虽吾道中人，亦有不遑详察者矣。"① 心与天理相应，即"心心天理"，如此才可去除私欲，行善积德。他说："有于身心者为德，成己之道也；见于事业者为功，济物之道也。由少至多曰积，由卑至高曰累，久而不迁，心心天理，念念公平，敬人爱人，祛私除欲，一毫之欺不萌，半点之邪不起，忠以事上，孝以事亲，兴利除害，明冤雪枉，排难恤灾，济其事不必明其惠，救其患不必居其功，导人之善，而我不有，成人之美，而人不知，口出劝善之言，身存忠厚之道，无时不存，无地不有，由此日积月累，德何患不崇？"② 这种思想在他此后的著作中也反映了出来，如他在《正讹》中称："道只天理二字，天之理而人得之以为性。在天名曰太极，天之所以为天；在人名曰良心，人之所以为人。全此天理则为人，君子存之也；失此天理则为禽兽，庶民去之也。圣人只是全此天理。天之理始为心之良，心之良始为天之理。天理良心，人人有之，人人可为圣人。"③ 两相对比，刘沅在《感应篇注释》中的"心心天理"的说法还比较简单，在《正讹》中刘沅通过"太极"和"良心"等范畴统摄"心""理"，这种论述比《感应篇注释》更加细致与丰富。不过追其根本，刘沅所谈的根本性内容并未发生改变，即人们若心与天理相合则人人皆可为圣人。

（三）"天已注定"与"实操在我"

刘沅注解的《太上感应篇》，反映了较强的命定论思想，这是他知天、顺天思想所带来的弊端。他说："人生富贵，天已注定。取多未必多，取少未必少。"④ 命中自有定数，不安命会灭绝天理人情，他说："不知富贵者，命也；得失者，数也。命之应富贵，不取而自有数之应得，不求而自至。由此观之，天下何物可以强取？何事可以强求也哉？故用强者不知命，用强者不知数也。不安命而以势力争之，不听数而以言词丐之，势必灭天理而绝人情，夫人而至灭

---

① （清）刘沅：《太上感应篇注释·序》，民国扶经堂藏板，第1页。
② （清）刘沅：《太上感应篇注释》，安阳宋氏赠阅本1936年版，第29页。
③ （清）刘沅：《槐轩全书》第9册，成都：巴蜀书社2006年版，第3481页
④ （清）刘沅：《太上感应篇注释》，安阳宋氏赠阅本1936年版，第56页。

天理、绝人情，有不招灾致祸者，盖亦鲜矣。"① 刘沅认为世间许多事物并非强求而来，需要顺情而为，合乎天理。如世人认为功名需要通过才学与努力求得，金钱可通过计算求得，岂知这些都是命中之物，若命中没有，即使自身再努力也无法获得。真正智慧的人应知晓自身的定数，他们富贵而知足，贫贱而知守护，荣得而知恐惧，辱失而知悔改，顺天命而行，安处贫、富、荣、辱，这样的人才是君子。他说："故智者识命数之有定，富贵知足，贫贱知守，荣得知惧，辱失知悔，随乎境之所值，顺而处之，静而听之，韬聪明而不敢用，藏才智而不敢舞，故其享富贵也无文，处贫贱也能亨，际荣得罔咎，遇辱失能休，此君子人也。"② 又说："夫富贵者，天之所以答善人也，祖父积之，子孙保之，其子孙又因夙因之善而享，岂偶然哉！"③ 富贵是上天对善人的报答，由承负而至，每个人的贫富差别都不是偶然的，人们无需羡慕嫉妒他人的富足，应关心自我道德的修养。同时，富贵与贫贱是相对的，两者作为概念是相辅相成的，人们须知其中的转换与变通，他说："盖天下不能有富而无贫也，人事不能有盈而无缩也，用度不能有给而无缺也，身世不能有缓而无急也，是故贫富相资，盈缩相应，给缺相济，缓急相周者，亦彼此通变之术也。"④ 以上都反映出，刘沅心中功名富贵这类善报都是由天注定的，人们不知天理，若妄图强求，不仅没有益处，还可能遭殃。

刘沅一方面强调功名利禄不可强求，一方面又强调自身的能动性。虽然富贵穷达属于天数，但是人们应善于修治身心，通过自我的努力而实现境遇的转变，刘沅认为"我"掌握"天人之权"，遇到不顺之事，不应怨天尤人，而应从自我处入手，寻找解决之道。他说："尝谓祈天永命之道，制乎外养乎中，修治身心而已，心身修治，则仰不愧于天，俯不怍于人，而富贵穷达之遇，听其自然，安乎命数而已，愚者不知安命听数，内而妄想，外而妄求，处处与天争，事事与人角，争角不胜，怨尤迭兴。不知阎浮之世，素号缺陷，故适愿之事十之一，拂愿之事十之八九焉……夫穷达者天也，而转穷为达者我也。顺逆

---

① （清）刘沅：《太上感应篇注释》，安阳宋氏赠阅本1936年版，第184页。
② 同上书，第216—217页。
③ 同上书，第165页。
④ 同上书，第174页。

者天也;而转逆为顺者我也;得失者天也,而转失为得者我也;从违者人也,而易违为从者我也;恩怨者人也,而易怨为恩者我也;合离者人也,而易离为合者我也;事境虽听天人,而天人之权实操在我,反而自咎,于天何怨,于人何尤。"①

刘沅这种命中自有定数却可通过个人内外修养的方式改变命运的思想,虽然看似矛盾,却能够在他那里自洽。若是结合他自身的经历来看,会更容易理解。刘沅注《太上感应篇》之前经历了三次考试失败,恐怕这三次失败让他明白了有些事情并非通过努力追求能够获得。而他身弱之时通过一些奇遇而行内修之道,竟然逐渐改变了他自身的命运,让刘沅由分外营求而转向内在的观照。所以,刘沅既承认命定,又强调"我"的作用与意义,"我"掌握"天人之权","我"可以转变天数,方法就是"制乎外,养乎中,修治身心而已",这也体现了刘沅由外索至内求的思想的转变。

(四) 务实精神

刘沅的务实精神一方面反映于他对现实的批判,一方面反映在他对实践的重视。刘沅常常用"今人""今世"等词语批判现实中的各种乱象。而《感应篇注释》的批判论调也延续至刘沅此后的论著中,只不过刘沅晚年将批判的矛头对准了社会乱象背后的理学,如刘沅的《正讹》一书就被现代学者当作刘沅批判理学的例证。《正讹》成于咸丰四年(1854),刘沅已经87岁高龄,他对儒学的理解更加深入与透彻,如蔡方鹿教授在《刘沅对理学的批评》一文中谈到:"刘沅以清代学人的眼光,对理学之名、理学道统论、理学心性论、理学知行观及其流弊提出了批评,在对理学批评的过程中他阐发自己的新思想,创造性地提出先天、后天说。同时刘沅也一定程度地受到理学的影响,并不完全反理学,而对理学价值观有所认同。"②

刘沅晚年所批判的是一种现象背后的思想,即理学家总是明确区分凡人与圣人,好像普通人不能知晓天理。其实在刘沅看来,儒家伦常本于人性,人性即是天理,人们只要践行自身的伦常本性,那么天理自在人中,不必高谈理学之名。而这种"践行"之道,正反映出刘沅对实践的重视,他在《感应篇注释》

---

① (清)刘沅:《太上感应篇注释》,安阳宋氏赠阅本1936年版,第199页。
② 蔡方鹿:《刘沅对理学的批评》,《中国哲学史》2011年第4期,第66页。

中说："富贵功名，转眼皆虚，唯立身行道，兴利除害，方垂不朽，所以圣贤豪杰，必以天下为己任，不肯虚其所生，修德行仁，可以对天地，可以报君亲，可以显声名，可以获福报，可以荫子孙。"① 刘沅认为所谓的富贵功名皆是虚妄，只有真正地立身行道，才可永垂不朽。刘沅不仅是如此说的，他也是如此做的。从史料来看，刘沅内修于心，成为了人们口中的"川西夫子"；刘沅在延庆寺成立"乐善公所"，对需要帮助的人施以援手，使得行善落在实处，正体现了他务实的精神。而刘沅所推崇的务实精神，尤其是他对儒家伦常的践行，也是有其特殊的背景。

## 三、结　语

刘沅在经历不顺、变故和奇遇后，以一个儒家学子的身份接触道教，惊讶于道教的某些理念与儒家思想相同，后学习道教，并践行道教的修行功法，逐步将儒家的伦理纲常引入自身的身心修养之中，形成了自己独特的心性之学与务实精神。虽然刘沅的注本并未在中华大地产生大范围的影响，未如许鹤沙、惠栋、俞樾等人的注本被多次翻印，目前所存的版本寥寥无几，但是《感应篇注释》所体现的思想却一直延续在刘沅此后的著作中。又或者说，正是刘沅早年在注解《太上感应篇》等道佛书籍的过程中，逐渐形成了自己的理论框架，为他此后的思想形成奠定了重要的坚实基础。

---

① （清）刘沅：《太上感应篇注释》，安阳宋氏赠阅本1936年版，第244页。

老子学刊

传统文化与三教关系

# 王船山衍《老》"机巧之术"以黜老正道撮论[*]

陈力祥　颜小梅[**]

**内容提要**：王船山认为从《老子》文本的解读中可分判道与术，他具体选择能呈现"处铎""执权"倾向的文献，并佐以史例，抨击老子知"术"而不知"道"。不论衍《老》亦或碎语中的黜老文字，皆显露出他无意探求《老子》原意，而是意在通过"衍其意"的方式揭示老子"崇智废德"之瑕。船山斥老子为"伪术"，本质上是为了凸显德之"由己"与"为人"之异，即道德实践中所显之"德"是否诉诸主体内在德性。由反之"术"思正之"道"，将"为仁由己"的原则贯穿于圣学与帝道，便能实现"正君德，择王道，贞臣道"的"道治"模式。总言之，船山驳斥老子以"道"饰"术"，针对的是法老子之意的伪儒及帝王，彰显其追求醇正儒学、挺立儒家治道的意图。

**关键词**：王船山；《老子》；机巧之术；由己与为人；道治

---

[*] 本文系湖南省创新项目"儒学视域下的船山子学研究"（CX20200461）的阶段性项目。

[**] 陈力祥，男，湖南邵阳人，湖南大学岳麓书院教授；颜小梅，女，湖南涟源人，湖南大学岳麓书院博士研究生，湖南中医药大学助教。

## 一、问题缘起：船山"衍《老》意"而"见其瑕"

已有的《老》学研究对老子思想的定位、诠释历来众口纷纭，总体而言，存在两种截然不同的结论。一种观点认为老子之学乃"权谋诈术"，具体表现为《老子》文本存在以"道为表象，术为功用"的倾向，故所呈露之"德"并不纯粹①。另一观点认为老子所言为"天道自然"②，将老子之说视为"权谋诈术"乃是"将《老子》书上的一些文句割离了它的脉络意义而产生的误解"③。王船山显然持前一种观点，认为老子之说属于"权谋机诈"一类，将其视为"以术治天下"的典型，后世帝王取此说为治理之方，权臣择此说为固宠之策。

船山在《老子衍·自序》中曾言："天下之言道者，激俗而故反之，则不公；偶见而乐持之，则不经；凿慧而数扬之，则不祥。三者之失，老子兼之矣。故于圣道所谓文之以礼乐以建中和之极者，未足以与其深也。"④ 此段引文既指出了老子言道存在"不公、不经、不祥"之弊，又对儒道二家做了价值评判，认为老子不足以理解儒家"礼乐中和"之深奥⑤。在非专门性子书中，船山明确提出老说之弊在"入于机而用其伪"⑥，将老子之说定位为"术"。不论船山以"衍其意"的方式诠释《老子》原文，亦或大量碎语中所呈现出的"黜

---

① 程颐、朱熹皆认为老子之说夹杂"权诈之术"。[（宋）程颢、（宋）程颐：《二程集》，北京：中华书局 2004 年版，第 1239 页；（宋）朱熹：《朱子全书》第 18 册，上海：上海古籍出版社、合肥：安徽教育出版社 2002 年版，第 3930 页。] 钱穆认为《老子》书中圣人"存心不仁"，故有"圣人权术"。（钱穆：《钱宾四先生全集》第 7 册，台北：联经出版事业公司 2002 年版，第 147 页。）余英时认为《老子》一书反智表现为"权谋化"。（余英时：《余英时文集》，桂林：广西师范大学出版社 2006 年版，第 266 页。）

② 以"将欲……必固"章为例，董思靖、范应元认为此"盈虚相因之理"，非权谋之术。[（宋）董思靖：《太上老子道德经集解》，北京：中华书局 1985 年版，第 43 页；（宋）范应元：《老子道德经古本集注》，上海：华东师范大学出版社 2010 年版，第 62—64 页。] 陆长庚云"翕张、强弱"为"理之定而不可易者"。（转引自胡道静编：《十家论老》，上海：上海人民出版社 2006 年版，第 431 页。）

③ 陈鼓应：《老子注译与评介》，北京：中华书局 2015 年版，序第 26 页。

④ （明）王夫之：《船山全书》第 13 册，长沙：岳麓书社 2011 年版，第 15 页。

⑤ 杨柳青：《王夫之老学思想辨析》，《船山学刊》2021 年第 3 期，第 59 页。

⑥ （明）王夫之：《船山全书》第 6 册，长沙：岳麓书社 2011 年版，第 766 页。

老"态度,皆可管窥船山基于前见、醇儒立场理解《老》学,并未置身文本语境①。由此可见,他诠释、批判老子并非寻求视域融合,而在见《老》瑕、破老"术",以立"正"道。鉴于这一事实,我们应该深入追溯船山将老子之说定性为"术"背后所蕴藏的原则、意图,才能真正理解道、术分判下船山衍《老》与黜老的真实旨趣。

## 二、"术"事勾陈:船山驳老知"术"不知"道"

自庄子"道术将为天下裂"②之言出,道、术便备受古今学者关注。"道",从辵部,原初义涵指"所行道",后引申道理、道义、学说等;"术",从行部,释义为"邑中道",指国中之道,衍申为技术、策略、方法之义。"术"之义涵转为贬义,个中缘由可追溯至先秦诸子。《汉书·艺文志》所列"九家十流",道、法家文本中暗含可导向"术"之理解向度。船山虽认为佛、道、法诸家皆尚"术",但批评各有侧重。道、术分判视域下,船山以老子之"术"为切入点,通过诠释《老子》文本、引证相关史例,从细节处分辨。尤其碎语中大量黜老文字显示出船山对老子强烈的排诋态度,认为"老聃,术而已矣,奚知道哉",继而得出老子"以术与天下相持而非道"的结论③。老子曰"天之道,其犹张弓与!高者抑之,下者举之"④(《道德经》第七十七章),依此实践,船山认为将造成"天困、王者疲、君子棘"⑤,成为天下不均之始,故而否定老子所言为"道"。老子所言为"均不均之现象",而船山则竭力主张"均心以均天下",这一破一立实际彰显了道、术之别:"道"是由己出发

---

① 学界于船山衍《老》存在异议。傅淑华认为船山衍《老》为"回归《老子》"。(傅淑华:《王船山〈老子衍〉研究》,台湾"中央"大学中国文学研究所硕士论文,2001年,第13页。)林文彬则反对此说,认为船山衍《老》并非"顺着老子原意,而是自成一家之言"。(林文彬:《王船山〈老子衍〉义理浅析》,《兴大中文学报》2006年第18期,第55页。)
② 郭庆藩:《庄子集释》,北京:中华书局2012年版,第1069页。
③ (明)王夫之:《船山全书》第3册,长沙:岳麓书社2011年版,第379页。
④ (魏)王弼注,楼宇烈校释:《老子道德经注校释》,北京:中华书局2008年版,第186页。
⑤ 何谓"天困、王者疲、君子棘"?按照老氏"高者抑,下者亢"之说,则百物均有高下轻重之分,则天会困惑于此;百官资质有敏钝之分,宽待钝者而严待敏者,则王者会因此而疲惫;君子如果精细地取百姓之有余而给予不足之百姓,将难以推进治理。

的更为根本的待人接物之法，而"术"则是立足外物的一种便宜之策。以"术"为中心，船山极力驳斥老子"处锌"（至柔、守静、拙陋、慈俭、容忍）、"执权"（以德报怨、雌雄、白黑、荣辱、翕张、取予）之术，认为凡此种种看似有德，而实则为"阴谋术"。

（一）船山批老子"处锌"之术

船山所言老子"处锌"之术，是指老子所言归柔处静之说。船山曰"处锌居静"①，"以静言处锌为道"②。此说出自"天下之至柔，驰骋天下之至坚"③（《道德经》第四十三章）。老子本义是指天下最柔弱的事物，反可以驱使天下最坚强的事物，意在强调"柔弱胜刚强"的道理。但在历史上，老子贵柔处静之道被女主、宦官、权臣所利用，沦为宵小之徒臣制暗主、稳固权宠之"诈术"。譬如，唐代宦官仇士良教导其同党曰："天子不可令闲，常宜以奢靡娱其耳目，使日新月盛，无暇更及他事。"④ 所谓"奢靡娱其耳目"即是以"娈童稚女、清歌妙舞、林池鱼鸟、书画琴奕、张弧怒马"满足君主之嗜好，成为"夺情息怒"之媒，从而以"至柔之道縻系人主"⑤。臣子通过投人主之所好，获取君王之宠爱与信赖，进而达到系住人主的目的。

从本质上说，船山并非反对"柔"德本身，而是反对以"柔"之表象隐藏"诈"术之实质的"柔以文诈"⑥。所谓"柔以文诈"，具体表现为"巧言邀人、令色诱人、足恭媚人"⑦。他以苏威"督民诵五教"、赵普"释《论语》"为例，抨击苏、赵二人皆只是薄取《孝经》《论语》之言，而汲汲于富贵利禄，托圣人之言贼圣人之德，以"处锌"之术实现"立身扬名"，故苏威不自愧于"柔以丧节"，赵普不愧怍于"险以致偷"⑧。船山谨守"醇儒"立场，自然不能忍受以柔顺之德达至立身、扬名等不纯粹的目的，故视苏、赵二人为"乡愿"

---

① （明）王夫之：《船山全书》第 2 册，长沙：岳麓书社 2011 年版，第 361 页。
② （明）王夫之：《船山全书》第 10 册，长沙：岳麓书社 2011 年版，第 409 页。
③ （魏）王弼注，楼宇烈释：《老子道德经注校释》，北京：中华书局 2008 年版，第 120 页。
④ （宋）司马光：《资治通鉴》，北京：中华书局 1956 年版，第 7985—7986 页。
⑤ （明）王夫之：《船山全书》第 10 册，长沙：岳麓书社 2011 年版，第 1000—1001 页。
⑥ （明）王夫之：《船山全书》第 7 册，长沙：岳麓书社 2011 年版，第 430 页。
⑦ 同上。
⑧ （明）王夫之：《船山全书》第 10 册，长沙：岳麓书社 2011 年版，第 696—697 页。

之流。

在这里，船山从纯粹的道德立场出发，强调在具体行动中道德动机、道德观念优先于行动结果的成败，此即船山所指出的"慎其始以正其终"①。在这一立场下，船山批判任何可能以"诈伪"方式获得成果的行为。因此，除了反对"以柔文诈"外，船山还驳斥了以"静、拙、陋"饰诈。"静"出自"静为躁君"②。船山认为老氏之"静"指"于天下妄动之日，端凝以观物变，潜与经纶，而属意于可发之几"③，也即意味着，老子所言"静"并非真正意义上的"无为而治"，而是一场伺机而动的政治谋划，因而"静"非为至论。以王导、晋元帝为例，船山认为二人所用之术即"老、庄以之处乱世而思济者也。得则驰骋天下之至刚；不得，抑可以缘督而不近于刑"④。此术是一种狡猾苟且的处事方式，晋元帝与王导于乱世蓄势以谋政事，得或不得皆得以保全自身。虽然船山并未否定此术于纷争云扰之日姑可一用，但他也清楚地表达了"既安既定而犹用之，则不足以有为而成就德业"⑤，而晋元帝与王导取天下、治天下皆用此术，故致德业不昌、国祚不永。

与此同时，船山还批评拙、陋为无虞之方。针对胡炳文"拙为至极"的观点，船山认为《五经》《四书》等经典并无奖拙之语，并反对儒者效仿佛、道之徒以"拙"为道号的做法。无论冯道自诩"痴顽老子"，亦或鲍焦"枯死道傍"、陈仲子"出哇母食"，皆与圣贤精义相去甚远⑥。"陋"取自"丘公恃陋"。在船山看来，丘公"不恤其城之恶，恃陋以无虞"与"矫色愉而示天下以不测"，"恃人之不己知而意不生"，"闭目于五色、杜耳于五声"如出一辙⑦，皆以"恃陋"为道，侥幸以求寸晷之宁，无异于掩耳盗铃，由此，船山断定丘公之言授受于聃、周。柔静与拙陋虽截然不同，但船山将四者置于"饰诈"之下，意在批评老子言"术"而不言"道"，以崇德、谦让之表象掩盖其圆滑狡

---

① （明）王夫之：《船山全书》第1册，长沙：岳麓书社2011年版，第958页。
② （魏）王弼注，楼宇烈释：《老子道德经注校释》，北京：中华书局2008年版，第69页。
③ （明）王夫之：《船山全书》第10册，长沙：岳麓书社2011年版，第444页。
④ 同上。
⑤ 同上。
⑥ （明）王夫之：《船山全书》第6册，长沙：岳麓书社2011年版，第1123页。
⑦ （明）王夫之：《船山全书》第5册，长沙：岳麓书社2011年版，第552页。

黠、崇尚名利之本质。

慈俭、容忍本为美德,但船山认为老子刻意为之,则其美不终,故不遗余力批评其为"处锌"之术。在他看来,文景之慈为"姑忍于刑杀",俭为"志存厚实而勤用之",故有文帝"忮淮南",景帝"削吴楚",于是而有"王道至汉而阙,学术之不贞者为之"的判断,可知文景之德非真德,文景之治非王道①。同样,唐太宗之慈俭则是"蒙恩者承其惠,偏枯者罹其伤",实则"慈穷、俭困、妄动",从而导致"忿起、骄生、不与民休息",进而断定太宗之德实为伪德,太宗之治为霸治②。船山认为"处锌"之术一旦掺杂于帝王的政治实践,便会成为操纵群臣、巩固权势的方便之策,以"机深事诡"营造"假仁之美"的表象,终究只是政治操作,势必造成"德薄道穷"。故他以宋太祖为正面之例,阐明慈俭之"真德"。在船山看来,宋太祖既无唐太宗"喋喋于仁义"之言,亦无文景姑忍于刑杀之心,只凭自己本心,厚待柴氏、礼待降王、施行赈贷、禁止淫刑、增加俸禄、崇尚儒素,诸上看似"朴素"的方式恰恰为慈俭、容忍之真正流露③。船山通过黜汉唐而尊宋之立场,于细微处揭示"真德"与"伪德"之本质区别在"纯粹"与"刻意",从而流露出其黜"术"而重"道"的真正意旨。

(二) 船山批老子"执权"之术

如果说"处锌"之术是从"顺守"视角言,那么"执权"之术将从"逆取"角度予以剖析。船山认为老子"以德报怨","大道汎兮,其可左右","雌雄、白黑、荣辱","将欲……必固"之言为"执权"之器,其本在"术",意在以"不争"达到与之相反的目的。在他看来,老子"以德报怨"④之术虽出于和缓春秋之际兵戈、狱讼不断之目的,但此说实为"机诈"之术,不仅"为术也巧,居心也刻、制天下以权,诱天下以名"⑤,且无法解决"何以报德"的

---

① (明)王夫之:《船山全书》第11册,长沙:岳麓书社2011年版,第47页。

② 同上。

③ 同上书,第47—49页。

④ 参见刘学智:《"以德报怨"儒、道辨——兼论其在现代社会的价值》,《陕西师范大学学报》2005年第3期,第5—12页。

⑤ (明)王夫之:《船山全书》第7册,长沙:岳麓书社2011年版,第807页。

问题。依循情理,大怨和解下必有余怨,故"以德报怨"并非出于情理之本然,而是碍于某种利益而姑且假以小惠。船山认为此种做法不仅钳制了人应有的生人之气,更无法实现内心之自安,因之,坚持以直报怨之"道"对抗以德报怨之"术",以君子般的公正去评判,则纷争自然能息。其实,质疑"以德报怨"非始于船山,朱熹曾明确将"德"释义为"恩惠",认为凭借恩惠化解仇怨"实有私意",肯定圣人以直报怨为"公而无私"①。

"执权"的另种表现为"道可左右""知雄守雌"。"道可左右"即意味着"此亦一道,彼亦一道",依此则道有"二本",治有"二致",不论道德修养或政治治理皆表现出"可此可彼"的状态,从而肯定"仁义""法吏"各为道之一端的正当性,进而为"阳阖阴辟""逆取顺守"之说的产生提供了契机,导致"凶德"自生②。故船山据"德惟一,动罔不吉;德二三,动罔不凶"③ 批评老子此说为二三其德之言,坚持"以一统万,而非二三伉一",从而彻底否定"焚《诗》《书》,师法吏"的正当性④。实质上,以"一"抗"二"所彰显的是船山基于"学—治"一源的逻辑,将"醇德"修养置于政治实践,实现"德治"的企图。"知雄守雌"⑤ 出自《老子》第二十八章。雄、白、荣与雌、黑、辱迥然不同,老子为何要"致意于雄、白、荣而收功于雌、黑、辱"?船山认为:"宾清而主浊,以物极之必反,反者之可长主也。"⑥ 所谓"清"指"雄、白、荣",而"浊"则是"雌、黑、辱",老子"致意于知,而知功于守"⑦,意在根据物极必反的原则达到与之相反的目的,故雌、黑、辱只是老子不得已而为之的"执权"之器。在船山的诠释下,老子显然并非是崇尚道德的正面形象,而是甘居溪谷,通过"以反为动、以弱为用"⑧ 之术实现权势、功名的负面

---

① (宋)朱熹:《朱子全书》第6册,上海:上海古籍出版社、合肥:安徽教育出版社2002年版,第197页。
② (明)王夫之:《船山全书》第2册,长沙:岳麓书社2011年版,第303页。
③ (清)阮元校刻:《十三经注疏(清嘉庆刊本)》,北京:中华书局2009年版,第350页。
④ (明)王夫之:《船山全书》第2册,长沙:岳麓书社2011年版,第303页。
⑤ (魏)王弼注,楼宇烈释:《老子道德经注校释》,北京:中华书局2008年版,第73页。
⑥ (明)王夫之:《船山全书》第13册,长沙:岳麓书社2011年版,第34页。
⑦ 同上。
⑧ (明)王夫之:《船山全书》第2册,长沙:岳麓书社2011年版,第290页。

形象。

"将欲……必固"① 为《老子》第三十六章的内容，历来备受争议，亦为船山用来论证老子之说为"术"的力证。船山言："此之不察，则将为老氏'善下'之说，以济其'欲取故与'之术，以愚诱其民，而道裂矣。"② 一方面，船山明确指出"道裂"只因在老氏"善下""取予"之说的盛行；另一方面委婉表达了破"术"以维护"道"的决心。此术往往被统治者别有用心地用来试探群臣，他以"文帝建储诏""拓跋弘逊位子推"等具例展开。汉文帝在立储时担心有人非议他"忘贤德而专于子"③，故假意以楚王、吴王、淮南王等贤才为托词，试探有司及群臣，在有司"立嗣必子"的劝说下，终立刘启为太子。船山认为文帝建储所用即"翕张"之术，以选贤德为嗣掩盖其立子为嗣之意图，心迹两相违，非圣王所为。同样，拓跋弘为稳固长子之大位，深恐群臣有二心，故先逊位叔父拓跋子推，遭至群臣反对，又"阳怒而试群臣"，群臣则"犯颜以谏而不避其怒"，此举正中弘之下怀④。弘逊位子推为"取予"之术，而退位事佛老则为"守兑"之术，在船山看来，皆只是"巧笼宗室大臣之诡道"，非人君之道⑤。虽然，"取予"之术在某种程度上贤于申韩，但终究只是小人之术，其所呈现出的"给、与"之德并非基于内心之"诚"，而是达到目的的一种策略（术），于修身、治国皆不可取。

### 三、本质勾勒：船山斥老"机巧之术"以揭其实质

老子在船山笔下被勾勒成了"阴谋家"，他认为老子通过"反、弱"之方式，即谦逊、卑下之表象达到与之相反的目的，此种"至德"似德而实为"伪德"，故评价为"离诚用伪"。"伪"在《说文》中释义为人为，内蕴"巧"之特质。"术"亦包含"巧"的面向，但其遭受非议并非归咎于"巧"。孟子曾有

---

① （魏）王弼注，楼宇烈释：《老子道德经注校释》，北京：中华书局2008年版，第88—89页。
② （明）王夫之：《船山全书》第4册，长沙：岳麓书社2011年版，第1225页。
③ （明）王夫之：《船山全书》第10册，长沙：岳麓书社2011年版，第96页。
④ 同上书，第592页。
⑤ 同上书，第592—593页。

"智,譬则巧也。圣,譬则力也"①(《孟子·万章》)之言,以射箭为例,射得远是因为力量的缘故,而射得准则是技巧(智)之故。此即意味着"巧智"具备积极理解的维度,孟子将"智"与"圣"并列已然说明了此问题。由此,我们应细细分辨"智巧"的两种情形,一种为积极意义上的"巧",一种为负面意义的"机巧"。

因袭孟子此种思路,船山更细致地分辨了"巧"与"机巧"。在他看来,"巧"只是虚位,可善可恶,若"以道御巧",则"巧可合道",为善;若以"机变"为巧,则为恶。故他认为世人不应一味以巧责术,真正应被驳斥的是"机变之巧"。"机"指"暗发于此而中彼,藏械以伤物而不觉";"变"指"可此可彼",甚至"食言改辙而人不得执前说以相覆责"②。船山言"老氏者,持机械便诈以侥幸之祖也"③,可知他对老子之说持否定意见主要集中于《老子》文本中解读出的"机巧"面向。正如邓联合所言:"船山对老子之学的定性正是一诡诈取利之'机'字。"④ 如此,"巧"与"机变"之分显而易见,前者是智慧的结果,通过探究规律寻求做事之方,如庖丁解牛之"巧";后者则是投机取巧的结果,专以"取捷"为目的,全然不顾使用何种方式,亦未曾对其所用之不当方式有过羞耻之感。

"机巧"虽可称得上"智",不过只是"小智"罢了。船山意识到"机巧"与"智"的此种关联,便将"智"作为分辨道、术的关键要素,他指出佛、老、法三者之通病在"崇智废德",具体有云:

> 是故夫智,不丽乎仁则察而刻,不丽乎礼则慧而轻,不丽乎义则巧而术,不丽乎信则变而谲,俱无所丽,则浮荡而炫其孤明。幻妄行则君子荒唐,机巧行则细人捭阖。故四德可德而智不可德;依于四德,效大明之功,而无专位。⑤

---

① (清)焦循:《孟子正义》,北京:中华书局1987年版,第674页。
② (明)王夫之:《船山全书》第6册,长沙:岳麓书社2011年版,第1123页。
③ (明)王夫之:《船山全书》第11册,长沙:岳麓书社2011年版,第170页。
④ 邓联合:《论王船山〈老子衍〉的诠释进路》,《哲学研究》2017年第8期,第53页。
⑤ (明)王夫之:《船山全书》第1册,长沙:岳麓书社2011年版,第824页。

不同语境下，船山对"四德"之阐述虽有小异，或称"仁义礼智"，亦或"仁义礼信"，但此处，"四德"明确为"仁义礼信"，而"德"被排除于"四德"之外。虽然"智"在"四德"中并无专位，但与"四德"又息息相关。二者之关系可理解为："智"遍历于"四德"之中，同时以"四德"为行事依据，若"智"而无德，则会导致幻妄、机巧。"智"而无仁德，则会导致苛刻，如申韩；"智"而无礼德，则会沦为狡黠；"智"而无义德，则会导致伪诈，如老氏；"智"而无信德，则会引起欺诈，如仪秦。通过层层剖析，船山指出"智"存在两种截然不同的状态，一种为"私智"，专指"小惠"，好行小惠则"行险侥幸之机熟"①；另一种为"君子之智"，必以"四德"为指导原则，故"仁而不愚，礼而不伪，义而不执，信而不谅，智可以周行乎四德而听四德之用"②。进而可知，船山批评的是"专尚智而无德"之"智术"，即机巧谲诈智术。他虽未明确以"智术"相称，但从"智"的多层面精准地指出了"智术"（术）与"道术"（道）之别在于"私智"与"醇德"之分。"智"虽与"四德"互相成就，但在不同的治理方式中，二者之地位存在天渊之别：若"智"能约束于"四德"之下，则"智"可合"德"，为道治；若无"四德"之约束，则"巧智"亦有可能成为"小智"，为术治。

"智术"早在春秋时期便已产生，且发展非常兴盛。但像船山一样对"智术"持严厉的批判态度始于宋代，宋儒关于"智术"的态度，存在一种共同倾向：将"智术"与"道义"相对，视前者为杂，后者为醇。林子长曾评价贾谊"教谕之旨"时言"始于言道，终言谊，中杂以术、智"，故认为贾谊所言"驳而不醇"，言下之意便是："术智为驳，道谊为醇。"依赵师楩之见，所谓"道谊"指"帝王之止理"，"智术"为"伯图之巧谋"，将"智术"夹杂于"道谊"之中，相当于认可"教之以尧舜禹汤文武，杂之以齐桓晋文，而又欲归之于尧舜禹汤文武"的言行，从而导致"道谊孤而智术胜"③。若以"道谊"听命于"智术"，则"机心长，良心消"，为人"好猜忌、好刻薄、好察察"，而无

---

① （明）王夫之：《船山全书》第 7 册，长沙：岳麓书社 2011 年版，第 845—846 页。
② （明）王夫之：《船山全书》第 12 册，长沙：岳麓书社 2011 年版，第 287 页。
③ （宋）魏天应编，（宋）林子长笺解：《论学绳尺》，《文渊阁四库全书》第 1358 册，上海：上海古籍出版社 1987 年版，第 400—402 页。

"天地民物之量"①。且"智术"与"道谊"二者互斗而无定向,则又致"颠冥于旁溪曲径而失其发轫之出路"②。无论是赵师槴、林子长的"术智""道谊"醇驳之辨,亦或是船山以"崇智废德"批老子之"术智",二人终落脚于"德",道、术之分归根结底在德之"诚伪、醇驳"。

其实,德之诚伪、醇驳往往与"公私"相联系,"诚、醇"之德出于"公",而"伪、驳"则出于"私"。对此,船山以天理、人欲云:"天理、人欲,只争公私诚伪。如兵农礼乐,亦可天理,亦可人欲。春风沂水,亦可天理,亦可人欲。才落机处即伪。夫人何乐为伪,则亦为己私计而已矣。"③ 在甄别天理、人欲之时,船山既不像朱熹将二者置于紧张的状态,亦不认可李贽将二者绝对等同,他认为判断是否为天理亦或人欲,其关键在理、欲之公私,同时亦指出人乐乎作伪之动机在"私利"。那么,何为"公"?何为"私"?"公私"关涉天理存亡、人道得失、天命人心之去留,而最根本的判断标准便是"为仁由己"。"己"字与"古之学者为己"中的"己"同义,指向主体内在,"为仁由己,欲之则至,未有力不足者也"④ 是也。包括船山在内的传统儒者看来,德之伪与德之驳即为"私智",此种"私意"呈现于道德实践主体中即彰显为"德不由己"。在具体的道德实践中,主体存在两种实践动机:一是基于"己之善"做出的道德行为,一是基于"物之利"所发出的看似道德的行为。前者诉诸于主体内在的道德性,故为"诚德";后者的道德动机并非源自于主体内在的德性,而是以"他物"作为道德实践之动力,故应称为"伪德"。

由德之诚伪引发的"由己"与"为人"之争讼,所依据的是船山反对胡安国《春秋传》"辄辞其位以避父,则卫之臣子拒蒯聩而辅之,可也"⑤ 之说。船山认为,卫辄先辞位避父,又因众臣拒绝蒯聩而接受君位的做法是"术",故其

---

① (宋)魏天应编,(宋)林子长笺解:《论学绳尺》,《文渊阁四库全书》第1358册,上海:上海古籍出版社1987年版,第400—402页。
② 同上。
③ (明)王夫之:《船山全书》第6册,长沙:岳麓书社2011年版,第765页。
④ (宋)程颢、(宋)程颐:《二程集》,北京:中华书局2004年版,第1147页。
⑤ 卫国太子卫蒯聩因违背卫灵公之命令而逃至他国,后蒯聩之子卫辄继承卫灵公之君位,卫辄便陷入"君父命"与"父命"之两难。胡安国认为卫辄应推辞君位,但卫国臣民一定会拒绝蒯聩,此种情况下,卫辄再接受君位。[(宋)胡安国:《春秋传》,长沙:岳麓书社2011年版,第376页。]

所呈现出的"德"只是"为人之仁",而非"由己之仁"。进而船山对卫辄进行了两方面的心理分析:假使卫辄志在辞位避父,即使悠悠国人坚决反对,亦不能阻止其尽孝之心,更为甚者可以死明志;若卫辄本有拒父之心而姑且避父,则是老子"取予"之术,"贸臣民之戴己而委恶于父"①。于此同时,他将伯夷、叔齐与卫辄对比,认为伯夷、叔齐相让之事乃求仁得仁,是为己之仁,而卫辄辞位避父则是"归于不仁而已"②。船山以道为"内求"、术为"外求",与前文所提君子"均心"与老氏"均天下"互相印证。可见,无论从逻辑脉络或史事依据言,将德之诚伪追溯到德之"由己"与"为人"的分辨,都符合船山追索老子之"术"的本意。

王船山将道、术之分建立在德之"由己"与"为人"的分辨上,不仅出于醇正圣学的考量,而且有弘扬帝道之盛的意图。在儒家"学—治"一源的理想治理体系中,"为仁由己"是一种反求诸己的修养方式,即通过主体的自由意志实现"仁"德,正如朱熹言:"仁者,心之德,非在外也。放而不求,故有以为远者;反而求之,则即此而在矣,夫岂远哉?"③而将其用之于帝王的政治治理实践,则为"王道"之始。"为仁由己"落实到"学""治"上就体现为由己而仁、由仁而圣、由圣而治。对此,船山有言:"志于为仁者,必由己也。迨乎仁之熟而圣焉,尤恻恻乎其惟恐不由己也。故舜之戒禹曰:'无稽之言勿听,弗询之谋勿庸。'圣功之纯,帝道之盛,恻恻乎惟此之恐。呜呼!可不慎哉!"④"惟此之恐"内蕴着:若要实现圣功之醇与帝道之盛,惟恐治理者不能为仁由己。在船山的逻辑中,"为仁由己"则自然仁熟义精,圣功醇而帝道盛。如何"为仁由己"?以舜对禹之告诫为例,即不要听信无稽之言,不要采用未询而自献之谋,"为仁"之功其实是《论语》"克治"之功的不同方式的呈现,对一切不合"礼"(天理)的视听言动皆采取否定的态度。船山对道、术的区分始终遵循着《论语》《孟子》中所阐述的"为仁由己""由仁义行"的主体内在性的原则。

---

① (明)王夫之:《船山全书》第5册,长沙:岳麓书社2011年版,第364页。

② 同上书,第366页。

③ (宋)朱熹:《朱子全书》第6册,上海:上海古籍出版社、合肥:安徽教育出版社2002年版,第128页。

④ (明)王夫之:《船山全书》第2册,长沙:岳麓书社2011年版,第267页。

陈乔见说："为仁与否，关键是愿不愿、为不为的问题，而不是能不能的问题。"① 由主体自由意志所呈现出的"德"才是"道"，若道德实践一旦由外于主体的诸因素所决定，尽管此种道德实践以"德"为表现形式，但终究只是"术"罢了。

## 四、正道挺立：船山借"伪"至"诚"以推衍"道治"

细究船山将老子之说定性为"术"所依据的《老子》文本及佐证史例，可知他将道、术之分从德之诚伪上升到"由己""为仁"的讨论，乃是针对帝王及士大夫这一政治群体，具体则涉及君德之养成、治道之践行、政治秩序之稳定。换言之，船山讨论道、术乃意在将"为仁由己"的自由意志原则贯穿于己德之修养与政治治理中，以期醇圣学、盛帝道。既然船山斥"术"之目的在立儒家正"道"，那么他所赞赏的"道"是什么呢？"道者，所当行之路也。路皆人所可行，而唯己之所往，由是以达焉，则为当行之路。行之而己之心安，则道在焉。"② 船山所称颂之"道"指己之所往之理（礼），此理（礼）行则心安，亦即说，通过"为仁由己"之原则实现"安汝止"之状态。以人心是否能自安作为判断是否合"道"的依据，其实暗含船山预设"人心为善"这一前提。在他看来，人对其所作所为能坦然待之，则说明此人之视听言动是基于内在固有的德性，不存在逾理（礼）之处。另一文献释义更加详细："'修道以仁'，只陈新安引'志道、据德、依仁'为据，及倪氏'自身上说归心上'之说为了当。"③ 依"志道、据德、依仁"之说，"修道"即为"修仁"，"仁"即外显为理（礼），如此，"道"在君德培养中就体现为"仁义"之天德。

传统政治体制是自上而下的，治理主体之德行、喜好、思维等都深深地影响着制度的确立、行政举措的实施、人才培养及取士倾向，因此，君德培养与治道选择息息相关。如孔子载圣人之道，意在推究帝王之"德隆"，探求二帝三

---

① 陈乔见：《公私辨——历史衍化与现代诠释》，北京：生活·读书·新知三联书店2013年版，第324页。
② （明）王夫之：《船山全书》第8册，长沙：岳麓书社2011年版，第543页。
③ （明）王夫之：《船山全书》第6册，长沙：岳麓书社2011年版，第516页。

王治理之"精义",以求建立"德流四海、治理昌明"的圣世之治。"习旧章""论治理"所关注的便是君德与治理之关联,凸显"圣学"与"王道"无二致。尧在禅让帝位之际,曾对舜言"天之历数在尔躬"①。自此,"天"与"帝位"便存在着某种授受关系。客观而言,帝位承继由"天"所授,一方面增加了帝位继承的合法性及权威性,另一方面又限制了帝王的权力,而这种限制体现在"四海困穷,天禄永终"②(《论语·尧曰》)。对此,船山进一步细化了"君权天授"之逻辑:"有天下者,上合天心,其要已。而天心之去留存乎民志,民志之从违因乎主术,主术之纯杂根于王心。"③顺着"天心—民志—主术—王心"这一脉络,天心存乎民志,民志是判断帝王政治是否合理的依据,而这一依据之关键在王心,同时也是统治者"天禄永昌"之枢纽。王心之"纯"实质便是"去非心而存仁义之心",因为船山认为"仁义者君道之正,仁义立而君德无不正"④,帝王尚仁义,则所好必为仁义之事,所用必为忠厚慈和、端方廉洁之人;社会治理必然宽松又合乎礼法,与此同时,奸邪之人自然远离,偏党之政自然废除。仁义具体表现为"宽、信、敏、公",此四者为"天德王道会归之极,验之于帝王,无非是道"⑤。将此四德教之于学者,则能习正心诚意之功;施之于治理,则能辨公私义利之分。古之帝、王存四德即存天德于心,而将其付诸于实践,则为帝王之"治统"。由"学"而"治"是船山的固有逻辑,他将"治统"系于"君心之好恶"(圣学),建立由"道"及"治"的"道治"模式。

船山曾多次论及寻求先王"以道治天下"的治理方式。"道治"并非儒家经典固有,河上公诠释"古之善为道者"之时曾云"治古之善以道治身及治国者"⑥,并明确以"圣人处无为之事"为"道治"⑦。后来,"道治"逐渐发展为儒者肯定唐虞之盛的赞辞。在儒者看来,"道治"的实质是什么呢?桓谭曾以

---

① 刘宝楠:《论语正义》,北京:中华书局1990年版,第756页。
② 同上。
③ (明)王夫之:《船山全书》第7册,长沙:岳麓书社2011年版,第992页。
④ (明)王夫之:《船山全书》第8册,长沙:岳麓书社2011年版,第469页。
⑤ (明)王夫之:《船山全书》第7册,长沙:岳麓书社2011年版,第992页。
⑥ (汉)河上公章句,唐子恒点校;(魏)王弼注,边家珍点校:《老子道德经 王弼道德经注》,南京:凤凰出版社2017年版,第50页。
⑦ 同上书,第2页。

"皇、帝、王、伯"对应"道治、德化、仁义、权智",并细致论析四者之异①。虽然他肯定"道治""德化""仁义"三种治理模式存在差异,但同时指出后人未能通过文献追溯三者之异,故而以"仁义王道"取代"道治、德化"治理这一现状。因此,后儒言"道治天下",一般指由仁义而治。船山多次言及"道治天下",并指出"道治"之精髓在"昭德",如其云"先王以道治天下,或抑或扬,以昭德也"②,又云"以道治天下而德敷四海,以道教天下而善流于百世,亦人之致其知矣明伦,力于行以熟仁精义"③。"道"以"德"为归宿,船山所谓"道治"其实便是以仁义为根柢的王道政治。

道、术不仅关乎君德之养成,还影响着治理模式之选择,这种关联体现在"王、霸之辨,只在德之诚伪"④,诚德与伪德是辨别王霸政治之关键。早在船山之前,张九成曾明确论及道、术与王霸之联系,提出霸者尚"智术",王者尚"至诚"之道的观点:

> 盖霸者以智术为主,王者以至诚为主。至诚,乃心所固有者;智术,乃罔念所成者。以至诚行仁政,是其心出于救民耳,非有所冀也;以智术假仁政,是特假途以要利尔,岂以民为心哉?⑤

"罔念"一词,出自《尚书》"惟圣罔念作狂,惟狂克念作圣"⑥。"罔念"与"克念"相对,二者亦是圣狂转化之枢机,"克念"即指克制自己的欲念,故"罔念"便是指放纵而不克制欲念。在张九成看来,"至诚"为心所固有,为王者所尚,出于救民而以"至诚"行仁政;而"智术"则成于罔念,为霸者所用,假"智术"为仁政以"要利"。回到船山,他将道术、诚伪、公私、义利、

---

① "道治"指"无制令刑罚","德化"指"有制令无刑罚","仁义"指"赏善诛恶,诸侯朝事","权智"指"兴兵众,约盟誓,以信义矫世"。[(汉)桓谭:《新辑本桓谭新论》,北京:中华书局2009年版,第3页。]
② (明)王夫之:《船山全书》第2册,长沙:岳麓书社2011年版,第420页。
③ (明)王夫之:《船山全书》第7册,长沙:岳麓书社2011年版,第857页。
④ (明)王夫之:《船山全书》第6册,长沙:岳麓书社2011年版,第1126页。
⑤ (宋)张九成:《张九成集》第3册,杭州:浙江古籍出版社2013年版,第286页。
⑥ (清)阮元校刻:《十三经注疏(清嘉庆刊本)》,北京:中华书局2009年版,第487页。

王霸等议题杂糅讨论，在于"道术→诚伪→公私→义理→王霸"的逻辑推衍，即道、术之分在德之诚伪，德之诚伪又是出于人心之公、私，而"公私之辨，辨于义利"①，落实到政治治理中，就体现为王霸之辨。王道异于霸道之根本在"仁"，二者之分歧具体表现为：王者以"清心寡欲为本"，则其教养之政皆"本于恻怛之至诚"；霸者之心为"利欲之心"，推行富强之政，则"假仁以行，不足泽及斯民"②。王道政治禀之于君主内心之"诚"（仁），与霸道治理模式相较，其魅力在于：即使王者未将福泽恩及天下，却依旧能取得百姓的信任。因此，王道政治才是船山所追求的"道治"。

"道治"实则包括"礼乐"与"政刑"两个层面。"仁"之体现即为礼乐，先王以礼乐教化百姓，是"不言之教，无为之化"，以"懿文德"，建中和之极。对此，船山言："以道治世者，养之以和平，裁之以中正，优游泮涣，调人之气而顺其性、则用之天下而成雏嘷之化，用之一隅而革非鄙之俗；一人由之而即以善一人，众人未能深知，而循习之亦以远一时之邪慝，则礼乐是也。"③以礼乐调适人之性情，则能养平和、中正之气，君子体之则能修德于己，若以此"观民设教"，则民自然教化，移风易俗，礼乐政教之道通，则"圣德"成。尤其船山特别反对"财物阜而后礼乐作"的观点，认为将"财物"置于"礼乐"之先是"执末求本"，将导致"廉耻刓而礼乐丧"，而先王之治则异于此，必以"廉耻之心裕民，以礼乐之情调民"，将"礼乐"居于"财物"之先，强调"礼乐"于为政次序之重要④。王道政治的另一层面为"政刑"，以"义"为施行原则。"义"与"以直报怨"之"直"同，释义为"无私公正"，依此立法治人则"公"，老子所言"抑、亢"之法虽出于"公正"，但实质却有悖"直"的特质，是一种"有私"的体现，将此用之于刑政，则会导致刑政之施行毫无章法，全凭主观所谓之"公正"⑤。如此，船山将"仁义"作为

---

① （明）王夫之：《船山全书》第7册，长沙：岳麓书社2011年版，第300页。
② （明）王夫之：《船山全书》第8册，长沙：岳麓书社2011年版，第163页。
③ （明）王夫之：《船山全书》第7册，长沙：岳麓书社2011年版，第904页。
④ （明）王夫之：《船山全书》第3册，长沙：岳麓书社2011年版，第394页。
⑤ 在船山看来，若将老子"高者抑，下者亢"的原则施之于"政刑"，则会导致"法因人而施"，即对处于弱势地位的人犯罪更加宽容，而对有权势的人犯罪更加严苛，如此则有悖"政刑"之"公正"原则，故称老子之法为"有私"。

"道治"的施政原则,在治理层面具体表现为"礼乐"与"刑政",一方面以"礼乐"扬德,教化百姓,另一方面以"政刑"抑恶,公正对待纲纪紊乱之现象。

"道治"是船山构思的一种理想治理模式,意在建立一个"礼乐征伐自天子出"①(《论语·季氏》)的"有道"社会,君臣各安其位,各谋其事,从而形成"君正臣忠"的治理关系,稳定社会秩序。在船山看来,"臣德"最重要的特点便是"忠",他之所以强调"忠"德,意在避免臣子以阴谋权诈之术夺取天子之权势,一旦天子之权自诸侯、大夫出,则天下将沦为无道之乱世,故他极力驳斥家臣、宦官以"智术"挟人主。"忠"并非意味着毫无原则地顺从君主,而是指合乎"礼义"地事君,即"顺其美而匡救其恶",合于道则从,不合道则舍,不以"容悦为心,固宠为情"②。也即说,臣子不以"险诈之谋"收天下之利,亦不以"文饰之言"避天下之口实,则能"守贞免咎"。不难看出,船山所言"道治"是针对特定对象而言,即君主与儒家士大夫,他希望君主不以权诈之术统御人臣,臣子不以智术争宠固情,君臣能够推心置腹,建构一种合乎"礼义"的君臣关系。因此他从君德修养、治理模式、君臣关系诸方面落实"道治",最终力图建立一个"至诚"的道治社会,如其所言"在圣学固不屑与乡原之似忠信、似廉洁为对,在王道亦不屑与五伯之假仁假义者为对"③。

## 五、结论

从学术史看,道、术概念经历了由合而分的过程,二者的对立在宋代理学的境域下尤为显著,王船山仍延续了宋儒对"术"表现出的严苛态度。在道、术分辨视野下,他以《老子》文本解读为核心,具体而言,择取能诠释出具有"处锌""执权"倾向的文献,佐以史例,抨击老子知"术"而不知"道"。诚然,在实际理解过程中,船山释老存在不贴切、不客观,甚至与原义相隔天渊的情形。之所以产生此种解读倾向,乃缘于船山并未置身《老子》文本语

---

① 刘宝楠:《论语正义》,北京:中华书局1990年版,第651页。
② (明)王夫之:《船山全书》第8册,长沙:岳麓书社2011年版,第416页。
③ (明)王夫之:《船山全书》第6册,长沙:岳麓书社2011年版,第996页。

境，而是基于醇正儒学与异端的对峙、前儒对老之"前见"来诠释老学。正因如此，可知船山本意并非探寻《老子》原意，而是通过"衍其意"的方式"见其瑕"，以反之"术"建构"道"之正。

船山以"崇智废德"批评老子之说，认为老子专尚"智"而无德，以"道"饰"术"，故所显之德"伪而不诚"。德之诚伪、醇驳所凸显的便是德行之"由己"与"为人"的区分：伪（驳）德是"被动"地施德，以"他者"作为道德实践的动力，故其所呈现出的"德"并非真德；诚（醇）德是"主动"地施德，源自主体内在的德性，故其所彰显之"德"即是"由己之德"。船山将"诚伪"诉诸于"由己"与"为人"，意在通过"反—正"之方式确立"为仁由己"的伦理政治原则，并将此原则贯穿于圣学（学）与帝道（治）。据船山释《老》章句及援引之史例，可知其以"术"解《老》有其特定受众，即君主与士大夫。二者通过反求诸己的方式修养君德、臣德，并将"为仁由己"的原则施之于治理，建立理想的"道治"模式，稳定社会秩序。概言之，船山揭示老子以"道"饰"术"，细细辨析出"术"所暗含之权谋机诈性，意在驳斥效仿老子以柔媚、机诈之"智术"获取利禄、争宠固情的"伪儒"及以"德义为饵，名利为实"治理方式的帝王，彰显船山追求醇正儒学、挺立儒家德性治理的决心与愿望。

# 西蜀熊过儒道汇通思想略议

盖建民 罗海军

**内容提要**：西蜀熊过作为明代中期"西蜀四大家"和"嘉靖八才子"，在释经中注重儒道两家重视人情的思想，汇通儒道之性情论；在注《易》中，以儒道思想阐释《易》经；在思想上融通儒道佛三教，不以老释为异端。这些方面集中体现了熊过汇通儒道，融合贯通、包容诸家学术的特点，为蜀学的持续发展做出了贡献。在巴蜀文化史和明代思想史上产生了重要影响，占有重要的历史地位。

**关键词**：熊过；西蜀大家；儒道汇通

熊过（1506—1580），字叔仁，号南沙，富顺（今四川富顺）人，明代中叶四川著名学者。熊过于正德十六年（1521）为诸生，嘉靖七年（1528）为举人，次年成进士，授职于翰林院。熊过天赋异禀，博闻强记，"天授奇隽，穷一日夜力，尝诵数千言无漏"①，并潜心于学问。熊过性情刚直，不畏权势，在党同伐异的嘉靖朝中屡仆屡起，经历了宦海沉浮，最后于嘉靖二十五年（1546）

---

\* 本文系 2021 年度国家社会科学基金重大项目"中国西南道教文献整理与数据库建设"（21&ZD249）阶段性成果。

\*\* 盖建民，男，山东莱阳，四川大学道教与宗教文化研究所教授；罗海军，男，四川巴中人，四川大学道教与宗教文化研究所博士研究生。

① （明）赵用贤：《松石斋集·熊南沙先生墓志铭》，《四库禁毁书丛刊》集部第 41 册，北京：北京出版社 2000 年版，第 253 页。

因高简被弹劾而遭受牵连,削籍返乡,从此便在蜀中注经讲学。熊过注经以《周易》和《春秋》为主,在注经过程中侧重于儒道思想的阐释,促进了儒道思想的汇通。

## 一、汇通儒道之性情论

儒家重视以仁义道德为核心的道德人性论,道家重视自然人性论,道家与儒家的思想既有差异也有融合之处。老子提出"道法自然"①的思想,对儒家的伦理道德观念持不同的态度。道家指出:"大道废,有仁义;慧智出,有大伪;六亲不和,有孝慈;国家昏乱,有忠臣。"②道家认为道与仁义不并存,以仁义为代表的儒家伦理的产生是不自然的,违背了道的自然本性,这是对儒家道德人性论的辩驳。庄子提出"性者,生之质也"③的思想,认为性就是人物自然生存和存在的本质,也就是说,性建立在生的基础上,人物的自然生长和化育是天性的来源。与庄子大约同时的告子提出"生之谓性"④的思想,与庄子思想类似,可视为道家自然人性论的同调。告子认为,不能脱离生即饮食和生殖来论性。他说"食色,性也"⑤,把饮食男女视为性的内涵,认为这是人的自然本性。这一思想对后世人性论影响很大,熊过就深受这一思想的影响,他在吸收告子与庄子等的自然人性论的基础上,与儒家的道德人性论相互驳杂,相互汇通。

熊过在治经的过程中,既肯定了儒家的道德人性论,也吸收了道家的自然人性论,融合汇通了儒道两家关于人性论的观点。苏轼认为"六经之道,惟其近于人情"⑥,对于经典的解释要建立在人情的基础上。明代杨慎亦肯定人的自然情欲,强调性与情的统一,认为性情不离,情欲能够在性的指导下得到合理

---

① 陈鼓应:《老子今注今译》,北京:中华书局2020年版,第149页。
② 同上书,第124页。
③ 陈鼓应:《庄子今注今译》下册,北京:中华书局2020年版,第623页。
④ (宋)朱熹:《孟子集注·告子章句上》,《四书章句集注》,北京:中华书局2011年版,第305页。
⑤ 同上。
⑥ (宋)苏轼:《苏轼文集·诗论》,曾枣庄、苏大刚主编:《三苏全书》第14册,北京:语文出版社2001年版,第134页。

的满足①。作为明代中叶的蜀学大家，熊过在治经过程中亦重视人情，在他看来，物情、人情皆为达礼制之本："人之世，物情未能无。"② 熊过认为，人间之世，物情、人情皆不可无。"万物以自然为性，故可因而不可为也"③，人与万物均应以自然为性，自然之性只能顺应，而不能人为地改变。所以"圣人达自然之性，畅万物之情，故因而不为，顺而不施"④，即使圣人也只能顺应，而不得违背自然之性，可见自然的权威在圣人之上。"苏氏所谓简易勿恤，以通相爱之情者，是也。"⑤ 熊过引用苏轼的话，表达其重视道德人性的思想，认为人与人交往是为了沟通彼此的情感。他说："男女之交，变而损则不交。恒男女之不交，变而益则交。咸者，夫妇之情，情之感也。"⑥ 熊过肯定男女之交和夫妇之间的情感，并且着眼于损益，以趋利避害。他说："天地万物之同情。"⑦ 熊过既肯定天地万物具有共同的人情物理，亦肯定自然人情的作用。嵇康作为玄学代表人物，以老庄为师，蔑视礼法名教，提出"越名教而任自然"⑧的思想，认为儒家名教违背了人的自然本性，要求从名教的束缚中解放出来，恢复人的自然本性。嵇康说："六经以抑引为主，人性以从欲为欢。抑引则违其愿，从欲则得自然。然则自然之得，不由抑引之六经；全性之本，不须犯情之礼律。故仁义务于理伪，非养性之要术；廉让生于争夺，非自然之所出也。"⑨ 他指出儒家经典所记载的礼法名教是压抑人性的，要使人性得到自然满足，就必须不为名教所拘，而仁义道德是人为的伦理约束，它违背了人的自然本性，因而是需要改

---

① 参见（明）杨慎：《升庵集·性情说》，《文渊阁四库全书》第1270册，上海：上海古籍出版社1987年版，第66页。

② （明）熊过：《周易象旨决录》，《文渊阁四库全书》第31册，上海：上海古籍出版社1987年版，第470页。

③ （魏）王弼注，楼宇烈校释：《老子道德经注校释》，《新编诸子集成》第20册，北京：中华书局2008年版，第76页。

④ 同上书，第77页。

⑤ （明）熊过：《周易象旨决录》，《文渊阁四库全书》第31册，上海：上海古籍出版社1987年版，第518页。

⑥ 同上书，第530页。

⑦ 同上书，第535页。

⑧ （唐）房玄龄等：《晋书》第5册，北京：中华书局1974年版，第1369页。

⑨ （魏）嵇康著，殷翔、郭全芝注：《嵇康集注·难自然好学论》，合肥：黄山书社1986年版，第266页。

变的。嵇康主张超越名教，任性自然，使人性得到自由发展，求得精神上的自由，这是对道家自然人性论的发挥，体现了道家、玄学人性论的实质。熊过对嵇康、苏轼的思想都持认可的态度，认为人应当追求自然本性。熊过说："九家易曰：伏羲作八卦，类万物之情。"① 熊氏在注经释经的过程中，援引道家八卦类万物之情之说，认为八卦也离不开情。他还受道家自然人性论，如魏晋玄学家王弼提出"道不违自然，乃得其性"② 思想的影响，认为自然是道的本质，也是人之性情的本原。

熊过在著《春秋明志录》一书时，对儒家所提倡道德人情之说以儒道两家思想进行解读，多以儒家伦理道德为重，同时兼顾道家自然人性论。"且谓齐人使昭伯烝于宣姜不可强之，则益远于人情矣。"③ 熊过反对春秋之事不尽人情的行为，认为不能强人所难。"何得云朝于外即为非礼？且物理人情，岂有天子出巡而诸侯不朝乎？"④ 他认为按照社会发展之物理人情，天子出巡，诸侯应该朝见，这才合乎礼制，肯定了儒家倡导的社会伦理制度。熊过以儒家伦理道德为准则，引"胡康侯曰：圣人以常情待晋襄，以王事待秦。夫圣人而以常情待人也，则春秋之贬绝者，孰非人之常情也哉？张主一曰：晋侯不以江亡为耻，而亟报秦怨，其为盟主末矣"⑤，强调"圣人而以常情待人"，肯定了儒家倡导的道德人性论，并云："公羊子曰：母以子贵此言未必非也，而儒者不达，从而非讪之不置。胡子之说春秋曰：欲崇贵其所生而不虞贱，其父夫继室以媵，圣人之所许也。继室则共承宗祀，非贱矣，生以贵假之而没以贱治之，可乎？王子有其母死者，其傅为请数月之丧。孟子曰：虽加一日愈于己，夫王子之不得丧其母，圣人之制也，而孟子许之，故知上贤之识，可谓原之人情，达礼制之本

---

① （明）熊过：《周易象旨决录》，《文渊阁四库全书》第 31 册，上海：上海古籍出版社 1987 年版，第 607 页。

② （魏）王弼注，楼宇烈校释：《老子道德经注校释》，《新编诸子集成》第 20 册，北京：中华书局 2008 年版，第 64 页。

③ （明）熊过：《春秋明志录》，《文渊阁四库全书》第 168 册，上海：上海古籍出版社 1987 年版，第 43 页。

④ 同上书，第 123 页。

⑤ 同上书，第 140 页。

也。"① 熊过强调，原人之情是礼制的根本，礼制以人情为基础，并提问："圣人不缘人情乎?"② 熊过认为，圣人也以人情为根据，这是对道家提倡的自然人性论的肯定。他指出"仲尼缘人子之情，以志礼之变，而无讥也"③，"然则圣人之制礼，果未尝拂于人之情也矣"④，认为孔子根据人子之情对礼有所变通。他认为儒家圣人制礼不应违背人情的本原，肯定道家所提倡的自然人性论。他说"上世言治者，人人殊科，然皆本于人情之好恶。故太史丞陈民风，列国有诗，诗皆其情也"⑤，指出古代治理国家，不论有多少律条，但均本之于人情的好恶，从列国的诗中，也可观察其民风人情。熊过曰："缘情摭实，古人之所不可望而及也。故古之学者，莫先于理情，天下之动至紊杂，而御之常以至约之情也。"⑥ 他认为应该用情来说明事实，而古人在这一点上做得不好，古代的学者莫不先讲理，后讲情，而到了紊杂无章的时候，又用情来说明事理。可见，熊过既认可儒家所提倡的道德人性论，同时也认可道家所讲的自然人情的作用。

由此可见，熊过重视人情的思想体现在对儒道经典的考究上，他在考释儒道经典的基础上阐发人情，既充分肯定儒家道德人性论的重要性，同时也援引道家、道教关于自然人性论的观点，将儒道两家所讲的人性论结合起来。这既是对苏轼、杨慎等儒学大家重视道德人性思想的发挥，同时也是对老子、庄子、嵇康等道家重视自然人性思想的融合，从而促进了儒道思想的汇通。

## 二、以儒道思想解《易》

熊过一生著述颇丰，流传下来的主要有《周易象旨诀录》《春秋明志录》和

---

① （明）熊过：《春秋明志录》，《文渊阁四库全书》第168册，上海：上海古籍出版社1987年版，第141页。

② 同上。

③ 同上书，第142页。

④ 同上。

⑤ （明）熊过：《南沙先生文集》，《四库全书存目丛书》集部第91册，济南：齐鲁书社1997年版，第549页。

⑥ 同上书，第602页。

《南沙先生文集》等，其中熊过对《周易》的注解尤被后人所推崇。熊氏在《周易象旨诀录》中既大量引用儒家的易学观点，同时也引用了大量道家、道教的易学观点。熊过在解释"乾始能以美利天下，不言所利大矣哉"① 时，引用了道教"《阴符经》曰：天之无恩而大恩生，即此意也"② 来进行阐释。熊过解《易》采诸家之说，取材丰富，远至先秦、汉、晋，近到隋唐、宋、元，博采旧说，并不主一家之言。《周易象旨决录私识》记载其门人问于熊子曰："子书明象之旨而已，而旁击诸家，不好辩乎哉？"③ 熊子曰："不直则道不现。"④ 由此可见熊过不仅仅只关注儒家学者的《易》著，也广泛参考吸收道家、佛家等诸家的释《易》思想，尤以儒道二家为重。他指出："道术裂，百家出，多缘起于阴阳，可推而通《易》，为无害也者，与始近而末遂远者，亦间附焉。以见《易》蕴犹曰：在学者引信触类，以辩之耳。乃若道器太极说有不同古先者，约文申奥，据《易》证焉。"⑤ 熊过通过注解《周易》来佐证古人不同的易学观点。

熊过解《易》首先从文字入手，解决《周易》经文的文字错误，他在《周易象旨决录原序》中说："今文字模于科斗篆籀者，转而传讹，不啻数变……于是以象为主。据他书以证今文，合象则从焉。"⑥ 他认为，今文《易经》的文字与古文有很多不同，首先需要以象为主，判断文字是否符合原意，否则根据错误的文字而产生的解释是错上加错。因为《易经》的"数与辞皆出于象"⑦，"爻辞皆象"⑧，所以熊氏认为："易非独言与数，其意亦皆生于象而已。故得称象之意，象之言，象之数。书不能尽言，言不能尽意，立象尽意则辞可略

---

① （明）熊过：《周易象旨决录》，《文渊阁四库全书》第 31 册，上海：上海古籍出版社 1987 年版，第 440 页。

② 同上。

③ （明）熊过：《南沙先生文集》，《四库全书存目丛书》集部第 91 册，济南：齐鲁书社 1997 年版，，第 423 页。

④ 同上。

⑤ （明）熊过：《周易象旨决录》，《文渊阁四库全书》第 31 册，上海：上海古籍出版社 1987 年版，第 433 页。

⑥ 同上书，第 430 页。

⑦ 同上书，第 431 页。

⑧ 同上。

矣……有一卦之象，有一爻之象……乾九四乾之小畜，小畜之中又有兑、离。故曰革，是变之又变也。萃六三上巽，三五互一卦之例也。泰六五、归妹中四爻，互二体之例也。"① 通过象与数来阐释卦爻变化之意。"乾九四乾之小畜……又有兑、离。故曰革，是变之又变也"② 是指乾卦之九四变为六四，则乾变小畜，小畜卦上巽下乾，从九二至六四为兑，从九三至九五为离。可知熊过用互卦，将六爻的二至四、三至五爻所成的卦象也用于解《易》。

象数派多用道家所提倡的互体解《易》的方法，熊过在道家象数派的解《易》方法的基础上有所变化和创新。如虞翻以卦变为主，荀爽主阳升阴降说，郑玄用爻辰，宋代象数易学虽然也属于象数派，但却主要侧重于用图书之说来解说《周易》。朱子也受这股风气的影响，《周易本义》卷首亦列有易图，但熊过持不同意见，他并没有在其书中列《易》图解《易》。原因就在于卦图出于宋，此前没有出现过。对于师卦九二之"王三锡命"③，熊过则提出了自己的解释，他认为李鼎祚的解释有误："王谓五，自五之二，历三位，故称三。锡，李鼎祚云：二互体震，木数三，王三锡命之象，非也。命犹诗命，仲山甫之命，或曰：一命受爵，再命受服，三命受车，亦非九二刚中而应故。"④ 熊过引《礼记》为说，反对李鼎祚用互体来解释王三锡命。由此也可见，熊过与李鼎祚的不同，李鼎祚著《周易集解》以保存汉象数易为主，即使各家解释各有差异，他仍一视同仁，予以保留；而熊过以象为本，于象不合的，即使同是用象数方法解《易》，他也予以批驳。

熊过释《易》，不仅用象，而且对其中的"数"也有自己的见解，肯定部分道家关于《周易》的注解之说。讼卦九二有"其邑人三百户，无眚"⑤ 之辞，熊过引元胡炳文《周易本义通释》中的解释为："或曰屯、蒙、需、讼凡四

---

① （明）熊过：《周易象旨决录》，《文渊阁四库全书》第31册，上海：上海古籍出版社1987年版，第431页。
② （明）熊过：《南沙先生文集》，《四库全书存目丛书》集部第91册，济南：齐鲁书社1997年版，第526页。
③ （明）熊过：《周易象旨决录》，《文渊阁四库全书》第31册，上海：上海古籍出版社1987年版，第456页。
④ 同上。
⑤ 同上书，第454页。

坎，一坎得乾坤之策八十四。四坎三百三十有六也。归而逋其本爻三十六策，其余三百当三百户之象。坎为眚，坎化坤，故无眚。"① 因为乾之策二百一十六，坤之策一百四十四，可知阳爻三十六策，阴爻二十四策，揲四则阳九阴六，讼卦下坎，二阴爻一阳爻，正好八十四策。而屯、蒙、需、讼四卦各有坎在其中，四坎三百三十六策。"坎化坤"即下坎之九二变为六二，减去阳爻三十六策，所得三百之策数，正好对应爻辞之三百。熊过通过注解卦爻之数肯定了《周易象旨决录》一书中儒道两家部分《易》说的合理性。

对于卦象，熊过还吸收道教经典《周易参同契》以为证，《易》中有"月几望"，分别见于小畜卦上九爻，归妹卦六五爻，中孚卦六四爻，熊过称："孟、荀、一行，作既……几望犹曰非正望也。吴幼清以纳甲巽象既望之月。今按《参同契》云：'十六转受统，巽辛见平明。'月几望者，阴之盛。易象月几望者，皆阴为主之卦。"② 归妹上卦为坎，《说卦》中坎为月，而小畜、中孚上卦为巽，正应以纳甲巽象解之。熊过在坤卦解释"西南得朋，东北丧朋"③ 时，认为"故西南得朋，二阳为朋友，讲习晦日消乙入癸，乙东癸北，故东北丧朋。此盖纳甲之说，与《古文》《龙虎》《参同》其旨相类耳"④，亦充分认可了道教经典《周易参同契》的观点。

他解大过卦象辞之"本末弱也"⑤ 引宋元时期《易》学家史绳祖之说，将本末二字与"木"联系起来解释"栋桡"："本末字皆从木。以一阳藏于木下为本，以一阳散于木上为末。大过巽下兑上，以四阳画积于中，二阴画处于外。犹之木焉，上缺下短，本末弱是也。"⑥ 大过卦下巽上兑，初上两爻均为阴爻，正如同树木的根和树梢都够强壮。虽然熊过解《易》以象数为主，但并不废义理之学，且兼顾儒家之《易》说。对前人的义理解读，他也能"择其善者

---

① （明）熊过：《周易象旨决录》，《文渊阁四库全书》第 31 册，上海：上海古籍出版社 1987 年版，第 454 页。

② 同上书，第 461 页。

③ 同上书，第 442 页。

④ 同上。

⑤ 同上书，第 498 页。

⑥ 同上。

而从之"。他解释恒卦象之"君子以立不易方"①,认为项安世的解说"得其象",但"义则未尽……故不易方者,非泥,惧诱于物也"②。史绳祖是宋代理学家魏了翁的学生,项安世是理学家朱熹的弟子,二人均受到了理学思潮的影响。从熊过的引述来看,说明熊氏解《易》既重象数,又兼顾义理。

《周易象旨决录》记云:"事无实证,虚理易差。先生常以诏门人,故曰:先见象数,方说理,然而有所遗者,将无待我后之人乎?"③就易学而言,熊过认为要先掌握象数,方能够说理,在讲象数的基础上亦讲义理。"明人之《易》,言数者入道家,言理者入释氏"④,四库馆臣认为明代重视象数易学多是道家、道教的易学思想,重视义理易学多是佛家易学的思想。实际上,受到宋明以来理学思潮的影响,义理易学也包含有儒家的易学思想。"夫问曰:子于易系而必以象解之,何也? 曰:言皆因象而生者也,圣人不昌虚言。升庵杨子昔谓我曰:系画以象解,殆自子始乎? 子为谢杨子曰:夫古有之矣,引而不发,今相为廓大之耳。"⑤熊过主张以象解易,同时认为圣人不昌虚言,要以实言为根据,说明他重视儒家易学的观点。熊过认为程先生用天德来解释同人卦,得其义理而未得卦爻的象数本旨:"程先生以天德释之,得其理,而不及卦爻之旨。"⑥熊过通过注释周易之《离卦》六五的位次关系,认为虽然阴爻居五位,但就阴阳象数的位次而言,为不当位,但是六五爻所讲之事却符合道理,阴阳象数与义理是不可分离的:"阴居五位,非阴阳之正,乃事理之正。夫阴阳、事理可岐而二乎?"⑦这表现出熊过融合道家象数与宋明以来儒家义理之学的特点。

质言之,作为明中叶以来巴蜀地区倡导考据之实学先驱的熊过,其解《易》首先注重纠正文字,这与杨慎重视考据解经、讲究证据的思想有类似之处。从

---

① (明)熊过:《周易象旨决录》,《文渊阁四库全书》第31册,上海:上海古籍出版社1987年版,第508页。
② 同上。
③ 同上书,第428页。
④ 同上书,第422页。
⑤ 同上书,第423页。
⑥ 同上书,第469页。
⑦ 同上。

其流传于后世的《易》学著述来看，熊过注解《易》经皆以儒学为宗，同时融通道家、道教的思想，如引用道家互体解《易》的方法注解《周易》，重视道家象数易学，引用道教经典《周易参同契》印证卦象，同时兼顾儒家义理之学，促进了儒道思想的汇通。

## 三、融会儒道，兼采佛学

熊过精于对儒道思想的研究，在其著述《周易象旨诀录》《春秋明志录》《南沙先生文集》中皆有反映。熊过不仅精通儒家之学，而且对道家、道教有一定的研究。《南沙先生文集》卷之八的杂著有《蒋道士字说》：

> 蒋生舒芬，初从予友编修杨君游，有道者，易今名曰道南，别号太易子。其徒从予游也，问字焉，予为之字曰子明。因生之请而祝之辞，是时有合阳刘子者在焉，辞成就读，使听焉，子明者与合阳之义，将无同乎？呜呼念哉！辞曰：离己日光，坎戊月精，日月对峙，南北为经，流戊就己，其道上行，是曰道南，以示玄津。日月为易，号所自生，始青之下两半同升，日月合璧，赫赫厥明，惜昔仙人陵阳子明，结璘骏，掷火流铃，朱陵九霞，素岛三云，如和其光，亦同其尘，迫其开宣廓然太清两师所命，同出异名。审易校象，不失本源，念兹不忘，终其永昌，曷惟其昌，爰契合阳。①

《蒋道士字说》主要介绍了一个名叫蒋舒芬的人，他最初从杨慎处游学，后来有志于道教，就改名为道南，别号太易子。后来蒋舒芬的徒弟在熊过处游学，问熊过这个名字的由来，熊过用道家易学的观点对"道南"二字做了详细的解释。由此可见，熊过不仅与明代著名的儒家学者杨慎交好，而且与道士的交往也比较密切，说明熊过与巴蜀地区的道教有了密切的关系。此外，《南沙先生文集》卷之五有《跋参同契后》：

---

① （明）熊过：《南沙先生文集》，《四库全书存目丛书》集部第 91 册，济南：齐鲁书社 1997 年版，第 692 页。

熊子曰：《参同契》所由来久矣，葛稚川称魏伯阳作《参同契》《五相篇》，凡二篇。然玄光先生言徐从事拟龙虎天文，作参同上篇，传魏君，魏君作中篇，传于淳于叔通，叔通为列下篇，以表三才之道，亦异矣。其后见至《游子别述》，首篇若为魏君疏其义者，文本不逮，而于义亦倏有离合，中引葛、郑辞佐其说，是出魏君后明矣，将至游子自作耶。中篇言娄敬著《参同契》，自号草衣子，颛主两肾，朝帝君以为丹，谓铅生左肾，贡生右肾。下篇乃言魏君游长白山，遇真人告以铅汞龙虎，作书十八章，皆不如魏君书，魏君书自作也，观三书者，要为裁之。庚戌人日，南沙居士跋。①

熊过对道家、道教的著作《参同契》做了跋，说明他对道家、道教著作有一定的研究。在《跋参同契后》中，熊过自称居士，居士即出家人对在家信道信佛的人的泛称，由此可见熊过是信道信佛之人，体现了熊过对道释二教持认可的态度。他认为《参同契》由来很久，东晋葛洪认为魏伯阳作《参同契》《五相篇》，然而玄光先生说徐从事作《参同契》上篇，传于魏伯阳，魏伯阳作中篇，魏传于淳于叔通，淳于叔通作下篇，这种说法甚异。后来熊过在见到游子别的著述后，认为首篇如果是魏伯阳注疏的，与以前的文本不相符，其中的意义也有差别，《别述》里引用了葛、郑的言辞来佐证其观点，这些观点在魏伯阳作《参同契》后便很明了了，都是游子自己的观点。《游子别述》中篇认为是娄敬著《参同契》，主要讲了颛主两肾，帝君以为丹，铅生左肾，汞生右肾的原理。《游子别述》下篇讲述了魏伯阳游长白山，遇见真人告诉他铅汞龙虎的原理，于是作书十八章。熊过认为《游子别述》里的这三个版本的书皆不如魏伯阳自己著述的《参同契》，并对魏伯阳所著的《参同契》进行了充分地肯定，他在看完这三个版本之后，对魏伯阳所著的《参同契》选择性地做了重点裁要。

熊过一生不仅融会儒道二教，而且兼顾佛教之学，体现了其三教合一的治学特点。赵用贤称其："探洪蒙混沌之秘。凡律历、礼乐、星官、地志、六书、百家子史、稗说，以及当代掌故、丹经、真诰、神仙、黄白之事，浩穰钜

---

① （明）熊过：《南沙先生文集》，《四库全书存目丛书》集部第 91 册，济南：齐鲁书社 1997 年版，第 627 页。

丽，幽微琐怪，字谨其训，句详其义。"① 他在精研儒学的基础上充分吸收了佛道二教思想的精华。在科举考试中，熊过亦以佛道二教来阐释儒学思想，在会试时，林文俊要擢他为第一名，张璁因为他写的策论多含老庄之语，便以此为借口把他排名靠后了。熊过在后来的著述中经常引用《道德经》等道家、道教的日常用语。他在解释《离卦》时说"老子曰：牝常以静胜，牡以静为下是也"②。在注解经文的过程中，他引用老子道家学说来解释周易的卦爻辞，认为"见精无改，老氏以常应常静为真德性"③，并说：

> 予自童子与隆仲友，隆仲治章句，守家法，予多求经师之语，视心所安择焉，心所未安，虽圣哲之言者，持之不肯下。隆仲不以予为异也，隆仲不观非圣人之书，予往往好窥老释百家之说，以审同异之变。④

熊过与金隆仲为友。金隆仲治儒家之学，不观圣人之外的非儒家书籍。而熊过则自称好窥老释诸家之说，吸收佛道及诸子百家思想，通过比较各家之异同，以汇通不同的学说，而且不以道佛二教之说为异端而加以回避。

熊过在《寄王遵严书》中云：

> 顷升庵杨子颇相警厉，以谓文之不可以已也。仆以谓文之不可已，谓夫明诸心者，假文以洩宣之耳。不明诸心而徒饬于辞，则外强中干，此岂不病哉！孔子谓之文圣，释迦谓之文佛，老子欲劓文反

---

① （明）赵用贤：《松石斋集》，《四库禁毁丛刊》集部第 41 册，北京：北京出版社 2000 年版，第 254 页。

② （明）熊过：《周易象旨决录》，《文渊阁四库全书》第 31 册，上海：上海古籍出版社 1987 年版，第 428 页。

③ （明）熊过：《南沙先生文集》，《四库全书存目丛书》集部第 91 册，济南：齐鲁书社 1997 年版，第 614 页。

④ 同上书，第 548 页。

朴，然五千言具在。为教虽不同，而洩其所明一也。①

熊过把孔子视为文圣，将释迦牟尼视为文佛，把老子作为劑文反朴的人物，指出三者"为教虽不同，而泄其所明一也"，即表达他们的主张则是共同的，明确肯定了儒道佛三教合一。

明代中期，由于世宗热衷于炼丹，追求长生不老，使得道教一度兴盛。当时受此种风气的影响，"东海唐应德，顷问高公，次任少海之学，于予以二君，皆蜀人尚玄也"②。"嘉靖八才子"之一的唐顺之经常向熊过、任瀚二人请教道家、道教的玄奥之学。"始乡人子瞻苏先生常自署玉局散吏，外史少好读道家言，则亦自署曰玉局。"③ 熊过认为乡人苏轼亦深受巴蜀地区道家、道教的影响，并自号玉局散吏。朱彝尊云："熊叔仁亦好服食炼形之说"④。钱谦益亦云："蜀抚臣访之熊氏……至今蜀人谈玄怪者，皆本任氏、熊氏。"⑤ 钱谦益认为，从明中叶到清代初期，巴蜀地区谈论玄怪者，皆本源于任瀚、熊过等蜀中学者。黄卓越曾指出"如其中任翰、熊过等，好为道家服食炼形之法"⑥，这表明熊过深受道教的影响，并对明代中期以后蜀地的道教文化产生了一定的影响。

熊过对四川佛教文化亦有研究。《息心所颂》中提到的息心所，是现在四川峨眉山的景点之一。蒋超《峨眉山志》记载，熊过《息心所颂》云："身相如虚空，不摄善恶念；是名息心所，菩萨方便力。"⑦ 这表明熊过受到佛教虚空及菩萨观念的影响。

《南沙先生文集》卷之三《学禅庵记》云：

---

① （明）熊过：《南沙先生文集》，《四库全书存目丛书》集部第91册，济南：齐鲁书社1997年版，第605页。

② 同上书，第624页。

③ 同上书，第622页。

④ （清）朱彝尊：《静志居诗话》，北京：人民文学出版社1990年版，第334页。

⑤ （清）钱谦益撰，（清）钱陆灿编：《列朝诗集小传》丁集上，台湾：明文书局1991年版，第416页。

⑥ 黄卓越：《明正嘉年间山人文学及社会旨趣的变迁》，《文学评论》2003年第5期，第60页。

⑦ （明）熊过：《南沙先生文集》，《四库全书存目丛书》集部第91册，济南：齐鲁书社1997年版，第693页。

顾予与许子始者,皆以儒业进服其官,聊油然以意气相取下也。云中辽左之役,倾耳而听之,甚贤其言,当是时,忧时赴功之心,望其衡而得其机今也。离其本业而寓情于禅,嗟乎,岂将厌世纷而思静业乎?夫体用一原,显微无间,谁之言乎?非清凉之疏华严者乎?如是则禅也者,岂有所欲羡畔援乎?儒者之道,毋意、必、固、我,其学也,不逾矩,其则也,有天下而不与其用也。故曰:无好无恶、遵道遵路。老氏无庸言,彼于释者同耶?异耶?又安所审而为取舍耶?①

学禅庵是嘉靖时期兵部左侍郎、河南灵宝人许论修建的。熊过在学禅庵修成后的第三年为这个庵所作的一篇记中谈到了佛儒道的关系。熊过与许论最开始都是学习儒学,通过科举考试而进入官场的,后来许论却离开儒学而寓情于禅学。熊过在议论儒佛道三教关系时,既看到各家思想的差异,又指出了三家的共同点,为明代三教关系说的发展贡献了思想资源。从《学禅庵记》亦可看出,熊过认为佛学与儒学和道学是相互沟通的,无须在儒学和佛学、道学之间进行取舍,这体现了熊过融合三教的思想。

熊过在《答石通判书》中云:

执事雅意,偕之大道自顾,才非卜梁感激以惭耳。外丹冲举亦有为法,必内外合至其极,又以虚无为宗法,故《参同契》举大易、黄老、炉火三道由一。黄老者,虚无之谓也,但读者不晓耳。楞严药圆成者,外丹也,精圆成者,内丹也,皆有讥切,风力所转者,有拜耳。其究在金刚无寿者相,是欲以虚为宗也。②

此处熊过讲到他曾与石通判"论之仙者",不仅提到了佛教的"五蕴",也提到了道教魏伯阳《参同契》中的周易卦爻、黄老养性、炉火炼丹三者融为一体。熊过认为"黄老养性"为虚无之说,对楞严药圆成者为外丹,精圆成者为

---

① (明)熊过:《南沙先生文集》,《四库全书存目丛书》集部第91册,济南:齐鲁书社1997年版,第575页。

② 同上书,第612页。

内丹之说,都有质疑之意,同时熊过引用了佛教典籍《金刚经》中的"无寿者相",认为执着于生命的长短都是虚无的。他的这些观点对佛道二教的思想既有吸收,也有辩驳。从他流传于世的著述来看,如《周易象旨决录》《春秋明志录》《南沙先生文集》等皆以儒学为宗,同时融通佛道二教的思想,促进了儒释道三教的融合。熊过涉猎广泛,又好"称说古文词,亦或征轶事琐语以游艺"①,"尝注《圆觉》《金刚》《维摩》《阴符》《黄庭》《参同契》,凡30卷,为《外家六书》"②。由此可见,熊过重视对道释二教之书的注解,又在注解儒家经典时大量援引老释之说,体现了熊过融合儒道佛三教,兼容并包而不以老释为异端的特点,为明代巴蜀地区儒道佛三教文化的融合发展起到了一定的推动作用。

## 四、熊过儒道汇通思想的影响

熊过一生宦海浮沉,晚年潜心著述,时人称其为"西蜀四大家"和"嘉靖八才子"。熊过重视考据,在实事求是原则的指导下从事经学研究,提倡训诂、考据的方法。他朴实钻研的学风深深地影响着后世学者,得到诸多学者的好评。时人李开先评价熊过时云:"夙善说《麟经》,《易》惟以理会。"③ 赵用贤亦评价熊过云"万物之理,备于《易》;圣人之用,尽于《春秋》"④,指出熊过把义理的原则运用于解释《周易》和《春秋》,只不过是把义理的阐发建立在"实证"的基础上。明代著名考据学者焦竑说:"疏解所见甚多,吴草庐《纂言》,石涧《易说》与近日熊南沙《象旨决录》皆不可不看。"⑤ 焦竑作为明代

---

① (明)熊过:《南沙先生文集》,《四库全书存目丛书》集部第91册,济南:齐鲁书社1997年版,第604页。

② 金生杨:《明代西蜀熊过之易象学》,《周易研究》2013年第5期,第57页。

③ (明)李开先:《李中麓闲居集·熊南沙过》,《四库全书存目丛书》集部第92册,济南:齐鲁书社1997年版,第336页。

④ (明)赵用贤:《松石斋集·熊南沙先生墓志铭》,《四库禁毁书丛刊》集部第41册,北京:北京出版社2000年版,第253页。

⑤ (明)焦竑:《焦氏澹园集·答礼乐部》,《四库禁毁书丛书》第61册,北京:北京出版社2000年版,第127页。

古音考据的代表人物,对熊过的《周易象旨决录》也较为推崇。清代四库馆臣评价熊过说"过尝注《周易》,专以象数为事,论者与来知德并称"①,认为熊过《周易象旨决录》一书注重象数,可以和来知德的易学并称;并云:"然其得解之处,往往词旨平允,大义炳然,究非他家撦拾空谈者可比。故卓尔康谓其颇出新裁,时多微中,亦春秋之警策者。视其所作《易》注,近实多矣。"② 四库馆臣认为熊过释经合理、大义明白,是那些撦拾空谈者所不能比的。四库馆臣借用了明代学者卓尔康对熊过的评价,认为熊过的易学和春秋学都很有学术价值,肯定了熊过在推动儒家学说发展的过程中所取得的成就。

清代学者全祖望说:"不知来《易》之先,乃有南沙熊氏之《易》,南沙熊氏之《易》,盖其谪居滇池所作,南沙于书无所不窥,而《易》为尤邃,其博引诸先儒之说,来氏远不逮也。以予所见宋元《易》解一百五十家,明嘉靖以前亦数十家,南沙书中无不有之,而时时有予所未见者,即以吾乡辈《易》解,如之王先生太古,明之黄先生南山,其书今不可得矣,而南沙皆引其异同。博矣哉!甚矣,蜀之多《易》也。"③ 全祖望认为,熊过之《易》先于来知德之《易》,而来氏易学在考据训诂上远不及熊氏易学,指出熊氏易学考据宏博,所引广泛,囊括了儒道佛三教之易说观点,对儒道的易学观点尤为看重,在其他书中看不到的内容,熊过皆有所引。可见,全祖望对熊过评价较高。清代学者钱谦益说:"纂集之家,远则李鼎祚,近则俞琰、熊过。"④ 钱谦益认为明代蜀学大家熊过在考据经传的过程中,广泛收集各家之说,详加考究,并把他与李鼎祚、俞琰等易学大家相提并论。其中俞琰为宋末元初道教学者,其易学著作中多含道家、道教之语,熊过择而引之,体现熊过既重视儒家思想,又重视道家、道教思想,有汇通儒道的特点。清代学者万斯同说:"过学通经术,文章简

---

① 四库馆臣:《春秋明志录提要》,《文渊阁四库全书》第168册,上海:上海古籍出版社1987年版,第1页。

② 同上书,第2页。

③ (清)全祖望:《鲒埼亭集外编·题跋周易象旨诀录跋》,(清)全祖望撰,朱铸禹汇校集注:《全祖望集汇校集注》,上海:上海古籍出版社2000年版,第1267—1268页。

④ 钱谦益:《牧斋有学集·复方密之馆丈》,上海:上海古籍出版社1996年版,第1322页。

古,著《周易象旨决录》诸书,谈经者尚之。"① 万斯同认为熊过学通经术,所著简古,颇具考据,受到了谈经者的认可。

明代蜀学的发展具有鲜明的学术特征,在整个蜀学发展史上占有重要的历史地位,对整个中国传统文化的发展产生了重要而深远的影响。特别是明代中期以来,整个社会文化得到发展。熊过作为蜀学学者,他注重儒道两家所提倡的性情之学,提出"原之人情,达礼制之本"的思想;既重视训诂,又阐释义理,以儒道思想注解《易》经;融合儒道释三教,不以老释为异端。这些方面集中体现了熊过汇通儒道,兼采佛学,融合贯通、包容诸家学术的特征,不仅对蜀学的发展产生了重要影响,而且与当时时代思想发展的倾向相适合,反映了明代中期以后的学风演进和变化。在整个明代学术的发展过程中,熊过作为蜀学的代表人物,无疑对蜀学的传承和发展做出了自己的贡献,在推动儒学和道佛之学的发展过程中亦占有重要地位。

---

① (清)万斯同:《明史·儒林传·任瀚传附熊过传》,《续修四库全书》第331册,上海:上海古籍出版社2002年版,第111页。

# 先秦名家思想的起源及其发展成熟的两条内在线索[*]

王小虎  程水金[**]

**内容提要**：由于起源和来源的混淆、讨论标准和侧重点的不同，以及皆试图总结出一个不变的更加根本之起源的思维定势，学术界对名家思想的起源众说纷纭。事实上，这些说法皆忽略了先秦名家并非像儒家那般是一个严谨学脉的事实，即：代表先秦名家的邓析、尹文、惠施、公孙龙四人之间没有直接的师承而往往是私淑自洽。正因为四人皆本有其他师承，名家思想的阶段性和跳跃性才非常明显，故此思想的起源不可能只是最初的那一个。换言之，只有依于先秦名家的现实学术历程去分阶段地具体探索其思想发展的内在逻辑，才能明了其真正的思想起源，才能厘清名家思想发展的两条内在线索，也才能把握名家学脉之整体与本质。

**关键词**：形名；正名；与众共治；惠施；公孙龙

---

[*] 本文是程水金教授主持的 2018 年度国家社科基金重大项目"先秦名学文献整理及其思想流别研究"（项目批准号：18ZDA243）的阶段性成果。

[**] 王小虎，男，安徽合肥人，南昌大学国学院讲师，中国社会科学院哲学所博士后；程水金，男，湖北新洲人，南昌大学国学院创院院长、教授。

先秦有没有名家？学者有持否定答案者，如虞愚和胡适先生①；有持肯定答案者，如吕思勉②、劳思光③和冯友兰④等先生，且后者所持的是当前学术界的主流意见。一般而言，绝大多数学者对先秦有名家无异议，有异议的是名家有哪些学者以及思想内容、学术宗旨、学脉承衍等问题。虽然对名家有哪些学者没有定论，但学界也有较一致的看法，主要还是依据和综合《荀子·非十二子》《庄子·天下》《史记·太史公自序》和《汉书·艺文志》的观点，即先秦名家以邓析、尹文、惠施和公孙龙四人为代表。然四者相去数百年，不可能存在直接的师承关系，再加之知识构成和学术经历的不同，以及春秋战国时期学术争鸣、百家蜂起交融的文化背景，四者虽被认为是名家的代表人物，即思想上有一定的源流承续关系，但并非严谨的学脉和师承，往往是私淑自洽。故思想的阶段性、特殊性和跳跃性非常明显，体现为理论焦点和核心论题的变迁，其被后人所称呼的名家也不能不因此呈现出曲折的发展历程。而就事物一般的发展规律来说，孕育、发生、发展、成熟四个阶段中的发展和成熟两阶段，都必然会融合新资源、新思想或总结出相应的新观点或新思维，否则不能称之为发展和成熟。换言之，讨论名家思想的起源，不能依一时、一个阶段或某一特定思想，而应该照顾到名家作为一个完整学脉所有的孕育、发生、发展、成熟的阶段性及其具体的承衍变化。故此，笔者认为名家有广义和狭义之分，广义者则诸子皆谈名或包含所有关于名之理论，非本文所论；狭义者则以此四子为代表，为一包含孕育、发生、发展和成熟四个阶段（名家思想的整体过程包含但不限于此四个阶段）的有机整体，其思想最初孕育于六经所代表的王官文化和"名实相怨"的社会现实，发生于邓析与子产聚焦于法律的政治斗争，也就是"刑名之术"，发展变化于儒法道三家的救世治国之道，最后成熟于别墨的思维逻辑。

---

① 虞愚：《中国名学》，上海：上海书店1992年版，第13页；胡适：《中国哲学史大纲·诸子不出于王官论》，北京：商务印书馆2011年版，第325页。
② 吕思勉：《经子解题》，上海：华东师范大学出版社1995年版，第146页。
③ 劳思光：《中国哲学史》第1卷，桂林：广西师范大学出版社2005年版，第286页。
④ 冯友兰：《中国哲学史新编》第1卷，北京：人民出版社2007年版（以下略注），第330页。

## 一、对讨论名家思想起源之方法的反思

关于先秦名家思想的起源,学界讨论很多,归纳起来,主要有以下几种说法:名家源于礼官[1],名家源于名实之争[2],名家源于名辩思潮[3],名家源于别墨[4],名家源于刑名[5],名家源于道家[6],名家源于"救世之弊"[7],名家源于职业[8]等。

以上八种说法,各有自己的支持者和反对者,皆说出了名家思想起源的一面,为什么结论却不相同?笔者以为主要有两方面原因:

---

[1]《汉书·艺文志》明确提到:"名家者流,盖出于礼官。"此观点一直延续到清末。[(汉)班固著,(唐)颜师古注:《汉书》第6册,北京:中华书局1962年版(以下略注),第1737页。]

[2] (汉)司马迁:《史记》,北京:中华书局1959年版(以下略注),第3289页;冯友兰:《中国哲学史新编》第1卷,第126—128页;李锦全:《中国哲学史》上册,北京:人民出版社2001年版,第173—174页;冯达文、郭齐勇主编:《中国哲学史》上册,北京:人民出版社2004年版,第144页。

[3] 刘捷宸:《稷下名辩思潮与名家》,《齐鲁学刊》1983年第3期,第33页;赵继彬:《中国哲学思想》,上海:上海书店1990年版,第78页;孙波:《略论先秦时期的名辩思潮》,《学习论坛》2008年第5期,第52—54页;李树琦:《先秦名辩思想的两个特点》,《中州学刊》1986年第2期,第42—46页。

[4] 方授楚:《墨学源流》,北京:中华书局、上海:上海书店1989年版,第211—212、219页;陈澧:《东塾读书记·诸子书》,上海:世界书局1936年版,第143页;梁启超:《墨子学案》,北京:商务印书馆1922年版,第165页;冯友兰:《中国哲学史新编》第1卷,第284页;钱穆:《墨子惠施公孙龙》,北京:九州出版社2020年版,第201—208页;程水金:《中国早期文化意识的嬗变:先秦散文发展线索探寻》,武汉:武汉大学出版社2014年版,第675、683页。

[5] 冯友兰:《中国哲学史新编》第1卷,第128页;高亨:《试谈晚周名家的逻辑》,《山东大学学报》1963年第2期,第46—51页;汪奠基:《中国逻辑思想史》,武汉:武汉大学出版社2012年版,第47—48页;郭湛波:《先秦辩学史》,北京:中华书局1932年版,第1—10页。

[6] 李继煌编:《古书源流》第3卷,北京:商务印书馆1926年版,第44—45页;朱谦之:《古学卮言》,上海:上海泰东图书局1922年版,第161页;钟泰:《中国哲学史》,沈阳:辽宁教育出版社1998年版,第66页;郭沫若:《十批判书》,北京:中国华侨出版社2007年版,第200页;杨荣国:《中国古代思想史》,北京:人民出版社1973年版,第255页。

[7] 名家源于"救世之弊"的说法是由诸子源于"救世之弊"的说法推论出来的,而后者则是由胡适先生根据《淮南子·要略》之论总结而出的。(欧阳哲生主编:《胡适文集》第2册,北京:北京大学出版社1998年版,第181页;张舜徽:《广校雠略》,武汉:华中师范大学出版社2004年版,第346—347页。)

[8] 朱自清:《经典常谈》,北京:北京出版社2003年版,第79页;冯友兰:《三松堂全集》第1卷,郑州:河南人民出版社2001年版,第199页;刘梦溪主编:《中国现代学术经典·傅斯年卷》,石家庄:河北教育出版社1996年版,第289—290页。

一是模糊了思想起源和思想来源。一般而言，思想起源一定是思想来源，是指思想所以孕育并发生的那个最初的来源；但思想来源不必然是思想起源，要看这个来源对思想本身的逻辑结构、核心论题的意义，且只能当这个意义特别重大时，才相应具有起源的意义，但这毕竟不是最初的起源。在名家思想中，对理论焦点和核心论题的讨论常随着阶段性的变化而变化，表现为：作为发展阶段的尹文吸收儒法道三家思想，将邓析聚焦于法律的代表新群体利益政治斗争的"刑名之术"上升到以"天下"观念为逻辑前提的为政治国平天下的高度；作为成熟阶段的惠施和公孙龙，则更倾向于悬空尹文的"与众共治"的政治理想，转而吸收和演绎《墨辩》的名辩逻辑。可见，儒法道和《墨辩》对尹文、惠施、公孙龙影响极大，因而在某种程度上相对于名家思想具有了起源的意义，这便是名家源于"别墨""道家"以及邓析、惠施为法家等结论产生的原因。

二是讨论的标准和侧重点不同。有学者以名家的最初出现为标准，则一般认为是邓析，这一点大多数学者不反对，而邓析与子产政治斗争的源头是礼乐宗法，故有名家源于礼官、刑名（形名）的结论；有学者以名家的名辩逻辑为侧重点，则锁定名家为惠施和公孙龙，起源则可能是墨学或名辩思潮；有学者依于可能的师承关系，如尹文师承宋钘，得出名家源于黄老或墨家的结论；有学者将名学当作一种为学之方，则诸子皆谈；有学者以问题为导向，则认为名家应起于"名实之争"；还有学者认为应该考虑当时的社会历史实际，则邓析与子产的政治斗争或"救世之弊"、职业应为起源；等等。总而言之，由于标准不一，侧重点不同，结论亦无穷尽。

笔者以为，思想起源之说本有多个侧面，如人物、源头问题、核心问题、为学之方、社会历史原因等，既可以在确定某个侧面之后再去具体探讨，也可以面面俱到地去谈论。但此两种思考方法皆不如抓住名家思想孕育、发生、发展、成熟的实际历史过程和思想逻辑之演变去整体反思好。毕竟名家之所以为名家是因其所以独立于各家学术之外自成一系的思想本身，而其思想发展的历史过程只有一个，也因此依于名家从孕育、发生到成熟的自有的内在理路去反思其思想和思维发展的整个逻辑过程，才是更加根本的思考方法。

就思想史发展的内在逻辑来说，任何一种思想都不会突然出现，必定要经历孕育、发生、发展和成熟的过程。孕育指的是思想所以脱胎而出的文化背景和思想根源,发生指的是思想经过孕育有了表达的需要后慢慢产生了基础的概念和内容,发展则是在基础概念之上形成一定的内容和体系的理论思想、核心观点,成熟则是有了完备的概念、逻辑和更深入的思想体系。换言之,因为物必有形,人们必须用"名"命"形"以指代物,所以《庄子·天道》说"形名者,古人有之"①,这一阶段是由现实的需要孕育出思想的阶段,应是在书契之前,与文字的产生运用和人们的现实生活息息相关。后来"名"被用到礼仪、法度、宗教等伦理政治和日用之间上,如《礼记·祭法》曰"黄帝正名百物以明民共财"②,商鞅说"神农既没,以强胜弱,以众暴寡,故黄帝作为君臣上下之义,父子兄弟之别,夫妇妃匹之合"③,记载这些礼乐宗法制度与思想的典籍是六经,诸子百家皆源出于六经,这是诸子百家皆有关于名的思想的原因。诸子百家关于名的思想又为什么出现不同呢?这与诸家对待礼乐宗法制度的态度有直接关系,如孔子主张先礼后法所以强调"正名",老子主张无为寡欲所以强调"无名",早期法家主张"一准于法"所以强调"刑名"。邓析也主张对旧法进行损益改良,与法家最为接近,论域也相近,但法家强调"法与时移"的观点要求改变法律甚至重新立法,邓析则主张运用"言意分离""两可"的方法应对法律,所以尽管邓析之学也被称作"刑名",却独被《汉志》尊为名家开山。当邓析的这种论证方法被惠施、公孙龙进一步抽象和发展后,就形成了名家完备的名辩逻辑。所以六经所载的礼乐宗法制度及其时代和思想背景是名家的思想起源也就是孕育阶段,邓析的"刑名"是名家思想的正式开始也就是发生的阶段,尹文、惠施、公孙龙的"形名"是发展成熟阶段。虽然阶段性不同,但其思想的根源、为政宗旨和理想目标皆是源出"六经"的为政治国平天下,即"刑名"之所以聚焦于礼法制度与"形名"思想的学术宗旨与核心指向一致,这

---

① (清)郭庆藩:《庄子集释》中册,北京:中华书局1961年版(以下略注),第473页。
② (清)孙希旦:《礼记集解》,北京:中华书局1989年版,第1204页。
③ 蒋礼鸿:《商君书锥指》,北京:中华书局1986年版,第107页。

便是《战国策》和《韩非子》以"刑名"与"形名"互代的原因之一①。

总而言之,依一个阶段、某个人物或特定思想去讨论起源,难免顾此失彼;依先秦名家的现实学术历程分阶段地具体探索其思想发展的内在逻辑与起源,才更能把握名家学脉之整体与本质。故本文认为应该区别"源于"和"始于",前者指名家思想的来源和起源,聚焦邓析就是指其"刑名之术"的起源,属于思想的孕育阶段;后者指名家思想的开始,属于思想的发生阶段。故此,可以说名家源于六经或宗法制度及其改良,始于邓析的"刑名之术",但不能说源于邓析的"刑名之术",发展变化于儒道法三家的治道,最终成熟于墨学的名辩逻辑。

## 二、名家始于刑名:邓析

邓析是名家的开山,《荀子》中已有线索,如下:

> 不法先王,不是礼义,而好治怪说,玩琦辞,甚察而不惠,辩而无用,多事而寡功,不可以为治纲纪;然而其持之有故,其言之成理,足以欺惑愚众。是惠施、邓析也。②
> 山渊平,天地比,齐秦袭,入乎耳,出乎口,钩有须,卵有毛,是说之难持者也,而惠施、邓析能之。③

---

① 《战国策·赵策》:"夫刑名之家,皆曰白马非马也。"(王守谦等:《战国策全译》,贵阳:贵州人民出版社1992年版,第537页。)"白马非马"是儿说、公孙龙的观点,而两人是著名的名家学者,则可知这里的"刑名"实际上指的是"形名"。《韩非子·二柄》:"人主将欲禁奸,则审合刑名者,言与事也。"[王先慎:《韩非子集解》,北京:中华书局1998年版(以下略注),第43页。]而《韩非子·主道》说:"有言者自为名,有事者自为形。形名参同,君乃无事焉。"(王先慎:《韩非子集解》,第28页。)两处皆是讲言与事,却用了"刑名"和"形名",可见韩非认为两者等同可以互用,且尹文的形名思想在《吕氏春秋》中也有所记载,而后者的记载就反映在言、事之上,亦可见"形名"与"刑名"可以等同互用。其实,刘向《邓析子叙录》将邓析思想冠之以"刑名",就是将其与"形名"混用,因为《邓析子》中多次讨论到"形名"而并非只有"刑名",如《无厚》:"夫明于形者,分不过于事。"《转辞》:"循名责实,实之极也;按实定名,名之极也。参以相平,转而相成,故得之形名。"这里提到"分",亦可见尹文与邓析的承续关系。
② 王先谦:《荀子集解》,北京:中华书局1988年版(以下略注),第110页。
③ 同上书,第44—45页。

除此外，《吕氏春秋·审应览·离谓》中说到诡辩之士专门列举了邓析，且邓析与子产同时①，则邓析早于《庄子·天下》《史记》《汉书》所记载的尹文、惠施、公孙龙等人，应为名家开山。

邓析的思想被贴上"刑名之术"的标签是从刘歆《邓析子叙录》开始的："邓析者，郑人也，好刑名，操两可之说，设无穷之辞。"②而所谓"刑名之术"主要体现在邓析对子产的政治斗争中，如下：

> 邓析操两可之说，设无穷之辞，当子产之政，做竹刑。郑国用之，数难子产之治。③
>
> 郑国多相悬以书者。子产令无悬书，邓析致之。子产令无致书，邓析倚之。令无穷，则邓析应之亦无穷矣……子产治郑，邓析务难之，与民之有狱者约，大狱一衣，小狱襦袴。民之献衣襦袴而学讼者，不可胜数，以非为是，以是为非，是非无度，而可与不可日变，所欲胜因胜，所欲罪因罪，郑国大乱，民口欢哗。子产患之，于是杀邓析而戮之，民心乃服，是非乃定，法律乃行。④

"子产治郑"所定的"法律"实际上是对西周原有之礼乐宗法制度的改良，这从叔向的信中可以看出。晋国叔向在写给子产的信中依夏商周之成法向子产提出异议："夏有乱政而作禹刑。商有乱政而作汤刑。周有乱政而作九刑。三辟之兴，皆叔世也。今吾子相郑国而作封洫，立谤政，制参辟，铸刑书，将以靖民，不亦难乎？"⑤冯友兰先生认为子产这里的做法没有新内容，就是把本

---

① 《汉书·艺文志》记载邓析时说"郑人，与子产并时"，并将邓析列为名家第一人。〔（汉）班固著，（唐）颜师古注：《汉书》第6册，第1736页。〕

② （明）张溥辑：《汉魏六朝百三家集·刘子骏集》，《摛藻堂四库全书荟要》第468册，台北：世界书局1985年版，第15—16页。

③ 杨伯峻：《列子集释》，北京：中华书局2013年版（以下略注），第211—212页。

④ 许维遹：《吕氏春秋集释》，北京：中华书局1980年版（以下略注），第487页。

⑤ （清）洪亮吉撰，李解民点校：《春秋左传诂》，北京：中华书局1987年版（以下略注），第672—673页。

来不公布的刑法条文公布出来①。笔者以为公布出来这件事本身就已经不同于以前的礼治，就已经是改良，更不要说"立谤政"后"庶人议政"带来的连锁反应，毕竟在孔子看来真正的礼治是"庶人不议"，"天下有道，则庶人不议"②，而子产正是要借助"庶人议政"来降低为政的风险，"犹防川。大决所犯，伤人必多，吾不克救也。不如小决使道，不如吾闻而药之也"③。

子产为什么要进行改良？目的是什么？应该说，子产的改良实际上只是整顿"礼崩乐坏"造成的原有秩序的混乱，即用一种新的方法或原则来排列组合或管理原有群体的资产或利益："使都鄙有章，上下有服，田有封洫，庐井有伍。"④ 这实际上就是一种维护。子产的做法得到孔子的认可，"或问子产。子曰：'惠人也'"⑤，"子谓子产，'有君子之道四焉：其行己也恭，其事上也敬，其养民也惠，其使民也义'。"⑥ 甚至在《左传·襄公三十一年》中，孔子直接评论子产的为政之道，称其为仁："人谓子产不仁，吾不信也。"⑦ 孔子所要追寻的是借由损益"周监于二代"形成的宗法礼制以实现"仁"，能以此评论子产的为政，足见孔子对子产的肯定，以及子产为政的主要内容和根本目的依然是恢复和维护宗法礼制，即"从周"。

子产为政的重要一条，《左传·昭公六年》记载为"铸刑书"，就是将法律条文铸刻在象征权力和地位的鼎上。邓析不满子产所示律法，便将自己改动过的律法书刻在竹子上，以示对抗，其所作刑律由此被称为"竹刑"。一方刻在鼎上，一方刻在竹子上，可知子产所代表的群体与邓析所代表群体的身份、地位大有不同。笔者认为，子产所铸刑书主要有两大特点：第一，所铸刑书并非是前所未有的新"法律"，主要是将周朝监于夏商二代所形成的礼法之制应于时势进行损益整理并公布出来；第二，所铸刑书是为了稳定"礼崩乐坏"的社会，是为了回到更早的崇尚周代宗法礼制的时代，即所代表的是过去的"旧"

---

① 冯友兰：《中国哲学史新编》第1卷，第123页。
② 杨伯峻：《论语译注》，北京：中华书局1980年版（以下略注），第174页。
③ （清）洪亮吉撰，李解民点校：《春秋左传诂》，第628页。
④ 同上书，第622页。
⑤ 杨伯峻：《论语译注》，第148页。
⑥ 同上书，第47—48页。
⑦ （清）洪亮吉撰，李解民点校：《春秋左传诂》，第628页。

的势力的利益,而不代表新形势下新群体利益。邓析恰恰是新兴势力的代表,所以要与子产做斗争,但邓析的斗争不是革命,也不是为了推翻整个宗法礼制,而是要改良宗法礼制以使其符合或容纳自己群体的利益。此即"竹刑"并非是完全不同于子产"刑书"的全新法律,相反,只是通过对子产"刑书"进行新的解释从而新增一极利益群体。一言以蔽之:子产的为政是对礼乐宗法制度的改良(旧的"名"),其维护的仍然主要是旧群体的利益(旧的"实");邓析代表新兴群体的利益(新的"实"),其"务难"子产的改良,却不是如叔向那般依照西周原有礼治的思路,而是因子产的变化而"应之无穷"(新的"名"),故其"刑名之术"同样围绕"名实相怨"之现实表现为对礼乐宗法制度的改良。

　　邓析"应之无穷"依赖的是"两可""离谓"的方法。如果说与子产的政治斗争主要聚焦在"刑"这个内容上,那么为自己的"刑"寻找证据和辩护的方法就是"名",这就是邓析的"刑名之术"。要之,"刑名之术"在邓析那里,天然就与治国、为政融为一体,其本质是对宗法礼制的损益和改良,目的是为政参政,而不是纯粹的名辩逻辑,这点从《汉书·艺文志》列"名家出于礼官"亦可得证明。

　　正是基于此,本文认为宗法礼制的改良才是邓析斗争的主战场和终极目标,如《邓析子·无厚》所言"循名责实,案法立威,是明王也"①,"刑名之术"只是凭借和手段。若说"名家起源于刑名",则会产生如下误解:一者会造成名家起源于邓析的误解,实际上邓析既然已是名家开山,则其思想的根源才是名家的起源,说邓析的思想是名家的起源是不够严谨的;二者,邓析的"刑名之术"本来就以宗法礼制为核心内容,是为其宗法改良或损益宗法礼制服务的,其最终目的和根本宗旨是为政参政,所以"名家起源于刑名"的说法容易造成"刑名之术"就是邓析思想的全部和根本宗旨的误解。由此,笔者以为说"名家始于刑名"更为恰当。

---

① 黄克剑译注:《公孙龙子(外三种)》,北京:中华书局2012版,第231页。

## 三、名家变于儒法道：尹文

从根本上说，邓析的"刑名之术"是为了损益宗法礼制并为此找到合理的辩护，尹文继其余绪，并受到儒法道三家思想的影响，这在《庄子·天下》述说宋钘、尹文思想时有集中体现：

> 不累于俗，不饰于物，不苟于人，不忮于众，愿天下之安宁以活民命，人我之养，毕足而止，以此白心……见侮不辱，救民之斗，禁攻寝兵，救世之战。以此周行天下，上说下教……其为人太多，其自为太少……不忘天下，日夜不休。曰："我必得活哉！"图傲乎救世之士哉……以禁攻寝兵为外，以情欲寡浅为内。①

尹文形名思想的核心关键字有"愿天下之安宁以活民命""不忘天下""救世之战""禁攻寝兵""情欲寡浅"等等，皆都是依循整个"天下"的逻辑而非依于一国之法或局限于一国之内。换言之，治国平天下是其思想的宗旨和目标，名辩只是实现和论证宗旨和目标的手段，且明显吸纳了儒法道三家思想而有自己的主张。

首先，对儒家的接受。尹文"正形名"是为了"定事""察理"，"名以检形，形以定名，名以定事，事以检名，察其所以然，则刑名之于事物，无所隐其理矣"②，而"有理而无益于治者，君子弗言；有能而无益于事者，君子弗为"③，则可知"正形名"所察之"理"主要是"益于治者""益于事者"。这与儒家指向礼治的"正名"相一致。换言之，尹文"正形名"的思想实质，不是延续邓析的聚焦于法律的政治斗争，也不是纯粹概念的逻辑名辩，而是上升到治国平天下的高度，表现为孔子"正名"所指向的礼治精神，即治国平天下的为政宗旨和圣人制礼法的本意。论证有三：一者，《大道上》开篇，尹文就引

---

① 郭庆藩：《庄子集释》下册，第1082页。
② 王恺銮：《尹文子校正》，上海：商务印书馆1935年版（以下略注），第2页。
③ 同上书，第8页。

用孔子的"正名"为自己的"形名"做注,"大道无形,称器有名。名也者,正形者也。形正由名,则名不可差。故仲尼云:'必也正名乎!名不正则言不顺也。'"①孔子的"名正言顺"是强调的自上而下的礼治,是"祖述尧舜宪章文武"的"圣人之意",则尹文称述"大道"的"形名"也应指向为政治国平天下的"先王之道",不然他不会紧接着说"大道治者,则名、法、儒、墨自废"。二者,孔子"正名"思想首先集中在为政②,而为政的中心内容是"君君、臣臣、父父、子子"③,则孔子的"正名"逻辑先表现为"正君臣",尹文同样认为"正名"就是"正君臣","君不可与臣业,臣不可侵君事,上下不相侵与,谓之名正"④,可见"君""臣"各有之"名""分",与"上""下"各有之尊卑,同为尹文和孔子为政的核心。三者,尹文认为圣王制礼乐的动机以及周以来礼乐精神主要表现为"和""节":"圣王知人情之易动,故作乐以和之,制礼以节之。"⑤这与《论语·学而》强调"礼之用,和为贵。先王之道斯为美,小大由之,有所不行,知和而和,不以礼节之,亦不可行也"⑥相一致,故尹文"正形名"正"君""臣""上""下"之"礼"就是"为为政",就是"先王之道"的体现。因为"君""臣""上""下"之"礼"才是治乱的根由,《大道上》说:"上之所以率下,乃治乱之所由也。故俗苟渗,必为法以矫之;物苟溢,必立制以检之。"⑦《大道下》也说:"乱政之本,下侵上之权,臣用君之术。"⑧"法"在这里是"礼"的补充,即"礼"具有逻辑先在性,先有"上""下"才有自"上"而"下"或自"下"而"上"之"法",如同先有"俗""物",但"俗"不"渗"、"物"不"溢"就不用同"为法""立制"一样。这与儒学相一致。合而论之,可知尹文对于儒学之态度。

---

① 王恺銮:《尹文子校正》,第1页。
② 《论语·子路》:"子路曰:'卫君待子为政,子将奚先?'子曰:'必也正名乎!'"(杨伯峻:《论语译注》,第133页。)
③ 《论语·颜渊》:"齐景公问政于孔子。孔子对曰:'君君,臣臣,父父,子子。'"(杨伯峻:《论语译注》,第128页。)
④ 王恺銮:《尹文子校正》,第16页。
⑤ 同上书,第14页。
⑥ 杨伯峻:《论语译注》,第8页。
⑦ 王恺銮:《尹文子校正》,第13页。
⑧ 同上书,第26页。

晁公武《郡斋读书志》甚至认为尹文叛出名家之道而宗儒家之言："今观其书，虽专言刑名，然亦宗六艺，数称仲尼，其叛道者盖鲜。"① 晁氏之说虽然极端，因为尹文并没有完全吸收儒家的礼治，更多的只是继承其为治天下的宗旨与"和"的精神，而以具体的法家治道充实其内容，但也证明了一个事实：尹文受到了儒学的影响，并在较大程度上继承了儒学"正名"的礼治精神。

其次，对法家的接受。尹文明确主张"法"是公开的，是治国的根本原则："以名稽虚实，以法定治乱，万事皆归于一，百度皆准于法……如此，顽嚚聋瞽可与察慧聪明同其治也。"② 相反，"治国无法则乱，有法而不能行则乱"③。"术"则是人君治理群臣的专有技能，"术者，人君之所密用"④，与法家强调"术者，因能而授官，循名而责实，操生杀之柄，课群臣之能者也，此人主之所执也"⑤ 相一致。关于势，尹文说："势者，制法之利器……有势，而使群下得为，非势之重者。"⑥ "故人君处权乘势，处所是之地，则人所不得非也"⑦，此与儒家强调"君子不重则不威"⑧ 一贯，也与韩非子主张"抱法处势则治，背法去势则乱"⑨ 一致。

再次，对道家的接受，如下：

> 老子曰："以政治国，以奇用兵，以无事取天下。"政者，名法是也……奇者，权术是也……以求无事，不以取强。取强，则柔者反能服之。⑩
>
> 老子曰："民不畏死，如何以死惧之？"……此人君之所宜执，臣

---

① 晁公武：《郡斋读书志》上册，上海：上海古籍出版社1990年版，第495页。
② 王恺銮：《尹文子校正》，第6—7页。
③ 同上书，第23页。
④ 同上书，第3页。
⑤ 王先慎：《韩非子集解》，第433页。
⑥ 王恺銮：《尹文子校正》，第3页。
⑦ 同上书，第23页。
⑧ 杨伯峻：《论语译注》，第6页。
⑨ 王先慎：《韩非子集解》，第428页。
⑩ 王恺銮：《尹文子校正》，第29页。

下之所宜慎。①

从引文中既可以看到道家思想的痕迹,也能看到尹文对道家思想的改造,如"政者,名法是也"并不符合老子强调"无名""不争""无为"的治理思想,"奇者,权术是也"也不符合老子谈兵的本意,因为老子并不主张攻伐战争,而是教人持虚守静,宣扬"小国寡民",以道治天下,只有在"不得已"的情况下被动应对战争,"以道佐人主者,不以兵强天下……善者果而已,不敢以取强……果而不得已,果而勿强"②。尹文还沿用了老子的"道",并以此作为"法"之上的天下大治的最高境界或根本治法,如下:

道行于世,则贫贱者不怨,富贵者不骄,愚弱者不慑,智勇者不陵,定于分也。法行于世,则贫贱者不敢怨富贵,富贵者不敢陵贫贱,愚弱者不敢冀智勇,智勇者不敢鄙愚弱。此法之不及道也。③

大道治者,则名、法、儒、墨自废……老子曰:"道者,万物之奥,善人之宝,不善人之所宝。"是道治者,谓之善人;借名、法、儒、墨者,谓之不善人。④

道不足以治则用法,法不足以治则用术。⑤

尹文所理解的"道"已非老子的"道",而应该是杂糅儒法两家思想的"道",这便是《四库全书总目提要》认为《尹文子》"合儒墨,兼名法","出入于黄、老、申、韩之间"并列之为杂家的原因⑥。然尹文所说的"道行于世"的局面怎样实现?答案就是以"圣法"治天下,"圣法之治,则无不治矣"⑦。

---

① 王恺銮:《尹文子校正》,第29页。
② 陈鼓应:《老子注译及评介》,北京:中华书局1984年版(以下略注),第188页。
③ 王恺銮:《尹文子校正》,第12页。
④ 同上书,第1—2页。
⑤ 同上书,第2页。
⑥ (清)永瑢、(清)纪昀等:《四库全书总目提要》,石家庄:河北人民出版社2000年版,第3030页。
⑦ 王恺銮:《尹文子校正》,第30页。

这里的"圣法之治"不是老子追寻的圣人"独治","太上,不知有之"①,自然不能无为。要之,尹文虽然受到老子道家乃至黄老道家的影响,但尹文形名思想的本质主要体现为儒学"为政"和法家的"治道"的综合,对老子思想则更多体现为改造而不是继承和发扬,故此与老子思想相去较远,而与儒法更近。

最后,尹文形名思想的实质是"贵其能与众共治",如下:

> 为善使人不能得从,此独善也;为巧使人不能得从,此独巧也。未尽善巧之理。为善与众行之,为巧与众能之,此善之善者,巧之巧者也。所贵圣人之治,不贵其独治,而贵其能与众共治。②
> 
> 是以圣人任道以夷其险,立法以理其差。使贤愚不相弃,能鄙不相遗。能鄙不相遗,则能鄙齐功;贤愚不相弃,则贤愚等虑。此至治之术也。③

在尹文子看来,"圣人之治"即"至治之术",是治理国家的理想参照。但"圣人之治"有两种情况:"独治"和"与众共治",且"与众共治"更加可贵。何者?因为"独治"和"与众共治"虽然对圣人来说没有本质差别,但对后继者有很大不同,毕竟圣人也有不在位之时,其后继者不是圣人,则只能依赖"己意"而不是"圣人之意"治理天下。若圣人先前是自"己"出的"独治",则无法被继承和延续;若圣人先前是"与众共治","众"说明是集体,则其治理必定不是自"己"出而是自"理"出,又"理"乃万事万物本有且不随人的意志变化而变化,故后继者可以通过"正形名"的方式"察理",从而在一定程度上继承和延续"圣人之治"。这便是"贵其能与众共治"的原因。如同"善""巧"之理一样,治理国家不能"独善""独巧",故"与众共治"的精义就在于让所有人充分参与——"共治"。就普通人来说,何以参与?依于万事万物自身之"理",如同"善"有"善"之理,"巧"有"巧"之"理","与众共治"本就自"理"出,故原则上只要明了"理"就可以参与"共治"。然

---

① 陈鼓应:《老子注译及评介》,第130页。
② 王恺銮:《尹文子校正》,第9—10页。
③ 同上书,第10页。

则"与众共治"的根据是什么？是只有圣人才能制定的"圣法"，"故圣人之治，独治者也；圣法之治，则无不治矣。此万世之利，唯圣人能该之"①。可以看出，尹文的"圣法"作为"圣人之意"与儒家"圣人制礼法"的说法，思想精神和目标是一致的，都是追寻"和"的"生人之意"，只是具体实现的内容和路径不同。

## 四、名家成于别墨：惠施、公孙龙

"名家成于别墨"指的是名家思想步入成熟的阶段，其思想的标志——名辩逻辑——受到墨学的影响而成。换言之，名家思想因为吸收了墨学的名辩逻辑才形成了较纯粹的逻辑论辩并走向成熟，故墨学对于惠施尤其是公孙龙便有了起源的意义。这一阶段，一般认为以惠施和公孙龙为代表。需要说明的是，本文所说的"成于"特指的是名家思想发展的成熟阶段吸收借鉴了墨学的名辩逻辑，并非主张名家是别墨。事实上，宋钘、尹文也曾被认为是墨家的学者："不知一天下、建国家之权称，上功用、大俭约而僈差等，曾不足以容辨异、悬君臣；然其持之有故，其言之成理，足以欺愚惑众。是墨翟宋钘也。"② 尹文是宋钘弟子，这等于说尹文也是墨学后裔，则有学者说惠施、公孙龙是别墨也不奇怪。笔者之所以坚持惠施、公孙龙是名家而非别墨，主要是因为两者只是借鉴和吸收了墨学的名辩逻辑，在论理学或逻辑学上有较为纯粹的成就，毕竟两者有与墨学相似的名辩逻辑或思想观念不能作为就是墨学支裔的充分证据，这与黄老道家讲道、法却不能混同于道家、法家一样。本文以为，惠施和公孙龙如邓析、尹文一样，其学术的根本宗旨和终极目标依然是为政治国平天下，而非仅仅限于纯粹的逻辑名辩。换言之，名家的思想特色是纯粹的名辩逻辑，但思想实质与其他诸家一样，都是一贯地应于时世的"变"而思"救世"的为政治国平天下之思想和方略。下面将分别从惠施、公孙龙的思想进行证明。

---

① 王恺銮：《尹文子校正》，第29—30页。
② 王先谦：《荀子集解》，第108—109页。

惠施的"合同异"之说主要强调事物的相对性,是为其"去尊"之说服务的①。因为"去尊"不是真的为了去除君王、诸侯等当权者的尊位和利益,也不是扶持当权者的对立面——底层的农民等——进入权力中心,而是要保护和奖励因耕战而上升的新群体的利益,即在原先的利益格局中新加入一极。这就需要思想上和制度上的保障。"合同异"正表明新旧事物本质上相同,皆有其合理性,差别是由于立场和角度的不同造成的。此即旧的事物不必然一直对,而新的事物不必然总是错,这就从理论上为新群体的利益找到了空间和支点。惠施身为当权者,自然不可能完全否定旧事物也就是旧群体利益,相反,他是在总体肯定旧事物的情况下提倡新事物的。则两者的矛盾如何调和?惠施找到了中间立场,他自命为"治农夫者"②,说明在惠施看来,总共有三方:旧群体利益、新群体利益和农夫,新旧群体皆可成为"治农夫者",其中新群体正是农夫阶层受奖励耕战政策之惠上升而来。为了确保新旧群体和平共处,或者说实现两者的融合以应对现实的世界,惠施接受了法家的思想,"为魏惠王为法"。在某种程度上说,正因为有了"合同异"的哲学基础,惠施的"去尊"才具有了正当性与合理性,因而也具有"立尊"的意义。这与"历物十事"中的"泛爱万物,天地一体也"③是一贯的:既然"万物毕同"是一个整体,则万物与我俱是整体中息息相关的不可缺少的部分,如同身体这个整体中四肢之间的关系,自然要爱护。这种爱护与墨学的"兼爱"相似,但本质不同。墨学主张"远施周遍,爱无差等"④,而惠施虽然主张天地一体,但并没有磨灭万物之间的差别,而是认为这种差别存在种、属等不同,具有合理性:"大同而与小同异,此

---

① 《吕氏春秋·开春论·爱类》说:"匡章谓惠子曰:'公之学去尊,今又王齐王,何其到也?'惠子曰:'今有人于此,欲必击其爱子之头,石可以代之。'匡章曰:'公取之代乎?其不与?'施取代之。子头所重也,石所轻也。击其所轻,以免其所重,岂不可哉!'匡章曰:'齐王之所以用兵而不休,攻击人而不止者,其故何也?'惠子曰:'大者可以王,其次可以霸也。今可以王齐王,而寿黔首之命,免民之死,是以石代爱子头也,何为不为?'"(许维遹:《吕氏春秋集释》,第595—596页。)可见"去尊"应是惠施的重要思想。
② 许维遹:《吕氏春秋集释》,第496页。
③ (清)郭庆藩:《庄子集释》下册,第1102页。
④ 如《墨子·兼爱中》:"视人之国若视其国,视人之家若视其家,视人之十身若视其身。"[吴毓江:《墨子校注》,北京:中华书局1993年版(以下略注),第156页。],《墨子·兼爱下》:"即此言文王之兼爱天下之博大也,譬之日月之兼照天下之无有私也……必吾先从事乎爱利人之亲,然后人报吾爱利吾亲也。"(吴毓江:《墨子校注》,第175—176页。)

之谓小同异。"① 可见，惠施虽然从事物的相对性上升到概念和文字的演绎，具有了一定程度的纯粹抽象的诡辩，但仍然有着对现实社会的关怀，其与墨学虽然都强调名辩逻辑，但对治道的选择不同，惠施依赖差序格局的法治，墨学主张爱无差等的人治，则两者虽同有"泛爱万物"的思想，却与儒学讲"仁"与墨学讲"仁"一样，并不相同。

公孙龙虽然不是别墨，但其与后期的于墨家确实常常讨论相似乃至相同的问题，如《墨经·经上》言"坚白，不相外也"②，公孙龙则主张"坚白离"③；《墨经·经说上》言"所以谓，名也；所谓，实也"④，《公孙龙子·名实论》说"夫名，实谓也"⑤；《墨子·小取》说"白马，马也，乘白马，乘马也"⑥，《公孙龙子·白马论》说"白马非马"⑦；等等。可比较的地方还有很多，限于篇幅，兹不多论⑧。笔者认为，仅凭思想论域的相似或相同就断定公孙龙是别墨的理由是不充分的，更何况公孙龙与后期墨家的立论和观点并不相同，前者多从无差异上立论，后者多从差异性上立论。虽然公孙龙侈谈名辩逻辑，但是其思想的宗旨和终极目标仍然在一定程度上保留着为政治国平天下的理想和指向，这从下面列举的五点可以看出。第一，《公孙龙子·通变》说："暴则君臣争而两明也。两明者，昏不明，非正举也……两明而道丧，其无有以正焉。"⑨可见公孙龙的"道"集中体现为君臣之道，因为"君臣争"则"道丧"，这与前文所论尹文思想一致，也与儒家将君臣关系放在第一位一贯。第二，公孙龙主张"偃兵"，而"偃兵"正是对泛爱天下的表达，"赵惠王谓公孙龙曰：'寡人事偃兵十余年矣，而不成，兵不可偃乎？'公孙龙对曰：'偃兵之意，兼爱天

---

① 郭庆藩：《庄子集释》下册，第1102页。
② 吴毓江：《墨子校注》，第469页。
③ 庞朴：《公孙龙子研究》，北京：中华书局1979年版，第40—42页。
④ 吴毓江：《墨子校注》，第471页。
⑤ 庞朴：《公孙龙子研究》，第49页。
⑥ 吴毓江：《墨子校注》，第629页。
⑦ 庞朴：《公孙龙子研究》，第12—15页。
⑧ 有学者对此专门做过一些对比，参见曾祥云：《论〈公孙龙子〉与〈墨经〉的关系》，《湖南社会科学》2009年第2期，第18—21页。
⑨ 庞朴：《公孙龙子研究》，第33页。

下之心也。兼爱天下，不可以虚名为也，必有其实。'"① 第三，《公孙龙子·名实论》末言："至矣哉！古之明王。审其名实，慎其所谓。"② 这说明公孙龙将自己的"名实之论"归极于"古之明王"，与邓析的"明王"一贯，而所谓"古之明王"，实是先秦诸子共同称颂者及其为政之道，自炎黄以下，虽各有所赞，但总体来说皆是制作或完善礼乐法度的圣王，这等于公孙龙表明自己的"名实之论"不是为了纯粹的名辩逻辑，而同样是"古之圣王"关心的伦理政治和日用之间。第四，公孙龙本身不是为了纯粹的名辩，而是想要借此正名实从而宣扬自己的一套思想，"欲推是辩，以正名实，而化天下焉"③。虽然《迹府》被学界认为是后人补缀的，但是由六国后的公孙龙学派传人或弟子补上则无疑问，这恰恰代表了六国后学者对公孙龙的认识和评价。与许多先秦古书如《论语》《管子》《墨子》一样，皆为学派传人或弟子续写而成，依然可以作为研究其人的直接材料。第五，《列子·仲尼》记载乐正子舆讥讽公孙龙好怪而妄言，"子舆曰：'公孙龙之为人也，行无师，学无友，佞给而不中，漫衍而无家，欲惑人之心，屈人之口，与韩檀等肆之。'"公子弁为其辩护说"智者之言固非愚者之所晓"，又说"子不谕至言，而以为尤也，尤其在子矣"④。这段话虽然不能正面证明公孙龙治国平天下的学术宗旨，但也可以从侧面说明一个问题，即怪异之言不一定真的只是好怪异，还可能是为了说明道理，与庄子的寓言一样，公孙龙应是如此，"天下无指者，生于物之各有名，不为指也。不为指而谓之指，是无不为指。以有不为指之无不为指，未可"⑤。综上可知，公孙龙虽注重名辩逻辑，但其学术的宗旨和思想目标不是名辩逻辑，而是正名实以正君臣进而实现"化天下"的理想。只是这种理想较之邓析、尹文与惠施，已经很大程度上脱离了现实社会历史而悬空成为言语之间的信念，故只有零星的"偃兵"之说，不成系统。

总而言之，名家发展到惠施和公孙龙时，为政治国平天下的学术宗旨经历

---

① 许维遹：《吕氏春秋集释》，第475页。
② 庞朴：《公孙龙子研究》，第49页。
③ 同上书，第2页。
④ 杨伯峻：《列子集释》，第144—148页。
⑤ 庞朴：《公孙龙子研究》，第22页。

了尹文的巅峰后逐渐走向衰落。如果说惠施接受法家思想还有着一定程度的现实关怀，则公孙龙就在更大程度上脱离现实，纵情于概念和文字逻辑，从而成就了诡辩的名声。所谓的诡辩也不是完全吸收墨学，还有着邓析的"两可"和"言意分离"之说的渊源，其合理的本质是名实不相符的问题，发展到极端出现"绝而无交"的情况，由是产生了抽象的诡辩①。

## 五、结论：名家思想的两条内在线索

名家从广义来讲，就是所有关于"名"的思想，称其为"名学"也不过分；名家从狭义来讲，即是前文所论的名家四子，以为政治国平天下为学术宗旨和思想目标，最初起源于礼乐宗法的改良，开始于邓析的"刑名之术"，变化发展于儒法道三家的治道，吸收借鉴墨学而成就自己的名辩逻辑。笔者以为，名家思想发展的这条历史逻辑脉络具有唯一性和正当性，对它进行梳理可以消除非要为名家思想寻找一个根本起源的思维定势，且正好对应了孕育、发生、发展和成熟四个阶段。其中，孕育是最初的起源，是思想文化背景和现实的社会历史实际，诸子皆源出于六经和对当时社会历史实际的应对（也就是逻辑地先应对"救世之弊"），名家也不例外，故说名家起源于对礼制宗法的改良更合适，这兼顾了思想文化背景和当时的历史实际；发生指的是名家思想的开始，即邓析借助"两可""离谓"之方法改良礼制宗法的"刑名之术"；发展指的是尹文将邓析的聚焦于一国一法的政治斗争上升到为政治国平天下的高度，以儒家的"正名"精神为实质和引领，以法家的"法""术""势"相结合为内容和手段，以道家的"大道治国"为最高理想，提出"与众共治"的为政理念；成熟则以纯粹的名辩逻辑的形成为特征，主要指的是惠施和公孙龙，但实际上两者并非只是为了纯粹的名辩逻辑，而是如邓析、庄子一样，借助可怪、荒诞之词以表达自己的治世思想，这从惠施"泛爱万物"和公孙龙"化天下""君臣争即道丧"可以看出，只是更多时候这种最高理想流为悬空的脱离实际的信念而被纯粹的名辩逻辑所掩盖。

---

① 黎翔凤：《管子校注》，北京：中华书局2004年版，第222页。

实际上,从名家思想的内在逻辑出发,自邓析至于公孙龙有两条发展线索:第一条线索是为政治国平天下,邓析发展到尹文达到巅峰,再到惠施和公孙龙则渐渐流为悬空的脱离实际的信念;第二条线索是纯粹概念的名辩逻辑,则自邓析至公孙龙发展到巅峰,成为名家思想独具一格的特征。这正符合《汉书·艺文志》的记载:"名家者流,盖出于礼官。古者名位不同,礼亦异数。孔子曰:'必也正名乎!名不正则言不顺,言不顺则事不成。'此其所长也。及訐者为之,则苟钩鈲析乱而已。"① 此即尹文在远绍邓析"刑名之术"的基础上,仍有着现实的社会伦理与政治的关怀,所以吸收了儒家"正名"的精神,并接受了法家、道家的思想,正面提出"与众共治"的理念,"形名"为为政,此时为政治国平天下的学术宗旨已然达到巅峰;后继者惠施、公孙龙等则力图以荒诞、可怪之论从侧面申发治国平天下的宗旨,却由于"逐万物而不返"陷入"专决于名"的讨论中②。以至于悬空了尹文的为政宗旨与逻辑导致原本现实的伦理政治关怀逐渐衰弱成为虚幻的寄托,使得自己"泛爱万物""化天下"的理想成了"无所措手足"③ 的口号,终造成"钩鈲析乱"的印象。

当然,先秦名家发展的这两条内在线索是同时共存的,是名家并非严谨学脉的自然结果,既不能因纯粹逻辑论辩说名家只有抽象的诡辩,也不能因为政治国平天下的学术宗旨认为名家与诸子一样更关注现实的社会历史。换言之,对于名家的评价问题不可以偏于一方,更不能一棍子打死,毕竟两条线索都有其合理的因素,诡辩只是一个极端,并不是全部,我们应该具体问题具体分析。

---

① (汉)班固著,(唐)颜师古注:《汉书》第6册,第1737页。
② 庄子评论惠施思想"逐万物而不返"。(郭庆藩:《庄子集释》下册,第1112页。)《史记》择机在名家"专决于名"。[(汉)司马迁:《史记》第10册,第3291页。]
③ 此处是化用《论语·子路》"无所措手足"之说法。

# 纳巫入道与价值重塑

## ——广西德保壮族巫师"授戒加冠"仪式辨析*

徐祖祥　唐　俊**

**内容提要**：广西德保壮族巫师的授戒加冠仪式，呈演出壮族道公教的衍化和传承进路。仪礼呈现的教派教义、传法等级、法器传授、皈依持戒等内涵要义，具有道教授箓传度的思想要素和文化特质。在纳巫入道的仪格中，壮族巫师的价值重塑使巫师承继了济世度人、升天成仙的道教思想，巫师的职能也从单一型向融本塑形的多元职能转变。壮族道公教与巫教的融摄关系，具有宗教融合的文化特征。桂西壮族社会中，道巫互动形成的信仰民俗融合形态，展现了具有地方特色、壮族特点的宗教文化融合的社会结构。

**关键词**：壮族道公教巫师；授戒加冠仪式；道教授箓传度；宗教融合

---

\* 本文为国家社会科学基金重点项目"滇黔桂边区壮、瑶、苗诸族道教发展与民俗文化互构关系研究"（19AZJ044）研究成果。

\*\* 徐祖祥，男，贵州余庆人，云南民族大学社会学院教授；唐俊，男，云南昆明人，云南民族大学社会学院博士研究生，云南民族大学国际合作交流处助理研究员。

·徐祖祥 唐 俊/纳巫入道与价值重塑·

## 一、问题的提出

广西壮族的祖先主要是越人，由春秋战国时期"西瓯"和"骆越"两大支系演化而成，历经"俚""乌浒""僚""撞""僮"等称谓演变①，现已成为我国人口最多的少数民族。自古以来壮族先民善用巫术，壮族民俗与各类信仰文化联系紧密，《史记·孝武本纪》载"越人俗信鬼，而其祠皆见鬼"②。关于广西信鬼神的风俗及唐代岭南二十余郡的风土状况，《隋书·地理志下》曰："自岭以南二十余郡，大率土地下湿，皆多瘴疠，人尤夭折。"③壮族先人古时已使用茅卜术占卜，宋代周去非记载了当时的占卜术，《岭外代答》载"南人卜此最验，精者能以时辰与茅折之委曲，分别五行而详说之"④。

广西自古巫术盛行，同时汉族道教的传入对当地信仰民俗进行了文化重构，道教与壮族地方文化不断碰撞，逐步形成以原始宗教为基础，汉文化与壮文化相互掺杂、独具壮族特色的信仰结构。壮族社会独特的宗教特质和文化特性，反映出壮族地区多元包容的文化生态和民族性格。学界大多从单一性、区域化的视角对壮族民间宗教的信仰特性、村落仪式等进行梳理。如有学者从同源互感、道主巫辅的角度出发，指出壮族"道公教"与壮族本土宗教之间即壮族道教与巫教的关系⑤，也有学者从道巫混杂、整合关联、仪式角色等层面出

---

① 梁庭望编著：《中国壮族》，银川：宁夏人民出版社2012年版，第5—13页。
② （汉）司马迁撰，（宋）裴骃集解：《史记》，北京：中华书局1959年版，第478页。
③ （唐）魏征等：《隋书》，北京：中华书局1973年版，第887页。
④ （宋）周去非撰，杨武泉校注：《岭外代答校注》，北京：中华书局1999年版，第444页。
⑤ 参见梁庭望：《壮族文化概论》，南宁：广西教育出版社2000年版，第464页；凌树东：《壮族巫教的传承及其组织和流派》，《广西民族研究》1993年第3期，第88页；杨树喆：《壮族民间师公教：巫傩道释儒的交融与整合》，《中央民族大学学报》（人文社会科学版）2001年第4期，第99页；许晓明：《壮族道教仪式中的音声巫术——以桂西道公安神仪式为考察》，《艺术探索》2008年第2期，第14页；黄桂秋：《镇安故地壮族女巫盖帽仪式考察》，《贺州学院学报》2007年第3期，第31页。

发，分析多元文化碰撞后形成的壮族师公教①。近年来，壮族麽教作为原生性宗教备受学界关注，其形成与巫教关系密切，不少学者分析了壮族地区"麽教""道公教""师公教"的文化形成及互动关系②。一些学者从壮族道公、师公的村落仪式、经书唱本、仪式比较、信仰特性等层面，梳理和分析壮族师公教、麽教、道公教等情况。有学者关注到了壮族宗教信仰特性、多元互动的现象，但没有对当前壮族道公教与巫教融合的仪式现场进行分析，特别是没有对壮族道巫融合的现状及特征进行详细解答。

德保县位于广西西部、百色市南部，地处滇桂两省交界处、南岭走廊的最西段，是镇安故地——史称镇安府的核心区域，壮族人口占97%以上，是广西壮族人口较集中的地区，独特的历史文化塑造了勤劳善良、多元包容的民族性格。本文通过对桂西壮族村落仪式的实地调查，试图探讨壮族道公和巫师在仪式共生、互动交融的过程中形成的道巫融合及其价值认同现象。

## 二、壮族巫师授戒加冠仪式展演

陇村位于广西德保县城西北部，距离县城约60公里，属典型的桂西山区，全村99%为壮族，约1800余人，民风淳朴、勤劳善良，保存了相对完整的壮族习俗，续演着多样的文化传统③。根据当地风俗，桂西壮族巫师分为"小帽、中帽、大帽、授戒加冠、封顶"五个等级。壮族巫师有道公和巫师两位师傅，广西民间俗语"绳路靠巫婆，符法看道公"，就是说巫师做法要靠老巫师言传身教，但法术要看道公的密本④。巫师通过盖帽后可承担占卜、通神鬼等法

---

① 参见顾有识：《壮族的文道教与武道教》，《广西大学学报》（哲学社会科学版）1995年第4期，第63页；杨树喆：《壮族民间师公教：巫傩道释儒的交融与整合》，《中央民族大学学报》（人文社会科学版）2001年第4期，第101页；覃延佳：《仪式共生与主体性形塑：广西上林县古登村壮族师公与道公考察》，《广西师范大学学报》（哲学社会科学版）2014年第4期，第118页。

② 参见时国经：《道教与壮族麽教关系浅析》，《中国道教》2006年第2期，第34页；黄桂秋：《壮族民间麽教与布洛陀文化》，《广西民族研究》2003年第3期，第75页；许晓明：《民族地区宗教生态模式构建研究——以桂西为例》，《广西民族研究》2012年第1期，第46页；莫幼政：《壮族麽教与壮族师公教的比较研究》，《广西民族研究》2009年第2期，第120页。

③ 为尊重当地壮族群众的习俗，本文所涉及的地名、人名等均做了匿名化处理。

④ 凌树东：《壮族巫教的传承及其组织和流派》，《广西民族研究》1993年第3期，第88页。

事,盖小帽对应"占卜、驱鬼、降鬼、走阴"等,盖中帽、大帽对应"添粮补命、架桥求花"等仪式,通过授戒加冠可参与"做斋、葬礼","封顶"则是巫师资历和声望的象征,只有能承担"上刀山、下火海"等法事且德高望重的巫师才有资格封顶①。按照惯例,壮族巫师要间隔3年以上并能胜任下一阶法事才能升级。德保壮族巫师张通法1962年生,是家族祖传的五代道公,在21岁时初次盖帽成为巫师,36年后,80多岁的道公师傅岳文明作为正戒师坐镇指挥为其加冠。

道公使用《罗经透解》测算良辰吉日,根据徒弟的五行八字,选定授戒加冠仪式日子为2019年9月17日晚上至9月18日中午,主时辰己亥年农历八月二十日,选择鸡鸣天亮前为授戒良辰,以示迎朝阳、庆丰收。道法中良辰吉日有万物生长、迎福纳祥的含义,《太上大道玉清经》卷四说:"汝等当知三元高会,良辰吉日,元乎正气。"②仪式上共有五位道公、六位巫师,他们均来自德保和靖西,道巫分坛协作、以道为主。巫坛中巫师围坐三面、席地而坐,着红绸绣质花纹法服,红布遮面,左手持扇,右手持铜铃,摇铃撞铜牌,声似马儿奔跑。供台摆放"七彩桥"金色剪纸画,从第一层骑马图,历经河流、高山、荆棘,到第七层金色冠帽图,祈愿加冠成功。道坛神台供奉"道经师三宝天尊""三清"等七块神牌,坛场半空横挂十二排吊挂,以神灵名号、祈福对联为主。监戒师张光法着百年祖传道服,该道服为黑色土布,上有六层图案,绣有三十六位神仙及武当山等道教名山。

桂西壮族巫师授戒加冠仪式有十六道程式,分"前夜仪式""通玉皇喜迎天明""户外祭拜"三个篇章,仪轨按"动鼓、请神、洒坛、念经、登科、拜忏、通玉皇、授戒、传法、拜土地公、拜坟墓、拜水府、拜天地、入首罪、三献请佛、拜父母"顺序进行。第一篇章"前夜仪式",仪轨从"动鼓"至"拜忏",时间从22:50持续至凌晨04:30,有恭迎神灵、诵经祈福、祈愿安康等寓意。第二篇章"通玉皇喜迎天明",仪轨从"通玉皇"至"传法",从凌晨04:30至上午07:30,以禀告玉皇、接引灵魂、授戒加冠为主。师傅岳文明换上黑底

---

① 根据调研组2019年9月在广西德保的访谈资料整理。
② 《太上大道玉清经》,《道藏》第33册,北京:文物出版社、上海:上海书店、天津:天津古籍出版社1988年版(以下略注),第317页。

有麒麟仙鹤、神灵图案的道服,戴上双龙夺宝图道帽,宣诵《盖帽冠疏》《受戒牒》《泰上正升玄燥箓简牒》,仪式中正戒师、监戒师、保举师、腾箓师、传教师分别在牒文上签字盖章。《泰上正升玄燥箓简牒》分左右两牒,道公现场将其裁剪成两半,一半授予弟子作为施法的执照,另一半当场焚化,作用是禀告上天神灵。关于道教授箓的左右券文,《上清灵宝大法》卷四十二说"此乃灵宝本法券文,对天分之。将右券度师收之,左券入袋,付度嗣法弟子"①。第三篇章"户外祭拜",仪轨从"拜土地公"至"拜父母",从07:30至中午11:00,内容是敬拜土地神、祖先、水神、天地等。整场仪式道公要使用《小安楼坛巫婆官员科》《三教忏利科》《灵宝香火密旨》等十本壮族经书及《受戒牒》《泰上正升玄燥箓简牒》等八份牒文、疏文及表文②。

桂西道公的升职仪礼与巫师授戒加冠的内涵相近,一定程度反映出壮族宗教信仰中道巫融合的现状。广西大新县下雷镇志兴村凌洪屯的道公入道后三年可举行加冠仪式,谓之"加冠升职",当地道公授戒后戴上伞状鹤立样式金属物,称为"补顶",顶冠表示道公级别升高③。从程式的含义分析,大新县道公加冠升职与德保县巫师授戒加冠的仪程相似,道公和巫师的身份虽有不同,但程式内涵却有共通之处,道巫仪式场景呈演出神职人员的身份建构过程。授戒的核心环节——镇安故地的巫师盖帽与本场巫师加冠都由道公主持,巫师表达礼节后登坛唱祝酒词感谢道公恩德,壮语叫"乃师",这是道巫同登坛场的礼数,表现出道巫的关系④。壮族道公师傅为巫师盖帽会宣问"初真十戒",巫师加冠仪式则宣"九真戒",内容有孝顺父母、忠于君王等,弟子逐一回答能否做到,得到肯定的回答后,师傅授予弟子铜链、铜板、折扇等法器,这是道公赐

---

① 《上清灵宝大法》,《道藏》第31册,第638页。
② 本场壮族巫师授戒加冠仪式,采用的壮族道公教经书共10本,包括《小安楼坛巫婆官员科》《三教忏利科》《灵宝香火密旨》《灵安天师科》《大安楼坛鬼婆官员科》《安谢家先科》《安香火科鲜星忌科》《安花王科》《南山受戒科灵宝传度共科》《授冠奥旨全书》;采用的壮族道公教文书共8份,包括《祖师表》《首罪道公巫婆表》《谢师堂还愿还恩表》《天地还愿表》《盖帽冠疏》《荡岁牒》《受戒牒》《泰上正升玄燥箓简牒》,均为笔者于2019年9月获自广西德保县陇村。
③ 黄桂秋:《广西大新下雷壮族道公加冠诸仪式考察》,牟钟鉴:《宗教与民族》第6辑,北京:宗教文化出版社2009年版,第309页。
④ 黄桂秋:《镇安故地壮族女巫盖帽仪式考察》,《贺州学院学报》2007年第3期,第31页。

法的标志。

## 三、壮族巫师的授戒加冠与道教授箓传度

广西德保壮族巫师的授戒加冠仪礼，蕴含了道教龙虎山正一派、阁皂山灵宝派及天心派等道派思想。道教历来重视在少数民族地区传播，早期正一道向瑶族地区传播，道教授箓仪礼便衍化为瑶族的度戒仪式①。德保壮族巫师加冠亦沿袭道教授箓思想，巫师加冠仪礼的"念经"仪程呈演出灵宝派"灵宝升玄"的思想。道公经书《安香火科》中"洞玄""升玄"，即指称玄之又玄，表达出对"二玄"的尊崇，旨在告诫修道者不要沉滞声色、迷惑有无。壮族经书《灵宝安天师科》祈请"灵宝天尊，安慰身形，弟子魂魄"，呈奉道教各路星君、元帅，表现巫师皈依"道经师"三宝的愿望及对灵宝派祖师的尊崇。经书《南山授戒科》亦有习获灵宝要旨后能消除灾业、指引迷途的表述，如"出度众生经，玉灵流凡乡，开度救迷津，愿明灵宝旨"等内容，意指皈依经宝后习获灵宝要旨，能得道开悟解惑。至宋代，道教形成以龙虎山正一宗坛、阁皂山灵宝宗坛、茅山上清宗坛为主的"三山符箓"，龙虎山"天师经箓"符箓宗坛是最兴盛的一支②。龙虎山正一宗坛及天心派思想也体现在巫师加冠仪式中，如壮族经书《南山受戒科灵宝传度共科》载"坛前拜礼，龙虎法忏，燃点神灯"，即巫师拜叩正一宗坛，面向龙虎山正一宗坛，忏悔过去、迎奉未来。经书中所记"正一老祖天师高明大帝，正一龙虎玄坛金轮赵大元帅"，亦表现了对龙虎山正一派神灵的尊崇。壮族道公迎请"北极佑圣玄天大帝"授予巫师"北极驱邪印"，而北极是天心正法的来源，与北极相关的神灵即是天心派信奉的神灵③。天心派是宋代出现的道派，其思想亦融塑到壮族巫师的加冠仪式中。

德保壮族巫师在加冠仪式中皈依"道经师"三宝，是对道教"三皈九戒"

---

① 张泽洪：《瑶族社会中道教文化的传播与衍变——以广西十万大山瑶族度戒为例》，《民族研究》2002年第1期，第41页。

② 袁志鸿：《道教正一派授箓与全真派传戒之比较研究》，《世界宗教文化》2003年第4期，第82—83页。

③ 刘莉：《道教天心派北极驱邪院研究》，银川：宁夏人民出版社2016年版，第65页。

内涵的引申。一般认为，壮族巫师分为巫婆和鬼公两类，大多是与神鬼结下姻缘，久病后成巫并拜巫为师①。德保壮族巫师加冠仪式延伸了道教三皈依的内涵，壮族道公师傅授予巫师《受戒牒》，明确表示"第一皈依上道宝，十方至尊太上尊高尊意，第二皈依无上经宝十方世界"。南宋金允中撰《上清灵宝大法》述"第一皈依，无上道宝。夫道宝者，无形无名"②。壮族巫师的三皈依与道教"三皈九戒"相呼应，道教生戒根、供三宝是修真道的要诀，巫师三皈依亦是以修戒律为根本。北周武帝宇文邕纂《无上秘要》说："智慧生戒根，真道戒为主。三宝由是兴，高圣所崇受。"③道教弟子在传度之前要净身修斋，经文供于三宝御前诵读，感恩太上老君等众尊神的恩照，道教净身修斋的思想影响到了壮族巫师弟子。

德保壮族巫师加冠仪式使用的箓文文本，蕴含了道教正一派升玄部法箓及灵宝派斋法要义，道教传度思想呈演进巫师加冠的牒文中。壮族巫师加冠使用《泰上正升玄燥简箓牒》和《受戒牒》，前文外壳是长约九寸的红色信封，红底黑字，正面有"泰上正升玄燥简箓牒文"几个字，内文长约四米，红底黑字，皆用楷书，分阴阳两牒，阴牒敬奉天庭，阳牒授予弟子作为凭证，即施法通阴阳的执照。《正一修真略仪》说："箓卷上下，长九寸，以法太阳之大数。栏头上下，朱郭，凡九分，上法九天，下法九地……"④壮族箓文的名称有道教升玄部法箓的思想元素，张泽洪在分析灵宝派法箓后认为："三洞修道授箓的阶次是：初入道仪授正一盟威箓二十四品，洞神部道士授金刚洞神箓，升玄部道士授太上升玄箓。"⑤壮族箓文落款为"三天扶教辅玄大法师，正一老祖天师高"。三天扶教辅元大法师是太上老君授予正一祖师的名号，南宋金允中编《上清灵宝大法》的卷四十亦述："启奏三天扶教辅玄大法师，投诚拜礼、祈师庇佑。"⑥壮族巫师启奏三天扶教辅玄大法师称"臣等愚钝陋学，承蒙法师恩赐"。关于三天扶教辅玄大法师的来源，《太上正一朝天三八谢罪法忏》说："太上遣

---

① 宋兆麟：《巫觋》，北京：学苑出版社2001年版，第126—127页。
② 《上清灵宝大法》，《道藏》第31册，第650页。
③ 《无上秘要》，《道藏》第25册，第171页。
④ 《正一修真略仪》，《道藏》第32册，第181页。
⑤ 张泽洪：《道教灵宝派授箓论略》，《世界宗教研究》2010年第4期，第89页。
⑥ 《上清灵宝大法》，《道藏》第31册，第623页。

使授以玉册，赐三天扶教辅元大法师、正一真人之号。"①　除道教正一派法箓思想外，还呈现出灵宝斋法要义，壮族箓文《泰上正升玄燥简箓牒》说"上□就于灵宝立教坛前拜受戒现在辅职灵文"，表明壮族巫师加冠蕴含道教灵宝派的思想。道教中箓的功能大致有三个，箓是防身保命、召神行法、晋升法职的标志②。壮族疏文《盖帽冠疏》述"授玉箓之护身，保命长生，求而延寿"，阐释了灵宝派斋法中的玉箓功能。刘仲宇认为灵宝斋法较完善，斋法分金箓、玉箓、黄箓三类③，壮族巫师加冠所授的玉箓有道教灵宝斋法的思想要义。

德保壮族巫师从盖帽到授戒加冠仪式，都承继了正一道"太上三吾都功箓"和"正一盟威箓"思想。道教授箓的教派、品序等内涵，影响了壮族巫师从皈依道教到入道升授的仪礼。我国瑶族中，蓝靛瑶的度戒和过山瑶的挂三台灯是其皈依道教的入教仪式④，不同于瑶族几乎全民信教，壮族巫师通过盖小帽入道再加冠升阶。壮族巫师加冠时授予道教"三山合一"的正一道盟威系法箓，仪式用的《受戒牒》述"太上三吾都功，正一盟威职箓"，这是对巫师盖帽和加冠仪式授箓品序的解读。《正乙天坛玉格》载道教授箓："初受都功，二升盟威，三升五雷，四升大洞，五升三洞。"⑤　德保壮族巫师所授的两次箓，与明清以降的正一道法箓等次相近。明清时期授箓经典《天坛玉格》记载了符箓派道教历史，阁皂山灵宝宗坛的灵宝法箓在清朝之后未列入正式法箓。张金涛认为授箓等次："初授《太上三五都功经箓》，升授《太上正一盟威经箓》，加授《上清五雷经箓》，加升《上清三洞五雷经箓》，再加《上清大洞经箓》。"⑥　道教五阶授箓格局沿袭至今，广西壮族道公教承袭了这种授箓结构，近年中国道教协会修订了正一派授箓品次，规定"初授《太上三五都功经箓》，升授《太上正

---

①　《太上正一朝天三八谢罪法忏》，《道藏》第 18 册，第 349 页。
②　吕鹏志：《赣西北流传的正一箓》，《宗教学研究》2019 年第 2 期，第 48 页。
③　刘仲宇：《道教授箓制度研究》，北京：中国社会科学出版社 2014 年版，第 67—68 页。
④　徐祖祥：《瑶族的宗教与社会——瑶族道教及其与云南瑶族关系研究》，昆明：云南人民出版社 2006 年版，第 77 页。
⑤　刘仲宇：《道教授箓制度研究》，北京：中国社会科学出版社 2014 年版，第 163 页。
⑥　张金涛：《道教授箓制度的历史与现状》，《中国道教》2015 年第 2 期，第 21 页。

一盟威经箓》，加授《上清三洞五雷经箓》"①。道教所授五阶法箓，自乾隆时期沿袭至今，授箓的品秩也延续到现在。德保壮族巫师盖帽和加冠的授箓阶位品序，反映出壮族道公教授箓阶次的演进过程。

壮族巫师授戒加冠仪式中收纳兵马的意涵，与道教神兵护佑的思想近似，随着巫师阶位的提升，能获得不断精进的法力和相应的兵马护持。巫师加冠将会受赐收纳兵马的能量，并能将外来兵马收入囊中，装进祖师楼听候差遣②。壮族道公经书《交兵度将科》中描写的神兵助阵阵容强大，巫师所授的兵马由生辰而定，"将猛将前威阵，百万雄兵两半分，弟子坛前专召请，崇宁元帅降来临"。道教曾盛行阅箓仪，仪式随品请出箓中神兵，检视受箓者佩受的法箓，显示其受保护的法力③。道教对神兵的获取和兵马的数量，都有级别年限的规定，"凡受更令，五年得进一将军，四年十将军，三年七十五将军，二年百五十将军"④。巫师加冠使用的《受戒牒》关于授兵的记载"敬投师传箓兵，七百人兵度"，道公师傅传授七百兵马，是仪式中兵马法力的传承。巫师授箓后可获神兵的护佑，也与道教神将除魔的思想近似，《正一威仪经》说："正一受道威仪：次当诣师奉受斩邪符箓、斩邪法箓。"⑤ 唐代杜光庭撰《太上正一阅箓仪》亦说"为臣斩恶赏善，万愿随心"⑥，是正一道授箓仪中将军符吏、功曹官将的神力护持。《太上说玄天大圣真武本传神咒妙经》说："拥之者早森玄雾，蹑之者苍龟巨蛇。神兵神将，从之者皆五千万众。"⑦ 壮族道公交兵仪格中的秘旨为存想禾苗茂盛的丰收景象，寓意着五谷丰登、风调雨顺。壮族经书《授冠奥旨全书》载："存交兵合将奥旨法，天仙兵马，地仙兵马。"巫师要遵守兵马调遣的规范，源于道教对神兵使用的规定，《上清骨髓灵文鬼律》载："以酒食钱马

---

① 中国道教协会第九次全国代表大会修订：《关于正一派道士授箓的规定》，《中国道教》2015 年第 3 期，第 53 页。

② 根据笔者 2019 年 9 月在广西德保调研的访谈记录整理。

③ 张泽洪：《仪式象征与文化涵化——以瑶族度戒的道教色彩为例》，《民族艺术》2013 年第 2 期，第 85 页。

④ 《正一法文太上外箓仪》，《道藏》第 32 册，第 209 页。

⑤ 《正一威仪经》，《道藏》第 18 册，第 252 页。

⑥ 《太上正一阅箓仪》，《道藏》第 18 册，第 287 页。

⑦ 《太上说玄天大圣真武本传神咒妙经》，《道藏》第 18 册，第 38 页。

稿，设常守本职，准备驱用，不得私使。"①

壮族道公传授巫师施法行道的工具，传承授戒规、施法器、予印章等程式。道公传授巫师"铜牌、铜盘、铜链、折扇"等法器，并授予道教的"道经师宝印、三洞经录印、经简印、北极驱邪印、太玉上三清大洞印、太上老君印、接度印"等印章。"道经师宝印"呈方形，有边长约五公分、三公分各两枚，印面有"道经师宝"四字，用在牒文、表文等文书落款处。"三洞经录印"中的"三洞"即洞真、洞玄和洞神。南北朝时期陆修静对来历不明的各派经典进行了整理归类，综合为"三洞"②。"北极驱邪印"受到道教天心派的影响，该印是北极驱邪院的印章，具有驱邪除妖、增强法力、治病救人的用途。《太上助国救民总真秘要》卷六说："北极驱邪院当院见管神将吏兵等……方一寸八分……管辖天兵百千亿万。"③ 壮族道公授予巫师北极驱邪印，实则传授了驱魔救灾的法力，是道教文化的传递。北极驱邪院的印具有驱邪除魔的能量，内含大量的天兵天将可驱邪除魔④。壮族巫师得到北极驱邪印，也就获得了驱魔救人的法力。"北极驱邪印"的另一功能是沟通神灵，使向北极驱邪院启奏的文书生效，《太上助国救民总真秘要》载："应有申报状牒文字，伏望验认印文施行，所贵不致伪冒。"⑤

壮族巫师的授戒仪式蕴含北斗七星崇拜和本命星主思想。在壮族牒文《受戒牒》中巫师的本命星君是"上属中天大圣北斗星皇君"，巫师所属本命星君与道教本命星主人福寿有很大关系。西南少数民族中瑶族经书的北斗七星常被合称为"太圣北斗七元官、太星北斗七元君"⑥。道教经典所载北斗星皇君应该是九位，是在不同时辰掌管命运的星君，如南宋金允中纂《上清灵宝大法》卷三十九载："北斗阳明贪狼星君，北斗阴精巨门星君，北斗真人禄存星君，北斗玄冥文曲星君，北斗丹元廉贞星君，北斗北极武曲星君，北斗天关破军星君，北

---

① 《上清骨髓灵文鬼律》，《道藏》第6册，第914—915页。
② 刘仲宇：《道教授箓制度研究》，北京：中国社会科学出版社2014年版，第67页。
③ 《太上助国救民总真秘要》，《道藏》第32册，第89页。
④ 刘莉：《道教天心派北极驱邪院研究》，银川：宁夏人民出版社2016年版，第93页。
⑤ 《太上助国救民总真秘要》，《道藏》第31册，第119页。
⑥ 徐祖祥：《瑶族挂灯与道教北斗七星信仰》，《云南民族大学学报》（哲学社会科学版）2006年第2期，第103页。

斗洞明左辅星君，北斗隐元右弼星君。"① 北斗七星主宰人的祸福，本命星官掌管人的命运，本命生辰时拜叩本命星官则可消灾延福寿，"念此大圣北斗七元君名号，当得罪业消除，灾衰洗荡，福寿资命"②。

## 四、壮族巫师的职能转变与价值重塑

桂西壮族道公教与巫教的互动演进，从同源互感的雏形变迁到道巫融合的文化形态。东汉时期道教传入广西，《广西通志·宗教志》记述了刘根、华子期等人在道教第二十洞天的都峤山的修道场景③。明清以降，随着道教在民间发展，逐渐与当地信鬼好巫的民俗吻合，促进了道教在广西的传播④。壮族道公教与巫教融合形成新的文化复合体，壮族神职人员逐步从单一职能，转变到从事村寨斋醮等仪式的多种职能。由此，以道巫为主体的信仰结构融入到壮族生活中。

（一）塑构渐进融合、融本塑形的转变职能

壮族巫师自称能预知凶吉、替人消灾，以通神占卜请神驱鬼。有学者认为巫能通神，巫师的舞蹈和咒语是联系神灵的手段⑤。民间认为巫师是沟通鬼神的使者，能通阴阳、卜吉凶。广西崇左、宁明一带，巫师占卜问凶吉时上仙台掷铁链、摇铜铃，这被认为是骑马去阴间或仙界⑥。壮族巫师占卜可以用米、鸡、竹子等，田林一带壮族春节祭祖、建房会请巫师用鸡卜定凶吉，靖西一带会用水瓢卜定择偶方向⑦。壮族巫师占卜后，需请道公出面解决问题，道公要使用科

---

① 《上清灵宝大法》，《道藏》第31册，第611页。
② 《太上玄灵北斗本命延生真经》，《道藏》第11册，第346页。
③ 广西壮族自治区地方志编纂委员会编：《广西通志·宗教志》，南宁：广西人民出版社1995年版，第252页。
④ 同上书，第278页。
⑤ 黄碧功：《试析道教巫教对桂西壮族民间文化的影响》，《广西大学学报》（哲学社会科学版）1994年第1期，第62页。
⑥ 吕大吉、何耀华：《中国各民族原始宗教资料集成》（土家族卷 瑶族卷 壮族卷 黎族卷），北京：中国社会科学出版社1998年版，第557页。
⑦ 玉时阶：《壮族民间宗教文化》，北京：民族出版社2004年版，第88—91页。

仪经书、配合心法口诀做法事。一般情况下，壮族巫师除预测祸福、使用巫术外，通常还会请神占卜、祭祀驱鬼、药物治疗①。德保、靖西一带会请巫师、道公驱鬼除瘟、祭神扫寨。

在道巫长期互动共生的交往中，桂西壮族的传统宗教逐渐形成了具有道巫融合特征的民间宗教结构。大新县有的女巫在丧葬仪式中又换成道公班的头②，展现出道巫互动和宗教融合的特点。壮族巫师从主持求花、架花桥等单一的法事，逐渐增加了与道公类似的安神、添粮等职能，也参与道公主持的斋醮、葬礼等法事③。壮族道巫之间的渐进式融合，是从文化相交到相融的过程。广西大新县下雷的道公和巫师共同为老人补粮，儿孙与神职人员配合，儿孙用碗盛米传给老人，道公和巫师互动诵经④。补粮仪式具有丰富的内涵，生动地展演出道巫文化融合的仪式现场。补粮仪式中巫师用诗词为老人念唱盘粮补命咒："天德星君皆赐福，保其福禄子命官，南极禄星监第宅，上元赐福腊月天。"⑤ 咒中所反映的神祇体系诠释出深层的道巫融合内涵，天德星君是道教"上清福禄寿三星真君"中的"上清福德星君"，《中天紫微星真宝忏》云："福星天德星君，禄星天佑星君，寿星老人星君。"⑥ 壮族巫咒中说南极禄星监第宅，《金箓祈寿早朝仪》说"南极老人福禄寿星真君"⑦，道教南极老人福禄寿星真君是保佑福禄寿的主神。巫咒中说"上元赐福腊月天"，恭请道教"上元一品赐福天官紫微大帝"，《三官灯仪》记载有"上元一品九炁赐福天官紫微帝君"⑧。正月十五日上元节是赐福天官紫微大帝降临之日，称"天官赐福"。在壮族的神祇体系

---

① 玉时阶：《壮族巫术、巫师与巫医》，《世界宗教研究》2011 年第 2 期，第 161 页。

② 许晓明：《论多元族群视域中的广西民间宗教信仰体系构成及特性》，《宗教学研究》2014 年第 1 期，第 263 页。

③ 黄桂秋：《壮族通灵巫事的主要类型——壮族巫信仰研究系列论文》（之四），《文山学院学报》2011 年第 5 期，第 25 页。

④ 黄桂秋：《广西大新下雷壮族道公加冠诸仪式考察》，牟钟鉴：《宗教与民族》第 6 辑，北京：宗教文化出版社 2009 年版，第 322 页。

⑤ 吕大吉、何耀华：《中国各民族原始宗教资料集成》（土家族卷 瑶族卷 壮族卷 黎族卷），北京：中国社会科学出版社 1998 年版，第 571 页。

⑥ 《中天紫微星真宝忏》，《道藏》第 34 册，第 754 页。

⑦ 《金箓祈寿早朝仪》，《道藏》第 9 册，第 92 页。

⑧ 《三官灯仪》，《道藏》第 3 册，第 571 页。

中，花王圣母独具地方特色，大新县百姓家中的神龛有道派、巫派祖师神位，含天地神灵，花王圣母等①。壮族传说小孩是花王庭院的花，白花是男孩，红花是女孩。有学者认为壮族创世女神姆六甲是壮族的女巫祖，广西东兰县壮族巫歌说："天国圣母乜渌甲，哪个孩子魂魄走散有病痛，向天请求圣母来帮忙。"②壮族道公供奉的神灵体系中，花王同样占据重要位置，壮族新房安神时必写花王神位，反映出道巫融合的信仰结构。

（二）承秉修持真戒、破茧重生的修道理念

德保壮族巫师张通法21岁初入道门时，道公师傅以十问十答授予初真十戒："第一戒者，口不弃亲，敬让父母；第二戒者常钦道教，勿志向邪……"③壮族道公所授十戒从父母、道法、师傅、帝君及个人行善修持，体现出以父母亲人为重的观念，这与壮族生存环境及道教影响有关。道教的初真十戒，南北朝时期《太上大道玉清经》说："天尊告曰：第一戒者，不得违戾父母、师长，反逆不孝；第二戒者，不得杀生，屠害割截物命……"④从顺序和戒条要义分析，壮族道公的初真十戒与道教经典近似。本场仪式，道公手持牒文宣《受戒牒》，授九真妙戒，令其按戒修持将大福相报，牒文述："九真戒曰，一者欲让寿养父母；二者克勤，忠于君主；三者杀恶救生……"九真妙戒是初真十戒的升格，亦是弟子要遵守的规范，也是对巫师的规诫。宋朝《太上元始天尊说北帝伏魔神咒妙经》卷六载："天尊告曰：一者敬让，孝养父母；二者克勤，忠于君王；三者不杀，慈救众生……"⑤壮族九真戒沿袭道教经典，巫师修持九真戒能消罪业，原始天尊告诫持此真符长辞黑暗、万罪消除。约南北朝时期的《太上九真妙戒金箓度命拔罪妙经》说："当为汝显说九真妙戒，金箓白简，受持功德，拔难济苦。"⑥关于九真妙戒中的九真，《上清灵宝大法》载："第一戒者敬

---

① 黄桂秋：《广西大新下雷壮族道公加冠诸仪式考察》，牟钟鉴：《宗教与民族》第6辑，北京：宗教文化出版社2009年版，第313页。
② 黄桂秋：《壮族巫信仰的历史渊源——壮族巫信仰研究系列论文之一》，《河池学院学报》2010年第4期，第44页。
③ 根据笔者2019年9月在广西德保的访谈资料整理。
④ 《太上大道玉清经》，《道藏》第33册，第283页。
⑤ 《太上元始天尊说北帝伏魔神咒妙经》，《道藏》第34册，第419页。
⑥ 《太上九真妙戒金箓度命拔罪妙经》，《道藏》第3册，第407页。

让孝养父母，是名初真戒；第二戒者克勤忠于君主，是名念真戒……"① 灵宝派大法中的九真为初真、念真、持真、守真、保真、修真、成真、得真、等真，与桂西壮族"九真"略有差别，但内涵一致。九真妙戒为太上老君所传，奉戒则如行舟，念善则如开度，遵循戒法可救苦长生。南宋路时中编《无上玄元三天玉堂大法》卷二十载："世人能受九真妙戒，佩受救苦长生宝录，生在之日，受大福报，寿龄绵远。"② 壮族巫师沿袭道教持戒修道的传承，展演出生则延寿消三灾，死后度九厄离五苦的道教修戒思想。

（三）承继施善解厄、济世救人的行道思想

巫师授戒加冠仪式传承了道教济世度人的思想。道教以济世度人为最大功德，南方少数民族中瑶族就认为度戒后可以救助他人③。壮族认为巫师通过加冠可获得救人的本领。道公授予巫师的《泰上正升玄燥简箓牒》记述了巫师掌兵马以治病救苦的作用，不仅与道教济难的教义一致，而且体现出助人理念，牒文记述："化助国教救人民，济□利显，躯邪治病救人民。"道教中的授箓与济世救人密切相关，《正一修真略仪》说："《真经解》云：箓，录也。修真之士，既神室明正，然摄天地灵祇，制魔伏鬼。"④ 箓是天上的灵文，为神灵之真言，持箓者好运连连，可诏告天地万灵。唐末杜光庭编纂的《太上正一阅箓仪》曰："授传秘箓延生飞化三五品文，内正身心，和宁神炁……使妖恶不侵，灾害不扰。"⑤ 早期天师道法箓《太上正一盟威法箓》中载有所授箓需遵循的规矩，"要当扶助天师医治百姓疾病，不得轻泄淫盗……但当慈仁育孝，敬老爱少，父母兄弟"⑥。道教授箓的宗旨以救苦治病、仁慈孝顺、敬老爱少为主。

壮族巫师在加冠仪式中，表达了触犯"家、国、君、长"而忏悔赎罪的思想。仪式的"拜忏"环节中，道公念诵壮族经文《大安楼坛鬼婆官员科》，鞠躬敬礼恭请三十六州县洞仙官、六十郎相神仙，对过去罪行发愿忏悔："悖逆君

---

① 《上清灵宝大法》，《道藏》第31册，第651页。
② 《无上玄元三天玉堂大法》，《道藏》第4册，第69页。
③ 张泽洪：《瑶族社会中道教文化的传播与衍变——以广西十万大山瑶族度戒为例》，《民族研究》2002年第1期，第42页。
④ 《正一修真略仪》，《道藏》第32册，第175页。
⑤ 《太上正一阅箓仪》，《道藏》第18册，第286页。
⑥ 《太上正一盟威法箓》，《道藏》第28册，第466页。

主,不敬于上,悔慢神灵,恐□风雨,诸如此罪,历世结缠,恭封本坛,虔诚忏悔。"这与道教关于赎罪、解罪、求善的思想理念相一致,《正统道藏》洞真部《雷霆玉枢宥罪法忏》恭迎的是"九天应元雷声普化天尊、九霄雷霆帝真卿师使相、十方诸天帝君、三十六天上圣"①。道教经典在对罪恶的陈述上涵盖的内容更广,罪行主体以触犯"天地、星辰、君师、父母、亲朋、众生"等为主,内容涵盖更多层面:"冒触天地,呵毁风雨,裸露星辰,违背君师,忤逆父母,欺凌孤弱。"②道教《太上感应篇》有劝人行善积德、止恶行善的意涵,被誉为是"古今第一善书"。壮族经文《太上设出圣灵仙宝忏》沿袭了"太上"的内涵。《太上感应篇》载:"太上曰:祸福无门,惟人自召;善恶之报,如影随形。"③以此十六字为纲,列举了二十多项善行、一百多项恶业,其中大篇幅对善恶进行陈述:"非忠无君,非孝无亲。舍是二者,兽而不人。"④壮族巫师加冠以道教教义为核心,重点表现了忏悔罪恶、消业除障等思想。正一派认为授箓制度是正一派的传统,意义在于健全正一派的教戒和规范,是勉励和规范行为的准则,使修道之士明正道,提高相应的度己救人的能力⑤。正一派的思想教义体现在壮族巫师加冠仪式中,济世度人的思想形塑了壮族巫师的行动,壮族道公教积极吸纳巫师入道,巫师则主动接收道教思想。

(四)承载修心正念、升天成仙的持道夙愿

壮族巫师的授戒加冠不仅是对地位、法力的升阶,而且延续着以授戒为载体、以行善助人为旨要、升天成仙为追求的修道夙愿。加冠后的巫师以现世法力阶位的升高及身后得道升天成仙的愿望为归属。关于长生成仙的描述,壮族经书《小安楼坛巫婆官员科》载:"灯燃福谢,愿保长生,臣法种等,志心归命礼。"这是"请神"仪格中的祈福求愿、祈保长生。关于道教中修行成仙的表述,北宋张君房编纂《云笈七签》卷八十八载:"一举而登其天门,变瓦砾于金丹,改容仪于玉液,造化由己,修行在心。"⑥欲求升天成仙,需修道于个人内

---

① 《雷霆玉枢宥罪法忏》,《道藏》第3册,第552页。
② 同上书,第553页。
③ 《太上感应篇》,《道藏》第27册,第6页。
④ 同上书,第15页。
⑤ 袁志鸿:《道教正一派授箓与全真派传戒之比较研究》,《世界宗教研究》2003年第4期,第82页。
⑥ 《云笈七签》,《道藏》第22册,第616页。

心，不以享乐、贪念固执自身。壮族文书《受戒牒》提到"十方至尊太上尊高尊意，却度人升天，主教慈悲斋度，普及群生"，彰显了度人之外的得道成仙思想，牒文提到巫师生前救人惠及众生，逝后升天成仙、利济阴阳的旨要。

德保壮族民间认为，加冠后的巫师身后能升天成仙，成为掌管一方的土地公或天界小神，穿梭于天人之间，祈福纳祥、助人为乐。道教"得道成仙"的教义在少数民族地区发生了不同的演化，瑶族中过山瑶的成仙信仰就表现出以彼岸为重的特点①。壮族巫师显然也受到道教得道升天的思想塑构。德保、靖西一带的道公认为，每年的小年是神灵聚会的时间，届时各路土地公和众路神仙要上天聚会七天，所以小年之后的七天内，各家各户可以扫除一年的污秽，可以任意搬动家中物品，喜迎春节和神灵赐福；大年三十土地公和神灵们统一下凡，体察民情民意，视察人间疾苦，观察善恶罪行，赐福善良人家，判罚罪业恶行，所以从大年三十家里不能搬动东西，因神仙已降不可惊神，安稳过年则一年顺畅②。关于道教神仙境地，《云笈七签》说："大罗之境，无复真宰，惟大梵之气，包罗诸天。"③ 大罗之天为胜境之极，仙境有三十六天，《云笈七签》天地部说："三十六天上下相承，中为天关，皆为中斗璇玑。"④ 壮族巫师持道升天成仙的意愿，体现出道教成仙思想的塑构。

## 五、结　语

道教是南岭走廊流传广泛的主体宗教，对我国西南少数民族产生了较深影响。历史上道教与广西壮族的原始宗教融合，形成了具有道教特征、本土特点的壮族道公教。桂西民间的宗教仪式演呈出壮族道公教的承继和发展进路，为壮族地区道教与巫教的融合创造了条件。壮族巫教在保留原有民俗特征的同时，充分融入道教系统并进行改造升级，转变成为壮族道公教的一部分。通过对壮族道巫融合的仪式现场分析，我们知道壮族巫师授戒加冠后不仅能行使巫

---

① 徐祖祥：《论过山瑶道教的科仪来源和教义特点》，《贵州民族研究》2003年第2期，第153—154页。
② 根据笔者2019年9月在广西德保的调研笔记整理。
③ 《云笈七签》，《道藏》第22册，第159页。
④ 同上书，第160页。

的职能，还获得了道教的入教身份，一定程度反映出了壮族道公教和巫教的运行轨迹。从教理、教义分析，壮族巫师加冠受到了道教灵宝派、天心派等教派思想影响，仪式呈现出正一道授箓的思想要素，巫师授戒后皈依"道经师"三宝，道公还授予其巫师"九真戒"作为修道的戒规。加冠仪式文书"阴阳两牒"及"授戒牒"，其思想源流、内涵要义等均源自道教授箓制度。壮族巫师除获得"铜牌、铜盘、铜链、折扇"等常规法器及一定数量的兵马外，道公还授予其"道经师宝印、三洞经箓印、经简印、北极驱邪印、太玉上三清大洞印、太上老君印、接度印"等代表道教传承且具法力的法印。道教的授箓仪式衍化为壮族巫师的授戒加冠仪式，表明壮族巫师加冠仪式是道教授箓仪式的一种延展。

道教在壮族地区的传播过程充满了道教壮族化的色彩。桂西壮族巫教与道教的融合现象，是文化内涵和信仰形态的同质特征，神灵体系和多神崇拜的共通理念，多元和平等互助的传播思想，文化诉求和宗教市场的共同需要等多重因素影响下的结果。壮族巫教与道教本质上具有共通的文化背景和历史渊源，历史上道教在少数民族地区的传播已经吸纳了当地原始宗教成分，而壮族巫教受道教影响表现出现世救助他人、除厄解难的职能特征及身后得道成仙、济世度人的夙愿。从历史和现时的文化分析，在价值融合的基础上壮族道公教对巫教进行了改造，形成壮族道巫融合的文化复合体。壮族巫教经过与道教的同源互感，再到融本塑形的改造升级，正式成为了道教的一部分。

壮族巫师授戒加冠仪式具有宗教融合的特征，在宗教文化融合的视域下呈演出壮族纳巫入道的进路。从历时和共时来看，宗教文化融合涉及各民族信仰体系中不同成分的互动，同时又包含同一民族的不同宗教话语的博弈①。在南岭走廊西段的壮族聚集区，以道教为主的文化与本土信仰互动，多元的文化要素交往促成了壮族群众生活中的宗教文化的融合，授戒加冠仪式体现的文化涵化过程也反映在壮族群众的生活习俗中，这就是壮族巫师授戒加冠仪式中蕴含的人类学意义。桂西壮族信仰习俗中形成的文化复合体，不仅是壮族神职人员的个体行为活动，而且是宗教信仰与价值体系的重构。在纳巫入道的仪式中，壮族巫师价值体系得以重构，一定程度上影响了壮族社会的运行和社会秩序的建构。

---

① 王建新：《宗教文化融合三题——以人类学的视角》，《中国宗教》2010年第3期，第22页。

# 七十年来黄天道研究的回顾与展望

吕云泽　朱展炎

**内容提要**：黄天道是明清民间宗教的重要教派之一，自20世纪40年代李世瑜"发现"黄天道以来，经几代学者的共同努力，黄天道研究在深度和广度上均取得重大进展。20世纪八九十年代，在黄天道教祖、传承谱系、内丹修炼、流布、教义经典等领域均有开创性研究，为后续深入研究奠定了坚实的基础。21世纪以来，黄天道研究的面向进一步拓宽，体现在黄天道与民间文学、黄天道与佛道关系、黄天道与传教家族、黄天道与地方社会等问题的提出。近十年来，随着田野调查的不断推进和大批新材料的发现和公开，黄天道研究呈现出新的趋势、新的特点。

**关键词**：黄天道；宝卷；民间宗教

黄天道，又称黄天教、皇天道，是明朝嘉靖年间由李宾在直隶万全卫创立的民间宗教，诞生后不久即在华北及江南地区广泛传播，在中国民间宗教史上占据重要地位[①]。自李世瑜先生1948年在《现在华北秘密宗教》中首开先河，黄天道研究始终在明清民间宗教研究中占据举足轻重的地位。随着近年来

---

\* 本文系国家社科基金项目"道教护童仪式研究"（20BZJ037）阶段性成果。本文在撰写过程中得到了中国社会科学院民族学与人类学研究所梁景之研究员的悉心指导，在此表示感谢。

\*\* 吕云泽，男，山东潍坊人，四川大学道教与宗教文化研究所硕士研究生；朱展炎，男，广西贺州人，四川大学道教与宗教文化研究所副研究员。

① 马西沙、韩秉方：《中国民间宗教史》上册，北京：中国社会科学出版社2004年版，第308—310页。

田野调查的不断推进和新资料、新视角的引入，黄天道研究进入了新的阶段。然而黄天道研究作为专门研究相对较少的细分领域，其学术脉络始终没有得到详细梳理。本文从黄天道的历史、黄天道的教义与经典、黄天道与佛道的关系三个方面，将70年来的黄天道研究脉络分为1948年至20世纪80年代、20世纪80年代至2010年、2010年以来三个阶段。

## 一、对黄天道历史的研究

黄天道的研究始于1948年李世瑜先生的《现在华北秘密宗教》。在该书第一章《黄天道》中，作者结合田野调查和历史文献重新挖掘出黄天道数百年的历史，梳理其地理分布、教祖传说、教义经典、宗教仪式和历史沿革，利用有限的条件相对完整地呈现了黄天道的基本情况，其中提出若干当时难以解决的具体问题也在后续黄天道研究中显示出重要的价值。另外在梳理黄天道经典时，《现在华北秘密宗教》兼顾了黄天道独有经典和众多教门共用的带有浓重民间信仰色彩的各类经忏[①]。虽然该书的研究内容受到时空上诸多局限，但其对黄天道研究的开创性意义是如何强调也不为过的。

由于历史原因，此后相关领域的研究陷入较长时间的停滞。20世纪80年代以来，随着民间宗教研究的复苏，黄天道研究的相关著述也逐渐出现。较早期的研究着重于利用宝卷和官方史料梳理黄天道的教祖传承和大致历史脉络。喻松青的《黄天道研究初探》利用多种宝卷梳理了普明的生平，详细辨析了普净、普贤、普静、普善等多位黄天道重要教祖的身份及相互间的关系，大致理清了从普明到普善的黄天道内部承继脉络[②]。马西沙的《黄天教源流考略》《外佛内道的黄天教》则侧重讨论黄天教与道教的关系，并指出其早期的兴盛与当时社会的崇道氛围有关[③]。张莉的《黄天教在清代的传播》利用乾隆二十七年（1762）清政府查获黄天教据点碧云寺的相关奏折档案详细讨论当时黄天教的传

---

[①] 李世瑜:《现代华北秘密宗教》，上海：上海文艺出版社1990年影印版，第10—31页。
[②] 喻松青:《明清白莲教研究》，成都：四川人民出版社1987年版，第117—130页。
[③] 马西沙:《黄天教源流考略》，《世界宗教研究》1985年第2期，第1—19页；马西沙:《外佛内道的黄天教》，《文史知识》1987年第5期，第94—98页。

教活动,并进一步梳理黄天教在清朝的传播情况和其"反清复明"思想①。王见川的《黄天道前期史新探——兼论其支派》除了详细考辨黄天道前期历史的诸多细节,更首次梳理出从早期北方黄天道到南方长生教的传承路径②。

21世纪以来,黄天道研究的广度和深度都有所增加。濮文起的《神圣家族:明清时代民间宗教世界的传教世家》以黄天道李氏家族等五个传教家族为代表,考察明清民间宗教传教世家的开创者、经济状况、自我神化手段和政治诉求,认为其客观上产生了一定的积极影响③。吴昕朔的《中国明清时期的黄天道:宗教与政治层面的考察》综合考虑黄天道的自身特点和其所处的社会宗教环境,讨论黄天道长期存续和遭到政府打击的内外原因,认为黄天道的宗教倾向大于政治倾向,它是以农民为主的民间宗教结社团体,其性质并非邪教而是新兴的地方小传统。作者通过黄天道与其他民间宗教结社的对比,强调其作为民间宗教结社具有多样性、复杂性④。曲晓范的《清末民初中国东北地区黄天教活动考》梳理了清末民初东北黄天教的历史和基本情况,认为鼠疫流行、政治动荡和革命党人参与是其流行的主要原因⑤。王琦的《清末民初黄天教在东北地区的传播活动考略》进一步利用报纸资料考察东北黄天教的传播情况,从组织架构和传播策略的角度分析其迅速扩张的原因⑥。二文都认为清末东北黄天教即源自普明所创华北之黄天道,但并未从教义和组织的层面对二者间的关系进行辨别考释。东北黄天教夫妻异室、头缠黄巾等特点在华北黄天道身上并无体现,二者已知之经典亦无重合,其组织联系也难以查证,很有可能仅为同名异教。

此外,对黄天道历史的研究往往成为各种民间宗教和秘密社会研究专著的

---

① 张莉:《黄天教在清代的传播》,《历史档案》1996年第3期,第97—101页。
② 王见川:《黄天道前期史新探——兼论其支派》,《明清以来民间宗教的探索》,台北:台湾商鼎文化出版社1996年版,第56—58页。
③ 濮文起:《神圣家族:明清时代民间宗教世界的传教世家》,《求索》2006年第7期,第139—141页。
④ 吴昕朔:《中国明清时期的黄天道:宗教与政治层面的考察》,"国立"政治大学宗教研究所硕士学位论文,2004年。
⑤ 曲晓范:《清末民初中国东北地区黄天教活动考》,《北华大学学报》(社会科学版)2005年第4期,第50—55页。
⑥ 王琦:《清末民初黄天教在东北地区的传播活动考略》,《淄博师专论丛》2020年第1期,第25—29页。

重要组成部分。马西沙、韩秉方合著《中国民间宗教史》第八章《外佛内道的黄天教》在详细整理黄天教历史概况的基础上重点关注了其与道教和其他民间宗教的关系①。马西沙在《中国民间宗教简史》第七章《黄天教与弘阳教》中理顺了黄天教历代教首的承继关系,整理出了现存黄天教经典目录,阐述了黄天教在以丹道为核心的教义和戒律道场等方面具有的浓烈的道教色彩②。濮文起在《秘密教门:中国民间秘密宗教溯源》第三章《明代的秘密宗教》中概述了黄天道的历史和教义,认为长生教为黄天道在江南地区的支派并分析其对黄天道教义的继承和发展③。秦宝琦《中国地下社会》第一卷第八章《黄天教及其在清代的流传》在概述黄天教基本信息的基础上,结合文献和实地调查详细梳理了普明的生平,以宽阔的视角考释了黄天教与圆顿教、罗教、应(殷)继南无为教、龙华会及长生教之间的关系,并对《普明无为了义宝卷》《普静如来钥匙宝卷》等黄天教核心经典做了较为详尽的介绍④。曹新宇、宋军、鲍齐《中国秘密社会》第三卷第三章《黄天道及其影响》重点介绍了黄天道在清朝的历史,论述普静一系对黄天道教义的改造及其对长生教等的影响,第十二章《清代秘密教门内部的神化》则梳理了黄天道创世神化的源流和衍变⑤。此外,任继愈《中国道教史》专列第十八章《黄天教与道教》介绍黄天教的基本状况,认为黄天教代表了明清时期道教在民间传播形式的一个侧面⑥。冯佐哲、李富华《中国民间宗教史》在第九章介绍了黄天教和长生教的情况⑦。南炳文主编《佛道秘密宗教与明代社会》也有章节论述黄天道的宗派传承和教义特点⑧。

20世纪下半叶海外研究黄天道的主要阵地为日本,其中先驱者当属泽田瑞穗。其宝卷研究的代表性著作《增補寶卷の研究》专列一文探讨黄天道的历史沿革,对若干与黄天道相关的宝卷尤其是对《虎眼禅师遗留唱经卷》《众喜宝

---

① 马西沙、韩秉方:《中国民间宗教史》上册,北京:中国社会科学出版社2004年版,第308—369页。
② 马西沙:《中国民间宗教简史》,上海:上海人民出版社2005年版,第242—272页。
③ 濮文起:《秘密教门:中国民间秘密宗教溯源》,南京:江苏人民出版社2000年版,第74—92页。
④ 秦宝琦:《中国地下社会》第1卷,北京:学苑出版社2009年版,第263—307页。
⑤ 曹新宇、宋军、鲍齐:《中国秘密社会》第3卷,福州:福建人民出版社2002年版,第76—94页。
⑥ 任继愈主编:《中国道教史》,上海:上海人民出版社1990年版,第683—718页。
⑦ 冯佐哲、李富华:《中国民间宗教史》,台北:台北文津出版社1994年版,第267—272页。
⑧ 南炳文:《佛道秘密宗教与明代社会》,天津:天津古籍出版社2001年版,第158—160页。

卷》的介绍和阐析为黄天道的进一步研究提供了资料支持①。浅井纪的《黄天道とその寶卷》在其收集的三种黄天道宝卷的基础上考辨黄天道的历史和教义,着重分析黄天道受三教的影响及其弥勒救世思想②。此外,大部理惠在其《中国明清代民間宗教結社の教義に関する一考察:黄天道の寶卷を中心として》中也以宝卷为基础考察黄天道的教义③。关于黄天道的专文还有 Richard Shek 的 *Millenarianism without Rebellion: the Huangtian Dao in North China*,其在梳理黄天道历史和教义的基础上,对当时的两种学术观念提出质疑:其一认为"民间佛教"的指称不确,认为黄天道等民间教派受道教影响也很重;其二认为以黄天道为代表的部分持末世思想的教派并非徒为政治活动的宗教外壳,其自身的宗教观念对底层人民具有很强吸引力,足以与正统宗教形成竞争关系④。俄罗斯对黄天道的研究主要基于东方文献研究所的珍本宝卷。司徒洛娃出版了黄天道宝卷《普明宝卷》的注释译本,并进行了专门研究⑤。白若思在其博士论文 *The development of the Mulian story in Baojuan texts(14th—19th century)in connection with the evolution of the genre* 中详细考辨了《佛说利生了义宝卷》的文本内容,并联系史料分析了黄天道吸收和改造目连故事使其更加符合自身教义的过程⑥。由于材料不足的限制,以上研究中的部分具体观点在今天看来值得商榷,但其不同的思路和角度仍然可供参考。

近十年来,随着相关田野调查的进行和大量新资料的发现,新材料与新视角的引入使得对黄天道历史的研究进入了新的高峰期,并出版了黄天道研究领域的第一本专著。濮文起《明代黄天道九祖普静探究》首次专文论述黄天道历史上重要的宗教家普静,对其姓名、籍贯、出身、生平等进行详细考证,推究其在黄天道传承谱系上的地位。该文认为普静在思想上吸收佛教"圆顿""法

---

① 泽田瑞穗:《增補寶卷の研究》,东京:图书刊行会 1975 年版。
② 浅井纪:《黄天道とその寶卷》,《東海大学紀要》文学部 1997 年第 9 期,第 1—19 页。
③ 大部理惠:《中国明清代民間宗教結社の教義に関する一考察:黄天道の寶卷を中心として》,《言語・地域文化研究》1996 年第 2 期,第 177—204 页。
④ Richard Shek, *Millenarianism without Rebellion: the Huangtian Dao in North China*, Modern China, 3(1982):305-336.
⑤ 白若思、姜婉婷:《俄罗斯宝卷研究述略》,《中国社会科学报》2020 年 07 月 31 日,A06 版。
⑥ Berezkin Rostislav, *The development of the Mulian story in Baojuan texts(14th—19th century)in connection with the evolution of the genre*, Ph. D. diss., University of Pennsylvania, 2010.

华"思想,推崇弥勒,重视内丹,在教内地位崇高,在教外对大乘天真圆顿教等其他教门具有重大影响[1]。梁景之《华北黄天道寺庙壁画"降妖图"析论》以河北万全县普明庙壁画为核心,结合宝卷文献考证黄天道早期的发展状况,梳理了黄天道在"邪师杂祖"遍布的复杂宗教环境中以"二十四会"为基石逐步兼并融合其他教门的过程。此外,文章还结合黄天道所处的乡土社会环境考察其组织特点[2]。《黄天道寺庙壁画图像阐微》以河北省万全县两座普明庙发现的黄天道壁画为核心,通过解析其反映的施善和布教两大主题,还原普明夫妇民间形象的确立和黄天道与地方乡土社会的互动过程,通过梳理其反映的各种普明相关传说,辨析普明师承、黄天道创教时间等具体问题,归纳普明早期布道的特点[3]。《寺庙、经卷、符印:华北黄天道调查发现》介绍了近年来发现的华北黄天道资料群的构成情况,提示图像资料在黄天道研究中应当得到重视[4]。《华北新见黄天道寺庙壁画初探》介绍了几座普明庙壁画的基本情况,并结合宝卷、地方志等文献详细探讨了普明的出身和早年经历问题[5]。《还源祖、还源古佛与明宗会源流考论》将对黄天道历史的考察置于各种民间宗教互相交融的历史环境中,讨论黄天道与华北诸民间宗教的关系,并触及之前较少得到关注的明宗会问题[6]。曹新宇《新发现黄天道帛书和写经的文献价值》充分说明了新发现黄天道文献的历史价值[7],《膳房堡历史上的宗姓与村庙:华北农村田野调查手记》则充满丰富的现场细节[8],二者共同证明深入田野进行调查的必要性。《明清民间教门的地方化:鲜为人知的黄天道历史》充分利用各类资料对黄天道四百余年的历史做了一定梳理,从教内和乡土的视角讨论教权、庙权、宗

---

[1] 濮文起:《明代黄天道九祖普静探究》,《世界宗教研究》2020年第5期,第70—84页。
[2] 梁景之:《华北黄天道寺庙壁画"降妖图"析论》,《中国国家博物馆馆刊》2015年第7期,第93—102页。
[3] 梁景之:《黄天道寺庙壁画图像阐微》,《宗教学研究》2015年第2期,第250—257页。
[4] 梁景之:《寺庙、经卷、符印:华北黄天道调查发现》,《宗教人类学》2017年第0期,第2、365—380页。
[5] 梁景之:《华北新见黄天道寺庙壁画初探》,《世界宗教研究》2014年第4期,第81—92页。
[6] 梁景之:《还源祖、还源古佛与明宗会源流考论》,《世界宗教研究》2021年第3期,第257—264页。
[7] 曹新宇:《新发现黄天道帛书与写经的文献价值》,《中国社会科学报》2013年8月21日,A05版。
[8] 曹新宇:《膳房堡历史上的宗姓与村庙:华北农村田野调查手记》,《中华读书报》2013年7月17日,013版。

族和政府之间的复杂关系，澄清黄天道从"香会"到"村社"不断地方化的转化过程①。《祖师的族谱：明清白莲教社会历史调查之一》为学界首部黄天道研究专著，总结了作者多年来对黄天道研究的成果，尤其注意了黄天道作为民间教门与所处的社会环境之间的互动。该书关注了卫所制度下的特殊社会环境对普明的宗教生涯产生的重大影响，梳理了普明、普光夫妇的生平年表，重新审视了普光、普贤等黄天道女性教首的宗教活动和历史地位，通过对版本的对比和教义的考释从新的角度解读《佛说皇极结果宝卷》的年代之争，这与作者论述的黄天道宝卷与"成化禁书"及"银城"信仰的关系问题都证明，黄天道研究与民间宗教研究是不可分割的整体关系。此外，该书还讨论了黄天道宝卷中的星神历日及其与中古夷教的关系，附录中收录的大量黄天道符箓牌印也是黄天道研究的重要资料。该书在某些专题性实地调查方面，如关于膳房堡许氏传教家族历史、黄天道普明祖籍的调查及其相关民间传说的搜集整理等方面，多有新的发现和心得，其中新资料的发现和运用是其最大特点②。

## 二、对黄天道教义和经典的研究

对黄天道经典尤其是宝卷的收集和梳理是黄天道研究的坚实基础和重要领域。自1961年李世瑜编著《宝卷综录》以来，历次重要的宝卷集目编纂中都可以看到黄天道宝卷的身影，黄天道宝卷的新近发现和编目也在不断推进。1983年喻松青从我国著名藏书家周绍良处借阅并披露《佛说利生了义宝卷》，喻松青的《新发现的〈佛说利生了义宝卷〉》介绍了其主要内容与结构，并指出其中无生老母地位、弥勒信仰演变和重视考选对号等尚待与其他宝卷结合综合研究的问题③。1998年车锡伦编著的《中国宝卷总目》首次在较为完整地整理当时发现的宝卷名目的基础上，标注了部分黄天道宝卷的教派归属④。马西沙则在《中国民间宗教简史》中首次较为完整地整理了黄天道的核心宝卷体系，并明确

---

① 曹新宇：《明清民间教门的地方化：鲜为人知的黄天道历史》，《清史研究》2013年第2期，第1—25页。
② 曹新宇：《祖师的族谱：明清白莲教社会历史调查之一》，台北：博扬文化事业有限公司2016年版。
③ 喻松青：《明清秘密宗教经卷研究》，台北：联经出版社1994年版。
④ 车锡伦编著：《中国宝卷总目》，台北："中央"研究院中国文哲研究所筹备处1998年版。

列出了已见重要的黄天道宝卷名录。进入 21 世纪以来，宋军的《新发现黄天道宝卷经眼录》披露了新发现的黄天道宝卷文献①。2012 年，中国人民大学在河北万全县进行的田野调查中发现了大量新见黄天道经卷，大大推动了黄天道的研究②。2013 年《明清秘密社会史料撷珍·黄天道卷》正式出版③，为黄天道研究提供了更加丰富的资料支撑。

　　自 20 世纪 80 年代以来，黄天道的相关研究不断深入，其教义及经典的研究广受关注，尤其是部分归属黄天道的宝卷对整个明清民间宗教研究都具有重要意义。喻松青作为黄天道研究的先驱，对重要宝卷《普明如来无为了义宝卷》和《佛说利生了义宝卷》进行了详细剖析④。濮文起《明代黄天道及其教义思想简论》论述了黄天道内部李氏家族和普静一系的区隔和联系，梳理了黄天道主要宝卷，并对比其作者、背景和教义的侧重方向，结合官方档案论述了黄天道的政治观⑤。

　　近十年来，新材料和新方法的引入使得对黄天道经典的考释在广度和深度上都更进一步。首先是集中利用新材料填补过去的学术空白。梁景之《华北新见清代经书"手卷"绘图释义》以手绘图像为核心，讨论了三佛应劫思想在黄天道信仰中的流变和民间宗教中银城的三重含义⑥。《清抄本〈文华手卷〉管窥》讨论了圆顿、圆洞、圆通等黄天道术语的教内含义，梳理了早期黄天道圆顿皇极体系的形成历史和组织架构特点，并以黄天道与许氏家族的关系为主线进一步探讨黄天道组织体系的衍流及其与乡土社会的关系⑦。濮文起、秦崇文《黄天道经卷的新发现——〈佛说大乘通玄法华真经〉索解》考证了宝卷的产生年代和作者，梳理其结构、内容和思想内涵，通过总结其对黄天道核心教义的继承和改造，重新考辨普静一系在黄天道历史上的地位，此外本文还提到西北

---

① 宋军：《新发现黄天道宝卷经眼录》，《台湾宗教研究通讯》2003 年第 6 期，第 137—155 页。
② 曹新宇：《新发现黄天道帛书与写经的文献价值》，《中国社会科学报》2013 年 8 月 21 日，A05 版。
③ 曹新宇主编：《明清秘密社会史料撷珍·黄天道卷》，台北：博扬文化 2013 年版。
④ 喻松青：《明清秘密宗教经卷研究》，台北：联经出版社 1994 年版。
⑤ 濮文起：《明代黄天道及其教义思想简论》，《贵州大学学报》（社会科学版）2009 年第 27 期，第 135—139 页。
⑥ 梁景之：《华北新见清代经书"手卷"绘图释义》，《世界宗教研究》2020 年第 2 期，第 84—91、194 页。
⑦ 梁景之：《清抄本〈文华手卷〉管窥》，《青海民族研究》2020 年第 2 期，第 198—203 页。

地区黄天道经卷的发掘现状和重要价值①。曹新宇的《"银城图"考》利用图像资料直观呈现银城信仰的内容,梳理银城信仰在历史上的流变过程,分析其在黄天道教义体系中的作用②。其次是对已有材料的深入考释和新角度利用。孙欣怡的《〈九莲经〉研究》考辨了《九莲经》的版本、结构及其衍变历史,考证其与黄天道的教派归属关系③。隋爱国的《〈佛说皇极结果宝卷〉考论》在考辨该宝卷年代和背景的基础上,从主神信仰、教理依据和修持技术等方面辨析其对黄天教宝卷的继承和改造,提出黄天道对其他明清民间宗教的影响应当得到更多重视④。刘亚新的《〈孟姜女宝卷〉中的民间宗教思想》将传统认为的非教派宝卷《销释孟姜忠烈贞节贤良宝卷》引入黄天道研究,认为其为黄天道信仰者改编而成,表现了黄天道的普贤崇拜和无生老母信仰,并分析民间宗教的思想观念对各种孟姜女宝卷的影响⑤。沈伟华的《龙华三会思想的形成及其与民间宗教之关系》梳理弥陀信仰和弥勒信仰在中土佛教、罗教和黄天教系统中的衍变,认为黄天教重拾了被罗祖批判的外在化拯救路径,把弥勒下世信仰与无生老母的主神崇拜、三佛治世的时空秩序融合起来⑥。《刍议黄天教无生老母信仰的形成及其在民间宗教信仰体系中的地位》则主要论述黄天教重拾被罗祖批判的无生父母观念,并塑造了无生老母慈爱的形象和期盼失乡子女的神道故事,认为黄天教对无生老母信仰成为各民间教门共奉观念起到重要作用⑦。二文从整个民间宗教思想史的角度考察了黄天教的历史作用,认为黄天教首次系统阐释并广泛发扬了以"无生老母,真空家乡"和龙华三会为核心的民间宗教共有观念。

---

① 濮文起、秦崇文:《黄天道经卷的新发现——〈佛说大乘通玄法华真经〉索解》,《宗教学研究》2020年第2期,第236—243页。

② 曹新宇:《"银城图"考》,《中国秘密社会与民间文化——庆贺秦宝琦教授八秩华诞论文集》,福州:福建人民出版社2015年版,第120—133页。

③ 孙欣怡:《〈九莲经〉研究》,上海师范大学硕士学位论文,2009年。

④ 隋爱国:《〈佛说皇极结果宝卷〉考论》,《世界宗教文化》2015年第2期,第137—141页。

⑤ 刘亚新:《〈孟姜女宝卷〉中的民间宗教思想》,《韶关学院学报》2019年第1期,第21—25页。

⑥ 沈伟华:《龙华三会思想的形成及其与民间宗教之关系》,《南京林业大学学报》(人文社会科学版)2013年第4期,第48—55页。

⑦ 沈伟华:《刍议黄天教无生老母信仰的形成及其在民间宗教信仰体系中的地位》,《淮阴师范学院学报》(哲学社会科学版)2013年第5期,第647—651、700页。

## 三、对黄天道与佛道关系的研究

自马西沙先生做出黄天道"外佛内道"的论断以来,作为受佛道影响的民间宗教的典型范例,黄天道与佛道的关系在黄天道研究中一直广受瞩目。马西沙的《宝卷与道教的炼养思想》认为道教对黄天道的主要影响在于修炼内丹以达成长生久视的根本要旨及保持身心清净、将人身与宇宙对照等相关内丹观念,而其与道教内丹思想的分歧之处,除其驳杂性外,在于前者与三教应劫的世界观的紧密联系。此外,该文还指出黄天道对于明清民间宗教中内丹思想的普遍流行起到重要作用①。石衍丰《近现代民间秘密宗教中的神仙信仰》从宇宙观与创世论、道教仙术与斋醮、直接供奉道教神灵三个方面分析道教对民间秘密宗教神仙信仰的影响,认为黄天教是道教内丹修炼在民间宗教中通俗化、普及化的典型例证②。刘平、唐雁超《明清民间教派中的道教因素》结合宝卷指出黄天教的核心教义即通过丹道修炼实现长生成仙的思路与方法主要源自道教内丹派,并讨论了黄天教的太阳崇拜与道教的关系③。孔祥涛《明清、民国时期民间教派的太阳神》论述了日月崇拜在黄天教信仰体系中的崇高地位,认为其太阳神崇拜即是明清道教世俗化和三教合一思潮的产物,又起到神化教主的作用④。潘显一、汪志斌《新发现〈金刚宝忏〉考》则显示了黄天道与佛道关系的另一个侧面,即形式上的直接混同、思想上的相互融合和宗教精神上的企图超越并存,反映了黄天道在不同宗教环境下与佛道之间的复杂关系⑤。匡钊《明清会道门的内丹修炼》在梳理从罗教、黄天教到一贯道的会道门历史上内丹思想衍变的基础上,详细考释了民间宗教在教义和语义上对其佛教式的世界观和道教式的内丹术所做的融合;文章还注意到会道门中内丹修炼在宗教医疗、身份认同乃至彼岸超越等不同阶段的不同功能⑥。陈毓罴的《〈红楼梦〉与民间信

---

① 马西沙:《宝卷与道教的炼养思想》,《世界宗教研究》1994年第3期,第63—73、155页。
② 石衍丰:《近现代民间秘密宗教中的神仙信仰》,《宗教学研究》1996年第1期,第71—76页。
③ 刘平、唐雁超:《明清民间教派中的道教因素》,《安徽史学》2010年第6期,第22—28页。
④ 孔祥涛:《明清、民国时期民间教派的太阳神》,《民俗研究》2005年第1期,第96—104页。
⑤ 潘显一、汪志斌:《新发现〈金刚宝忏〉考》,《四川大学学报》(哲学社会科学版)2009年第2期,第45—50页。
⑥ 匡钊:《明清会道门的内丹修炼》,《兰州大学学报》(社会科学版)2011年第5期,第7—13页。

仰——读甲戌本札记》提出《红楼梦》第二十五回马道婆的相关情节表明黄天道盛行一时，已由民间深入社会上层，且各类方术在其宗教体系中占据重要地位，这无疑展示了黄天道与道教社会形象关系的一个侧面①。胡义成、万晴川、蔡铁鹰等对黄天道与《西游记》关系的一系列研究则展现了黄天道将内丹修行吸收为其核心教义的过程中与金丹道、罗教和明清小说之间的互动过程②。

## 四、总结与展望

自李世瑜先生首次"发现"黄天道以来，虽几经波折，黄天道研究依然在深度和广度上取得了长足的发展。20世纪八九十年代的研究主要聚焦于黄天道内部尤其是教祖的传承与谱系，并对黄天道的主要经典进行搜集和梳理，为后续深入研究奠定了坚实的基础。21世纪以来，黄天道研究的面向更加宽广，黄天道与民间文学、黄天道与佛道关系、黄天道与传教家族、黄天道与地方社会等问题的提出拓宽了黄天道研究的视野。近十年来，随着田野调查的重新开展和大批新材料的发现和公开，以及新一代学者的加入，黄天道研究呈现出新的气象。在材料运用上，近年来的黄天道历史研究重新采取田野调查的路径，并在此基础上重视图像资料的挖掘和各种材料的综合运用。在研究思路上，在深入研究黄天道内部的同时，将黄天道研究与其置身的乡土环境结合起来，将研究者的视角从少数的官方档案和教首承继问题上解放出来，大大拓宽了黄天道的研究面向。在具体问题上，近年来的黄天道研究将黄天道历史由留有官方资

---

① 陈毓罴：《〈红楼梦〉与民间信仰——读甲戌本札记》，《红楼梦学刊》1995年第1期，第129—142页。
② 胡义成：《今本〈西游记〉定稿前的创作"冲刺"——论明代中末期民间秘密宗教对"西游故事"的利用和再创作》，《社会科学论坛》2010年第4期，第110—128页；万晴川：《明清小说与民间秘密宗教及帮会之关系论纲》，《江西师范大学学报》2005年第5期，第73—78页；万晴川、赵玫：《西游故事在明清秘密宗教中的解读》，《淮阴师范学院学报》（哲学社会科学版）2006年第3期，第327—331、398、419页；万晴川：《以明清民间宗教宝卷考察〈西游记〉的版本演变》，《中国文学研究》（辑刊）2007年第1期，第296—311页；万晴川：《民间秘密教门经卷书写与古代小说》，《明清小说研究》2008年第3期，第6—17页；万晴川：《论〈北游记〉与民间秘密教门的关系》，《关东学刊》2021年第1期，第88—97页；蔡铁鹰：《论宋元以来民间宗教对〈西游记〉的影响》，《民族文学研究》2008年第2期，第134—140页；蔡铁鹰：《〈西游记〉"金丹大道"话头寻源——兼及嘉靖年间民间宗教对取经故事的引用和改造》，《宗教学研究》2012年第3期，第32—36页。

料的数个历史片段扩展至较为连续、完整的传承脉络，在推进遗留问题深入研究的同时，也一定程度上填补了历史空白。

当然目前黄天道研究也存在尚需解决的问题。其一是跨学科交叉研究有待加强。历史学、宗教学是研究黄天道最为重要的方法，但并不是唯一的手段，跨学科、多学科的综合研究，特别是民族学、人类学和民俗学等方法的介入，也是深化黄天道研究的客观需要和可能的趋势。黄天道宝卷的文学、民俗学价值也远未得到充分挖掘，对黄天道的综合研究尚有挖掘的空间。其二是黄天道与佛道关系的研究尚显不足，特别是黄天道与全真道的关系研究尚需深化。以往对明清民间教派与佛道的关系，往往将民间教派作为一个整体泛泛而谈，未注意到不同教门之间的差异性，黄天道较为少见的外佛内道的特质未受到足够重视。且研究二者关系的视角多聚焦于教义的影响和转变，忽视了宗教在社会层面的意义。此外，关于黄天道内丹思想、斋醮仪式的研究尚需加强，特别是对新见黄天经卷文献，包括各种符图印信等图像资料的系统整理和深化研究，堪称当务之急。总之，黄天道作为明清民间宗教的重要教派之一，其学术价值依然尚待进一步挖掘。

# 王阳明的良知之学对《老子》思想的继承与发展<sup>*</sup>

欧阳祯人　张　旭<sup>**</sup>

**内容提要**：王阳明良知学的形成与发展，不仅与佛教存在密切关联，而且受到了道家尤其是《老子》思想的深刻影响。本文试图就王阳明的良知学与《老子》思想之间的内在关联性进行考察，具体包括以下几个方面：首先，指出良知学在理论形态上对《老子》的本体、有无、动静、体用等思想的吸收与超越；其次，就工夫论层面分析良知学的"日减"工夫与静坐工夫对《老子》思想的涵化与融摄；最后，在此基础上，从理论目标的角度探讨良知学对《老子》简易之道、体极复命、自然无为等思想的汲取与超化。王阳明的良知学以儒为宗，援老入儒，使得阳明学以一种崭新的思想体系实现了儒道的融通与交汇，创造了明代心学思想的高峰。

**关键词**：王阳明；良知学；《老子》；摄道归儒

---

＊ 本文是贵州省2019年度哲学社会科学规划国学单列重大招标课题"阳明心学对先秦儒家思想的传承与发展"（19GZGX02）的阶段性成果。

＊＊ 欧阳祯人，男，湖北建始人，武汉大学中国传统文化研究中心教授；张旭，男，湖北黄梅人，武汉大学中国传统文化研究中心博士生。

阳明曾说："吾平生讲学，只是'致良知'三字。"① 所以，致良知是其心学的核心。阳明植根于孔孟原始儒家的土壤，开创了良知之学，但他与宋明时期的其他学者一样，在批判佛、老的同时，也深度地涵化、吸收了佛、老的精髓。

以往学界更多地将关注焦点放在宋明理学与佛教之间的思想联系上，对宋明理学与道家之间的思想关联关注相对较少。在研究阳明心学时，也是较多地讨论阳明与佛教之间的关系，以至产生了将阳明心学斥之为"狂禅"的流行观点。即便将视角投向阳明心学与道家之间的思想关联，也更多地是将阳明与道教联系起来，较少讨论阳明对道家尤其是《老子》的继承与发展。本文重点专注于探讨阳明对《老子》的涵化与吸收，从而进一步认识阳明心学的博大与深邃，并借此机会向学界方家请教。

## 一、良知学的理论形态与《老子》

通过探赜、分析阳明的良知学与《老子》哲学，可以发现阳明在理论建构中对《老子》哲学多有融摄，这主要体现在对《老子》中的本体、有无、动静与体用等思想的吸收与继承。并且，阳明并非一味地汲取《老子》的思想，而是在此基础上对其进行涵化与超越。以下将从几个方面分而述之。

（一）对《老子》本体思想的吸收

阳明的良知本体继承了《老子》的道之形上本体。《老子》认为"道"是最高的存在，是天地万物得以存在的形上依据，同时"道"也生成了天地万物。"有物混成，先天地生。寂兮寥兮，独立不改，周行而不殆，可以为天下母"②，"道生一，一生二，二生三，三生万物"③，说明此"道"虽周行不止，其作为形上本体自身却始终独立不改；它先天地而生又生天生地、化育万物。阳明的良知学承继了《老子》的上述思想，他指出："人人自有定盘针，万

---

① （明）王守仁撰，吴光等编校：《王阳明全集：繁体升级版》，上海：上海古籍出版社2018年版（以下略注），第1091页。

② 陈鼓应：《老子今注今译》，北京：商务印书馆2016年版（以下略注），第169页。

③ 同上书，第233页。

化根源总在心。"① "良知是造化的精灵。这些精灵，生天生地，成鬼成帝，皆从此出，真是与物无对。"② 这里可以明显看出阳明借鉴《老子》之道本论的思想，阳明所称的万化根源之心便是良知本体，此良知还是乾坤万有之基，它超越亘古亘今，这与《老子》的形上本体在思路上是一致的；而阳明的良知本体"生天生地"这一说法也承袭了《老子》道生万物的思想。

针对如何对本体进行把握这一问题，阳明与《老子》如出一辙，均对感性与理性的方式予以否定，而肯认了内在的体悟方式。《老子》认为"道"无形无状而又实际存在，这一特性决定了它无法借助感性与理性的方式被把握，而只能于虚静中观道、体道。阳明沿袭了《老子》的这一思想，同样认为致良知不可在"知解上"打转，《答陆原静书》中有言："此学贵反求，非知解可入也。"③ 所谓"知解"，指的便是感性与理性等思维方式，良知本体难以言说，如："哑子吃苦瓜，与你说不得。"④ 依赖知解而寻求良知本体，终是落入光影一般，仍与良知本体有一尘之隔，这一尘之隔看似只在毫厘之间，却相差千里。识此良知本体，还须反求诸己，通过种种实地工夫体悟之，这又与老子体道、观道的方式十分相似。

（二）对《老子》有无思想的吸收

阳明的良知之学涵化了《老子》的有无观。《老子》的有无观可分为现象与本体两个层面：就现象层面而言，有无关系被表述为"有无相生"；就本体层面而言，有无关系则被表述为"有生于无"。此处着重讨论"有生于无"的思想，在《老子》中，"无"是"道"的同义语，以道为无，以万物为有，道生万物故而"有生于无"，这无论在逻辑上还是在《老子》文脉上都具备一定的合理性。虽然这一观点是否成立历来众说纷纭，但不可否认的是赞同"天下万物生于有，有生于无"⑤ 的思想长期占据着学术之主流地位。直到郭店楚简的出土，证明了："今本《老子》'有生于无'的'有'字是后来衍入的，古本《老

---

① （明）王守仁撰，吴光等编校：《王阳明全集：繁体升级版》，第870页。
② 同上书，第119页。
③ 同上书，第80页。
④ 同上书，第803页。
⑤ 陈鼓应：《老子今注今译》，第226页。

子》中并不存在一个'有生于无'的命题。"①

然而,郭店楚简的出土是上个世纪的事情,阳明在当时不可能知晓"有生于无"乃是衍文,故而阳明以此说为宗加以吸收,形成了"无中生有"的思想。阳明指出"我此论学是无中生有的工夫"②,"良知本体原来无有,本体只是太虚。太虚之中,日月星辰,风雨露雷,阴霾饐气,何物不有?"③ 良知本体不是某一具体可见可感之物,它是无形之太虚,同时又含摄万有,因此能"无中生有"。要而言之,"无中生有"指的是良知作为"虚灵本体,它能生出万事万物"④。它包含着一切事物存在之可能性,是宇宙间的"一点灵明",若无此灵明,也就不存在天地万物了。借此分析,可发现阳明的"无中生有"与《老子》的"有生于无"如出一辙,这使人很难撇开《老子》的这一思想的影响而认为"无中生有"之说是阳明个人独立的理论创见。

(三)对《老子》动静思想的吸收

阳明的良知学承继了《老子》的动静观。《老子》对"静"十分重视,"致虚极,守静笃……归根曰静,静曰复命"⑤,"清静为天下正"⑥,"重为轻根,静为躁君"⑦。"静"是对"道"之存在状态的描述,因此有学者认为:"被老子作为本体的'道'的一个重要规定性就是虚静性。"⑧ 自老子以降的道家学者都秉持着以"静"为主的基本原则:"虚者无欲,静者无为,此乃道家最基本的修养。"⑨ 而"静为躁君"更直接表明了静是动之主宰,在此意义上可认为《老子》大抵持以静为主、动生于静的观点。阳明对老子动静观的吸收主要体现在其早年思想中,此时阳明的思想尚未达到晚年的动静一如、无分于动静内外的圆融之境。阳明虽自述其生平学问是良知之学,但"只是点此二字不出,于学

---

① 何石彬:《老子之"道"与"有""无"关系新探——兼论王弼本无论对老子道本论的改造》,《哲学研究》2005年第7期,第39—44页。
② (明)王守仁撰,吴光等编校:《王阳明全集:繁体升级版》,第37页。
③ 同上书,第1442页。
④ 孙以楷、李霞:《道家与中国哲学(明清卷)》,北京:人民出版社2004年版,第63页。
⑤ 陈鼓应:《老子今注今译》,第134页。
⑥ 同上书,第243页。
⑦ 同上书,第176页。
⑧ 朱晓鹏:《王阳明与道家道教》,北京:中国人民大学出版社2009年版,第119页。
⑨ 高明:《帛书老子校注》,北京:中华书局2019年版,第299页。

者言，费却多少辞说"①。故而在天机未能发泄的早年，阳明更多的是以"未发之中"作为心之本体，具体表述如下：

> 夫喜怒哀乐，情也。既曰不可，谓未发矣。喜怒哀乐之未发，则是指其本体而言，性也。斯言自子思，非程子而始有。执事既不以为然，则当自子思《中庸》始矣。喜怒哀乐之与思与知觉，皆心之所发。心统性情。性，心体也；情，心用也。②
>
> 诚意只是循天理。虽是循天理，亦着不得一分意，故有所忿懥好乐则不得其正，须是廓然大公，方是心之本体。知此即知未发之中。③

分析阳明的以上表述，则可发现阳明是将"未发之中"作为性、心之本体的存在。那么"未发之中"又与《老子》的动静观有何联系呢？其中的关键就在于"他以'虚''静'界定'未发之中'"④。《老子》中"道"的虚静性在阳明这里主要表现为"寂然不动"。阳明曾明确指出："汝若于货色名利等心，一切皆如不做劫盗之心一般，都消灭了，光光只是心之本体，看有甚闲思虑？此便是'寂然不动'，便是'未发之中'，便是'廓然大公'，自然'感而遂通'，自然'发而中节'，自然'物来顺应'。"⑤ 此外，阳明甚至还直接吐露出心之本体的本然状态为"心之本体原自不动"⑥。这便可以清晰地看出阳明认为"未发之中"作为心之本体是本身属"静"的，它原本不动但又非始终不动，可通过"感而遂通"的机制实现"感""发"之动。由此可知阳明与《老子》的动静观在一定程度上具有理论形态上的相似性与继承性，阳明早期的"未发之中"思想同样是以静为根，认为动生于静的。

随着阳明思想的日益成熟，尤其是在他揭出致良知之密蕴后，他便逐渐摆脱了《老子》中动静二分思维模式的影响，而形成了无动无静、动静一如的思

---

① （明）王守仁撰，吴光等编校：《王阳明全集：繁体升级版》，第1747页。
② 同上书，第165页。
③ 同上书，第34页。
④ 刘聪：《阳明学与佛道关系研究》，成都：巴蜀书社2009年版，第42页。
⑤ （明）王守仁撰，吴光等编校：《王阳明全集：繁体升级版》，第25页。
⑥ 同上书，第28页。

想。阳明在与弟子陆原静交往的书信中指出："'未发之中'即良知也，无前后内外而浑然一体者也。有事无事，可以言动静，而良知无分于有事无事也。寂然感通，可以言动静，而良知无分于寂然感通也。动静者，所遇之时，心之本体固无分于动静也。"① 从中可看出两处明显的变化：其一，未发之中即是良知，但此时未发之中不再只是寂然不动，而是"寂然感通"，是既寂然不动又感而遂通，是无分于寂然感通的浑然一体的存在；其二，不再以动静规定良知，动静只是"所遇之时"，良知无动无静，无前后、内外、动静之分。"良知明白，随你去静处体悟也好，随你去事上磨炼也好，良知本体原是无动无静的"②，良知之明莹无滞、浑然一体的特性使阳明实现了对《老子》动静思想的超越。

（四）对《老子》体用思想的吸收

阳明的良知学吸收了《老子》的体用观。《老子》虽并未明确讨论过体用关系，但其中已潜在地蕴含着体用思想。《老子》言"道冲而用之或不盈。渊兮，似万物之宗"③，"绵绵若存，用之不勤"④，"弱者道之用"⑤，"有之以为利，无之以为用"⑥。正如前文所分析的那样，《老子》中的"无"实则是"道"的同义语，在此意义上可认为《老子》以"无"为本体，万物之所以存在有赖于此本体之"无"的作用，并且这种作用始终是"不盈""不勤""不穷"的。《老子》所潜藏的以无为体、有是体即有是用的思想经王弼发扬，被阐释为即体即用、体用一源。王弼指出："万物虽贵，以无为用，不能舍无以为体也。舍无以为体，则失其大矣。"⑦ 王弼认为"无"既是体，又是用，"老子隐含性地提出道的体、用问题，其后由王弼加以显题化，而提出'以无为体''以无为用'等重要命题"⑧，这实际上便是体用不二、体用一源的思想。

---

① （明）王守仁撰，吴光等编校：《王阳明全集：繁体升级版》，第72页。

② 同上书，第119页。

③ 陈鼓应：《老子今注今译》，第90页。

④ 同上书，第98页。

⑤ 同上书，第226页。

⑥ 同上书，第115页。

⑦ （魏）王弼注，楼宇烈校释：《老子道德经注校释》，北京：中华书局2008年版（以下略注），第94页。

⑧ 陈鼓应：《老子的有无、动静及体用观》，《华中师范大学学报》（人文社会科学版）2005年第6期，第152—153页。

良知学对这一体用观加以继承,阳明的体用不二思想与《老子》以降的道家体用思想在倾向上是一致的。一方面,阳明认为有体则有用,"七情顺其自然之流行,皆是良知之用"①,于是阳明提出当即用求体,"君子之于学也,因用以求其体"②,这同样与《老子》乃至道家在体用之间更重视体的思想倾向是一致的;但另一方面,阳明又并未轻视用,良知本体有一种"不容已地要涌现出来的力量"③,这种力量便是向外发用的力量,这种发用构成了生活世界中的万事万变。并且,良知的发用与道德主体的"事君""事亲"等道德活动相关,良知不是孤悬于虚空之中的存在,而是必须要落实在当下的道德实践之中。重视良知之发用流行与重视儒家一以贯之的道德伦理实践是一致的,而这一层面实际已超越了《老子》中所蕴含的体用思想。

## 二、良知学的工夫方法与《老子》

阳明曾有言:"心之良知是谓圣。圣人之学,惟是致此良知而已。"④ "圣贤论学,无不可用之功,只是致良知三字……然能于此实用功者绝少"⑤,若不实地做工夫,那么徒留此良知本体便无任何意义。鉴于此,阳明就其良知学提出了诸多工夫方法,如"日减"工夫与静坐工夫,这些工夫同样与《老子》思想存在内在的相似性与关联性。以下试图进行具体讨论。

(一) 日减工夫

阳明的日减工夫受到了《老子》的影响。《老子》认为:"为学日益,为道日损。损之又损,以至于无为。无为而无不为。"⑥ 这里《老子》针对"为学"与"为道"分别提出了不同的工夫路径:知识的积累需要做"日益",也即是加法的工夫,但是落实到对道的体悟与把握则需要做"日损",也即是减法的工夫。

---

① (明) 王守仁撰,吴光等编校:《王阳明全集:繁体升级版》,第126页。
② 同上书,第165页。
③ 牟宗三:《从陆象山到刘蕺山》,台北:台湾联经出版事业股份有限公司2003年版,第229页。
④ (明) 王守仁撰,吴光等编校:《王阳明全集:繁体升级版》,第312页。
⑤ 同上书,第247页。
⑥ 陈鼓应:《老子今注今译》,第250页。

同《老子》提倡"日损"的体道工夫一样，阳明的良知之学也提倡"日减"工夫。阳明表示："吾辈用功只求日减，不求日增。"① 这段话出自于阳明对"精金之喻"的讨论中，阳明以精金喻圣，指出此心纯乎天理即是圣人，但世人不知圣唯在此而南辕北辙、劳而少功。鉴于此，阳明提出"日减"工夫：

> 人之气质清浊粹驳，有中人以上，中人以下，其于道有生知安行，学知利行，其下者必须人一己百，人十己千，及其成功则一。后世不知作圣之本是纯乎天理，却专去知识才能上求圣人。以为圣人无所不知，无所不能，我须是将圣人许多知识才能逐一理会始得。故不务去天理上着工夫，徒弊精竭力，从册子上钻研，名物上考索，形迹上比拟，知识愈广而人欲愈滋，才力愈多而天理愈蔽……先生又曰：吾辈用功只求日减，不求日增。减得一分人欲，便是复得一分天理。②

从阳明以上语录可以看出，其"日减"工夫的对象主要有三：其一，"日减"对治的是人生而就有的气质中"清浊粹驳"的部分。每个人的气质中或多或少都有驳杂浑浊的一面，通过日复一日的减除工夫，逐渐剔除杂质，使得渣滓尽去。阳明指出："良知本来自明。气质不美者，渣滓多，障蔽厚，不易开明。"③ 所以"日减"工夫便是要浑化渣滓，开明良知。其二，"日减"所对治的还包括知识与才力。世儒在事事物物中寻求定理，不知理不外乎此心，于是向外求理，企图通过"今日格一物，明日格一物"④ 的"日增"工夫寻求天理。然而"心外无理"，积累知识与才能的做法对体认天理良知于事无补，因此阳明针对此弊病提出"日减"工夫，减除无益之知识与才力，一心涵养本原。其三，"日减"还针对人欲进行克治。人欲杂于天理之中犹如铜铅杂于精金，铅铜越多则成色越下，人欲的掺杂会造成良知本体的障蔽："必欲此心纯乎天理，而

---

① （明）王守仁撰，吴光等编校：《王阳明全集：繁体升级版》，第32页。
② 同上。
③ 同上书，第77页。
④ （宋）朱熹撰，朱杰人等主编：《朱子语类》，《朱子全书》第14册，上海：上海古籍出版社、合肥：安徽教育出版社2002年版，第367页。

无一毫人欲之私,此作圣之功也。"① 所以阳明认为人欲的克除与天理的开明是此消彼长的过程,阳明的致良知要求道德主体通过"日减"工夫去除人欲。综上,"日减"工夫包括浑化气质不美之渣滓、减除知识与才力以及隔断个人私欲等对象。

阳明的"日减"工夫与《老子》的"日损"工夫如出一辙,在多处具有理论上的相通性。首先,"日减"工夫与"日损"工夫作为减功,在理论形态与思维方式上就具有很大的相似性。其次,阳明的"日减"工夫与《老子》的"日损"工夫都提倡减除知识意见。阳明虽不反对学习知识,但认为通过积累知识的方式体悟良知天理是行不通的,这与《老子》反对通过增长知识把握道是一致的,"道"重在体悟,不能以感性或理性的逻辑思维把握。最后,二者都主张减除个人私欲,认为私欲会遮蔽"道"或良知。基于对阳明之"日减"工夫与《老子》之"日损"工夫理论相似性的分析,可知阳明的这一功夫方法论应该是受到了《老子》的影响。

(二) 静坐工夫

静坐工夫曾一度受到阳明的重视。据钱德洪记载,阳明"自滁阳后,多教学者静坐"②,这说明钱德洪认为静坐曾是阳明门下师生授受的教法。针对静坐是否可作为阳明之教法学界素有争论,如陈来先生认为"教人静坐实际上从来不具有教之一变的意义"③,张新民先生则认为这是一种误解④。本文无意探讨这种争论,选择暂时搁置静坐能否作为阳明教法的问题,而是从客观事实出发,分析阳明的静坐工夫实践经历与《老子》之间的关系。

据《年谱》记载,阳明 31 岁时曾"告病归越,筑室阳明洞中,行导引术"⑤。在这段洞中养病的日子,阳明集中进行了道家静坐之修习,当然这段时期阳明也进行了道教养生术的修炼,而道教养生术的理论来源之一就是《老子》

---

① (明) 王守仁撰,吴光等编校:《王阳明全集:繁体升级版》,第 74 页。
② 同上书,第 1746 页。
③ 陈来:《有无之境》,北京:北京大学出版社 2013 年版 (以下略注),第 301 页。
④ 张新民:《探寻真实的存在与存在的真实——王阳明心学视域下的静定、立诚与格心》,《贵州大学学报》(社会科学版) 2003 年第 5 期,第 1—10 页。
⑤ (明) 王守仁撰,吴光等编校:《王阳明全集:繁体升级版》,第 1351 页。

的"长生久视之道"①。在此意义上，阳明的养生术修炼也受到了《老子》"长生久视之道"的间接影响。

阳明除了行导引之术，还在阳明洞中进行了长期的静坐工夫实践。据阳明弟子黄绾所记，阳明在洞中"究极仙经秘旨，静坐，为长生久视之道，久能预知"②，这说明静坐亦是此间重要活动。那么，修习静坐对阳明产生了怎样的影响呢？据王龙溪《滁阳会语》所述，阳明在这期间"于彼家所谓见性抱一之旨，非惟通其义，盖已得其髓矣。自谓尝于静中内照形躯如水晶宫，忘己忘物，忘天忘地，与空虚同体，光耀神奇、恍惚变幻，似欲言而忘其所以言，乃真境象也"③。这里龙溪已直接点明了阳明的静坐修炼与《老子》"见性抱一"之间的关系，阳明通过静坐之苦功，息心忘欲，终得《老子》见素抱朴、与道同体的精髓要旨。可见，此时阳明的静坐工夫是地地道道的道家工夫，是围绕着《老子》展开的修行工夫。

但随着阳明思想的日益成熟，他对这种道家式的静坐工夫进行了扬弃与超化。阳明在洞中进行长期的修习却始终无法摆脱爱亲之念："爱亲之念对阳明则是一个真切呈显的事实，乃至为人的根本，承担保任，乃为人的责任，故弃彼就此。"④ 阳明借孝亲之念而"渐悟仙、释二氏之非"⑤。道德情感与伦理法则使得阳明走向归宗儒门的正道，但这并不意味着阳明对佛老的全盘否定，只是在根本性的层面阳明坚守了儒家的立场，并在此基础上对佛老加以吸收，使得"二氏之用，皆我之用"⑥。而落实到静坐工夫的层面则具体表现为：将静坐的终极理论目标从《老子》之道转换为道德性的天理良知，同时又保留了静坐可收敛身心的实际功用。阳明与《老子》都主张去除私欲妄念，静坐则是恰到好处的对治私欲之药，阳明指出"前在寺中所云静坐事，非欲坐禅入定。盖因吾辈平日为事物纷拏，未知为己，欲以此补小学收放心一段功夫耳"⑦，"教人为

---

① 陈鼓应：《老子今注今译》，第288页。
② （明）王守仁撰，吴光等编校：《王阳明全集：繁体升级版》，第1556页。
③ （明）王畿撰，吴震编校整理：《王畿集》，南京：凤凰出版社2007年版，第33页。
④ 钟彩钧：《阳明思想中儒道的分际与融通》，《鹅湖学志》1992年第8期，第59—78页。
⑤ （明）王守仁撰，吴光等编校：《王阳明全集：繁体升级版》，第1351页。
⑥ 同上书，第1423页。
⑦ 同上书，第162页。

学,不可执一偏。初学时心猿意马,拴缚不定,其所思虑多是人欲一边,故且教之静坐、息思虑"①。修习静坐工夫是为了收放心、息思虑,隔断私欲,"静坐的价值与意义仅在于对心猿意马、意念纷驰的学者起到凝聚心神的作用"②,在这一层面,阳明实际上承续了《老子》"致虚守静"的体道方式与"少私寡欲"的体道要求。但阳明又指出了静坐工夫的病痛,即喜静厌动之弊,而认为要援之以省察克治与事上磨练。

综上,阳明的静坐工夫虽从道家得来,但阳明对其进行了吸收与超越,吸收了静坐息思断欲的功能,又纳入了伦理德性的理论追求,完成了对道家静坐的超越,这实则是一种援道入儒的方式。

## 三、良知学的追求目标与《老子》

阳明的学问与生命是内在统一的,其学问是生命的学问,其生命是学问的生命③。多年出入佛老的生命历程使得阳明的学问深深受到了佛老思想的熏染,其中阳明受《老子》思想的影响十分明显,阳明在归宗儒学后主要秉持儒主道从、摄道归儒的基本态度。正因如此,阳明的良知学对《老子》多有融摄,这不仅仅体现在理论形态与工夫方法上,还体现在理论目标的追求上。以下试图就良知学所追求的外在形式与内在精神两方面展开具体讨论。

(一)易简精一之学

阳明所处的时代,朱子学盛行天下,无论是官方层面还是民间层面,朱子学都居于主流地位。然而,朱子后学的流弊也十分明显:一方面,世儒虽莫不称颂朱子学,却更多地将它作为科举考试的工具;另一方面,由于朱子学重分殊,使得朱子后学中产生了支离散漫之流弊。阳明心学的目标之一就是拯救学问之支离,这促使他的良知学在外在形式上不断走向直易、精一、简约,而为实现这一目标,阳明兼采众长,《老子》便是其汲取的重要思想资源之一。

就整体而言,《老子》思想非常强调简易直接,甚至在文中直接表明了这一

---

① (明)王守仁撰,吴光等编校:《王阳明全集:繁体升级版》,第18页。
② 彭国翔:《儒家传统的静坐工夫论》,《学术月刊》2021年第5期,第39—53页。
③ 牟宗三:《生命的学问》,桂林:广西师范大学出版社2005年版,第33—34页。

立场:"吾言甚易知,甚易行。"① 诚如其言,《老子》的整体结构就外在形式而言是十分简易的,《老子》中的核心概念"道"便十分精简,以至于可以用"一"来表示:"是以圣人执一为天下式。"② 此处"一"即是指称"道",王弼注解此句时言:"一,少之极也。"③ 也就是说大道至简,而简易的极致就是"一"。《老子》还表示:"天得一以清;地得一以宁;神得一以灵;谷得一以盈;万物得一以生;侯王得一以为天下正。"④ 天地万物都因"一"而各得其正、各适其性、各安其位。而在更具体层面,《老子》也提倡简朴,反对繁复的典章制度,《老子》指出:"故失道而后德,失德而后仁,失仁而后义,失义而后礼。夫礼者,忠信之薄,而乱之首。"⑤ 在《老子》看来,最好的状态是顺应事物的本来状态,故倡导减少繁复的礼仪规范与制度典章。通观全篇,《老子》都在提倡一种简易之道与简一之学。

阳明对《老子》的这一思想倾向进行了借鉴与吸收,使得良知学不断走向精一、简素。这主要表现在如下几个方面:首先,阳明认为朱子学向外求理的方法会导致斥心、理为二,而"心外无理"则实现了心、理合一。其次,阳明的良知学臻至化境是圆融无碍的,良知"无内外,无精粗,一体浑然"⑥,打通内外、精粗、动静、寂感、有事无事、已发未发而为一。再者,阳明的良知学打通了工夫与本体,"功夫不离本体,本体原无内外"⑦,这便是即工夫即本体,且"工夫只是要简易真切。愈真切,愈简易;愈简易,愈真切"⑧。最后,阳明的良知学认为"道"是一个整体性的存在:"道一而已……释氏之所以为释,老氏之所以为老,百姓日用而不知,皆是道也,宁有二乎?"⑨ 此"道"囊括万有而为一,只是后人拘泥文义,各执己见,造成道的割裂与闭塞。可见,阳明的良知学所追求的便是一种简约的精一之学,即"悟大道之易简,信

---

① 陈鼓应:《老子今注今译》,第318页。
② 同上书,第161页。
③ (魏)王弼注,楼宇烈校释:《老子道德经注校释》,第56页。
④ 陈鼓应:《老子今注今译》,第221页。
⑤ 同上书,第215页。
⑥ (明)王守仁撰,吴光等编校:《王阳明全集:繁体升级版》,第1504页。
⑦ 同上书,第104页。
⑧ 同上书,第248页。
⑨ 同上书,第229页。

精一而无私"①。其理论建构在外部形式上最终指向的是易简与精一,而这种追求指向与《老子》的简易之道是一致的。阳明借鉴《老子》的简易诉求,使自己的致良知之学不断地精一化、简易化,并且达到了顶峰。正如冈田武彦所说:"哲学思想只要由复杂玄想进到简易实践,就能达到神髓。中国人称之为简古精神。相对于西洋,简古可以说是东洋哲学的精粹,而阳明学则可以说是这种思想在中国之展开所到达的顶点。"②

(二)复本体与自然无滞

以上讨论了阳明之良知学在外在形式上对《老子》诉诸简易的继承,接下来就具体的内容层面进一步探讨,主要就为学目标的追求与人生境界的追求这两方面分而述之。

从为学目标的角度来看,阳明的良知学意在复得良知本体。虽然人人生而皆具备此良知,且就本然意义而言此良知本是圆满具足、圣凡无别的,"但是由于'隔于物欲之蔽',外界的引诱,私欲的膨胀,遮蔽了人的心灵之纯良,在利欲熏心的道路上愈陷愈深之后,良知就逐步迷失了"③。因此,为学目标就在于体认此良知,这也就是圣之为圣的根本。阳明指出"心之良知是谓圣"④,但世人不明此义,"不知就自己心地良知良能上体认扩充,却去求知其所不知,求能其所不能,一味只是希高慕大"⑤,自然去圣日远,而良知本体之复明也遥遥无期。"若体认得自己良知明白,即圣人气象不在圣人而在我矣"⑥,则能拔本塞源,复得本所具有的良知本体。如果说阳明的为学目标旨在复得良知本体,那么《老子》的为学目标则旨在体极复性。《老子》同样认为人生而具有的自然本性是与道相合的,但是由于五音、五色、五味等层出不穷的诱惑,使得人逐渐违背自我纯朴纯真的自然本性,陷于各种私心欲望之中难以自拔。《老子》言:"开其兑,济其事,终身不救。"⑦ 因此为道目标就在于塞住私心嗜欲,回复到如

---

① (明)王守仁撰,吴光等编校:《王阳明全集:繁体升级版》,第1595页。
② [日]冈田武彦等著,钱明编译:《日本人与阳明学》,北京:台海出版社2017年版,第23页。
③ 欧阳祯人:《从〈拔本塞源论〉看王阳明与陆象山的关系》,《孔学堂》2020年第3期,第22—30页。
④ (明)王守仁撰,吴光等编校:《王阳明全集:繁体升级版》,第312页。
⑤ 同上书,第36页。
⑥ 同上书,第66页。
⑦ 陈鼓应:《老子今注今译》,第265页。

婴儿一般的本真状态,"万物并作,吾以观复。夫物芸芸,各复归其根。归根曰静,静曰复命"①。这里"复归其根"与"复命"便指明了人本是与道无间的,因此需要做的也只是向这种自然本性复归而已。两相对比,即可发现阳明之为学目标与《老子》为道目标之间在各方面具有很大的一致性。

从人生境界的角度来看,阳明的良知学所追求的是一种自然无碍、圆融无滞的境界。阳明的"四句教"是其晚年思想的重要结晶,而首句"无善无恶是心之体"②又该如何理解呢?陈来先生认为这句话"根本上是强调心所本来具有的无滞性"③,这一观点是十分精当的,可见"无善无恶"强调的是一种境界上的自然无滞性。良知本体的发用流行是自然而然的:"圣人只是还他良知的本色,更不着些子意在。"④因为良知本体的发用流行不着一丝意思,所以个体存在在人生境界上也应不着一丝意思,一过而化,无有纤毫留滞。《老子》同样强调人生境界上的自然无为,"人法地,地法天,天法道,道法自然"⑤。"道"取法于自身,按照自身如此这般的本性运动,而人取法的最终法则即是"道"的法则,因此个体存在也应如"道法自然"那般行为处事,这就为个体存在的生命境界开显出了一个自然而然、无执无滞的生存空间,"道"的"辅万物之自然"⑥指引着个体存在"处无为之事,行不言之教"⑦,最终化成自然无为的生命境界。阳明的良知学充分汲取了《老子》的自然思想:"有名的四句教,便是将自然境界与道德修为相结合的尝试。"⑧"无善无恶"是从良知本体的自然性层面而言的,这是对《老子》自然无为思想的吸收,这种吸收与继承使得良知本体也成为了自然无为的存在。"四句教"作为"圆教"昭示着一种自然无碍、圆融无滞的生命境界。

---

① 陈鼓应:《老子今注今译》,第134页。
② (明)王守仁撰,吴光等编校:《王阳明全集:繁体升级版》,第1443页。
③ 陈来:《有无之境》,第190页。
④ (明)王守仁撰,吴光等编校:《王阳明全集:繁体升级版》,第121页。
⑤ 陈鼓应:《老子今注今译》,第169页。
⑥ 同上书,第301页。
⑦ 同上书,第80页。
⑧ 钟彩钧:《阳明思想中儒道的分际与融通》,《鹅湖学志》1992年第8期,第59—78页。

## 四、结　语

纵观阳明的一生，其经历崎岖坎坷，其学问自"百死千难中得来"①。阳明在良知学的建构过程中吸收了丰富的思想资源，而《老子》思想便是其重要的思想资源之一。本文从良知之学的理论形态、工夫方法与追求目标三个层面探讨了阳明的良知学对《老子》思想的继承与发展。就理论形态而言，良知学吸收了《老子》的本体思想又借儒家的德性伦理对其加以超越；吸收了《老子》的有无思想又反对去有超无而肯定有之价值；吸收了《老子》动静思想又以无动无静实现了超化；吸收了《老子》体用思想又突出用的重要性。就工夫方法而言，阳明继承《老子》"日损"方法而发展出"日减"的隔断私欲工夫；阳明的静坐工夫也与《老子》存在密切的关联性。就追求目标而言，阳明的良知学承续了《老子》追求简易之道的目标而推动良知学向精一与简约方向发展；吸收《老子》复命归根的为道目标而强调复归良知本体；融摄《老子》自然无为的人生境界而强调良知本体在境界上的自然无滞。阳明的良知学对《老子》思想进行了吸收、继承、发展与超越，良知学作为一种崭新的思想体系正是在这种思想背景下孕育而生的。

---

① （明）王守仁撰，吴光等编校：《王阳明全集：繁体升级版》，第1747页。

书评

# 全力以赴，推进百年道学创新发展

——詹石窗总主编《道家与道教研究著作提要集成（1901—2017）》成书、出版始末[*]

胡瀚霆[**]

四川大学杰出教授詹石窗先生担任总主编的《道家与道教研究著作提要集成（1901—2017）》于2021年9月由国家图书馆出版社正式出版并隆重推出面世，为"道学研究三个百年系列"交出了一份颇为抢眼的特殊成绩单。

早在本世纪初，詹石窗教授即提出了"百年道教研究与创新工程"的学术计划，该计划获得国家社会科学基金特别委托重大项目立项（批准号：09@ZH011）；2009年下半年，詹石窗教授提出"百年道学精华集成"研究方案，获得教育部哲学社会科学重大课题攻关项目立项（批准号：09JZD005）；2014年岁末，詹石窗教授提出"百年道家与道教研究著作提要集成"方案构想，获得国家社会科学基金重大项目立项（批准号：14ZDB118）。由此构成"道学研究三个百年系列"。作为"道学研究"第三个百年系列的最终成果——《道家与道教研究著作提要集成（1901—2017）》得到2020年度国家出版基金资助，全书共6册，分为8辑，凡225万字。该书从课题酝酿、申报、结项，再到完善出

---

[*] 本文系国家"十三五"规划文化重大工程《中华续道藏》（批准号：中央统战部"统办函"［2018］576号）的专项研究成果。

[**] 胡瀚霆，男，湖南湘乡人，四川大学道教与宗教文化研究所副研究员。

版，前后历时 8 年。荏苒光阴记录了项目实施者的探索旅程，厚重书卷蕴藏着许多鲜为人知的故事。

## 一、老马奋力，志行千里

故事的开端是由一匹"老马"引起的。詹石窗教授出生于 1954 年，身逢"甲午"属马，所以他在本书《后记》中称自己为"老马"。在谈及 2013—2014 年分别完成并结项的国家社会科学基金特别委托重大项目与教育部哲学社会科学重大课题攻关项目时，詹石窗教授诙谐地说"这匹已经在故里休眠的'老马'又被项目申请的号角催醒了"，于是重新"戴上了'马鞍'，恰如要上边疆去履行保家卫国大任一样，嘶鸣一声，奋蹄而冲"。在两个多月连续的构思研究之后，詹石窗教授递交了论证严谨、切实可行的项目申报书——《百年道家与道教研究著作提要集成》，经过层层筛选评审之后，成功立项为重大招标课题。

詹石窗教授在该书《后记》中指出："一百多年来，有关道家与道教研究的学术著作并非少数，要为该领域研究的大量学术论著撰写提要，并不是一件简单的事。除了需要充分了解各种出版信息之外，还得找到所有拟定撰写提要的原书，组织人马，开展工作。"随即，詹石窗教授着手人马配备与原书搜集工作。

在课题团队组建上，詹石窗教授召集了他培养起来的八十多位博士生、硕士生、进修生。又因詹石窗教授的学术影响力及其敦厚的为人品格，其所在单位——四川大学道教与宗教文化研究所的一批教授以及海峡两岸许多研究道家与道教的学者在欣闻课题立项的大好消息时也备受鼓舞，乐于参与其中，决心为这项具有时代标志意义的文化工程奉献自己的宝贵时间与才智。就这样，在詹石窗教授的感召下，一个"老中青三结合"且训练有素的强大课题团队组建起来了。他们怀着一种"使树德不孤，斯文犹在"的文化使命，义无反顾地奋勇攀登《百年道家与道教研究著作提要集成》这座学术大山。

## 二、精诚协作，攻坚克难

詹石窗教授在本书《前言》中提到，在最初设计研究计划时，曾利用一些技术手段查出了 1600 多种关于道家与道教研究的图书信息，在开题报告会后，根据专家的建议，再度广泛搜集资料，包括查阅港澳台的相关图书馆，获得了 4000 种以上的图书出版信息。面对这么多的图书信息，从何处着手是摆在课题团队面前的第一道难关。

项目负责人吸收专家建议，在原申报书的基础上，深入谋划课题大纲、布局课题工作，决定从史料价值、学术规范、理论创新三个层面精选研究著作；并于 2015 年春节期间拟定了一份"任务分工表"，对书目更新、查找与购买提出建议，对文稿撰写要领与要求做出了规定与示范。从此开始，各个子课题组纷纷行动，大家齐心协力、认真撰稿，前后用了 4 年多的时间完成了初稿。在整个过程中，参与提要撰写的学人多达 200 余位。

撰稿过程也并非一片坦途。例如，在新搜集来的大量出版信息中，有相当一部分属于台湾、香港地区出版的著作。在初步分工的时候，许多承担写作任务的学者发函或者打电话告知：台湾、香港地区出版的书不容易找到。这就给工作带来了新的困难。如何解决这个问题？学术团队及时沟通，最终达成共识：成立一个新的子课题组，负责台湾、香港出版的道家与道教研究著作之提要撰写工作。这个子课题组的负责人以及团队成员都是台湾、香港高校以及研究机构的学者，他们对当地出版物比较熟悉，对其学术传承也比较了解。这个子课题组成立之后，很快重新搜集出版信息，拟出书目，形成了一个清单。

从课题申请到初稿完成，经过了近 5 年时间。2018 年项目提交结项申请，由于项目成果突出，获得了免于鉴定的资格，并由全国哲学社会科学工作办公室颁发了结项证书。

## 三、强手鼎力，合抱托起

缘分总是不期而遇。2018 年 12 月，詹石窗教授作为国家"十三五"规划文化重大工程项目《中华续道藏》的首席专家赴北京参加启动仪式。在主席台上，詹石窗教授与国家图书馆副馆长张志清先生相邻而坐。每每回忆起那次邂逅，詹石窗教授都会很兴奋地跟课题团队成员介绍："我和张馆长就此结缘，过后，我谈起了把《百年道家与道教研究著作提要集成》交给国家图书馆出版社出版的愿望，张馆长十分热心，当场表示支持，积极推荐。"

经过张馆长的推荐，国家图书馆出版社总编殷梦霞女士立刻联系詹石窗教授，并且于2019年3月亲率赵嫄女士等多位编辑奔赴四川大学，詹石窗教授则召集在校课题团队成员，双方进行面对面的交流，并就诸多议题达成共识。

国家图书馆出版社是由文化和旅游部主管、国家图书馆主办的中央级出版社，2009年被新闻出版总署评定为一级出版社，并被授予"全国百佳图书出版单位"称号，2014年入选全国哲学社会科学工作办公室确定的"国家社会科学基金后期资助项目推荐申报出版机构"。能够和如此重量级的出版社合作，并出版社多年来的专业出版经验为依靠，课题成果的出版无疑是找到了可靠保障。

鉴于本书是国家社会科学基金重大项目的最终成果，又凭借国家图书馆出版社的雄厚实力，出版社同仁们在此基础上积极申报国家出版基金，并成功获得了2020年国家出版基金的资助，这更增加了本书的分量。

## 四、同心聚力，提升完善

殷梦霞总编一行来川大后，项目团队建立了一个微信工作群，取名为"《百年道家与道教研究著作提要集成》最后一里路"，简称"一里冲刺"。这"最后一里路"有着特殊意涵，即：本课题从无到有，象征着已经走过了999里路，离"行至千里"的目标只差最后一里了，但是这最后一里路是极为重要的，不能掉以轻心；否则，一步失误将导致前面所有努力都白费。

正是在走好"最后一里路"这种信念的支持下，项目团队与出版社同仁充分交流与磋商。出版社根据多年来的专业经验，针对原稿存在的问题，形成了一份修改条例。这份条例首先拟定了修改原则，对提要内容的核查修订提出了详细的要求，同时对原稿内容进行重新整理。这部分工作有两个特殊之处值得一提：

其一，按原计划，学术团队将台湾地区的书目提要单独编为一辑，后来经过多次讨论，学术团队和出版社专家一致认为：海峡两岸的道家与道教文化不仅在历史上是一个整体，而且在当今的研究中也是贯通一脉、无法分割的。因此，台湾地区书目提要应融合在全书之中。这从侧面反映出本书工作者心系两岸同胞的"文缘情怀"。

其二，为了使项目更加完善，国家图书馆出版社提供了200多部民国时期关于道家与道教研究的比较罕见的原始文本。根据出版社的意见，詹石窗教授一方面组织各专题工作小组修改初稿，另一方面再度发动博士生与硕士生以及业界学者对民国时期该领域论著的提要进行增补。

时间到了2021年底，离殷梦霞总编第一次就该项目出版工作率队来川大已过去了近3年。在这段时间里，殷总编曾再次来川大与詹石窗教授及其学术团队交流工作。项目团队与出版社编辑们就书影的校对、稿件的核查、内容的增删、文句的修改等系列问题进行了不计其数的沟通。书稿经过认真审核、反复考究，日趋臻美。根据专家意见，书名最后确定为《道家与道教研究著作提要集成（1901—2017）》。走完这"最后一里路"，本书终稿无论从内容上还是从形式上，都比初稿有了很大的改观。项目团队由衷地钦佩出版社编辑们的专业水准与敬业精神。

毫无疑问，《道家与道教研究著作提要集成（1901—2017）》是詹石窗教授领衔的项目团队与殷总编率领的编辑团队共同栽培、细心呵护出来的果实。在大家的心目中，它犹如一块瑰丽的美玉，凝聚了所有参与者的智慧和辛劳。当然，我们也明白"金无足赤"的道理，书稿虽然出版面世了，但依然需要反思与改进。诚如詹石窗教授在《后记》中所言："由于水平有限及有些图书不便查阅原书等客观条件所限，本书可能还存在漏收经典著作、提要著录信息不准确、提要总结不到位等问题，殷切期盼广大读者批评指正。"

2019年岁末，詹石窗教授在应邀参加第三届"东岳论坛"之后登临长城，并写下了《登长城感怀——调寄远朝归》一词，其中有句云："天地长城，起伏悬山帘，东阳送暖。"詹石窗教授置身于长城之中，放眼眺望，感慨万千，他"难忘不惑之秋，壮志正凌云，履升星汉"。而今，詹石窗教授虽已年近七旬，但仍旧保持勤勉、发奋的生活习惯和学术探索精神，他把"道学研究"看作绵延不断的"中华文化长城"的重要组成部分，发愿为弘扬与光大中华优秀传统文化而不懈努力。我们相信：在詹石窗教授的带领下，学术团队一定能够在道学研究领域取得更大成就！

# 道经注解路径新探

## ——《〈三元参赞延寿书〉诠注》发覆[*]

林銮生[**]

黄永锋先生所著的《〈三元参赞延寿书〉诠注》，于2021年由宗教文化出版社出版。该书凡25万字，主要由六个部分组成：第一，《三元参赞延寿书》原文；第二，不同版本的对校以及对原文疑难之处进行注释；第三，章旨，即对原文内容的中心思想进行简要概述；第四，意译，即用白话文翻译原文；第五，附说，即作者对经文的解读、补充和延伸；第六，附录，包括《三元参赞延寿书》的序跋、《四库全书总目提要·三元参赞延寿书五卷》《三元参赞延寿书》主要研究论著目录。

## 一、著作缘由及其过程

书评者，非仅评书之谓也，亦评著书者也。依书评书，虽然看似客观，但易失诸偏颇。若按照西方传统，则书与著书者似乎可以分而视之。西方主流文

---

[*] 本文为宁德师范学院重大项目培育计划"闽东民间信仰文献整理及其思想研究"（项目批准号：2020ZDS02）和横向课题"闽东传统文化的传播发展与现代转化"（项目号：2021HX22）的阶段性成果。

[**] 林銮生，男，福建宁德人，宁德师范学院汉语言文学系讲师，中盐金坛盐化有限责任公司与厦门大学联合培养博士后。

化主要建立在柏拉图"理念论"的基础之上，他们清晰地区分理念世界和现实世界，并将二者二元对立起来。故西方主流文化喜欢"分"更甚于"合"，而中国传统则不然。我们的传统是知行合一、言行相顾，主张和合圆融，不可去其一而言之。若去其一，则成孤阴、独阳。阴阳不相得则道不可存，此《易传》所谓"一阴一阳之谓道"①也。或可言，著书者为阳，所著之书为阴。二者岂有分离之理？故可言所著之书即所行之人，有是人而后有是书也。如此观之，评书不可脱离著书者日用常行以及精神发展轨迹。我们可以说，著作乃著者生活与生命的延伸。这种"生活""生命"的集合，即传统中所谓的"文脉""道脉"。从这一角度观之，对作者写作目的进行考察，将有利于我们更好地理解著作，对著作形成相对理性、客观的认知和评价。

作者谈及写作此书的缘由有二：一则为其兴趣所在，次则是因着"为大众健康奉献微力的服务意识"②。第一方面体现了作者对自己学术生涯的定位，即找到兴趣点作为自己的研究方向，如此有利于产生一种持续动力，克服学术研究中容易出现的"中年危机"，即对自我所从事的事业产生一种厌倦感和无意义感。作者将学术研究与自己兴趣相结合，很好地开启了"人生下半场"。作者硕士论文的主题便是曾慥《道枢》的养生思想，由此而确定了"道教养生"这一主要研究方向。2007年9月，作者在宗教文化出版社出版了《道教饮食养生指要》一书，两个七年之后，又出版了《〈三元参赞延寿书〉诠注》，皆是作者科研兴趣之所在。另一方面则体现了一种转化与应用，即把研究对象与自我的日用常行、大众的生活实践结合起来，从而指导自我与他人的行为，有益于读者保持身心健康。该书内容主要基于三个方面：第一，教学；第二，讲座；第三，多年浸淫道教学术研究的心得体会。"教学"体现了作者与学生之间的转化；"讲座"体现了作者与大众之间的转化；"多年的学术研究"体现了作者与自我生命提升之间的转化。无论是教学、讲座还是多年的学术心得，作者都兢兢业业，时刻保持反躬自省的态度，并积极从自我的生命出发，尊重自己，尊重他人，努力实现自利利他。归而言之，作者将学校、社会与自我有机地结合

---

① 尚秉和：《周易尚氏学》，北京：中华书局1980年版（以下略注），第291页。
② （元）李鹏飞撰，黄永锋注解：《〈三元参赞延寿书〉诠注》，北京：宗教文化出版社2021年版（以下略注），第270页。

在一起,并把这种生命态度融入到本书的写作之中,以文载道,由此逐渐孕育出这一著作。可以说该书是作者承古续今、修养生命之产物。这样作者便把学问落实在切切实实的生活之中,从而接续了我国学以致用的传统。这种治学之道,对于学人当有一定的借镜意义。

由此观之,该著可谓作者水到渠成之作,体现了道家"无为而无不为"[①]的思想。"无为"非不作为,乃是以随顺之心为之,从而把握事物、环境的自然运化之理,并由此而实现所谓的"无不为"。"无不为"是一种自然而然的结果,非刻意为之。"无不为"也并非是说"什么都做了且都做得很好",它更多是指一种与"无为"相联系的结果,是一种描述,而非一种评价。根据作者自述,本书初稿完成于2014年,最终出版则在2021年。从2014年到2021年,前后经历了七年,方得付梓。《周易》中的复卦有所谓"反复其道,七日来复"[②],二者不谋而合。或许这是一种巧合,然而非著者潜心其中、反复其道不可为也。在此期间,作者并没有刻意为了出版而出版,在完成初稿之后,因为"俗事缠身",作者便放慢节奏,没有强而为之,并将初稿"悬搁"起来。直到2019—2020年,著者赴美国达特茅斯学院访学时,又续前缘,在加利福尼亚大学伯克利分校查阅了明万历虎林胡氏文会堂《寿养丛书》本《三元参赞延寿书》(以下简称"《寿养丛书》本"),在普林斯顿大学查阅了明成化谢颎刻本《三元参赞延寿书》(以下简称"谢颎刻本")。作者在将上述两个版本与《正统道藏》本《三元参赞延寿书》(以下简称"《正统道藏》本")进行对比后,发现《寿养丛书》本内容最为详实,于是以之为底本,以谢颎刻本和《正统道藏》本作为参校本,并对多年前的书稿进行修订,克成此书。陈撄宁先生有言:"可知世间万事成功与否,各有时节因缘,信非偶然。"[③]诚哉斯言!

## 二、注解特点与创新之处

该书有三个方面的特点:第一,点校细致,诠释到位;第二,感悟生

---

[①] (魏)王弼注,楼宇烈校释:《老子道德经注校释》,北京:中华书局2008年版(以下略注),第90页。

[②] 尚秉和:《周易尚氏学》,第123页。

[③] 陈撄宁:《道教与养生》,北京:华文出版社1989年版,第183页。

命，切合时下；第三，生动活泼，不拘一格。以下分而述之。

第一，点校细致，诠释到位。如上文所述，作者查阅了三种版本，以《寿养丛书》本为底本，以《正统道藏》本和谢颋刻本为参校本进行校勘，修改了显而易见的错误，对不确定之处则存疑，对不同版本的差异之处进行标识。例如"人说"一条中，《寿养丛书》本有明显的脱字现象而为"得种报，曰身、命、意"，作者根据《正统道藏》本补上"三"字而为"得三种报，曰身、命、意"①。又"天元之寿精气不耗者得之"一条中，《寿养丛书》本将"今"字刊刻为"令"字，作者根据《正统道藏》本和谢颋刻本修改为"今"②。又如"思虑"这一条中，《寿养丛书》本为"以后果然"，《正统道藏》本则为"后果然矣"，谢颋刻本作"后果然"③。类似上述之处，著者皆有详细说明。在对校版本的同时，作者对原文中的专有名词、医学概念进行了详细注释，以便读者阅读学习。这在很大程度上体现了作者的一种同理心，能够站在读者立场上考虑问题，从而让读者能够更顺利地进入该书之中。

第二方面，感悟生命，切合时下。作者写作此书，并非只是停留在文献校勘方面。在对作者的访谈中，作者便认为要"以道引文"，即文献只是基础，在夯实基础之后，当要努力透过文献去把握文字背后的"道"。于此处，作者认为这个"道"就是"生命"本身。因此，作者在写作此书时，可谓处处不离"生命"——自我的生命、读者的生命、经书的生命、草木的生命，并努力将这些因素统筹起来。在"婴儿所忌"条中，作者便补充了原文所未提及的"幼教"的相关内容。作者结合自己的育儿经验以及相关经书内容，认为"万物皆有时"，"怀孕期间和幼儿阶段，皆当遵循道学自然无为之理念，不可过早开发孩子智力，不可让孩子过度学习，如此以便孩子身心茁壮成长，后劲十足"④。这是时下人们所关注的问题，也是作者所经历并仍然在经历的事情。作者结合自己的育儿体悟，简单明了地强调了"时"的概念，即育儿当随顺其时，不可只是根据大人的习惯性思维。这对人们修正观念、调整心态颇有裨益。

---

① （元）李鹏飞撰，黄永锋注解：《〈三元参赞延寿书〉诠注》，第8页。
② 同上书，第14页。
③ 同上书，第57页。
④ 同上书，第43、44页。

第三方面,生动活泼,不拘一格。作者在"忿怒"的附说中,提到了其大学期间读《世说新语》的感受;在解释"悲哀"时,借用了"笑死程咬金,哭死程铁牛"的民间故事;在"谈笑"附说中,以自己作为教师的经历亲身说法,认为多言损气,多笑伤神,故当谨慎守气;在"思虑"附说中,引用了被贬到作者家乡莆田任推官的郑宣的《坐忘铭》,来说明心态豁达对养生的重要性;在"忧愁"附说中,引用了南京大学"最长寿教授"——郑集教授的例子,其养生秘诀便是"开朗乐观,情志稳定"①。作者在附说中所运用的例子有古有今,有凡有圣,有我有他,所引例子皆依据论述的内容而定,可谓不拘一格,给人以亲切自然之感。作者认为养生就是日常的事情,是一件件小事积累而成的,因此,有关养生的书也最好能够平易近人,让读者可以直接借鉴并能实地操作。作者常常强调"养生应当生活化,在生活中养生",如果无法落实到具体实际,那么"养生"便成了空谈。

对《三元参赞延寿书》的研究,已有的代表性成果有高建民教授的《试论道教"三元延寿"养生思想及其现代意义》以及陈庆优的《〈三元参赞延寿书〉及其养生思想研究》。相对于已有研究,该著的创新之处主要有:第一,校勘所选用的底本是内容最为丰富的《寿养丛书》本,参校本选用了谢颍刻本和《正统道藏》本,在文献上实现了相应的突破,发其他学者所未发。第二,在对作者的采访中,作者认为该书的关键点在于到位地理解古人的理法,难点则在于将古人的理法平易地表达出来。作者在深入理解原文的基础上进行全文意译,对专有名词进行详细注解,同时还加入生动活泼的附说,为读者营造了具有现代气息的语言环境,从而加深对原文的理解。这可以说是探究《三元参赞延寿书》的一个新角度,尤其对推广《三元参赞延寿书》的医学思想具有较好的促进作用。第三,书中提出的一些概念也颇具新意,值得人们仔细揣摩。比如作者相对"过劳死"的概念,提出了"过虑死",认为人们应当在今后的生活工作中进一步关注自己的内心状态。2021年3月,中国科学院心理研究所发布的《中国国民心理健康发展报告(2019—2020)》显示,2020年我国青少年的抑郁症检出率为24.6%,这是值得我们深思的问题。现代人如何安放自我身心

---

① (元)李鹏飞撰,黄永锋注解:《〈三元参赞延寿书〉诠注》,第63页。

的问题也可以说是该著之旨归。

## 三、研究主题与学术旨归

归而言之，该著一以贯之的主题便是"养生"。关于养生，人们多重视"生"，却常常忽略"养"。"生"虽为本，然非"养"则"生"无以续也。《易传》有所谓"生生之谓易"①，于是人们便容易片面赞叹"生生"之力。并且这种片面性与我们当前社会节奏日渐变快是相一致的。社会节奏越快，人们便越倾向于以结果作为评价指标，于是就越需要不断地"生"。然而"生"这么多，产这么多，如何来养呢？故未来很长一段时间内，我们当把"养"置于"生"之先，或至少将二者并重，不可只是片面地强调"生生"之力，更要谨记"静养"之功。于此处，"生"可作两种解释：其一，作名词解，即生命之谓也；其二，作动词解，即生长、生存之谓也。无论选择哪一种解释，都当以"养"为重要方法，否则便难以深根固柢。那么，问题便转化为如何"养"。综观该著，概而言之，作者认为关键有三：一者敬慎，次者反复，再者守中。"敬慎"说的是养生者当时时怀揣一颗敬慎之心，尊重他人，尊重自己，接人待物虔敬谨慎、卑以自牧。作者在书中提到一个重要概念，即"信仰养生"②。这种养生方法在当今节奏日渐快速的社会中似乎慢慢被人所忽视，但确实有其裨益，值得读者以及养生实践者留心。"反复"有两层意思：首先，意味着"养"是一个需要坚持、不断积累的过程，非一朝一夕所能为，其效果乃是在日积月累的日用常行间实现的。例如作者在"导引有法"的附说中有言："养生不一定要追求繁杂的功法，贵在整体施养，坚持不懈。"③ 其次，"反复"意味着一种回归，若作者强调人当有心求道，"由坤而复，由复而临，由临而泰，由泰而大壮，由大壮而夬，由夬而乾，回归纯阳之体"④。此亦是《道德经》所谓"复归于婴儿"的修养过程。"守中"意味着养生要注重达到一种阴阳平衡。例如作者认为：

---

① 尚秉和：《周易尚氏学》，第291页。
② （元）李鹏飞撰，黄永锋注解：《〈三元参赞延寿书〉诠注》，第122页。
③ 同上书，第247页。
④ 同上书，第236页。

"锻炼和劳作不宜过度,稍微出汗即止。保暖避寒是需要的,但是也要适可而止。这样可收'养阴'之效。"①

如果将上述三个方面贯穿起来,函三为一,用一个动作来提纲挈领,作者认为那便是"守静"。《三元参赞延寿书》中多有提及养生者当清心守静,节制自己的欲求,有所不为。《道德经》有言:"道常无为而无不为。侯王若能守之,万物将自化。化而欲作,吾将镇之以无名之朴。无名之朴,亦将不欲。不欲以静,天下将自定。"②经文最终落在了"静"这个概念上。这是对"欲作"这一结果的有效对治之方。黄永锋先生亦十分强调此概念,认为这一概念是养生之关键,若《道德经》所谓"归根曰静"③。养生是一个"动"的过程,然其关键却在于把握"静"。"食前应当平心静气……服气存神"④,食时当保持"食不语"的状态,食后应当闲庭信步,可以说"静"是贯穿于饮食前后的重要概念;与饮食相对应的"心"也需要"守静笃"⑤,孟子亦有所谓"养心莫善于寡欲"⑥,"寡欲"之极便是"静笃"。作者提倡在俗世凡尘中应当"为无为",努力做到"和其光,同其尘","见素抱朴"⑦,此亦可谓"静"之功也。个体若能勤而行之,顺从理之所然,自当悠闲自得,无事逍遥。

《周易》中的颐卦言"自求口实",鼎卦言"以木巽火,亨饪也",井卦言"无丧无得,往来井井……井养而不穷也",三卦皆言饮食之道;又豫卦言"天地以顺动",中孚卦言"鸣鹤在阴,其子和之",履卦言"素履行愿"⑧,此则言求得身心安然。《道德经》综合两方面而言之曰:"虚其心,实其腹,弱其志,强其骨。常使民无知无欲,使夫智者不敢为也。为无为,则无不治。"⑨可见养生是极为重要的事情,不可不慎。黄永锋先生亦反复强调要在生活中养

---

① (元)李鹏飞撰,黄永锋注解:《〈三元参赞延寿书〉诠注》,第117页。
② (魏)王弼注,楼宇烈校释:《老子道德经注校释》,第91页。
③ 同上书,第35页。
④ (元)李鹏飞撰,黄永锋注解:《〈三元参赞延寿书〉诠注》,第147页。
⑤ (魏)王弼注,楼宇烈校释:《老子道德经注校释》,第35页。
⑥ (宋)朱熹:《四书章句集注》,北京:中华书局1983年版,第374页。
⑦ (魏)王弼注,楼宇烈校释:《老子道德经注校释》,第10、45页。
⑧ 尚秉和:《周易尚氏学》,第135、228、219—220、94、269、72页。
⑨ (魏)王弼注,楼宇烈校释:《老子道德经注校释》,第8页。

生，养生不可须臾离也，要"饮食有节，起居有常，不妄作劳"①，强调一个人要脚踩大地，自然应物，努力做到顺天休命，履道乾乾，而后方可生生不息，颐养天年。此可谓李鹏飞《三元参赞延寿书》之心愿，亦是黄永锋先生诠注此书之发心。

---

① 南京中医药大学编著：《黄帝内经素问译释》，上海：上海科学技术出版社2009年版，第1页。

# 离散族群信仰研究的范本

## ——《从圣教到道教：马华社会的节俗、信仰与文化》述评

### 张俊儒*

李丰楙教授多年在马来西亚从事田野调查，调查结果及其解释形成了《从圣教到道教：马华社会的节俗、信仰与文化》一书。此书面世不久即获得了莱顿 ICAS（国际亚洲学者大会）大奖，售罄后又立即再版，再版书做了一些修改，迄今未见就此专做评价的著作。作者通过广泛的田野调查，运用详尽周备的方法和史料，以离散族群的生存状态，及其在多元文化冲突中因应政治身份的种种举动为论述之主轴，分析马来西亚华人社会的宗教生态，揭示了马华社会信仰的变动、融合过程[①]。该书乃近年来中文宗教研究方面少见的大著作。全书分"圣教的发现""南土的下巡""理念的移植""联合的艺术"四个部分，共九章。最具创造性的部分是对节俗信仰的现代诠释，这不但有助于理解华人的民间信仰模式，而且也为认识离散族群的文化特质提供了参考。此外，复原迎送王船的科仪填补了这一民间原生态信仰的研究空白。书中所呈现的信仰、文化、政治状态异常复杂，其所采用的解释方法也多种多样，如后殖民话语、海洋交通史、想象的共同体、Zomia 等，这些理论的应用虽偶会有削足适履的现象，但总的来看仍然是成功的。这本书的创获是多方面的，其价值可分以下数点来做具体说明。

---

\* 张俊儒，男，甘肃庆阳人，四川大学文学与新闻学院中国古典文献学博士研究生。
① 李丰楙：《从圣教到道教：马华社会的节俗、信仰与文化》，台北：台大出版中心 2020 年版。

## 一、视野开阔,观点新颖

李教授对在马华人"圣教"意识的抉发,显示了其独到的视野及深厚的思辨能力。他指出圣教意识乃因族群识别的必要而被特别"唤醒"的,其根本目的是为了抵抗别种之异教文化。"圣教"概念在光绪丙午(1906)被提出,当时跨海的移民怀有"落叶归根"的心理。到了20世纪80年代,义山搬迁事件再次激活了有关马华圣教意识的讨论,彼时在马华人之原乡心理已经变为落地生根的家国认同。李教授指此唤醒过程依靠了印刷资本主义的力量,这是安德森在《想象的共同体》中提出的关于民族主义起源的经典解释①。安德森更注重印刷媒介的影响,这种被"修饰"的语言最终成为了唤醒民族主义的锣鼓。本书中也有关于当时华文媒体语言的分析,其着重点在措辞与风格上,这是一种有益的尝试。安德森本人认为,印刷资本主义等外在要素在构建远程民族主义的时候是"经验性"的,并不具有必然的结果,以此来反观马华的情况,则当时马华媒体所号召的宗教情绪或仅可视为民族意识觉醒之一种表征。李教授以宗祠、公司、义山等作为圣教的佐证,这些建构物在不同信仰群体间表现出很强的异质性,再进一步证明"圣教"是多元化宗教现象的概述。作为一个技术性的词语,"圣教"一词忽略了华人信仰的复杂性,且随着在马华人本土家国意识的觉醒,其隐含的沙文主义特性已经不再能够被容忍,因此标举"华人宗教"取而代之,乃顺天应时且能表达华人社会信仰新意的情况,这一圆融的论述成功呼应了题目中"圣教"引退的内涵。

## 二、材料翔实,考辨严谨

书中"代巡南邦"和"理念移植"两部分,显示出作者深湛的考据功底,其对文献的成功运用,不但复原了已断绝的送王船仪式,而且理清了仙师爷信仰的源流、变化,具有兴废继绝之功,唯其中细节的论述或尚有可议处。

---

① [美]本尼迪克特·安德森:《想象的共同体》,上海:上海人民出版社2016年版。有关印刷语言的讨论见是书第三章《民族意识的起源》,第38—48页。

"代巡南邦"主要考察了两种信仰的在地衍变,李先生认为王爷和九皇祭祀仪式的因革,与两地社会状况以及民众的选择性记忆有关,并指出这些仪式中充满了天朝意识,即想象皇权下巡以威震南邦的情况,并寄望原乡神灵能护佑异域的华人群体。这两种信仰均有较大的节庆,九皇盛行于西马,而王爷仅在马六甲有所保留。节庆期间有许多巡行和祭祀的活动,作者认为此举乃为了"以敬祀天地,或神道形式来展现力量从而面对友族、友教,以为文化识别作用",并强调"华人节庆既面对伊斯兰教、兴都教,在集体的竞比、拼阵活动中,凸显华族文化本身有其民族气派"①。时至今日许多信众参与节庆活动不再有属灵的诉求,然而据此判断盛大的祭仪乃为了识别文化,证据似乎又不充分。至于牵涉到的"教节一体"现象,除了机械的功能主义解释路径之外,或者还有一些更普遍的原因,即回溯到神圣时刻并与神灵同在的欲念。伊利亚德谓信徒具有回归圣域的想法,故采用节俗以迎接神灵的降临,从而使信众能够体验神圣的原乡。此为一种宗教上的循环时空观,或与民族之集体无意识有关。伊氏的圣俗理论在解释中国信仰时有其局限性,然而在解释节庆一体方面却有较强的说服力。另外第四章有关于王船画船迎送的说法,提到了送返的终点乃洛阳,并解释此仪式寓意诸王乃代天子、天公巡狩各地,而未对这一论断的证据做说明,读来令人困惑。事实上王船之代天巡狩权限乃为玉帝所赐,故而将其送往洛阳是为了令其能回返以报圣命。至于选择洛阳的原因,有一说以为洛阳乃天下之中,是建木生长的地方,返回洛阳便可借建木而升天②。

"理念移植"部分梳理了仙师爷神灵谱系的产生与传布过程,还涉及马华信仰中敬祀天地以及崇德报功的现象。这部分在全书中具有承前启后的重要价值,尤其是对仙师爷的考论详略合宜,堪称压卷。仙师爷最早为华人锡矿所奉祀的神灵,乃马来西亚的一位在地神祇。华人甲必丹盛明利卷入了与当地土人的械斗,并最终为后者所杀,死后被奉为仙师爷,此为首位仙师爷之原型,第二任仙师爷叶亚四也与这种争夺采矿权引发的暴力死亡事件有关。李教授为了表现马华群体的王华仿效意识,采用了较大的篇幅来论证仙师爷神职来源的正当性,并引出了敕封、玉封、道封的概念。这对认识神灵的诞生过程有所帮助。

---

① 李丰楙:《从圣教到道教:马华社会的节俗、信仰与文化》,第 349 页。
② 刘长东:《武王周公作雊原因考论》,四川大学中国俗文化研究所编:《项楚先生欣开八秩颂寿文集》,北京:中华书局 2012 年版,第 233—281 页。

然而吾疑其人当时并未有此区别意识,甚或古人在创造神灵时也未必会在意其来源的正当性。盛明利非正常、义烈死亡,符合古代地方神灵创造的外缘条件,而其生前为华人甲必丹,在当地有较大势力,他的死亡必然造成较大的损失,唯有淡化他死亡的事实才能重振团体的声威,这是一个内因。另一个内因已经由李教授揭示清晰,即华人甲必丹死亡之后继续统领锡矿争夺中意外身故的其他同胞,"集体死亡如战死者",必"需一位身份、位阶较高者作为鬼主、鬼雄"①。这一行动的背后心理乃是防御厉、孤、幽等异己的力量,武雅士在《神、鬼和祖先》中指出:"(游荡)鬼相当于人间的流氓、乞丐和其它具有危险性的陌生人。"②游荡的、陌生的鬼不同于祖宗鬼,它处于飘零的状态,没有家鬼善良的属性,有祟人的风险。非正常死亡者也具有这种特征,他们会成为一种非道德和非人格力量的来源,为了社区的稳定,需要创造一个强力的领导者整合这些横死者。

## 三、回应关切,论以致用

作为现代宗教研究的典范,李教授并没有忽略对当前马华信仰形式的说明。前三部分有关往昔信仰状态的考论,归根结底就是为了给"联合的艺术"做铺垫。此处作为整本书的落脚点,对认识马国宗教的复杂性、族群的冲突与融合等问题,都有很好的参考价值。"联合的艺术"通过对马华宗教资源整合、利用现状的调查,来提供其作为范本的价值。书中提到了槟州中元联合会对华小的募捐、马道总的成立及其对神庙的整合,此二者都可以看成当地华人对宗教资源的运用。由于处在多民族多宗教的社会体系中,在马华人的文化辨识感一直较强,故而当察觉到语言、文化等受到威胁时,他们便以宗教的名义进行募捐,并作为赞助华语教育的基金,这一点在东南亚其他国家很难观察到。马道总的成立被作者认定为是宗教联合行动的结果,即他认为道教堪为统筹华人宗教的最大公约数,这一判断的根据是联合会之成立乃是马华人神庙共同联署的结果这一事实。马道总建立时所采取的联合策略,为一种因应政治的权变,这

---

① 李丰楙:《从圣教到道教:马华社会的节俗、信仰与文化》,第 317 页。
② [美]武雅士:《神、鬼和祖先》,《思与言》第 3 期,第 277—279 页。

种社会资源的整合使道教联合会进入到了五大宗教咨询委员会的行列。道总的成功有其政治公平和信仰自由的意义,虽不能据此断定马华完成了圣教到道教的转变,但是信仰形态的变化则显得非常清晰。制度性宗教有保持独特及纯粹性的需求,这种吸纳大量民间信仰的形式,虽然有道教的名义和底色,但其中充斥的仍然是儒释道三教的要素。故而道总的成立及其号召华人更改信仰状况的活动,其象征意义可能比实际更强一些。作者在论述中提出了制度性宗教和组织性宗教合作体的概念,这种技术性修辞的使用增加了论述的合理性。另外以赞米亚(Zomia)来描述马来西亚神庙的游离状态①,怕也不是太妥当。赞米亚形容山民居住碎片化的出发点是逃离统治,而神庙不履行登记等手续,可能并非出于逃避管理的角度,具体情势较为复杂。

## 四、余论

此版虽然改掉了初版中的一些字词错误,但同时又产生了一些新的错误,正文第 74 页第 2 行有衍文"jn";第 80 页第 3、4 行有衍文"《隋唐演义》人物百图";第 82 页最后一行"指摘"误为"指谪";第 416 页分析图表时指出 160 万的筹款额不足 200 万之目标,却紧接着指"不足一半",令人费解。脚注中多次(第 360、361 页等)将黄遵宪的《人境庐诗草》误写为《入境庐诗草》。

总的来看,本书以马华社会的节俗信仰为研究的主体,取得了较高的成绩。尤其社会调查所得之丰富材料,经由作者条分缕析以说明华人宗教的离合变化,前后有序、详略得当,堪为宗教田野调查的范本。至于论述部分虽然偶有可讨论的余地,但笔者认为其总体价值仍然是不容忽视的,有助于理解离散族群的生存和信仰之状态。在马华人的宗教生活,作为民族信仰状况的一个样本,对理解古典宗教的问题具有一些启示作用。本书呈现了马华社会的节俗信仰和宗教文化的总体状态,具有筚路蓝缕的创业之功,而更广泛、深入的有关神庙及家庭之信仰状态的说明,还有待更多的调查和研究。

---

① [美]詹姆斯·C·斯科特著,王晓毅译:《逃避统治的艺术:东南亚高地的无政府主义历史》,北京:二联书店 2016 年版,第 11、47 页。

# 《老子学刊》稿约

《老子学刊》是由四川大学老子研究院主办的综合性学术刊物。本刊坚持马列主义指导原则，以发掘道家道教思想和传统国学智慧为特色，以传承优秀文化、启迪创新思维、提高健康水平、服务现代生活为宗旨，注重学术性、科学性和知识性相统一，力求雅俗共赏。

本刊主要内容包括但不限于：特稿、老子专题研究、道藏专题研究、易学新论、道家道教研究、传统文化研究、探索争鸣、研究生论坛、学术动态等。

本刊海内外公开发行，凡是有关老子、道家道教以及中国传统文化等方面的研究成果（尤其关涉道家哲学及道教义理方面的研究论文），均欢迎赐稿。本刊所刊发之文稿均为作者之研究成果，文责自负，不代表编辑部观点；同时，凡有剽窃或抄袭他人作品之情形，由该文稿作者承担相应的一切法律责任。

凡所投本刊的文稿，恕不退还。本刊对来稿拥有修改、删节等相应权利，如果投稿者不同意，请在投稿时予以说明告知。基于传播和推广学术思想之考虑，本刊对所刊发的文稿，拥有择优转发、推送等权利，如果著作权人不同意，请在投稿时予以说明告知，如未说明，视为同意。

为适应我国信息化建设，扩大本刊及作者知识信息交流渠道，本刊已被《中国学术期刊网络出版总库》及 CNKI 系列数据库收录，其作者文章著作权使用费与本刊稿酬一次性给付。免费提供作者文章引用统计分析资料。如作者不同意文章被收录，请在来稿时向本刊声明，本刊将做适当处理。

来稿请以电子 word 文本发送至我刊电子邮箱，并附上作者的联系地址、邮编、电话、电子信箱，以及是否允许我刊修改、推送等信息，以方便编辑部与您联系相关事宜。

本刊编辑部的联系地址及主要联系人：

联系地址：四川省成都市望江路 29 号四川大学道教与宗教文化研究所
　　　　　四川大学老子研究院（或者《老子学刊》编辑部）　　收

邮政编码：610064

联系人：于国庆、李冀、余晓红

本刊编辑部电子邮箱：lzxk2009@126.com

# 撰稿须知

一、来稿应包括论文题目、内容提要、关键词、作者简介（姓名、性别、出生地、单位、职称）、正文等内容，字数一般控制在 7000—12000 字。

二、引文出处或者说明性的注释，请采用脚注，置于每页下，具体格式为：

（一）文中格式：以括号①、②……为系列标记，文中设序号：×××①

（二）脚注格式：脚注序号须与文中序号相对应。具体规范如下：

1. 凡引用专著，须注明作者、书名、出版地、出版社、出版年、页码。例如：

①詹石窗：《新编中国哲学史》，北京：中国书店 2002 年版，第 25 页。

2. 如果引用《道藏》《四库全书》等大型丛书，必须首先注明所引的书名或者篇名，然后注明丛书名与册数及页码。

例如：

①《玄肤论·金液玉液论》，《藏外道书》第 5 册，第 363 页。

3. 如果引用期刊论文或论文集论文，须注明作者、篇名、期刊（论文集）名，期刊序号（出版地、出版社、出版年）页码。

例如：

①詹石窗：《关于道教思想史的若干思考》，《哲学动态》2009 年第 2 期，第 9 页。

②圆顿子：《论〈四库提要〉不识道家学术之全体》，张广保：《超越心性：20 世纪中国道教文化学术论集》，北京：中国广播电视出版社 1999 年版，第 342 页。

4. 如果引用译著，须注明国籍、作者、译者、书名、出版地、出版社、出版年、页码。

例如：

①［德］马克斯·韦伯著，王容芬译：《儒教与道教》，北京：商务印书馆 2004 年版，第 133 页。

5. 如果引用报纸文章，须注明作者、篇名、报纸名、出版日期、版次。

例如：

①吴文俊：《东方数学的使命》，《光明日报》2003 年 12 月 12 日，B1 版。

6. 如果引用外文文献，须注明作者、书名、出版地、出版社、出版年、页码。

例如：

① Millton M. Chiu, *The Tao of Chinese Religion*, New York：University Press of America, 1984, p. 17.